KB233845

백석신학연구소 박사학위논문시리즈1

길선주 목사의 말세론 연구
A Study on Gil Seonju's Eschatology

길선주 목사의 말세론 연구

초판 1쇄 찍은 날 · 2008년 5월 26일 | 초판 1쇄 펴낸 날 · 2008년 6월 2일

지은이 · 안수강 | **펴낸이** · 백석신학연구소

편집 · 유태화, 방현주 | **디자인** · 이훈혜, 박한나
영업 · 변미영, 장완철 | **물류** · 조용환, 엄인휘

등록번호 · 제2-1349호(1992. 3. 31.) | **펴낸 곳** · 예영커뮤니케이션
주소 · (110-616) 서울 광화문우체국 사서함 1661호 | **홈페이지** www.jeyoung.com
출판사업부 · T. (02)766-8931 F. (02)766-8934 e-mail: edit1@jeyoung.com
출판유통사업부 · T. (02)766-7912 F. (02)766-8934 e-mail: sales@jeyoung.com
제작 예영 B&P · T. (02)2249-2506~7

copyright©2008, 안수강

ISBN 978-89-8350-480-7 (03230)

값 20,000원

백석신학연구소 박사학위논문시리즈1

길선주 목사의 말세론 연구
A Study on Gil Seonju's Eschatology

안수강

예영커뮤니케이션

이 책은 백석신학연구소 사업의 하나인 박사학위논문시리즈의
제1권으로 출판된 책입니다.

백석신학연구소 박사학위논문시리즈 1

논문제목: 길선주 목사의 말세론 연구
저자: 안수강
지도교수: 김진하, Ph.D.
학위논문제출학교: 백석대학고 기독교전문대학원
학위수여: 2007년

종교개혁의 신학과 인식의 원리는 "Sola Scriptura!", 즉 "오직 성경으로!"였습니다. 교회가 수위권을 가지고 신학과 삶을 재단함으로써 신학(神學)을 인간학(人間學)으로 바꾸는 위기에 처했던 교회를 다시 새롭게 하나님 앞에 세우는 일은 교회의 수위권을 대체하는 것으로서 "오직 성경으로!"라는 원리에 근거하여 가능하였습니다.

그런데 "오직 성경으로!"라는 말이 종종 오해되어 적용되는 경우가 없지 않은 것 같습니다. 이 말은 적어도 성경 이외의 어떤 것도 의미가 없다는 사실을 의미하지 않았습니다. 전달하고자 했던 의미의 핵심은 성경의 원리가 신학과 교회를 포함하여, 모든 일의 최종적인 권위로 작용해야 한다는 것이었습니다. 바로 이런 근본적인 이해에 천착했던 존 칼뱅(J. Calvin)을 비롯한 종교개혁자들은 종교개혁의 신학과 삶을 형성해나가는 과정에서 자유롭게 교부들의 글을 인용하여 자신들의 주장의 논거를 삼았습니다. 이렇게 할 수 있었던 것은 교부들의 글이 성경적이었기 때문이었습니다. 달리 말하여, 성경이라는 잣대를 통해서 볼 때, 교부들의 글이 성경적인 진리를 전달하고 있었기 때문이었습니다. 따라서 두 말 할 것도 없이 종교개혁자들은 성경적이지 않는 내용은 그 누구의 것이라도 다 거절했습니다.

그렇습니다. 그리스도인의 사상과 삶은 성경적인 기초에 든든히 뿌리를 내려야 합니다. 성경적인 것은 그 어느 것, 그 어느 분야이든지 사람을 자유하게 합니다. 성경적인 것은 그 무엇이든지 그것을 통하여 하나님의 뜻이 자유롭게 펼쳐지고 적용되며, 그에 합당한 열매를 맺습니다. 개인의 삶을 바꾸고, 공동체의 삶을 재형성하는 힘이 있습니다. 바로 이런 견지에서 종교개혁자들은 참된 의미의 신앙의 세속화(世俗化)를 과감하게 전개하였습니다. 말인즉 교회만이 아니라, 삶의 전 영역에서 하나님의 뜻이 드러나야 하고, 바로 그 영역에서 하나님을 예배하는 일이 일어나야 한다고 믿었습니다. 정치, 경제, 사회, 문화, 스포츠, 놀이, 대학 등등의 영역들이 곧바로 하나님께 속한 영역임을 확신하고 이 영역을 하나님께 봉헌하기 위해서 심혈을 기울였습니다. 이것이 진정한 신앙의 세속화입니다.

우리 백석대학교도 바로 이런 종교개혁 전통(傳統)의 영감으로부터 사상과 삶을 형성하기 위해서 수고를 아끼지 않으려 합니다. 한국교회뿐만 아니라, 한국사회의 모든 영역이 "오직 성경으로"의 원리에 뿌리를 내리고 견고하게 설 수 있도록 학문적인 봉사를 게을리 하지 않으려고 합니다. 이것이 생명을 살리는 신학을 포괄적으로 전개하는 일이라고 믿습니다. 바로 이러한 노력의 일환으로서 본 대학 안에 백석신학연구소를 두었고, 연구소의 중요한 사업의 하나로서 출판을 통하여 한국교회와 사회를 섬기려는 구체적인 봉사를 기획하게 되었습니다. 이 일을 위하여, 성경66권 주석시리즈, 개혁교회고전번역시리즈, 조직신학전집시리즈, 그리고 박사학위논문시리즈를 발간하려는 기획을 하였고, 금번에 그 첫 열매로서, 박사학위논문시리즈 제1권과 제2권을 출간하게 되었습니다.

백석신학연구소가 엄선하여 출판하게 되는 박사학위논문시리즈는 신학뿐만 아니라 여타의 모든 학문 분야를 포괄하게 될 것입니다. "오직 성경으로!" 라는 원리에 근거한 것이면 그 무엇이나 모두 하나님 나라의 확장에 긴요하게 공헌할 것임을 확신하기 때문입니다.

이 일이 하나님께 영광이 되기를 소망하며, 이 책을 읽는 독자 제위들에게도 하나님의 마음이 전해지고 공감(共感)되어 같은 마음으로 이 일을 꿈꾸게 되기를 소망합니다.

백석대학교 총장, 행정학 박사
장종현

목 차

발간사 _5
머리말 _13

제1장 서론 _15
제1절 선행연구의 동향 15
제2절 선행연구의 한계점 23
　　1. 내용상의 한계점 23
　　2. 자료 활용상의 한계점 24
제3절 연구의 필요성 및 문제 제기 26
제4절 연구의 제한점 29
　　1. 시대적인 제한점 29
　　2. 주요자료의 제한점 29
제5절 선행연구 내용 분석 및 평가 31
　　1. 논점①: 말세론과 근본주의 신학과의 접점 33
　　2. 논점②: 말세론과 민족의 문제 34
　　3. 논점③: 말세론과 토착화 신앙의 문제 36
　　4. 논점④: 말세론과 천년왕국론의 문제 38
　　5. 논점⑤: 말세론과 종파운동의 문제 39
　　6. 논점⑥: 말세론과 임박한 재림론의 문제 42
　　7. 논점⑦: 말세론과 재림시기 예언과의 문제 43
　　8. 논점⑧: 말세론의 배태 시점에 관한 문제 44
　　9. 논점⑨: 말세론과 신사참배의 문제 46

　　　10. 논점⑩: 말세론과 사회주의 문제　50

　　　11. 논점⑪: 말세론과 영성문제　51

제2장 묵시문학적 배경과 길선주의 말세론 형성 _54

　제1절 서론　54

　제2절 위기상황과 묵시문학　56

　　　1. 종말론과 묵시문학의 접점과 차이　56

　　　2. 인과관계로서의 위기상황과 묵시문학　58

　제3절 묵시문학적 배경을 지닌 길선주의 말세론　67

　제4절 길선주의 말세론 형성의 시대적 개인적 배경　68

　　　1. 시대적 배경　69

　　　2. 개인적 배경　70

　제5절 소결　92

제3장 길선주의 『末世學』 고찰 _96

　제1절 서론　96

　제2절 종말론적이며 묵시문학적인 위치　97

　　　1. 구조와 내용: 종말론으로서의 『末世學』　97

　　　2. 저술동기: 묵시문학적인 배경을 지닌 『末世學』　101

　제3절 『末世學』에 나타난 재림론　101

　　　1. 『末世學』의 중심으로서의 재림론　101

　　　2. 병세치유론적 재림론과 우주정화론적 재림론　102

　　　3. 세대주의적 전천년설　105

　　　4. 시한부 종말론적 재림론　112

　　　5. 현세조명적 재림론　117

　　　6. 우주개조론적 재림론　120

　　　7. 삼계지향적(三界指向的) 재림론　121

　제4절 칼빈주의와 상이한 점(相異點)　124

　　　1. 세대주의적 전천년설에 관한 문제　124

　　　2. 시한부 종말론적 재림에 관한 문제　128

　　　3. 삼계론에 관한 문제　130

　　　4. 조상림보교리에 관한 문제　130

　　　5. 그리스도의 강림에 관한 문제　131

　　　6. 부활의 성격에 관한 문제　133

　　　7. 상징적인 성경해석에 관한 문제　133

　　　8. 내증과 외증에 관한 문제　134

　　　9. 자유의지에 관한 문제　135

　제5절 『末世學』, 『懈惰論』, 『만亽셩취』의 관계　136

　제6절 소결　142

제4장 길선주의 학문적 배경과 동시대 종말론 관련 저서들 고찰 _146

　제1절 서론　146

　제2절 길선주의 학문적 배경　147

　　　1. 길선주의 학년별 수강과목과 계시록 수강　147

　　　2. 초기 평양신학교의 교수진과 담당과목　152

　　　3. 길선주 재학 당시 평양신학교의 종말론 학풍　157

　제3절 스왈런의 종말론 관련 저서들과의 비교　162

　　　1. 길선주의 『末世學』과 일치 혹은 상통하는 내용들　163

　　　2. 길선주의 새로운 주장들　174

　제4절 동시대 종말론 관련 저서들 고찰　175

　　　1. 동시대에 발행된 종말론 관련 저서들　175

　　　2. 동시대 종말론 관련 저서들의 내용　180

　제5절 소결　211

제5장 길선주의 제(諸) 신학에 내재된 말세론 _216

　제1절 서론　216

　제2절 성경관에 내재된 말세론　217

　제3절 신관에 내재된 말세론　223

　　　1. ‘全能性-審判’의 도식　223

　　　2. ‘永能性-新天新地 조성’의 도식　225

　　　3. 종말을 준비하는 삼위일체의 사역　226

　제4절 인간관에 내재된 말세론　230

    1. 내세를 바라보는 종교심 230
    2. '자유의지-심판' 의 도식 233
제5절 구원관과 기독관에 내재된 말세론 241
    1. '死後永生-참 종교' 의 도식 241
    2. 재림의 징조로서의 중보자의 양성 부인 242
    3. '구원자=심판자' 의 도식 243
    4. '만민속죄-만민심판' 의 도식 244
    5. 소천당(小天堂)으로서의 개인구원 246
제6절 교회관에 내재된 말세론 249
    1. 말세교육의 장으로서의 교회상 249
    2. 전투적 교회상 251
    3. 내세 지향적 교회상 254
제7절 시간관에 내재된 말세론 256
    1. 주 관심 영역: 초림으로부터 종말까지 256
    2. 순례자적 삶으로서의 지상생애 257
    3. 두 왕국론 261
    4. 상급신앙: '현세의 삶-내세상급' 의 도식 264
제8절 소결 266

제6장 이원론을 극복한 동인으로서의 민족개량 정신 _270
제1절 서론: 이원론의 문제 270
제2절 신앙과 민족언약사관(民族言約史觀) 276
제3절 내면적 신앙운동으로의 전향 282
제4절 내면적 신앙운동의 전개 289
    1. 민족개량과 종교 289
    2. 민족개량 정신 290
제5절 소결 311

제7장 근·현대 종말론의 유형들과 길선주의 말세론과의 접점 _316
제1절 근대와 현대의 종말론의 유형들 316
제2절 길선주의 말세론과의 접점 326

제8장 결론 _329

참고문헌 _344
찾아보기 _353

도목차

[도Ⅲ-1] 일곱시대론 · 106
[도Ⅲ-2] 그리스도의 공중재림으로부터 지상재림까지 · 110
[도Ⅲ-3] 길선주의 세대주의적 전천년설 구도 · 112
[도Ⅲ-4] 三界의 양상 · 124
[도Ⅲ-5] 그리스도의 강림에 관한 문제 · 132
[도Ⅲ-6] 「懈惰論」, 「만스성취」, 「末世學」 사상의 연결 · 142
[도Ⅳ-1] 스왈런의 세대주의적 전천년설 구도 · 167
[도Ⅳ-2] 길선주, 스왈런, 정의화의 삼계 대응 · 188
[도Ⅴ-1] 길선주의 이미와 아직 사이의 구도 · 248

표목차

[표Ⅰ-1] 주제별 선행연구 목록 · 32
[표Ⅳ-1] 길선주의 학년별 수강 과목과 담당교수 · 151
[표Ⅳ-2] 길선주 졸업 이전 내한 선교사 출신학교별 명단 · 156
[표Ⅳ-3] 길선주 생존 시기에 발표된 종말론 관련 주요 저서들 · 179

본서의 목적은 길선주의 말세론을 연구하려는 데 있다. 길선주는 1920년대와 1930년대에 순회부흥운동을 통해 말세론을 강론함으로써 일제 식민치하에 있던 성도들로 하여금 주의 재림을 소망하게 해 주었던 대표적인 부흥사였다. 비록 한국이 1910년에 한일합방으로 독립을 잃었지만 그는 말세론적 신앙운동을 통해서 민족과 국가의 정체성을 찾아야만 했다. 그는 1926년경 평양 장대현교회를 사임한 이후 소천하기까지 10년 동안 전국을 순회하며 부흥사로 활동했으며 그가 전한 메시지의 중심은 말세론이었고 유작들 가운데 대표적 역작이라면 단연 『末世學』이었다.

본서에서는 길선주의 말세론을 주제로 묵시문학적 배경과 그의 말세론 형성의 배경, 저서 『末世學』에 나타난 논지들, 동시대 종말론 관련 저서들과의 비교, 설교집에서 발견할 수 있는 말세론적 논지들, 현세와 나세의 이원론을 극복할 수 있었던 동인, 근·현대 종말론의 유형들과 그의 말세론과의 접점 등을 중심으로 고찰했다.

2장에서는 그의 묵시문학적 말세론 형성에 있어서 시대적 개인적 배경과 그 형성 과정을 살펴보았다. 묵시문학적 배경과 그의 말세론 형성은 인과관계로서 그의 시대적 개인적 정황과 매우 밀접한 관계에 있다.

3장에서는 그의 대표적 저서인 『末世學』의 묵시문학적 저술동기와 아울러 주목할 만한 말세론적 논점들이 무엇인지를 제시했고, 칼빈주의 입장과 상이한 점들을 별도로 정리하여 개혁주의 입장에서 비판했다. 또한 종말론적인 의미를 함축한 『悔改論』과 『만스성취』까지도 통시적으로 조명하여 분석했다.

4장에서는 길선주가 평양신학교에서 수학하던 당시의 학문적 배경을 고찰했다. 특별히 그의 말세론 형성과 관련하여 선교사들의 연례모임 보고서를 통해 스왈런 (W. L. Swallen)이 그에게 요한계시록을 강의한 은사였다는 점을 처음으로 밝히고 그의 종말론과 길선주의 말세론을 비교 분석했다. 또한 동시대의 다양한 교파별 배경을 가진 종말론 사상들과도 대조해 봄으로써 어떤 점에서 사상적 교섭이 있으며 차이점이 있는지를 논했다.

5장에서는 그의 설교집에 부각되어 나타난 말세론적 관점들을 조직신학적 방법론을 적용하여 조명했으며 성경론, 신론, 인간론, 기독론, 구원론, 교회론, 시간론 등에 용해되어 있는 말세론을 살펴보았다.

6장에서는 그가 임박한 재림론에 입각한 말세론을 전파하면서도 어떻게 현세와 내세를 이원론이 아닌 일원론적인 입장에서 상합(相合)하고 통합(統合)할 수 있었는지 그 동인으로서의 민족개량정신을 조망했다. 지금까지 말세론에 관련된 길선주의 삶과 신앙을 연구한 신학자들은 일반적으로 삼일운동 이후의 길선주를 이원론자로 규정하려 하지만 본서에서는 그가 출옥한 이후에 전파한 설교들을 따로 분석하여 그가 전개했던 내적 신앙운동의 본질을 조명함으로써 결코 이원론자가 아니었음을 증명했다.

7장에서는 그의 말세론을 근대와 현대의 다양한 종말론적 관점들과 비교 분석함으로써 상호 어떤 점에서 일치하며 차이가 있는지를 밝혔다.

본서는 백석대학교에서 『길선주의 말세론 연구』(A Study on Gil Seonju's Eschatology)라는 연구주제로 2006년도에 제출했던 박사학위(Ph. D.) 논문을 수정한 것이다. 그는 예수님의 오심으로부터 지상재림까지를 말시대로 보았으며 그토록 그리스도의 재림을 사모했다. 그래서 서명에 '종말론' 혹은 '내세론' 이라는 명칭 대신 '말세론' 이라는 용어를 넣는 것이 적절하다.

본서가 빛을 볼 수 있도록 지도해 주신 대은사(大恩師) 김진하 박사님, 주도홍 박사님, 조병하 박사님, 장동민 박사님, 임원택 박사님, 저작으로 출판할 수 있도록 길을 열어주신 장종현 총장님, 기독교전문대학원의 류호준 원장님, 백석신학연구소에서 수고하시는 교수님들과 연구원 제위, 그리고 예영커뮤니케이션 김승태 사장님과 편집인 여러분께 진심으로 감사드린다.

주후 2007년 9월 1일
안수강 배상(拜上)

제1장 서론

제1절 선행연구의 동향

해방 전 한국교회사에서의 길선주의 위상은 교파와 교단을 초월하여 가히 머릿돌의 위치라 할 것이다. 동시대 인물로 길선주를 존경했던 김인서(金麟瑞)는 그의 신학에 대해 "先生의 神學은 英米나 어느 外國의 大家의게 배운 것이 아니오 (중략) 儒에 就하야 文과 仁을 배우고 佛에 就하야 禪을 배우고 仙에 入하야 玄牝를 修한 先生의 神學에는 아마도 東方的 色素가 濃厚한 타 잇다" 하여 '先生獨特의 神學' 이자 '朝鮮獨特의 神學' 이라 평가했다.[1] 길선주가 소천하자 이명직(李明稙)은 그를 조선 그리스도교를 창립한 '靈界把守軍' 이오 '大勳位' 였다고 추모했으며[2] 김교신(金敎臣)은 그를 조선 기독교의 50년 과거사를 구현한 분으로 상기하면서 그가 소천했던 시점을 조선 기독교의 과거 50년과 미래 50년의 분기점으로 자리매김했다.[3] 기독교 주간신문이었던 『基督申報』에서는 길선주의 소천 소식과 아울러 그의 생애를 비중 있게 다루면서 조선장로회의 원로(元老)요 조선예수교회의 거성(巨星)이자 일반교도의 숭양의 표적이었다고 특필(特筆)했다.[4] 박형룡(朴亨龍)은 사도 바

---

1) 김인서, "靈溪先生小傳(下)", 『神學指南』 14권 3호 (1932년 5월), 35. 김인서, "靈溪先生의 末世學", 『信仰生活』 4권 7호 (1935년 7월), 13.
2) 이명직, "靈溪先生吉善宙牧師追慕함", 『活泉』 158호 (1936년 1월), 3.
3) 김교신, "今後의 朝鮮基督敎", 『聖書朝鮮』 85호 (1936년 2월), 25. 김교신은 조선기독교의 과거 50년사를 '聖神타입' 으로 규정하고 그 중심에 선 인물로 길선주를 들었으며 향후 미래 50년사는 순교의 세대를 인내하기 위해 학문과 신앙이 완전하게 합금(合金)된 '學究타입' 의 교회 역사가 전개되어야 한다고 주장했다.

울의 생애를 조명하여 세계 기독교사에 위대한 족적을 남긴 디모데, 폴리캅, 크리소스톰, 어거스틴, 칼빈, 웨슬리 등의 행적을 기리는 중에 길선주는 '韓國敎會創業五十年'의 한국교회사에 지대한 공헌을 남긴 인물이며 바울의 사도적 생애를 재연출한 가장 경애하는 분이라고 추앙했다.[5] 당시 동아일보 사장이었던 송진우(宋鎭禹)는 조사를 통해 길선주의 목회사역을 회고하면서 그가 평생 60처소에 달하는 교회를 설립했던 일과 무려 일만칠천 회에 걸쳐 행했던 강도를 언급하며 "이것은 다만 敎會內部의 일로만 볼 것이 아니고 社會民衆敎導에 얼마나 큰 貢獻을 하셨는가를 알 수 엱는 것"이라고 평가했다.[6] 이는 그의 사역이 비단 기독교계뿐만 아니라 일반 사회에도 지대한 영향을 미쳤다는 것을 의미한다. 한편 송길섭(宋吉燮)은 장로교 내의 배타적 보수주의는 바로 길선주에 의해서 기초가 놓여지고 박형룡에 의해 집대성되었다고 간파하여 그를 보수주의 신앙의 대표적 인물이자 보수장로교회의 정체성을 확립한 분으로 보았다.[7]

이처럼 길선주는 1907년에 평양신학교를 졸업하고 장로교의 최초 일곱 목사들 중의 한 분으로 안수 받아 1935년에 소천하기까지 독창적 신학자로, 한국기독교의 초석을 놓은 중진으로, 원로목사로, 사도적 생애의 귀감으로, 기독교계뿐만 아니라 일반사회에드 교도의 영향을 미친 분으로, 장로교 보수신학의 정체성을 확립한 인사로 높게 평가 받는다.

길선주의 행적으로서 일반적으로도 널리 알려진 업적이라면 장로교 최초의 일곱 목사들 중의 한 분이요, 1907년 평양대부흥운동을 주도했다는 점, 평양의 장대현교회를 담임한 목회자였다는 점, 삼일운동 당시 민족대표자로 서명한 33인 중의 한 분이었다는 점 등을 들 수 있다. 그렇지만 특별히 1920년대와 1930년대에 순회부흥운동을 통해 말세론을 강론함으로써 일제 식민치하에 있던 성도들로 하여금 주의 재림을 소망하게 해 주었던 부흥사로서의 신앙과 신학을 조명해야만 한다. 실제로 그는 1926년경 평양 장대현교회를 사임한 이후 1935년에 소천하기까지 전국 각지를 돌ㅁ 순회부흥사로 활동했으며 그가 전한 메시지의 중심은 말세론이었고[8]

---

4) "査經會中에 突然卒倒 吉善宙 牧師 長逝", 「基督申報」, 1935년 12월 4일, 1면.
5) 박형룡, "使徒生涯의 再演出", 「信仰生活」 5권 1호 (1936년 1월), 22.
6) 송진우, "吊辭", 「信仰生活」 5권 1호 (1936년 1월), 39.
7) 송길섭, 「韓國神學思想史」(서울: 大韓基督敎出版社, 1992), 273, 278.

유작들 가운데 대표적 역저(力著)라면 단연 『末世學』이었다.[9]

그는 말세론의 범주에 넣어 고찰해 볼 수 있는 『懺悔論』[10]을 이미 평양신학교 2학년에 재학 중이던 1904년에 발표했고 1916년에는 『懺悔論』의 증보판에 해당되는 『만ᄉ성취』[11]를 발행했으며, 1926년에 발행된 첫 설교집 『講臺寶鑑』[12]과 사후 1941년에 빛을 본 『吉善宙牧師說教集』[13]에 수록된 많은 설교에서도 말세론과 관련된 다양한 주제들을 발견할 수 있다.

본 연구에서는 길선주의 말세론을 주제로 묵시 문학적 배경과 그의 말세론 형성의 배경, 저서 『末世學』에 나타난 논지들, 동시대 종말론 관련 저서들과의 비교, 설교집에서 발견할 수 있는 말세론적 논지들, 현세와 내세의 이원론을 극복한 동인, 근·현대 종말론의 유형들과 그의 말세론과의 접점 등을 중심으로 고찰할 것이다.

본 논문에서 상세히 논하겠지만 그의 말세론은 세대주의적 전천년설에 입각해 있으며 세세한 내용에 있어서는 칼빈주의 신학의 관점에서 수용하기 곤란한 점들도 많다. 또 김인서는 그의 신학을 '朝鮮獨特의 神學'이라며 성경 외의 그 누구에게서도 영향을 받지 않은 독창적 신학이라고 강조했지만, 실제로는 그의 말세론을 형성해 주는 주변의 상황적 혹은 사상적 영향이 지대했었다는 점도 밝혀야 할 것이다.

지금까지의 길선주에 관한 선행연구들을 살펴보면 신학저널에 소논문 형식으로 발표되었거나 대체적으로 한국교회사 관련 저서에 장절(章節)의 일부 내용 정도로 소개되어 있을 뿐이다. 길선주를 단일 인물로 설정하여 고찰한 단행본 저서로는 길진경의 『靈溪 吉善宙』가 전부이며 그의 말세론이 박사학위논문의 주제로 다루어진 적은 없다. 그 동안의 길선주와 관련된 연구들로서 일반적으로 말세론, 부흥운동, 민족운동, 영성, 설교분석, 신학양태 규명 등이 주요 논제로 다루어졌는데, 그 중 그의 말세론과 관련된 연구는 독립된 단일 주제로 설정되어 심층적으로 고찰되기보다는 주로 생애와 사상의 한 부분을 점하는 정도로 소개되어져 왔다. 그러한 점

---

8) 김인서, "靈溪先生小傳 後篇二", 『信仰生活』 5권 2호 (1936년 2월), 26. 길진경, 『靈溪 吉善宙』(서울: 鐘路書籍, 1980), 280.
9) 김인서, "靈溪先生小傳 續一", 『信仰生活』 5권 1호 (1936년 1월), 29.
10) 길선주, 『懺悔論』, (京城: 大韓聖教書會, 1904).
11) 길선주, 『만ᄉ성취』(平壤: 光文社, 1916).
12) 길선주 『講臺寶鑑』(平壤: 東明書館, 1926).
13) 崔仁化 編, 『吉善宙牧師說教集』(京城: 主校出版社, 1941).

에서 그것은 깊이 있는 학술 주제로는 발전할 수가 없었다. 다만 학문적 가치를 지니는 소논문들은 향후 종말론 분야에 있어서 연구 가능한 의미 있는 논점들을 제언해 주었고, 그것은 나름대로의 공헌으로 볼 수 있겠다. 이 점에 대해서는 본 장 5절의 '선행연구 내용 분석 및 평가'에서 각 논문들에 나타난 논제들을 정리하여 다룰 것이다.

지금까지 발표된 길선주 관련 연구들을 소논문, 단행본 저서, 학위논문, 길선주 당대에 발표된 저술 등으로 나누어 정리하면 다음과 같다.

첫째, 소논문의 형식을 취하는 연구들로서 대표적인 학자들과 해당 연구주제들을 소개하면 부흥운동과 관련하여 장병일의 "復興運動의 횃불— 靈溪 吉善宙 牧師의 生涯와 思想"(1966년)[14], 박효생의 "한국교회는 길선주형 교회"(1983년)[15], 김광수의 "목회자 길선주에 대한 사적 연구"(1990년)[16]를 들 수 있다. 장병일은 길선주의 목회사역이 찬송가 연구, 새벽기도회 등을 통해 한국신학의 자주성과 신앙의 주체성을 형성해 주었다는 점을 부각시키면서 그의 부흥회와 성경연구, 말세론 등을 중심적인 논점으로 소개했다. 특히 말세론과 관련해서는 당시의 시대적 정황을 지나치게 재림의 징조들로 비약시킴으로서 당대를 말세로 간주했으며 미비한 신학으로 인해 재림시기까지 계산해 내는 실수를 범했다고 지적했다.[17] 박효생은 그가 새벽기도와 성경읽기, 전통문화에 대한 관심 등을 통해 토착화 작업에 충실했다고 선평(善評)했으며[18] 김광수는 그를 최초의 한국인 시세자로, 삼일독립선언자로, 성령운동의 발기인으로, 부흥과 영계의 왕자로, 선지와 예언의 사도로 추앙했다.[19]

민족운동과 관련하여 길진경의 "3·1운동 독립선언서에 선두로 서명한 길선주 목사"(1981년)[20], 김인수의 "길선주 목사의 '나라사랑' 정신에 대한 소고"(1992년)[21], 나동광의 "길선주의 생애와 민족운동"(2001년)[22]을 들 수 있다. 길진경은 길

---

14) 장병일, "復興運動의 횃불— 靈溪 吉善宙 牧師의 生涯와 思想", 『基督敎思想』 (1966년 12월), 68-75.
15) 박효생, "한국교회는 길선주형 교회", 『信仰界』 191호 (1983년 2월), 102-106.
16) 김광수, "목회자 길선주에 대한 사적 연구", 『神學正論』 4권 8집 (1990년), 339-359.
17) 장병일, "復興運動의 횃불— 靈溪 吉善宙 牧師의 生涯와 思想", 74-75.
18) 박효생, "한국교회는 길선주형 교회", 102-105.
19) 김광수, "목회자 길선주에 대한 사적 연구", 339-359.
20) 길진경, "3·1운동 독립선언서에 선두로 서명한 길선주 목사", 『信仰界』 (1981년 3월), 96-100.
21) 김인수, "길선주 목사의 '나라사랑' 정신에 대한 소고", 『敎會와 神學』 24집 (1992년), 207-229.
22) 나동광, "길선주의 생애와 민족운동", 『文化傳統論集』 9집 (2001년), 117-129.

선주가 기독교의 진리가 민족개량을 위한 유일한 진리이며 오직 복음만이 복지사
회 건설을 위한 진리가 될 수 있다는 점을 자각함으로써 한글 저술 작업을 통한 토
착화 작업, 성경공부반 운영, 새벽기도회, 선교사 파송, 삼일운동 등에 남겼던 공헌
을 부각시켰다.[23] 김인수는 그의 토착문화 보존, 교육, 절제운동, 해외선교, 종말론,
독립운동 등에 나타난 나라사랑운동을 논했으며[24] 나동광은 그가 종교적 심성에
의한 부흥운동과 자유독립적 심성에 의한 삼일운동을 전개함으로써 기독교적 민
족운동을 실천했다고 평가했다.[25]

영성과 관련하여 한숭홍의 "길선주의 신앙과 한국신학의 형성"(1996년)[26]과 허호
익의 "영계(靈溪) 길선주 목사의 영성신학"(1998년)[27]을 들 수 있다. 한숭홍은 길선
주의 신학을 '신앙론 중심의 신학', '성령신앙의 신학', '영성신학'이라고 명명하
고 그의 영성은 인간실존의 현실적 모습을 극복하기 위한 사회치유적 대중요법이
아니라 구원받은 신앙에 기초한 죄의 자복과 신접체험이었다고 강조했다.[28] 허호
익은 길선주가 체험했던 재래종교의 풍부한 영성이 매개가 되어 기독교적 영성으
로의 개종이 이루어졌다고 보았다.[29] 그는 1907년 대부흥운동이 한국적 영성의 정
초가 되었다고 의미를 부여했으며[30] 삼일운동이 실패한 이후에는 길선주의 영성이
새 하늘과 새 땅을 갈구하는 종말론적 영성 차원으로 승화되었다고 분석했다.[31]

말세론과 관련하여 김철손의 "默示文學"(1971년)[32]과 이덕주의 "영계 길선주 목
사의 말세론"(1987년)[33]을 들 수 있다. 김철손은 길선주가 영적 체험과 이론적 체계
의 통일을 이룸으로써 후천년설에 입각하여 한국에서 말세론을 수립했던 제 일인
자라고 보았다.[34] 이덕주는 길선주에 의해 유불선의 동양종교 전통이 그리스도 안

---

23) 길진경, "3·1운동 독립선언서에 선두로 서명한 길선주 목사", 99-100.
24) 김인수, "길선주 목사의 '나라사랑' 정신에 대한 소고", 215-229.
25) 나동광, "길선주의 생애와 민족운동", 128.
26) 한숭홍, 『한국신학사상의 흐름(상)』(서울: 장로회신학대학교출판부, 1996), 96-103.
27) 허호익, "영계(靈溪) 길선주 목사의 영성신학", 『청풍』 1호 (1998년), 50-84.
28) 한숭홍, 『한국신학사상의 흐름(상)』, 99-100.
29) 허호익, "영계(靈溪) 길선주 목사의 영성신학", 63.
30) Ibid., 71.
31) Ibid., 80.
32) 김철손, "默示文學", 『基督敎思想』 (1971년 6월), 159-160.
33) 이덕주, "영계 길선주 목사의 말세론(I)", 『살림』 3호 (1987년 2월), 65-73. 이덕주, "영계 길선주 목사의
말세론(II)", 『살림』 4호 (1987년 3월), 65-74.
34) 김철손, "默示文學", 160. 김철손은 길선주의 천년왕국론을 후천년설이라고 오해했다. 본 논문에서 상술하

에서 새롭게 해석되었고, 1920년대와 1930년대의 정치 사회적 불안과 개인적으로 겪었던 불리한 목회상황이 겹치면서 재림 중심의 말세론이 형성되었다고 보았다. 또한 그의 이러한 말세론은 신사참배를 거부한 반체제 신앙인들의 재림신앙과도 접목해 볼 수 있는 가치가 있다고 보았다.[35]

설교분석과 관련하여 정성구의 "길선주 목사의 설교론"(1986년)[36]을 들 수 있다. 정성구는 길선주의 설교는 개화기의 방황하는 사람들에게, 그리고 조국을 잃고 슬픔에 잠겨 있는 민족 앞에 던져진 메시지였으며 단순히 내세지향적인 종말론적 피안성만이 있었던 것은 아니었다고 간파했다. 또한 그의 설교는 민족의 슬픈 정황에도 어떻게 현실과 싸워서 승리할 것인가 하는 차안성을 통해 신앙의 위대한 힘을 보여주었으며 민족의 문제와 아픔을 신앙으로 극복하게 해 주었다고 의미를 부여했다.[37]

신학양태 규정과 관련하여 유동식의 "保守的 根本主義 思想과 吉善宙"(1986년)[38] 와 송길섭의 "保守主義 信仰의 巨星 吉善宙"(1987년)[39]를 들 수 있다. 유동식은 위기극복을 위한 교회의 한 태도로서 교회의 비정치화와 구령운동을 소개하면서 길선주를 대표적인 인사로 분류하여 보수적 근본주의 사상가로 보았으며 그가 견지했던 성경무오설과 말세론이 한국 근본주의 신학의 기초를 놓았다고 파악했다.[40] 송길섭은 길선주의 신앙유형을 성경의 권위, 기도의 열심, 전도열로 규정하면서 한국교회 초기 30년 동안 그의 목회활동과 부흥사경운동은 한국교회의 신앙형태와 유산을 형성하는 데 큰 영향을 주었다고 평했다.[41] 특히 송길섭은 길선주가 청교도적 보수신앙에 입각하여 이설(異說)을 배격하고 성경의 권위를 강조함으로써 장로교 내의 배타적 보수주의의 기초를 놓을 수 있었다고 단언했다.[42]

겠지만 길선주의 천년왕국론은 세대주의적 전천년설이다. cf. 본장 5절 4의 '논점④: 말세론과 천년왕국론의 문제'를 볼 것.

35) 이덕주, "영계 길선주 목사의 말세론(II)", 73-74.

36) 정성구, "韓國敎會와 說敎運動-吉善宙, 金益斗, 李聖鳳을 中心하여-", 『神學指南』, 51권 1, 2집 통권 201호 (1984년 봄 · 여름), 140-159.

37) Ibid., 158-159.

38) 유동식, 『韓國神學의 鑛脈』(서울: 展望社, 1986), 55-60.

39) 송길섭, 『韓國神學思想史』, 273-278.

40) 유동식, 『韓國神學의 鑛脈』, 55, 59.

41) 송길섭, 『韓國神學思想史』, 274-276.

42) Ibid., 278.

둘째, 단행본 저서의 형식을 취하는 연구서를 발표한 대표적인 학자들로서는 길진경과 박용규를 들 수 있다. 길선주의 자제 길진경에 의해 빛을 본 『靈溪 吉善宙』(1980년)에는 길선주의 교회부흥운동과 사회운동의 일환으로서의 민족개조론 및 민족 고유문화의 시대화 제창 등이 기술되어 있다. 이 저서는 가장 측근의 인물인 자제가 저술했다는 점에서 미화(美化), 왜곡 등 객관성의 문제가 제기될 수도 있겠지만 평소 선친의 행적과 사상을 주목한 대로 기술해 준 체험적 저작이라는 점에서 각별한 가치가 있다. 또한 이전의 길선주 관련 저작들과 비교해 볼 때 양적으로도 내용이 방대하다는 점, 김인서의 "靈溪先生小傳" 못지않게 비중 있게 활용되어온 문헌이라는 점, 그리고 선친이 사적으로 소지했던 비망록이나 단편 메모지 기록 등 희귀자료들을 십분 활용하여 저술했다는 점에서도 각별한 의미를 부여할 수 있다. 박용규의 『평양대부흥운동』(2000년)[43]은 길선주 단일 인물을 중심으로 다룬 저작은 아니지만 대부흥운동의 전조였던 하디(R. A. Hardie)의 원산부흥운동으로부터 시작하여 길선주가 중심인물로 등장했던 평양대부흥운동의 과정과 부흥운동이 미친 영향 등을 상세하게 논했다. 특히 이 저서는 영적 각성운동, 민족에 대한 새로운 희망 제시, 사경회 운동, 비정치화의 요인 등과 관련하여 부흥운동이 지닌 성격을 조명해 주었다는 점에서 충분한 학적 가치가 있다.

셋째, 길선주를 단일 인물로 설정하여 발표된 박사학위논문은 전무하지만 연구의 일부 내용으로 길선주를 다룬 박사학위논문으로서는 김인수의 *Protestants and the formation of modern Korean nationalism, 1885-1920: A study of the contributions of Horace Grant Underwood and Sun Chu Kil*(1993년)[44]과 김기대의 『日帝下 改新敎 宗派運動 硏究』(1996년)[45]를 들 수 있다. 김인수는 한국교회와 민족에게 미친 길선주의 사상과 지도력, 삼일운동에서의 지도력 등을 중심으로 길선주의 위치가 어떠한지를 조명했다. 특히 그의 신학이 민족의식에 끼친 공헌으로서 핍박받는 민족에게 던져준 메시아니즘, 유고사상 타파와 여성지위의 신장, 비폭

---

43) 박용규, 『평양대부흥운동』(서울: 생명의 말씀사, 2000).

44) In Soo Kim, *Protestants and the formation of modern Korean nationalism, 1885-1920: A study of the contributions of Horace Grant Underwood and Sun Chu Kil*, U·M·I, 1993, 147-253.

45) 김기대, 『日帝下 改新敎 宗派運動 硏究』(城南: 韓國精神文化研究院 韓國學大學院 博士學位論文, 1996), 84-114.

력, 기독교교육, 토착화 작업과 악습타파, 계몽운동을 통한 애국심 고취 등을 들었다.[46] 길선주가 핵심인물로 등장했던 대부흥운동에 대해서는 교회개혁과 자유에 대한 열망 고취, 교회의 급속한 성장, 기독교학교의 증가, 토착화된 교회, 일치의 정신, 사회개혁, 반일정신(反日精神) 등을 의미 있는 열매로 평가했다.[47] 김기대는 길선주의 말세론을 비판적인 입장에서 분석했는데 그의 말세론은 종파운동의 특징을 갖고 있으며 유형론적으로는 교회적-내세적 유형에 속하는 것으로 보았다. 그에 의하면 교회적 유형이란 교회에 의해 소개된 서구 문명의 효용성을 인정하여 서구교회에 대해 부정적이거나 적대적이지 않았다는 의미를 지닌다. 일제치하에서 그의 말세론은 식민지 현실을 극복할 수 있는 하나의 대안으로 나타났지만 극복이 아닌 회피로 결론지어졌고 수동적 인간상, 반지성적 신앙, 현세 밖의 도피구로 특징지어지는 비관론적 특성과 현실의 질서를 거부하는 내세적 성격을 지녔다고 파악했다.[48]

넷째, 길선주 당대에 발표된 주목할 만한 선행연구로서는 길선주 생전과 사후 『神學指南』과 『信仰生活』에 도합 일곱 차례에 걸쳐 게재되었던 김인서의 "靈溪先生小傳"[49]이 있다. 이 소전은 길선주와 교류하며 친분을 나누었던 동시대의 인물이 그의 입신 이전 생애로부터 입신의 배경, 가정전도와 생활, 우인전도(友人傳道), 교육활동, 대부흥운동과 전국전도순례, 환난과 핍박, 성격, 경학(經學) 및 신앙, 기도와 성경연구, 저서, 장대현교회와 이향리교회에서의 목회사역, 그의 사적에 대한 평가 등을 소상하게 기술해 주었다는 점에서 역사적 가치가 있는 문헌이다. 또한 길선주의 생애를 연구하는 학자들에게 권위 있는 원전급의 위치를 점한다는 점에서도 사료적 의미를 부여할 수 있다. 특히 『神學指南』에 실린 네 편의 소전들은 길선주의 생전에 게재되었다는 점에서 진실성 또한 높게 인정받을 수 있을 것이다.

---

46) In Soo Kim, Protestants and the formation of modern Korean nationalism, 1885-1920: A study of the contributions of Horace Grant Underwood and Sun Chu Kil,, 154-179.

47) Ibid., 189-195.

48) 김기대, 『日帝下 改新敎 宗派運動 硏究』, 114.

49) 김인서, "靈溪先生小傳(上)", 『神學指南』 13권 6호 (1931년 11월), 37-41. 김인서, "靈溪先生小傳(中)", 『神學指南』 14권 1호 (1932년 1월), 37-43. 김인서, "靈溪先生小傳(中二)", 『神學指南』, 14권 2호 (1932년 3월), 33-36. 김인서, "靈溪先生小傳(下)", 33-36. 김인서, "靈溪先生小傳 續一", 27-31. 김인서, "靈溪先生小傳 後篇二", 『信仰生活』 5권 2호 (1936년 2월), 25-29. 김인서, "靈溪先生小傳 後篇三", 『信仰生活』 5권 3호 (1936년 3월), 28-32.

제2절 선행연구의 한계점

1. 내용상의 한계점

이상의 연구 동향을 고찰해 볼 때 길선주에 관한 종래의 연구들은 연구 실적 면에서 다음 몇 가지의 한계점을 지니고 있다.

첫째, 길선주의 한국장로교회사에서의 역사적 위치에 비추어 그의 생애나 신앙을 단일 주제로 삼은 연구가 빈약하다는 점이다. 길선주에 관한 선행연구들은 신학 저널들을 중심으로 소수의 특정 학자들에 의해 소논문의 형식으로 발표되었거나 개론 형식의 한국교회사 관련 저서에 장절의 일부 내용 정도로 선정되어 단편적으로 소개되는 경우가 일반적인 추세였다. 더군다나 동일한 소논문들이 별다른 질적인 진척 없이 몇몇 저널에 중복 발표된 사례들도 발견된다.

둘째, 길선주의 말세론 관련 연구문헌들을 분석해 보면 비록 단편적인 언급으로 그친 경우가 일반적이지만 그의 말세론 연구와 연계하여 의미 있는 제언들이 제시된 경우가 있다. 중요한 제안적 논점들로서는 앞서 소개했던 것처럼 근본주의 신학, 민족, 토착화 신앙, 천년왕국론, 종파운동, 임박한 재림론, 재림시기 예언, 말세론의 배태 시점, 신사참배, 사회주의, 영성의 문제 등을 들 수 있다. 그러나 이러한 논점을 지닌 아이디어들이 제시되어 있음에도 불구하고 1980년대 이후 1990년대로 접어들어서면서부터는 학술적 가치를 지닌 연구 성과가 나타나지 않고 비교적 답보(踏步) 상태에 머물러 있다. 이는 길선주에 대한 연구를 거의 완성단계인 것으로 간주하여 더 이상의 새로운 연구에 의미를 부여하지 않거나 1차 자료의 한계 때문인 것으로 보인다.

셋째, 그동안 길선주를 연구한 학자들은 대체적으로 부흥운동, 민족운동, 영성, 말세론, 설교분석, 신학양태 규명 등을 중심적인 주제들로 다루었다. 그렇지만 말세론과 관련된 내용은 독립된 단일 주제로 고찰되기보다는 주로 생애와 사상을 논하는 과정에서 삼일운동 이후에 전개된 부흥운동의 한 양태였던 것으로 정리됨으로써 깊이 있게 다루어지지는 않았다. 또한 그 논점들도 일정한 선을 넘지 못했는데 묵시문학적 위기상황의 극복이라는 단순한 논리에 근거하여 일률적으로 임박한 재림론에 초점을 맞춰 현세에서 신앙을 수호하고 내세를 동경했다는 선에서 조명했기 때문이다.

2. 자료 활용상의 한계점

종래 길선주의 말세론을 고찰한 선행연구자들은 자료 활용에 있어서 다음 세 가지 면에서 문제점을 지녔다.

첫째, 기존의 길선주의 말세론 연구는 원전을 활용함에 있어서 『末世學』에만 치중한다는 점이다. 길선주의 말세론은 『信仰生活』에 연재된 『末世學』, 설교집 형태의 『講臺寶鑑』과 『吉善宙牧師說教集』, 초기 저서인 『懺悔論』과 『만ᄉ성취』 등의 1차 자료들을 살펴봄으로써 풍부한 정보를 얻을 수 있지만 일반적으로 다른 자료들은 고찰하지 않고 주로 『末世學』에만 관심을 둔다.

둘째, 길선주의 『末世學』도 1935년-1936년 사이에 『信仰生活』에 매월 연재되었던 당시의 원전을 활용하는 것이 아니라 길진경이 개작(改作)한 『靈溪 吉善宙 牧師 遺稿 選集(第 一輯)』(1968년)에 의존하는 경향을 취한다는 점도 문제이다. 그러나 이 저서는 길진경에 의해 현대어체로 교정되어 있고 조선어학회의 한글맞춤법통일안(1933년)이 제정·공포된 지 불과 2-3년 후쯤인 1935-1936년에 김인서 주필의 『信仰生活』에 연재되었던 『末世學』 원전의 내용들과 대조해 볼 때 여러 문제점들이 발견된다. 현대어 문체로 바꾸는 과정에서 용어가 추가 삽입되거나 쉬운 용어로 대체된 경우도 있으며 심지어 원전에는 없는 문장이나 문단이 길게 삽입되거나 전혀 새로운 항목이 추가되어 있는 경우도 있다. 예컨대 유고선집 첫 장 서론의 첫 문단에서 소개한 "말세학(末世學)은 성경을 근거로 한 기독교의 교리 가운데 하나로서 (중략) 내세를 기다리는 성도들의 간절한 소망에 이바지하려고 한다"[50]는 말세학의 의의를 밝힌 긴 문단이나, 마지막 장에서의 "이 세상은 주역(周易)의 리(理)이다"[51]라는 언급도 원전에는 없으며 재림의 내증에 있어서도 그 수나 내용상에 있어서 차이가 있다. 유고선집에서의 "우리 조선 민족은 옛날 유대나라 一二지파 가운데 흩어져 없어진 一二지파 가운데 어느 족파가 아닌가고 의심하지 않을 수 없

---

50) 길진경 편, 『靈溪 吉善宙 牧師 遺稿選集(第 一輯)』(서울: 大韓基督敎書會, 1968), 23.
51) Ibid., 138.

다"[52]는 주장도 원전에는 없다. 또 길선주가 원전인 『末世學』에서는 1939년 재림설과 2002년 재림설을 제시한 반면[53] 유고선집에는 1974년 재림설과 2002년 재림설로 정리되어 있다.[54] 이처럼 유고선집에는 길진경에 의해 평소 선친에 대한 이해를 기초로 증보되거나 부연된 내용들도 많아 길선주의 본래적 사상이 왜곡될 가능성을 배제할 수는 없다. 따라서 길진경에 의해 재정리된 유고선집을 1차 자료로 간주하기에는 무리가 있다.

셋째, 길선주의 생애를 고찰함에 있어 길진경의 『靈溪 吉善宙』에 대한 의존도가 지나치게 높다는 점을 들 수 있다. 『靈溪 吉善宙』는 길선주의 행적과 사상을 동시에 참고할 수 있는 가치 있는 자료는 될 수 있겠지만 자제의 저술이라는 점에서 미화, 왜곡 등 객관성 문제가 제기될 수 있는 소지가 다분한 만큼 다른 자료들과 병행하여 분석하거나 당대의 다른 객관적인 자료들을 검토할 필요성이 있다. 그러나 일반적으로 길선주의 생애를 검토하는 과정에서는 길진경의 이 저서를 지나칠 정도로 방대하게 인용하는 경향이 있으며 오히려 길선주 당대에 『神學指南』과 『信仰生活』에 발표되었던 김인서의 "靈溪先生小傳"보다도 더 선호하는 추세인 것 같다. 김인서 역시 길선주의 제자나 다름없는 측근이었지만 그의 소전에는 '三如失'을 통해 길선주가 성경학원을 설립하지 않았던 점이나 신학교 경영과 교회 최고지도권을 선교사들에게 맡김으로써 조선적 교회의 창안을 내놓지 못했던 점 등을 '失敗'요 '失策'이었다고[55] 지적하며 냉정한 비판을 가함으로써 길선주의 행적을 객관적으로 평가하고자 노력했다.

본 연구에서는 이러한 세 가지 문제점을 극복하기 위하여 그의 설교집들을 심도 있게 고찰할 것이며, 말세론 관련 저서로서는 원전인 『末世學』을, 생애를 조명함에 있어서는 가능한 한 김인서의 "靈溪先生小傳"을 십분 활용할 것이다.

52) Ibid., 116.
53) 길선주, "末世學", 『信仰生活』 5권 1호 (1936년 1월), 19, 21.
54) 길진경 편, 『靈溪 吉善宙 牧師 遺稿選集(第 一輯)』, 70, 72.
55) 김인서, "靈溪先生小傳 後篇三", 28-30.

제3절 연구의 필요성 및 문제 제기

본 연구에서는 종래의 선행연구들이 지녔던 한계점들을 고려하여 길선주의 말세론을 단일 주제로 설정하고 각 장별로 다음과 같은 내용들을 살펴보고자 한다.

제2장에서는 묵시문학적 배경과 말세론 형성의 유기적 관계를 논한 후 계속해서 길선주의 말세론 형성의 시대적, 개인적 배경을 고찰할 것이다. 종래의 길선주의 말세론 형성에 관한 연구들은 당대의 시대적 그리고 개인적인 위기를 단편적으로 조명하는 선에 그쳤지만 길선주가 말세론에 접한 배경들을 포착하기 위해서는 무엇보다도 위기상황과 관련된 묵시문학 사상의 출현을 논리적으로 이해할 필요가 있다. 왜냐하면 길선주의 말세론은 청일전쟁과 을미사변, 러일전쟁, 을사보호조약(乙巳保護條約, 을사늑약), 한일합방, 국권피탈, 일제 식민통치, 삼일운동의 비극으로 이어지는 어려운 정치적 상황들과 그의 소년 시절부터 장년기에 이르기까지 위기와 고난으로 점철된 개인적인 독특한 배경들, 즉 묵시문학적 정황들이라고 간주할만한 시대상과 매우 밀접한 관계가 있기 때문이다.

제3장에서는 길선주의 말세론을 고찰함에 있어 이를 대변하는 대표적 저서인 『末世學』을 중심으로 살펴볼 것이다. 종래의 선행연구들은 자료 활용에 있어 대체적으로 그의 자제인 길진경이 편집하여 발행한 『靈溪 吉善宙 牧師 遺稿 選集(第 一輯)』(1968년)에 의존하는 경향이 있었지만 전술한 것처럼 이 문헌은 내용상에 있어서 1935년 7월부터 1936년 11월까지 김인서의 『信仰生活』에 연재되었던 『末世學』 원전과는 상당부분 차이가 있다.

일반적으로 길선주의 『末世學』은 『信仰生活』의 주필이었던 김인서가 "靈溪先生 末世學을 실는 『信仰生活』誌는 斷然 朝鮮 第一의 信仰文書로 祝福바는 것이다"[56]라고 평가했을 정도로 그의 종말론 관련 저서의 대표작으로 인정받는다. 그러나 『末世學』을 발행하기에 앞서 1904년에 발행된 『懈惰論』과 이 저서의 증보 격으로 1916년에 발행된 『만ᄉ셩취』 또한 현세에서의 일정한 순례자적 고난의 삶의 과정을 거쳐 영원한 안식이 약속되어 있는 영생국에 믿음으로 입성한다는 종말론적인 논

---

56) 김인서, "靈溪先生의 末世學", 『信仰生活』 4권 7호 (1935년 7월), 13.

점들을 함의하고 있기 때문에 『末世學』 뿐만 아니라 이 두 저서들도 통찰하여 서로의 관련성을 논할 것이다. 또한 2장에서 다룬 논리에 근거하여 『末世學』의 종말론적 그리고 묵시문학적 위치를 동시에 설명하고, 재림론에 나타나는 특징적인 주요 논점들이 무엇인지를 논할 것이며, 칼빈주의와 상이한 점들에 대해서도 분석하여 비판할 것이다. 종래의 선행연구들은 이런 점들을 체계성 있게 밝혀주지 못했다.

제4장에서는 길선주의 학문적 배경과 동시대 종말론 관련 저서들을 연구할 것이다. 그의 평양신학교 재학 시절 그에게 요한계시록을 강의했던 은사가 스왈런(W. L. Swallen)이었다는 사실을 당시 선교사들의 문헌을 통해 밝히고 스왈런의 종말론 사상을 분석하여 비교할 것이며 동시대에 발표되었던 다양한 다른 종말론 관련 저서들에 나타난 주요 논점들과도 비교할 것이다. 선행연구들은 길선주의 학문적 배경과 관련하여 스왈런이 길선주에게 요한계시록을 강의한 은사였다는 점을 밝혀주지 못했으며, 두 사람의 종말론 관련 저서를 비교 분석한 사례도 없다. 또한 선행연구들은 일반적으로 삼일운동 이후에 전파된 말세사상과 관련하여 대표적으로 길선주가 중심이 되어 전개한 운동이었다는 점관을 부각시키고 당시 발표되었던 일부 굵직한 저서명들을 거론하는 선에서 마무리 짓는다. 길선주의 『末世學』과 동시대 다른 종말론 관련 저서들을 비교 분석하는 작업은 당대 길선주의 말세론이 이들 저서들과 어떤 점에서 상호 접점을 이루며 또 어떤 점에서 견해를 달리하는지를 고찰해 볼 수 있다는 점에서 중요하다.

제5장에서는 길선주의 설교집을 중심으로 조직신학적 접근을 통해 그의 성경론, 신론, 인간론, 기독론, 구원론, 교회론 등 제(諸) 신학에 내재된 말세론을 다룰 것이다. 길선주의 말세론에 대한 선행연구들은 『末世學』 외에도 설교집 같은 다른 1차 자료들이 있음에도 불구하고 거의 활용하지 않고 굳이 『末世學』으로만 제한하여 고찰하려는 경향을 취했다. 그것도 조직신학의 종말론 범주에서만 논함으로써 그의 조직신학적 신학체제 전반과 연관 짓지 못하는 연구가 지배적이었다. 종말론은 다른 조직신학 분야와 독립된 분야가 아니기 때문에 '종합적 방법론'에 입각하여 성경론, 신론, 인간론, 기독론, 구원론, 교회론 등의 분야에서도 말세론을 통찰해야 할 필요성이 있지만 선행연구들은 이러한 방법론을 전혀 적용하지 않았다. 본 장에서는 성경관에 내재된 말세론, 신관에 내재된 말세론, 인간관에 내재된 말세론, 구원관과 기독관에 내재된 말세론, 교회관에 내재된 말세론, 시간관에 내재된 말세론

등을 논증할 것이다.

제6장에서는 현세와 내세의 이원론을 극복한 동인으로서의 민족개량 정신을 살펴볼 것이다. 종래의 선행연구들은 삼일운동 이후에 전개된 길선주의 말세운동과 관련하여 내면적 신앙운동이 구체적으로 어떤 양상으로 전개되었으며 그 동기와 의의는 무엇이었는지를 깊이 있게 밝혀주는 연구가 없어, 그의 말세 운동을 현세와 내세의 일원적 연속선상에서 파악할 수 있는 이론적 단초를 제공해 주지 못했다. 그의 내면적 신앙운동이 지니는 의의는 그가 전개한 삼일운동 이후의 말세 운동에 대해 현세와 내세의 불연속적 이원론으로 간주하려는 견해들을 반박할 수 있는 논리적 토대를 제공할 수 있을 것이다. 아울러 본 장에서 중요한 작업은 삼일운동 이후의 설교 자료들을 별도로 분석해 내는 일이다. 선행연구들은 출옥 이후 그의 말세론이 현세와 내세를 단절로 보는 이원론적 입장이 아니라는 주장을 내세울 때 그의 설교들이 언제 행해진 것이었는지 발표된 시점과는 관계없이 무분별하게 인용하여 활용하는 경향이 있었다. 그의 설교 유작인 『講臺寶鑑』과 『吉善宙牧師說教集』에 실려 있는 200여 편의 설교들 중 어떤 설교들이 출옥 이후에 행해진 것들이었는지를 따로 구분하여 메시지를 분석하려는 시도 또한 전무했다. 적어도 삼일운동 및 출옥 이후 길선주의 말세론이 이원론을 극복한 양태였다는 점을 증명해 보이려면 그의 저서 『末世學』을 포함하여 시기적으로도 출옥 이후에 행해진 설교들을 별도로 선별하여 고찰해야만 할 것이다. 본 장에서는 이 작업이 적용될 것이다.[57]

제7장에서는 근대와 현대에 제기된 다양한 종말론의 유형들과 흐름에 비추어 길선주의 말세론이 어떤 점에서 중요한 접목을 이루며 교섭이 될 수 있는지 혹은 어떤 점에서 분명한 차이가 있는지를 간파할 것이다. 이 작업을 통해 근·현대 종말론의 사상적 흐름에 비추어 길선주의 『末世學』이 어디쯤에 위치하는지를 조명해 볼 수 있을 것이다.

---

57) 이 작업을 위하여 길진경의 『靈溪 吉善宙』의 부록편에 있는 '길선주 목사의 전국 교회 순회 역정 일람'(출감 후의 부흥집회 관련 비망록)을 주요자료로 참고했다. 가령, 비망록에 기록된 설교제목들을 『講臺寶鑑』 혹은 『吉善宙牧師說教集』에 게재된 설교제목들과 일일이 확인 대조하는 작업을 거쳐 출옥 이후의 설교들을 분류해 냈다. 이 외에도 설교가 게재되었던 저널의 출처를 밝혀 준 이성호 편의 『吉善宙牧師說教』, 기타 사적으로 저널에서 수집한 설교 자료들의 출처 등에 근거하여 출옥 이후의 설교를 분류하는 작업을 시도했다. 본 논문 6장 4절 2를 참고할 것.

제4절 연구의 제한점

본 연구는 길선주의 말세론 관련 저작들과 설교집들, 동시대 주변 인물들에 의해 발표되었던 길선주의 행적을 논한 소논문들, 그리고 동시대에 발행되었던 다양한 종말론 관련 저서들을 주요자료로 삼아 본 연구자가 제기한 문제들을 중심으로 고찰하고자 하는 문헌연구이며 연구의 제한점에 있어서는 다음과 같은 '시대적인 제한점' 과 '주요자료의 제한점' 을 지닌다.

1. 시대적인 제한점

본 연구에서는 길선주의 말세론에 초점을 맞추어 시대적 배경과 개인적 배경, 학문적 배경, 목회적 배경 등을 조명할 것이다. 중심 배경은 그의 입신 초기인 1890년대 말부터 그가 생존하여 목회를 감당하고 전국 각지에서 순회 부흥회를 인도하며 말세론을 강론했던 1930년대 중반까지로 설정했다. 이 기간은 조선말 격동기와 일제 식민치하에서 그가 체험했던 시대적, 개인적 고난의 삶은 말세론을 세련되게 구형해 갈 수 있었던 역사적 배경이 된다. 그의 말세론은 이 시기에 독특한 묵시문학적 역사적 배경에 기초를 두고 초기 선교사들의 세대주의적 전천년설이라는 종말론 학풍과 맞물리면서 체계화될 수 있었다.

2. 주요자료의 제한점

본 논문은 길선주가 남긴 자료들을 통해 그의 대변적 사상인 말세론을 논하는 연구라는 점에서 무엇보다도 원전을 입수하여 고찰하는 작업이 중요하다. 길선주의 저작은 몇몇 설교집과 『末世學』으로 대별할 수 있는데 단행본, 소논문 등의 문헌을 통 털어 대략 11종 정도가 현존하는 것으로 파악된다. 본 연구에서 활용할 1차 자료들은 다음 문헌들로 제한할 것이며 발행 연대순으로 정리하면 다음과 같다.

① 『懈惰論』: 1904년 경성의 대한성교서회(大韓聖教書會)에서 소책자로 발행되었다. 이 세상에 사는 동안 게으름을 타파하여 부지런한 생을 살 것을 권면했으며, 지상에서 값진 순례자적 삶을 살면서 영생국을 바라볼 것을 교훈했다.

② 『만ᄉᆞ셩츆』: 1916년 평양의 광문사(光文社)에서 발행된 것으로 내용상 『懺悔論』의 증보판이라 할 수 있다. 이 저서에는 지상에서의 순례자적 삶의 과정이 더욱 세분화되고 자세하게 기술되어 있으며 독자들로 하여금 친숙하게 대할 수 있도록 한국 민화(民畵)를 삽화 형식으로 곁들여 토착화 작업을 시도했다.

③ "平和의 曙": 1921년 7월 경성의 활문사서점(活文社書店)에서 발행된 『宗敎界諸名士講演集』에 게재된 글로 1차세계대전이 종료된 후 세계 열강들이 주최하는 평화회의를 신뢰할 수 없다는 부정적 입장을 밝혔다. 그는 이 글에서 진정한 평화는 오직 하나님만을 의지하는 데서 누릴 수 있다는 결단을 보여주었다.

④ 『講臺寶鑑』: 1926년 평양의 동명서관(東明書舘)에서 발행된 설교집으로 총 164편의 설교가 실려 있고 특별히 부록편으로는 강도법(講道法)이 덧붙여져 있다. 설교는 비교적 주제별(예: 上帝, 교회, 그리스도, 구주, 사랑, 시험, 신자, 가정, 교역자, 바울, 생명 등)로 정리하기 위해 심혈을 기울였던 것으로 보인다.

⑤ "靈溪格言": 1926년 11월 『眞生』(제 2권 제 3호)에 투고된 격언집으로 겸손, 교만, 낙심, 소망, 악인과 선인, 권면, 해타, 도덕, 진리, 기회, 지위, 안락, 합심기도, 분쟁의 언론, 애족, 애국심, 애주심(愛主心), 탐심, 부귀, 은혜, 박애, 친구, 지기(志氣), 자녀교훈, 인정, 지혜, 순복심(順服心) 등에 관한 짧은 문장 형식의 교훈들이 담겨 있다.

⑥ "聖徒의 五大要綱": 1935년 1월 『宗敎時報』(제 4권 제 1호)에 게재된 글로 언어, 행실, 사랑, 믿음, 성결 등 다섯 가지 덕목에 관한 교훈을 역설한 설교문이다.

⑦ "그리스도의 香氣": 『聖火』 1935년 8·9월호(제 1권 제 8·9호)에 수록된 글이다. 그리스도의 향기의 재료는 성령의 아홉 가지 열매이며 그 효력은 소극적으로는 죽이는 것이요 적극적으로는 살리는 것인 바 기도에 힘쓰고 성령의 능력 가운데 거할 것을 권면하는 설교문이다.

⑧ 『末世學』: 김인서가 주필로 있던 『信仰生活』에 소논문 형식으로 연재되었으며 서언으로부터 시작하여 총론, 예수재림론, 재림의 내증과 외증, 부활의 증거, 공중혼인연석, 칠년대환난, 지상재림, 천년왕국, 마귀해방, 변화무궁세계 등의 내용을 담았다. 괄호 안의 수는 『信仰生活』의 면수를 나타낸다.

  1935年 / 7月(14–16), 8·9月(10–17), 10月(11–15), 11月(15–21), 12月(8–12)

  1936年 / 1月(13–20), 2月(14–19), 3月(15–23), 4月(13–18), 5月(10–15),

6月(15-21), 7月(13-15), 8·9月(10-15), 10月(13-14), 11月(8-12)

⑨ 『吉善宙牧師說敎集』: 1941년에 최인화(崔仁化)가 편집하여 경성의 주교출판사(主校出版社)에서 발행한 설교집으로 47편의 설교가 실려 있고 뒷부분에는 부록 형식으로 길선주 목사의 약력이 첨부되었다.

⑩ 『길선주목사 예화모음』: 길진경이 편집 정리한 것으로 1994년 서울 기독교문사에서 발행되었는데 '영계비유', '영계격언', '설교요약' 등으로 분류되어 있으며 모두 89가지의 내용이 게재되었다.

⑪ 『吉善宙牧師說敎(略傳集·講臺寶鑑·但以理査經案)』: 1977년 이성호의 편집으로 서울 혜문사(惠文社)에서 발행되었으며 기존의 소전, 최인화 편의 『吉善宙牧師說敎集』, 『講臺寶鑑』을 현대어체로 교정한 것이다. 『吉善宙牧師說敎集』은 전편에 1면부터 189면까지, 『講臺寶鑑』은 후편에 1면부터 245면까지의 분량으로 편집되어 있으며 『講臺寶鑑』에는 없는 내용이 추가된 경우도 있다. 본 논문에서는 이성호 편의 『吉善宙牧師說敎(略傳集·講臺寶鑑·但以理査經案)』을 참고할 때는 전편과 후편으로 나누어 다음과 같이 면수를 표기했다.

예) 길선주, "信者의 三大本分", 이성호 편, 『吉善宙牧師說敎』(서울: 惠文社, 1977), 107-112(전편).

예) 길선주, "이상한 귀빈(貴賓)과 괴이(怪異)한 주인", 이성호 편, 『吉善宙牧師說敎』(서울: 惠文社, 1977), 1-2(후편).

제5절 선행연구 내용 분석 및 평가
-말세론과 관련된 주요 논점들을 중심으로-

우선 길선주에 관한 주요 선행연구들을 연대순으로 정리하면 [표 I-1]과 같다. 선행연구들의 연대는 단행본인 경우 초판 발행연드에 준했다.

길선주의 말세론에 대한 연구는 이덕주의 소논문처럼 하나의 독립적인 주제("영계 길선주 목사의 말세론")로 다루어진 경우도 있으나 생애와 사상을 포괄한 부흥운동, 민족운동, 목회사역, 종파운동, 영성 등 다양한 주제들 안에 작은 목차 정도로 설정된 경우가 일반적이다.

	저자	연도	주제	서명
1	김인서	1931-2 1936	靈溪先生小傳	『神學指南』 『信仰生活』
2	장병일	1966	復興運動의 횃불 – 靈溪 吉善宙 牧師의 生涯와 思想	『基督敎思想』
3	김철손	1971	默示文學	『基督敎思想』
4	김광수	1974	요한啓示錄 萬讀者 吉善宙	『한국기독교인물 사』(단행본)
5	길진경	1980	『靈溪 吉善宙』(단행본)	
6	길진경	1981	3·1운동 독립선언서에 선두로 서명한 길선주 목사	『信仰界』
7	유동식	1982	保守的 根本主義 思想과 吉善宙	『韓國神學의 鑛脈』
8	박효생	1983	한국교회는 길선주형 교회	『信仰界』
9	정성구	1984	韓國敎會와 說敎運動 –吉善宙, 金益斗, 李聖鳳을 中心하여–	『神學指南』
10	김광수	1986	목회자 길선주와 그의 목회 원리	『現代宗敎』
11	송길섭	1987	保守主義 信仰의 巨星 吉善宙	『韓國神學思想史』
12	이덕주	1987	영계 길선주 목사의 말세론	『살림』
13	김광수	1990	목회자 길선주에 대한 사적 연구	『신학정론』
14	김인수	1992	길선주 목사의 '나라사랑' 정신에 대한 소고	『敎會와 神學』
15	김인수	1993	*Protestants and the formation of modern Korean nationalism, 1885–1920* (박사학위논문)	
16	김기대	1996	吉善宙의 末世論 運動	『日帝下 改新敎 宗派運動 硏究』
17	한숭홍	1996	길선주의 신앙과 한국신학의 형성	『한국신학사상의흐 름(상)』(단행본)
18	허호익	1998	영계(靈溪) 길선주 목사의 영성신학	『청풍』
19	박용규	2000	『평양대부흥운동』(단행본)	
20	나동광	2001	길선주의 생애와 민족운동	『文化傳統論集』

[표 I –1] 주제별 선행연구 목록

길선주의 말세론과 관련하여 지금까지 연구된 문헌들을 분석해 보면 그의 말세론과 연계해 볼 수 있는 논점들로서 근본주의 신학, 민족, 토착화 신앙, 천년왕국론, 종파운동, 임박한 재림론, 재림시기 예언, 말세론의 배태 시점, 신사참배, 사회주의, 영성의 문제 등을 들 수 있다.

1. 논점 ① : 말세론과 근본주의 신학과의 접점

장병일은 길선주에게 독특한 성경해석학적 입장이 있었던 것은 아니었지만 근본주의 신학이 밑받침되어 있었으며 같은 근본주의 신학이라 할지라도 말세론에 입각한 성경연구에 기울어졌다고 평가하면서 그의 말세론 강의는 극히 축자적(逐字的) 색체가 짙었다고 간파했다.[58] 김광수는 길선주의 말세론을 성경무오설에 연계하여 그가 성경무오설을 골자로 한 전형적인 보수주의의 입장을 취함으로써 주의 재림을 중시하고 세계의 종말을 증언하는 데 힘썼다고 강조했다.[59] 이종성은 계시록 해석방법론과 관련하여 길선주가 『末世學』을 저술함에 있어 대체로 계시록을 문자적으로 해석하려는 입장을 취했다고 평가했다.[60]

이러한 연구들은 한 결 같이 길선주의 성경영감론을 주 재림 사상에 연계하려고 시도했다는 점에서 고무적이다. 그러나 길선주가 어떤 배경 하에서 문자를 중시하는 소양을 갖추게 되었으며 축자영감론(逐字靈感論)과 주 재림론은 어떤 차원에서 상호 연결될 수 있는지에 대해서는 다루지 않았다. 장병일의 경우 길선주가 말세학에 접한 사적인 동기나 배경 그리고 이와 관련된 사명의식을 분석하지 않은 채 단지 "성경의 어느 책보다는 이 말세사상에 흥미가 있었던 것 같고"[61]라는 정도로 추측했다.

축자영감론과 주 재림론과의 관계성은 그의 문자를 중시하는 유교에서의 학적 신념체계와 말세론에 관련된 성경암송, 항존주의적(恒存主義的) 성경관, "聖經日"의 재림신앙 등의 관점에서 고찰해 볼 수 있다. 이 문제에 대해서는 본 논문 5장 2

---

58) 장병일, "復興運動의 횃불─ 靈溪 吉善宙 牧師의 生涯와 思想", 73-74.
59) 김광수, "목회자 길선주에 대한 사적 연구", 355.
60) 이종성, "아우구스티누스의 歷史哲學과 韓國敎會의 末世信仰", 『敎會와 神學』 5집 (1972년), 26.
61) 장병일, "復興運動의 횃불─ 靈溪 吉善宙 牧師의 生涯와 思想", 73.

절의 '성경관에 내재된 말세론'에서 상세하게 논할 것이다.

2. 논점 ② : 말세론과 민족의 문제

길선주의 말세론과 민족의 상관성은 그의 말세론을 애국애족의 관점에서 고찰하려는 견해에서 발견할 수 있다. 그 중심논지들은 크게 두 범주로 집약될 수 있는데 첫째, 장차 도래할 '千年王國'과 '無窮安息世界'에 대한 비전이며 둘째, 고통당하는 현세에서의 신앙수호 차원으로 정리해 볼 수 있다.

우선, 장차 도래할 '千年王國'과 '無窮安息世界'에 대한 비전은 김광수, 정성구, 김인수, 나동광, 민경배 등의 견해에 나타난다. 김광수는 길선주의 말세론은 억압과 가난에 눌려 신음하던 동포들에게 희망과 용기를 주었다고 했으며[62] 정성구는 조국의 슬픈 현실을 극복하는 길이 장차 오실 재림의 주를 바라보는 데 있었다고 보았다.[63] 김인수는 길선주가 재림과 더불어 하나님의 피조물인 우주가 사라지는 것이 아니라 영존하며 한민족이 택한 백성이 되고 한반도가 성지가 됨으로써 백성과 땅이 그리스도와 더불어 영원토록 존속하리라는 꿈을 가졌다고 강조했다.[64] 김인수의 주목할 만한 견해로서는 그리스도인들이 그의 종말론을 통해서 피안적 세계만을 동경했던 것이 아니라 때가 무르익으면 일본의 압제가 현실적으로 종료될 것이라는 소망을 가졌다고 파악한 점이다.[65] 나동광은 길선주가 105인 사건에서 아들을 잃고 망국과 가정적 민족적 비애를 동시에 경험함으로써 심유별계감(心遊別界感)의 경지에 들어가 자연세계는 더 이상 그의 마음을 사로잡을 수가 없었으나 구약과 신약의 기록된 말씀을 통해 허무주의를 극복할 수 있었다고 보았다.[66] 민경배는 그의 종말론은 현 질서에 대한 부정적인 자세이기는 하지만 묵시록적 천년왕국을 저 앞에 있는 발전된 인류의 아름다운 낙원으로 보는 데서 새로운 차원의 의미를 갖게 되었으며 지상(地上)에 신천신지(新天新地)가 실현될 것을 믿음으로써

---

62) 김광수, 『韓國基督敎人物史』(서울: 基督敎文社, 1974), 145.
63) 정성구, "韓國敎會와 說敎運動-吉善宙, 金益斗, 李聖鳳을 中心하여-", 158.
64) 김인수, "길선주 목사의 '나라사랑' 정신에 대한 소고", 224-225.
65) In Soo Kim, *Protestants and the formation of modern Korean nationalism, 1885-1920: A study of the contributions of Horace Grant Underwood and Sun Chu Kil*, 178.
66) 나동광, "길선주의 생애와 민족운동", 126.

그의 신앙은 살아 있는 겨레와의 동행에서 증언되고 역사 속에서 선교도 되는 성육 신적 사건이었다고 의미를 부여했다.[67]

　둘째, 고통스러운 현세에서의 신앙수호라는 차원에서 길선주의 말세론과 민족 과의 관계를 논한 학자들로서는 유동식과 김광수를 들 수 있다. 유동식은 길선주의 신념은 조국을 위기에서 구하기 위해 모든 사람이 복음을 믿도록 전도해야 한다는 것이었으며 믿음을 지키기 위해서는 말세를 자각해야 한다는 것이 그의 신념이었 다고 파악했다.[68] 김광수는 길선주가 사태의 긴박성을 내세움으로써 일반 신도들 이 잠에서 깨어나 신앙을 지키도록 권면했으며 특히 가난과 일제의 압박에 눌려 신 음하는 동포들에게 희망과 용기를 북돋아주는 일에 집회의 중점을 두었다고 이해 했다.[69]

　정성구, 나동광, 민경배 등의 견해는 길선주의 말세론과 민족과의 관계를 접맥시 켜 볼 수 있는 단초들을 제공했다는 점에서, 김인수의 견해는 지상에서의 현실적 구원까지를 조명했다는 점에서, 유동식과 김광수의 견해는 범민족적 신앙의 차원 을 생각했다는 점에서 연구의 공헌점들을 논할 수 있을 것이다. 그러나 정성구, 민 경배, 유동식, 김광수는 말세론과 민족을 연계할만한 구체적인 사례들을 제시하지 는 않았으며 김인수와 나동광의 연구는 길선주의 삼일운동 이전의 행적에만 초점 을 맞추었을 뿐 그 이후의 행적은 더 이상 조명해 주지 못했다는 점에서 연구의 한 계가 드러난다. 김인수는 길선주의 국토와 민족을 사랑하는 정신이 그의 말세론을 산출해 냈다고 파악함으로써 민족이 말세론의 매개가 되었다고 본 논지는 높게 평 가할 수 있겠다. 그렇지만 내면적 신앙운동을 전개한 차원은 조명하지 않고 토착문 화 보존, 교육, 절제운동, 해외선교, 독립운동 등을 통한 나라사랑의 정신 등 주로 현상적이며 가시적인 업적들만을 제시했다는 점, 또한 그가 열거한 업적들은 삼일 운동 이후가 아니라 대부분 그 이전 시기의 사역들에 해당된다는 점에서도 연구의 부족한 면이 드러난다. 나동광의 견해로서 길선주가 성경에 입각하여 허무주의를 극복하기 위한 노력을 경주했다고 본 점은 정당하지만 허무주의가 구체적으로 어

---

67) 민경배, 『韓國基督敎會史』(서울: 延世大學校出版部, 2000), 396-397.
68) 유동식, 『韓國神學의 鑛脈』, 58.
69) 김광수, "목회자 길선주에 대한 사적 연구", 355.

떤 노력의 과정을 통해서 극복되었는지에 대해서는 밝혀주지 못했으며 삼일운동 이후 옥고를 치르고 나서 그의 민족운동이 어떤 양상으로 전개되었는지에 대해서도 함구했다.

본 연구에서는 6장 '이원론을 극복한 동인으로서의 민족개량 정신'에서 삼일운동 이후의 메시지를 선별·분석하는 작업을 통해 출옥 이후 내면적 신앙운동이 구체적으로 어떻게 전개되었는지를 고찰할 것이며 역시 6장 2절의 '신앙과 민족언약 사관'을 통해 그의 현세적 구원에 대한 논지들을 조명할 것이다.

3. 논점 ③ : 말세론과 토착화 신앙의 문제

길선주의 신학이 토착화된 양태라는 점을 처음 논한 인사는 동시대의 김인서일 것이다. 김인서는 그의 신학을 서양의 대가를 답습하지 않았기에 독창적이요 유불선의 동방적 색소가 농후하기에 동양적이며 따라서 '朝鮮 獨特의 神學'이라고 가치를 부여했다. 박효생은 길선주의 토착화 작업에 대해 그가 한국적 기독교신앙에 초석을 놓았다며 가령 새벽기도는 불교의 새벽예불이나 선도의 정시기도(定時祈禱)에서, 성경읽기는 유교의 경서 연구열에서 비롯되었을 것이라고 보았다.[70] 이덕주는 새벽기도회와 사경회 등을 길선주의 부흥운동의 주요원인으로 파악하면서 1907년 평양대부흥운동을 기독교가 한국의 종교로, 한국적 문화풍토에 뿌리 내린 종교로 정착된 결정적 사건이었다고 의미를 부여했다.[71] 나동광은 길선주는 한 민족의 뿌리 깊은 전통 속에 내려오는 종교적 심성이 내면세계에 깊이 자리 잡고 있었기 때문에 구도자의 행장을 차릴 수밖에 없었고 삶이 도(道)와 로고스로 연결된 종교가였다고 평가했다.[72] 이덕주, 나동광 등이 논한 길선주의 토착신앙은 말세론에만 제한된 것이 아니라 그의 전반적인 신앙양태를 염두에 둔 분석이다.

그의 말세론과 관련하여 토착화를 언급한 학자로서는 전택부, 심일섭을 들 수 있으며 토착화를 논할 수 있는 가능성을 보여준 학자로서는 이만열을 들 수 있다. 전

---

70) 박효생, "한국교회는 길선주형 교회", 103.
71) 이덕주, "영계 길선주 목사의 말세론(I)", 73.
72) 나동광, "길선주의 생애와 민족운동", 118.

택부는 선도를 바탕으로 출발한 길선주의 부흥집회는 모든 교인들을 새 하늘과 새 나라의 지상실현을 선뜻 믿게 했다는 데서 그의 '朝鮮神學'의 의의를 찾고자 했다.[73] 심일섭은 길선주의 묵시사상이나 말세학은 특히 동양의 도와 신비사상이 기독교신앙과 혼연합일 되어 있다는 면에서 한국신학 수립을 위한 귀중한 자료가 될 수 있다고 보았다.[74] 한편 이만열은 길선주만을 지목하지는 않았지만 한국 일반사회에서의 말세론이 한국기독교의 말세론에 영향을 주었다는 입장을 표명하면서 불교의 미륵불 사상이 불교계나 민간 신앙에 상당히 영향을 끼쳤고 이 사상이 한국의 기독교 종말론적인 사고형태와 유형적으로 유사하다는 점에 동의했다. 또한 1860년대 이후 『鄭鑑錄』의 성행이나 동학의 천지개벽사상도 신천신지 사상과 종말론에 결부되어 있는 것으로 이해했다.[75]

아직까지 길선주의 말세론과 토착화 신앙의 문제를 단일 주제로 깊이 있게 다룬 사례는 없으며 앞서 살펴본 것처럼 다른 논지를 전개해 가는 과정에 간략하게 기술되어 있거나 가능성을 제시하는 정도로 제언되어 있다.

본 연구자는 길선주의 말세론과 토착화 문제에서 짚고 넘어가야 할 논점으로서 다음 두 가지의 내용을 첨언(添言)하고자 한다.

우선, 길선주의 말세론에 어느 정도 동양적 색체가 내재해 있다는 점은 인정할 수 있는 사안이라는 점이다. 가령, 그의 『末世學』 저서에 재림의 외증으로서 '佛敎人의 證據'[76]를 든 점, 굿거리 타령에 '올을 班도 열두班 낼일 班도 열두班 合하니 수물네班'이 언급된 점을 들어 유대와 조선 종교풍습과의 유사성을 논한 점[77], 인간의 마음은 광대하여 본성적으로 천국과 지옥에까지 미친다는 논지를 전개함에 있어 『西遊記』와 '地府의 十大王'을 논한 점[78] 등을 들 수 있을 것이다. 또한 하나님의 호칭에 있어서도 『講臺寶鑑』에서는 일관되게 '上帝'로 표기했는데 마태오 리치

---

73) 전택부, 『韓國敎會發展史』(서울: 大韓基督敎出版社, 1992), 230.
74) 심일섭, 『韓國土着化神學形成史論究』(서울: 國學資料院, 1995), 71.
75) "默示文學과 韓國敎會", 『神學思想』 (1980년 가을), 550.
76) 인도의 불교잡지(1902년)에 1966년 신령하고 능력 있는 세계적 구주가 나타나 공의의 왕국을 건설할 것이라고 예언했던 내용이다. 길선주, "末世學(六)", 『信仰生活』 5권 2호 (1936년 2월), 14.
77) 길선주, "末世學(十一)", 『信仰生活』 5권 7호 (1936년 7월), 14. 동일한 진도에 해당되는 길진경(편)의 『靈溪 吉善宙 牧師 遺稿 選集(第 一輯)』, 116에는 조선민족을 12지파 중 흩어져 없어진 한 지파로 볼 수 있을 것이라는 견해와 무당의 주문 중에 "아합 임금 만세"라는 둔구 있으나 『信仰生活』에 게재되었던 길선주의 『末世學』 원전에는 전혀 없는 내용들이다.
78) 길선주, "丹心萬能", 『講臺寶鑑』(平壤: 東明書館, 1926), 7.

(Matteo Ricci)가 자신의 대표적 역작인 『天主實義』(The True Meaning of the Lord of Heaven)에서 보유론적(保儒論的) 태도를 취하기 위한 일환으로서 신(神)을 '上帝'로[79] 표기했었던 점과도 일맥상통한다. 그러나 유의할 점으로서 그는 『末世學』을 전개함에 있어 전후의 문장을 살펴보면 항상 성경에 근거하여 나름대로 자신의 논리체계를 밝히고 성경으로 마무리 지으려고 노력했으며 성경 외의 사상은 단지 성경을 효과적으로 설명하기 위한 제한적 보조수단에 종속시켰다는 점에 주목해야 한다.

둘째, 길선주는 기독교의 복음과 타종교의 사상 혹은 이교문화와의 본질적 혼합을 시도했던 것이 아니라 이해를 돕기 위하여 단지 해석상의 토착화를 시도했다는 점에 유의해야 한다. 길선주의 신학에서 분명히 유불선의 색체를 엿볼 수는 있지만 이는 혼합주의(syncretism)[80]로 인해 기독교의 본질이 왜곡될 수 있는 내용상의 문제가 아니라 해석상의 기법에 있어서 단지 유불선의 기질이 반영되었던 것으로 보아야 한다. 이 점에 대해서는 '논점⑤: 말세론과 종파운동의 문제'에서 논할 기회가 있을 것이다.

4. 논점 ④ : 말세론과 천년왕국론의 문제

길선주의 천년왕국론에 대해서는 일반적으로 세대주의적 전천년설인 것으로 이해하지만 그를 후천년설자로 간주하거나 혹은 그가 특정하게 별도의 입장을 밝히지 않았다고 보려는 주장도 있다. 길선주를 후천년설자로 분류하는 견해는 1961년 전경연의 소논문 "末世信仰과 韓國敎會"에 간략하게 소개된 주장이 최초인 것으로 보인다.[81] 김철손 역시 1971년 소논문 "默示文學"을 통해 길선주를 후천년설자로

---

79) 마태오 리치는 "吾天主, 乃古經書所稱上帝也"(우리의 천주는 바로 옛 경서에서 칭하는 상제)라 하여 천주를 중국인들의 상제의 개념과 동일시했다. Matteo Ricci S. J., *The True Meaning of the Lord of Heaven*(T'ien-chu Shih-i)(Translated by Douglas Lancashire, Peter Hu Kuo-Chen, S. J.; Taipei · Paris · Hongkong: Ricci Institute, 1985), 122-123. 유가에서는 상제는 만물의 위에 있어 만물을 주재하고 공평무사한 마음으로 백성의 행위를 심사하여 화복을 내리는 위치로 보며 군주를 상제의 전화(轉化)로 이해한다. 金能根, 『儒敎의 天思想』(서울: 崇實大學校出版部, 1988), 6.
80) 문화는 변할지라도 종교적 진리의 본질적 핵심은 변화하지 않는다. 이방종교에 동화되고 타협하는 종교적 혼합주의(religious syncretism)는 하나님의 목적과 행위에 반하는 것으로 허용될 수 없다. Roger E. Hedlund, *The Mission of the Church in the World: A Biblical Theology*(Grand Rapids: Baker Book House, 1991), 42, 103.

간파하여 길선주 당대에 재림날짜를 예언했던 병폐가 후천년설이 지닌 근본적인 문제였다고 지적하기도 했다.[82] 한편 송길섭은 길선주가 전천년왕국설, 후천년왕국설, 또는 무천년왕국설에 대한 언급을 했거나 비판한 적은 없고 다만 그가 이해한 대로 예수의 임박한 재림을 예고했던 것이라고 설명했다.[83]

그러나 전경연과 김철손이 길선주의 천년왕국론을 후천년설로 이해했던의길선주가 특정 천년왕국설을 표명하지 않았다고 본 송길섭의 견해는 분명한 오해이다. 길선주는 자신의 저서 『末世學』에서 그리스도의 공중재림[84]과 지상의 칠년대환난[85], 지상재림[86]을 주장했으며 "예수끠서 千年安息後에 오신다는 말은 도모지 不合理한 것이다. (중략) 예수끠서 오서셔 光明한 千年王國을 建設하 必要가 잇는 것"[87]이라 강조함으로써 병세치유론적(病世治癒論的) 재림론과 천년왕국관에 입각하여 분명하게 후천년설을 배격하고 세대주의적 전천년설을 취했다. 이 점에 대해서는 본 논문 3장 3절 2의 '병세치유론적 재림론과 우주정화론적 재림론', 그리고 5장 3절 2의 '靈能性-新天新地 조성의 도식'에서 별도로 논할 것이다.

5. 논점 ⑤ : 말세론과 종파운동의 문제

일반적으로 교회사가들은 길선주를 장로교의 보수신학을 정립한 대표적인 인사로 평가하며 종파를 형성한 인물로 간주하지는 않는다. 그런데 김기대는 길선주의 말세 운동을 종파운동으로 간파함으로써 이 문제에 있어서 기존의 길선주에 대한 이해와는 견해를 달리했다. 김기대는 삼일운동을 분기점으로 길선주의 사상이 낙관론적인 태도에서 비관론적 말세론으로 변했으며[88] 따라서 그의 말세론은 현세에 비관론적 입장을 취할 수밖에 없었고[89] 교회제도와 떨어져 종파적 성격 즉 기성교

---

81) 전경연, "末世信仰과 韓國敎會", 『基督敎思想』 5권 6호 (1961년 6월), 39.
82) 김철손, 『默示文學』, 160.
83) 송길섭, 『韓國神學思想史』, 276.
84) 길선주, "末世學(七)", 『信仰生活』 5권 3호 (1936년 3월), 22-23.
85) 길선주, "末世學(八)", 『信仰生活』 5권 4호 (1936년 4월), 13-18.
86) 길선주, "末世學(十一)", 13-15.
87) 길선주, "末世學(一)", 『信仰生活』 4권 7호 (1935년 7월), 14.
88) 김기대, 『日帝下 改新敎 宗派運動 硏究』, 90, 98-99.
89) Ibid., 108.

회와 결별한 종파성을 띠기 시작했다고 이해했다.[90] 그는 길선주의 말세론이 형성된 원인으로서 한계에 부딪힌 교회의 민족운동, 옥중체험, 장자 길진형의 죽음 등을 예로 들었으며[91] 그의 말세론이 지닌 특징을 허무주의적 느낌, 극단적 말세주의, 현실도피, 근대적 인간으로 거듭나는 노력의 폐기, 반지성적 신앙, 현세 밖의 도피구, 민족문제의 희석 등의 문구로 표현했다.[92]

그러나 김기대가 길선주의 말세론을 종파운동으로 파악한 논리는 비약적으로 지나치게 자의적 해석을 기한 데서 비롯된 오류로 보아야 한다. 그의 이러한 논리는 다음 여섯 가지의 사안을 고려하면 타당하지 못하다는 점이 입증된다.

첫째, 김기대는 길선주가 교회제도 및 기성교회와 결별하여 종파성을 띠기 시작했다고 간주했지만 이에 대한 설득력 있는 근거를 제시해 주지는 못했다. 오히려 길선주는 생애를 마감하기까지 한국교회의 중진으로서 총회와 노회를 섬겼으며 서북지역 보수교회의 주도적 리더로서 자리를 지켰다. 소천 한 달 전만 해도 평양 노회석상에서 다루어진 아빙돈(Abingdon) 단권주석 사건 처리건은 그의 몫이었을 정도로 그는 철저하게 교회제도권 내에서 활동했다.[93]

둘째, 김기대는 길선주가 기성교회와 선교부에 의해 거부된 전천년적 말세론을 주장한 것 자체가 이미 종파적이라고 주장했지만[94] 당대의 선교사들이나 목회자들 역시 일반적으로 전천년설에 입각해 있었다는 점을 미처 간파하지 못하는 오류를 범했다. 길선주 당대의 다양한 말세론 저서들이 길선주와 마찬가지로 세대주의적 전천년설을 견지했다는 점은 본 논문 4장 3절의 '스왈런의 종말론 관련 저서들과의 비교'와 4절의 '동시대 종말론 관련 저서들 고찰'에서 소상하게 다룰 것이다.

셋째, 길선주의 말세론이 삼일운동을 분기점으로 갑자기 배태되어 고착된 것으로 보았는데 이는 『懈惰論』(1904년), 『만ᄉ셩취』(1916년), 『信仰生活』에 게재된 『末世學』(1935년-1936년)의 일관된 흐름을 분석하지 못한 데서 온 판단이다. 또한 그의 말세론은 청소년기의 염세관에서부터 기원을 찾아야 하며 입신 이후 염세관이

<hr>

90) Ibid., 90, 113.
91) Ibid., 99-101.
92) Ibid., 101, 114.
93) 김인서, "靈溪先生小傳 續一", 30-31. 본 논문 제 5장 제 2절에 있는 셋째 내용을 볼 것.
94) 김기대, 『日帝下 改新敎 宗派運動 硏究』, 111.

기독교신앙의 재림론으로 새롭게 승화되어 갈 수 있었던 다양한 생의 경로와 정황들도 염두에 두어야만 한다. 이 점에 대해서는 본 논문 2장 4절의 '길선주의 말세론 형성의 시대적, 개인적 배경'에서 구체적으로 논할 것이다.

넷째, 길선주가 교회의 민족운동의 한계에 봉착하자 현실을 부정하고 현실도피적 말세론으로 전환했다고 보았는데 이는 길선주의 말세론이 내면적 신앙운동으로 전환된 한 양태이었지 결코 현실도피와 내세지향 일변도의 이원론적 신앙양태였던 것으로 단정해서는 안 된다. 그는 내면적 신앙운동을 중심으로 민족개량 정신을 전개하고 계몽에 힘썼으며 이러한 힘은 오히려 현세와 내세를 불연속적으로 보려는 이원론적 태도를 극복하는 큰 동인이 되었다는 점을 지나쳐 보아서는 안 된다. 이 점에 대해서는 본 논문 6장 '이원론을 극복한 동인으로서의 민족개량 정신'에서 논할 것이다.

다섯째, 김기대는 길선주가 타종교에 대해 개방적이었고 소위 포괄주의(inclusivism)를 지향함으로써 기독교와 타종교와의 관계를 불연속적인 것으로 보지 않고 타종교를 인정했다고 주장했다. 한걸음 더 나아가 그가 종교사의 점진적 완성은 기독교를 통해서 이루어진다는 사상에 입각해 있었다고 보았다.[95] 이는 길선주가 기독교의 본질을 왜곡시킬 수 있는 혼합주의를 수용했다는 의미가 되고 만다. 그렇다면 길선주가 1930년대의 신신학의 조류와 사회주의, 과학주의를 극도로 경계하고 성경의 진리를 사수하기 위해 아빙돈 단권주석 사건의 심각성을 고발했던 태도를 어떻게 설명할 것인가. 김기대는 길선주가 입신하기 전 유불선 사상에 심취했던 점에 근거하여 입신한 후에도 이 사상을 기독교 진리에 혼합하려 했던 것으로 이해했지만 길선주의 토착화 작업은 앞서 살펴보았듯이 본질의 왜곡이 아니라 단지 본질을 효과적으로 해석하고 이해하기 위한 해석상의 기법에 속한 문제였다는 점을 간과해서는 안 된다.

여섯째, 김기대는 길선주가 피안적 신앙에 입각하여 민족문제를 희석시켰고 말세론의 주체는 다니엘적 민족이 아니라 요한계시록적 기독교인이었다고 파악했다.[96] 그러나 길선주는 "但以理査經案"[97]을 별도의 교안으로 작성하여 교인들을 교

---

95) Ibid., 97.

96) 김기대가 말하는 '다니엘적 민족'이란 민족의 구원과 회복을 가르친다는 의미이고 '요한계시록적 기독교

육했다. 또한 길선주의 민족관은 민족언약사관(民族言約史觀)의 틀을 형성함으로
써 신앙으로 일깨워진 민족애, 하나님께 귀의하는 민족상, 현지와 현세의 민족을
바라보려는 사관, 동족불애죄(同族不愛罪) 고발, 신앙공동체 의식, 현세적 민족구
원 등의 섭리관으로 구형되어 있었다. 이 논지들에 대해서는 본 논문 6장 2절의
'신앙과 민족언약사관'에서 구체적으로 논할 것이다.

6. 논점 ⑥ : 말세론과 임박한 재림론의 문제

길선주의 말세론이 임박한 재림론을 지향한다는 것은 지금까지 발표된 논문에서
는 거의 견해가 일치되어 있을 정도로 정설이 되어 있다. 장병일은 1966년 자신의
소논문 "復興運動의 횃불― 靈溪 吉善宙 牧師의 生涯와 思想"을 통해 길선주의 말
세론을 임박한 재림론이라고 소개하면서 길선주가 당시의 시대 사건과 징조, 교회
의 타락상, 전쟁준비 등을 묵시록에 비추어 말세의 징조로 보고 때가 가까웠음을
외쳤으나 유행성 병이나 신경병, 국부적 재난, 신신학의 출현을 말세의 징조 내지
현상으로 간주한 데는 므리가 있었으며 논리적 비약이었다는 점을 지적했다.[98] 유
동식 역시 장병일과 견허를 같이 하여 길선주의 말세론에는 주의 재림과 세계의 종
말이 강조되어 있고 사태의 긴박성을 주장하는 것이 그의 말년의 설교였다고 분석
했으며[99] 김철손도 길선주가 현실세계에서 천년왕국의 안식을 찾기에 지나치게 조
바심했던 것 같다는 견해를 취했다.[100] 한편 김광수는 그의 임박한 재림론이 영적
각성을 촉구하는 차원에서 의미가 있었던 것으로 이해했는데 길선주의 집회는 사
태의 긴박성을 내세워 일반 교인들이 신앙의 잠에서 깨어나 믿음을 지키도록 힘쓰
게 하려는 데 의의가 있었다고 보았다.[101]

장병일, 유동식, 김철손, 김광수 등이 길선주의 말세론을 임박한 재림론으로 간
파했다는 점은 고무적이다. 그러나 임박한 재림론의 의의를 논함에 있어 단순하게

인' 이란 민족보다는 교인을 부각시킨다는 의미이다. Ibid., 110. cf. 114.
97) 길선주, "但以理查經案", 이성호 편, 『吉善宙牧師說教』, 227-245(후편).
98) 장병일, "復興運動의 횃불― 靈溪 吉善宙 牧師의 生涯와 思想", 73-74.
99) 유동식, 『韓國神學의 鑛脈』, 58.
100) 김철손, "默示文學", 160.
101) 김광수, "목회자 길선주와 그의 목회원리", 『現代宗敎』(1986년 11월), 61.

내세에 대한 소망을 견지하게 하려는 의도였다거나 현세에서 신앙의 지조를 지키게 하는 동인으로 작용했다는 선에서만 매듭지을 문제가 아닌 것 같다. 한 걸음 더 나아가 길선주가 시기의 위급성과 임박한 재림론을 통해 지상의 신자들에게 어떤 사명을 촉구했었는지의 차원까지를 분석해 냄으로써 그가 주창했던 임박한 재림론에 함축된 의의를 밝혀주어야 할 과제가 있다. 그는 임박한 재림론을 주장하면서 천상과 지상의 생을 불연속적 이원론의 관점에서 보지 않고 이미와 아직 사이의 긴장관계로 봄으로써 개개인의 내면세계의 각성과 개혁을 요구했으며 현세와 재림 사이의 긴장 관계 속에서 특별히 복음전파를 통해 구령사역에 매진할 것을 촉구했다. 이 문제는 본 논문 5장 7절의 '시간관에 내재된 말세론' 에서 별도로 살펴볼 것이다.

7. 논점 ⑦ : 말세론과 재림시기 예언과의 문제

길선주는 이방기약에 근거하여 1939년을, 또 희년제도에 근거를 두어 2002년을 재림시기로 계산해 냈다.[102] 길선주 당대에는 길선주의 영향을 받아 1929년 4월 29일 정오를 재림일시로 예언했던 사람들이 있었을 정도로 재림시기에 대한 관심이 고조되기도 했었다.[103] 길선주의 말세론과 관련하여 그가 예언했던 시한부 재림론에 대해 관심을 보인 학자로는 장병일, 김철손, 송길섭을 들 수 있다. 장병일은 길선주가 연대 계산법에 착오를 범했던 사유로서 성경을 지나치게 축자적으로 확신했던 점과 심리적 효과를 의중에 둔 점, 성경해석학에 대한 이해의 부족을 들었으며 신학의 미비성에서 빚은 부분적인 과오라고 보았다.[104] 김철손 역시 그의 재림시기 예언에 대해 무모한 예언이자 독단적인 교리라며 비판하는 입장을 취했다.[105] 송길섭은 길선주가 이 연대가 다소 맞지 않을 수도 있다는 단서를 붙였다는 점을 들어 그를 시한부 재림론자라고는 볼 수 없다며 다만 그의 관심은 시간이 흐를수록

---

102) 길선주, "末世學", 『信仰生活』 5권 1호 (1936년 1월), 18–21. 본 논문 3장 3절 4의 '시한부 종말론적 재림론'을 볼 것.
103) 김철손, "默示文學", 160. 김철손이 언급하는 1929년은 1939년의 오기인 듯 하다. 길선주는 1939년 재림설과 2002년 재림설을 주장했다.
104) 장병일, "復興運動의 횃불– 靈溪 吉善宙 牧師의 生涯와 思想", 75.
105) 김철손, "默示文學", 160.

점점 희미해져 가는 신자들의 재림신앙을 강조하고 북돋아주기 위하여 임시로 재림연대를 설정한 것이었다는 관대한 평가를 내렸다.[106]

본 연구자의 입장으로서는 길선주의 재림시기 예언에 대해 장병일이 성경해석학에 대한 그의 이해 부족으로 파악했던 것은 정당하다고 볼 수 있으나 "성서에 대한 지나친 확신과 절대무오성의 신앙이 그런 차질을 가져왔다"[107]는 견해에는 동의할 수 없다. 성경무오성을 고백하는 학자 층에서도 재림시기의 예언에 대해서는 경계를 요한 저명인사들이 있었다는 점(예, 박형룡)[108]을 고려한다면 길선주가 범한 오류는 차라리 성경해석상의 문제였던 것으로 보는 것이 정당할 것이다. 또한 길선주를 시한부 재림론자로 볼 수 없다는 송길섭의 견해 역시 그가 숫자적으로 계산해낸 1939년 혹은 2002년이라는 연대를 놓고 보면 동의하기 어렵다. 본 연구자의 소견으로는 비록 그가 시한부 재림론을 전개했다는 점에서 비판받을 소지가 크지만, 그가 현세와 내세를 긴장관계에 있는 것으로 보아 현실을 도피하지 않고 소명의식에 입각하여 최선을 다하는 삶을 살 것을 주장함으로써 1992년 10월의 시한부종말론[109]을 주장했던 다미선교회와는 달리, 현세와 내세의 불연속적 이원론을 극복했던 인물이었다는 점을 부각시키는 편이 오히려 의미가 있으리라 본다. 이러한 관점은 본 논문 6장 4절의 '내면적 신앙운동의 전개'(민족개량 정신을 중심으로)에서 논할 것이다.

8. 논점 ⑧ : 말세론의 배태 시점에 관한 문제

이종성, 김수진, 심일섭, 이만열, 김기대, 허호익 등은 길선주의 신앙이 말세론으로 전향된 분기점을 한일합방 이후 길진형의 죽음과 관련된 105인 사건 내지는 삼일운동으로 보았다. 이종성은 길선주의 메시지는 삼일운동에 가담한 이후 완전히 내세지향적인 메시지로 변질되고 말았다는 단호한 입장을 취했다.[110] 김수진은 길

---

106) 송길섭, 『韓國神學思想史』, 277.
107) 장병일, "復興運動의 횃불— 靈溪 吉善宙 牧師의 生涯와 思想", 75.
108) 박형룡은 『敎義神學: 來世論』에서 재림교리의 중요성을 설명하는 가운데 "그는 그 날을 사람들에게 알리지 아니하실 것이니 (중략) 기도하도록 준비되어 있게 된 것이라"라고 했다. 박형룡, 『敎義神學: 來世論』(서울: 韓國基督敎敎育硏究院, 1983), 178.
109) 이장림, 『1992년의 열풍』(서울: 광천출판사, 1991), 41–51.

선주가 투옥되어 있는 동안 당했던 가혹한 고문과 고통을 오히려 하나님께 더 가까이 갈 수 있는 귀한 일로 여겼고, 옥고를 치르고 나서 부흥사경회 강사로 분주했다고 분석함으로써 그가 말세론으로 전향했던 동기를 삼일운동 이후의 허탈감에 관련지었다.[110] 심일섭은 길선주가 옥고를 치르는 동안 옥중에서 말세학을 체계화했다는 점에 주목했다.[112] 이만열은 삼일운동 이후 당대는 현세에 무관심한 채 재림사상과 말세론이 기독교계의 전반적인 분위기로 대두되었던 점을 비판하면서 그 중심에 선 인물로서 길선주를 지목했고[113] 그의 말세론이 서대문 감옥에 수감되었던 당시에 배태되기 시작했다고 보았다.[114] 한편 김기대는 삼일운동 이후의 길선주에 대해 현실도피의 피안적 신앙으로서 말세론 운동을 전개했다고 보았으며[115] 허호익은 길진형이 105인 사건에 연루되어 목숨을 잃었던 일, 삼일운동으로 인한 영어의 생활, 삼일운동의 실패로 인한 암담한 현실, 1920-1930년대의 정치적 사회적 불안 등을 논하면서 이에 대한 유일한 대안으로서 그가 말세론을 전개했던 것이라고 보았다.[116]

삼일운동을 말세론의 배태 시점으로 보려는 견해와는 달리 삼일운동 이전부터 길선주의 말세론을 고찰해 볼 수 있는 가능성을 제시해 준 학자들로서는 이덕주와 길진경을 들 수 있다. 이덕주는 길선주의 말세론이 삼일운동으로 인한 옥중체험과 1920년-1930년대의 사회변화에 대한 현실처험에서 구체화되었고, 중국 만보산사건(萬寶山事件) 이후 평양에서 화교들이 살해당하는 사건이 발발하자 1931년부터 급격하게 말세를 강조했다고 보았다. 그렇지만 『懈惰論』(1904년)과 『만스셩취』(1916년)에 나타난 '소원성→성취국→영생국'에 이르는 역사의 흐름이 재림 중심의 말세론으로 구체화되었다고 이해함으로써 말세론의 일관된 사상적 흐름을 1900년대 초부터 조명해 볼 수 있는 가능성을 열어주었다.[117] 길진경은 선친이 감옥

---

110) "默示文學과 韓國敎會", 『神學思想』 (1980년 가을), 548.
111) 김수진, "길선주 목사", 『信仰世界』 통권 200호 (1985년 3월), 72-73.
112) 심일섭, 『韓國 土着化神學 形成史 論究』, 71.
113) 이만열, 『韓國基督敎文化運動史』(서울: 大韓基督敎出版社, 1992), 339-340.
114) 이만열, "韓國基督敎의 末世意識과 千年王國思想", 哲學宗敎硏究室硏究部 編, 『現代 韓國宗敎의 歷史 理解』(서울: 韓國精神文化硏究院, 1997), 238.
115) 김기대, 『日帝下 改新敎 宗派運動 硏究』, 114.
116) 허호익, "영계(靈溪) 길선주 목사의 영성신학", 80-81.
117) 이덕주, "영계 길선주 목사의 말세론(II)", 69-71.

에서 요한계시록을 만독하고 계시록 강의를 정리했으며 석방된 후 전국 부흥회와 사경회 인도를 말세학 강의로 일관했다 함으로써 삼일운동을 중요한 분기점으로 설파했다.[118] 그러나 입신 이전 생애를 논하는 과정에서도 그가 인생무상과 염세사상에 사로잡혀 있었다는 기질을 논함으로써 말세사상이 이미 어린 시절부터 내면적으로 잠재되어 있었다[119]는 차원을 간파했다.

길선주의 말세론 배태시점과 관련하여 이종성, 김수진, 심일섭, 이만열, 김기대, 허호익 등은 주로 삼일운동에 초점을 맞춤으로써 한결같이 그 이전부터의 말세론 형성에 대해서는 조명해 주지 못했다. 반면 이덕주와 길진경의 연구는 길선주의 말세론의 배태 시점을 삼일운동 이전으로 소급하여 살펴볼 수 있는 가능성을 제시해 주었다는 점에서 의미를 부여할 수 있다. 그러나 고난으로 점철되는 시대상과 묵시문학과의 상관관계가 지닌 이론적 배경을 고찰하고, 삼일운동 이전부터 길선주가 말세론에 접하게 되었던 인생사의 과정으로서의 개인적인 환경과 국가정세를 체계적으로 밝혀준 작업은 미미하며 특히 그의 말세론 연구를 위한 주요자료들인 『末世學』, 『懺悔論』, 『만수셩취』를 통시적으로 비교 분석하는 작업은 중요한 과제로 남겨두었다. 길선주가 말세론에 접하게 되는 개인적인 환경과 정세에 대해서는 본 논문 2장 4절의 '길선주의 말세론 형성의 시대적 개인적 배경'에서, 『懺悔論』, 『만수셩취』, 『末世學』을 통시적으로 비교 연구하는 작업은 본 논문 3장 5절의 '『末世學』, 『懺悔論』, 『만수셩취』의 관계'에서 별도로 논할 것이다.

9. 논점 ⑨ : 말세론과 신사참배의 문제

전천년설 혹은 말세론과 신사참배 문제를 연계해서 생각하려는 학자들로서는 이근삼, 김남식, 김영재, 이만열, 박용규 등을 들 수 있다. 이근삼은 종말론적 그리스도 대망신앙은 현재의 모든 환난을 이기는 힘이 되었고, 하나님의 나라가 도래할 것으로 믿었기 때문에 하나님의 영광을 위한 삶 외에는 아무 것도 없었다며 신사참배 항거의 배경으로서 종말론적 희망을 제시했다.[120] 김남식 역시 신사참배에 불참

---

118) 길진경, "3·1운동 독립선언서에 선두로 서명한 길선주 목사", 100.
119) 길진경, 『靈溪 吉善宙』, 25.

한 인사들의 신앙양태로서 '종말론적 소망'을 들었다.[120] 김영재는 보수적인 신자들이 천년왕국을 믿는 신앙으로 신사참배 정책에 항거하고 핍박을 견뎌낼 수 있었다고 주장했으며[122], 이만열은 일제 말기 우상숭배에 맞서서 민족적 양심을 지킬 수 있었던 신앙적, 사상적 힘은 재림신앙과 천년왕국 신앙에 근거해 있었다고 파악했다.[123] 박용규는 신사참배로 인한 심한 박해와 종교적인 압력 하에 있는 교인들에게 주님의 왕권 아래 설립되어질 천년왕국은 단순히 교리가 아니라 중추적 희망이었고, 하나님의 왕국의 미래지향적 측면에 대한 강조는 신사참배 반대운동을 전국적인 현상으로 파급시키는 데 매우 중요한 역할을 했다고 보았다.[124]

그러나 이러한 견해에 대해 장동민은 전천년설과 신사참배 거부를 인과관계로 보는 것은 비논리적 추측에 불과하다고 보았다. 그는 1920년-1930년대 한국 장로교 내에서 전천년운동이 그렇게 두드러지게 활발했었는가 하는 점과 전천년설자들이 보수주의자들이었기에 전천년설을 신사참배 반대운동에 직결시킬 수 있는가라는 점을 문제로 제기하면서 이들이 신사참배에 거부했던 신앙은 우상숭배를 금지하는 정확무오한 하나님의 말씀이 있었기 때문이었다고 간파했다.[125] 김인수 역시 교회가 신사참배를 거부했던 이유는 다른 신에 경배할 것을 금한 십계명에 위배되는 것이기 때문이었다[126]는 입장을 취함으로써 신사참배 거부운동을 십계명의 제1계명과 2계명을 수호하고자 했던 신앙고백의 문제로 돌렸다.

구체적으로 길선주의 말세론과 관련하여 신사참배 거부를 인과관계로 고려해 보려는 시도로서 송길섭의 견해와 이덕주의 제언을 들 수 있다. 송길섭은 길선주의 재림신앙의 강점은 세상에서의 억압이나 핍박을 순교자적 정신으로 인내할 수 있는 힘을 주는 데 있었으며 한국교회가 일제 말에 당한 역경도 이런 재림신앙의 힘이 크게 작용하여 어려운 고비를 넘겼다고 봄으로써 그의 말세론과 신사참배를 연

---

120) 이근삼, "神社參拜 拒否에 대한 再評價", 「基督教思想」 (1972년 9월), 49-52.
121) 김남식, 「神社參拜와 韓國教會」(서울: 새순출판사, 1990), 168.
122) 김영재, 「韓國教會史」(서울: 改革主義信行協會, 2001), 222.
123) 이만열, "韓國基督教의 末世意識과 千年王國思想", 242.
124) 박용규, 「韓國長老教思想史」(서울: 總神大學出版部, 1999), 274-276.
125) 장동민, 「朴亨龍의 神學研究」(서울: 韓國基督教歷史研究所, 1998), 295-298.
126) In Soo Kim, "Survey of History of the Christian in Church", *The 1st International Seminar on the Studies of History of Christianity in North East Asia for Graduate Students and Junior Scholars*(Seoul: Korea Academy of Church History, 2001), 50.

결 지을 수 있을만한 암시를 주었다.[127] 이덕주는 이 문제를 단일 연구주제로 설정하여 고찰하지는 않았지만 향후에 연구해 볼만한 과제로서의 가능성을 제시해 주었다. 이덕주는 식민치하에서 정치적으로 타계할 수 없는 현실극복의 길을 신앙에서 찾았다는 점에 착안하여 길선주의 말세론과 관련하여 일제말기 신사참배를 거부하고 순교하거나 옥고를 치룬 반체제 신앙인들이 강한 재림 신앙을 갖고 있었던 것은 결코 우연한 일이 아니었다는 입장을 취했다.[128]

그러나 길선주의 말세론이 신사참배 반대운동에 영향을 주었다고 보려는 견해와 관련하여 본 연구자는 길선주의 말세론과 신사참배 반대운동을 반드시 인과관계로 볼 수만은 없다는 논지를 다음 두 가지 사안으로 정리해 본다.

첫째, 세대주의적 전천년설 혹은 내세신앙에 입각했던 인사들이 신사참배를 거절했다는 증거를 사회과학적인 방법에 의해 증명할 필요가 있다는 점이다. 피안의 세계를 소망했던 주기철, 손양원 등의 내세를 바라보는 신앙이 신사참배 반대운동의 동인이었다는 점은 객관적으로 설득력 있는 주장이 될 수는 있지만 내세신앙에 입각했던 모든 인사들이 한결같이 신사참배에 반대하여 순교적 신앙을 보여주었느냐 하는 문제는 다를 수도 있는 것이다. 또한 무천년설자나 후천년설자들은 전천년설자들과 비교하여 신사참배 문제에 보다 온건한 자세를 취했는가 라는 질문도 문제로 제기해 볼 수 있다.

둘째, 세대주의적 전천년설이나 역사적 전천년설은 계시록을 해석함에 있어서 성경의 문자적 해석을 채택한다는 점에서 보수적 신앙을 논할 수 있고, 이러한 문자를 중시하는 보수적 신앙은 십계명의 제1계명과 2계명을 문자 그대로 지키려 했던 믿음의 정절과 일치된다는 점에서 성경의 문자적 해석과 1, 2계명의 수호를 인과관계에 있는 것으로 보는 것이 자연스러우리라 본다. 따라서 신사참배 반대운동에 관한 문제는 역사적 전천년설 혹은 세대주의적 전천년설 그 자체를 동인으로 간주하여 인과관계로 규정하기보다는 그 원인을 축자영감론(逐字靈感論)에 입각하여 제1계명과 2계명을 문자 그대로 수호하려 했던 신앙고백의 차원으로 돌리는 것이 합당할 것이다.

---

127) 송길섭, 『韓國神學思想史』, 278.
128) 이덕주, "영계 길선주 목사의 말세론(II)", 74.

그렇다면 길선주는 자신의 저서에서 왜 신사참배 문제에 대해서 일체 침묵했는가. 길선주의 생애 말기는 신사참배 정책이 점차 심각한 양상을 띠기 시작한 시점이었으나 그의 설교집이나 『末世學』에는 신사참배 문제를 암시할 만한 내용들이 전혀 언급되어 있지 않다. 길선주의 『末世學』에 나타난 우상숭배와 관련된 대표적인 내용으로는 재림의 징조로서 언급한 '열 뿔이 나타남'으로 證據를 들 수 있으나 일제의 신사참배 정책과 연결시킬 만한 어떤 논리적 근거도 발견할 수 없다. 그는 열 뿔의 그림자로서 1920년에 10개국이 모여 소위 국제연맹회(國際聯盟會)를 개최하고 영국을 유대의 보호국으로 승인한 점을 들어 '열 뿔에 그림자'라고 이해했다.[129]

본 연구자는 길선주가 자신의 저서에서 신사참배 문제에 대해서 침묵한 사유로서 의도적인 편집이 있었지 않겠나 하는 생각이 든다. 『講臺寶鑑』은 일제의 신사참배 강요가 노골화되기 이전이었던 1926년에 발행된 설교집이었기 때문에 별다른 문제가 없었겠지만, 『末世學』은 1935년 7월부터 1936년 11월까지 『信仰生活』에 연재되었고 최인화 편의 『吉善宙牧師說敎集』은 중일전쟁을 거쳐 2차세계대전 발발 초기 단계였던 1941년에 발행되었던 점을 감안한다면 일제치하 말기에 신사참배 거부와 관련된 내용들은 문서검열을 대비하여 의도적으로 편집 배제되었을 가능성이 있다.[130]

일제의 신사참배 정책이 종용되는 양상으로 나타난 사례는 1932년 9월 평양교회가 서기산(瑞氣山)에서 개최된 만주 출정 전몰장사 위령제에 평양부 내 기독교 사립학교 학생들의 참례를 막았던 사실에서 살펴볼 수 있을 것이다.[131] 1935년 11월에는 평양숭실학교 교장 매큔(G. S. McCune)과 숭의여고 교장 스누크(V. L. Snook)가 60일간의 여유를 통보받으며 신사참배에 대한 입장을 표명할 것을 강요받았고 이를 거절한 두 교장이 1936년 1월에 면직 및 출국 조치된 사례에서 신사참배 문제는 심각한 양상을 띠기 시작했다.[132]

---

129) 길선주, "末世學(예수再臨論)", 『信仰生活』 4권 11호 (1935년 12월), 11.
130) 일제는 1930년대에 들어서면서부터 민족 언론에 대한 통제를 더욱 강화했고 만주사변 이후에는 민간 언론에 대해서도 시국에 참여할 것을 요구하며 이에 불응하는 언론에 대해서는 '반국가적'이라고 매도, 탄압했다. 따라서 민간지들은 논조와 기사에서 총독부에 대한 비판을 할 수 없었다. 박지동, 『한민족에 대한 日·美의 종속화 교육 및 언론 시책에 관한 연구』(서울: 고려대학교 대학원, 박사학위논문, 1996), 92.
131) "平壤基督敎學校恩靈祭不參拜件顚末", 『基督申報』, 1932년 12월 14일, 2면.
132) 민경배, 『韓國基督敎會史』, 480–481.

길선주는 이러한 일이 발생했던 엇비슷한 시기에 소천했고(1935년 11월 26일) 분명히 그의 생애 말기에 신사참배 강요와 관련된 일련의 동향들을 간파할 수는 있었을 것이다. 그렇지만 그의 저서 출판과 관련하여 검열이 점차 심화되는 과정에서 제재를 피하기 위해 의도적으로 신사참배에 연루될 만한 소지가 있는 내용들을 편집과정에서 제외했을 가능성도 있다.

10. 논점 ⑩ : 말세론과 사회주의 문제

길선주의 말세론을 북한의 공산화 문제와 연결 지어 다룬 논문은 없지만 몇몇 소논문에서 논점으로 정리할 수 있을 만한 제언들이 단편적으로 발견된다.

김인서는 길선주가 소천한 지 4개월 후에 '先生의 預言'이라는 소 제하에 그가 사회주의와 관련된 예언을 했다고 기술했다. 길선주는 평소 강단이나 사석에서 회개를 잊은 평양에 대해서 "平壤아 禍 이슬진저 平壤敎會에 災殃이 나리라"[133]는 예언을 했으며 그의 임종이 다가와 의사소통이 어려울 때 손가락으로 '不入平'[134]이라는 메시지를 남겨 평양을 떠날 것을 촉구하는 듯한 유언을 남긴 적이 있었다. 길진경은 1931년 7월 중국 길림(吉林) 지역에서 만보산사건이 발발하여 평양에서 중국 화교들을 살육하는 사건이 발생했을 때 선친이 평양은 장차 마귀의 소굴이 되고 민족적 재난을 초래하는 원인이 될 것이라는 메시지를 선포했으며, 실제 이 설교에 영향을 받아 장대현교회와 신현교회의 유력한 인사들이 아예 평양을 떠나 서울 또는 서울 이남으로 이주했던 일이 있었을 정도라고 기록했다.[135] 이러한 길선주의 말세론에 입각한 예언의 메시지를 분석함에 있어 김철손은 이미 평양이 공산화됨으로써 그의 예언이 성취된 것으로 해석했다.[136]

길선주는 기독교를 핍박하는 러시아에 대해서는 "예수를 迫害하는 露西亞여 禮拜堂에 馬을 드려 매는 蘇聯아 네가 亡하리라"는 예언을, 러시아를 승인하고 친러정책을 추진하는 미국에 대해서는 "너 米國도 바들 罰이 이스리라"[137]는 예언을 남

---

133) 김인서, "靈溪先生小傳 後篇三", 31.
134) 김인서, "靈溪先生의 臨終과 葬儀", 『信仰生活』 5권 1호 (1936년 1월), 36.
135) 길진경, 『靈溪 吉善宙』, 311–313.
136) 김철손, "默示文學", 160.

김으로써 장차 한반도에 사회주의의 세력이 심각한 양상으로 확장되리라고 경계했다. 또한 그는 사회주의 혹은 사회주의 색채를 띤 기독교 세력들에 대해서는 현세에서 진리를 반대하는 악한 세력으로 규정하여 '唯物主義의 惡論思想' 혹은 '基督教 共産主義'로 규정했으며[138], "오늘의 유물론은 명일의 지식이 되지 못할 것이니 학문이 어찌 사람을 구원하랴!"[139]는 단호한 입장을 천명했다. 길선주는 1926년에 자신이 시무하던 장대현교회에서 사회주의를 신봉하던 일단의 청년들로부터 심한 배척을 받았으며, 이 사건이 위임목사직을 사임하는 중요한 빌미들 중의 하나가 되어 교회를 사직해야만 하는 아픔을 맛보아야 했다.[140]

11. 논점 ⑪ : 말세론과 영성문제

길선주의 영성을 논한 대표적 학자들로서는 한숭홍과 허호익을 들 수 있으나 말세론과 영성문제를 단일 주제로 다루어 비중 있는 논문을 발표한 사례는 허호익의 "영계(靈溪) 길선주 목사의 영성신학" 정도에 불과하다.

한숭홍은 길선주의 신앙과 신학을 '신앙론 중심의 신학' 혹은 '성령 신앙의 신학'이라고 조명하고 '영성신학'으로도 명명할 수 있다는 입장을 취했다. 그는 길선주의 영성에 대해 단순히 도덕적, 심리학적 반동 요법을 통한 기독교신앙의 정화가 아니라 예수를 믿고 구원받는 신앙을 강조함으로써 현실의 삶뿐만 아니라 구원의 영계에 도달할 능력과 확신을 가질 것을 강조했다는 데서 큰 의미를 발견할 수 있다고 파악했다.[141] 그러나 길선주의 영성을 말세론과 관련하여 고찰한 사례로서는 허호익의 논지가 유일한 것 같다. 허호익은 길선주의 말세론과 관련하여 '삼일독립운동의 실패'와 '종말론적 영성'을 서로 연계하려는 시도를 했다. 허호익은 그의 영성을 하나님과의 깊은 교제, 순결한 신앙의 지조, 내면적 도덕적 회심 등의 개인적 측면뿐만 아니라 부정한 세력에의 대항, 독립운동 등 사회적, 정치적 측면에까

---

137) 김인서, "靈溪先生小傳 後篇三", 31.
138) 길선주, "敎役者의 難關과 하나님의 命令", 崔仁化 編 『吉善宙牧師說敎集』(京城: 主校出版社, 1941), 98–99.
139) 길선주, "우리가 뉘게로 가오리까", 이성호 편, 『吉善宙牧師說敎』, 155(전편).
140) 길진경, 『靈溪 吉善宙』, 302–304. cf. 김인서, "靈溪先生小傳 後篇二", 26.
141) 한숭홍, 『한국신학사상의 흐름(상)』, 99–100.

지도 적용함으로써 영성의 범주를 폭넓게 다루었다. 그는 길선주의 종말론적 영성을 논함에 있어 영성의 개인적 측면과 사회적, 정치적 측면을 어느 선에서 구분하지 않고 통시적으로 다루었다. 그가 길선주의 말세론과 관련하여 영성을 논한 것은 개인적인 면과 사회, 정치적인 면 양자까지도 광범위하게 포괄하는 독특한 연구주제라는 점에서 특별한 가치를 부여할 수 있을 것이다. 왜냐하면 일반적으로 길선주의 영성고찰은 주로 새벽기도회, 성경연구 등 개인적인 면, 그것도 내면적인 면에 초점을 맞추기 때문이다.

길선주의 영성과 관련한 허호익의 요지는 긍정적인 면과 부정적인 면으로 정리해 볼 수 있다. 우선, 긍정적인 면에서 길선주는 불의한 일제와의 투쟁보다는 일제에 대한 하나님의 심판을 강조하고, 신자 개인의 영적 투쟁을 통해 암울한 역사적 위기에서도 하나님과 깊은 교제를 갖는 동시에 순결한 신앙의 지조를 지키는 영성을 제시했다는 점을 들었다.[142] 그러나 부정적인 면으로서는 영성의 사회적, 정치적 측면이 약화되었다는 점을 지적했다. 길선주가 부흥회를 통해 개인의 내면적 도덕적 회심에 목표를 두어 영적 투쟁을 통한 기독교의 신생의 삶은 촉구했으나 그 열정이 고통당하는 사람들과 연대되지 못했고, 이러한 삶을 부정하는 세력에 대항하고 투쟁하는 삶으로는 승화되지 못해 결국 독립운동에 소극적일 수밖에 없었다는 것이다.[143]

그러나 본 연구자가 생각하기에 허호익의 길선주의 영성에 대한 이러한 부정적인 평가는 재고되어져야 할 문제라고 본다. 실제 길선주는 내가 없으면 세계도 없다는 자세를 취하여 개인의 위치를 중시했고, 한 개인이 있은 이후에 처자도, 친구도, 국가도, 세계도 존재할 수 있다는 입장을 취했다.[144] 길선주의 이러한 사상에는 '확산의 원리'가 내재되어 있다. 가령, 길선주는 개인의 인간성과 도덕성 회복을 강조했지만 이러한 회복이 한 개인 안에서 고착화되고 정체되는 것이 아니라 '개인으로부터 세계'라는 확산의 원리를 통해 개인, 가정, 사회, 국가 그리고 민족 전체가 변화되기를 소망했던 것이다. 그의 민족개량 정신이 그리스도 안에서의 개인

---

142) 허호익, "영계(靈溪) 길선주 목사의 영성신학", 82–83.
143) Ibid., 84.
144) 길선주, "廣大훈 宇宙間에 唯我一人", 『講臺寶鑑』, 12–13. 출옥 후 순회부흥회 때 행한 설교.

의 인간성 회복 촉구와 아울러 청년양육 촉구, 교회갱신 촉구, 그리고 가정·사회 윤리 정립 촉구 등의 구도로 나타났다는 것은 그의 영성이 개인에게 뿐만 아니라 사회와 민족 전체에 확산되어 적용된다는 점을 입증할 수 있는 논리가 될 수 있을 것이다. 이 점에 대해서는 본 논문 6장 4절의 '내면적 신앙운동의 전개'(민족개량 정신을 중심으로)에서 별도로 논할 것이다.

제2장　묵시문학적 배경과
길선주의 말세론 형성

제1절 서론

　　나채운은 한국민족의 수난과 종교성의 상관성을 논함에 있어 "饑寒冷에 發道心"
이라는 입장을 취해 고난에 처할 때 종교성이 심화되었다며 일제치하에서 계시록
을 중심으로 말세론이 강조되었던 것도 같은 맥락이라고 보았다.[1] 유동식은 한국신
학사상을 조명하는 논증에서 묵시문학적 종말론은 고난의 역사를 극복하는 동기
가 되었고, 역사가 위기에 부딪치면 부딪칠수록 심령부흥회를 통해 구령운동에 집
중하게 되었으며, 한국교회사에서 이러한 기초를 다진 대표적 인물로서 길선주를
들었다.[2] 주재용은 길선주의 『末世學』을 한국교회사에 묵시문학의 위치를 점하는
의미 있는 한 저서로 간주하여 그가 1919년 삼일운동의 어려운 상황을 경험한 후
1920년대에 들어서 사관을 미래로 지향하게 되었다고 이해했다.[3] 즉 길선주의 말
세론을 묵시문학적 위기상황에서 비롯된 것으로 간주한다는 의미이다. 이만열, 이
종성 역시 한국교회사에서의 시대적 위기상황과 묵시문학적 종말론의 출현이 상
호 필연적 인과관계에 있었다고 조명했다.[4]

---

1) 나채운, "우리 민족의 심층적 의식구조에 관한 한 고찰", 그리스도교와 겨레문화연구회 편, 『그리스도교와
　 겨레문화』(서울: 기독교문화사, 1991), 166-168.
2) 유동식, "韓國文化와 神學思想", 姜元龍 編, 『韓國神學의 뿌리』(서울: 文學藝術社, 1985), 267-268.
3) "默示文學과 韓國敎會", 『神學思想』(1980년 가을), 547-548.
4) Ibid., 547-552.

본 장에서는 먼저 위기상황과 묵시문학 출현이 상호 인과관계를 형성한다는 이론적 배경을 밝히고, 계속해서 한국의 묵시문학적 배경 하에서 길선주의 말세론이 배태되었다는 점을 논하고자 한다. 길선주의 『末世學』은 구조나 내용에 있어서 요한계시록을 중심으로 성경에 바탕을 두고 있기 때문에 신학적으로는 종말론 관련 문헌으로 분류할 수 있지만, 『末世學』이 그가 삼일운동 직후 위기상황에 직면하여 옥중에서 계시록을 만독(萬讀)해 가며 체계화했던 저작이었다는 점을 고려한다면 저술동기에 있어서만큼은 묵시문학적 배경을 지녔다고 볼 수 있다. 그는 영어(囹圄)의 생활을 하면서 미래를 내다보는 눈을 뜰 수 있었고 장래에 전 세계에 전쟁이 일어날 것까지 예견하였으며 핍박당하는 한국민족이 장차 자유를 누릴 날을 맞을 것으로 확신했다.[5] 그는 출옥 후에 순회전도를 하면서 『末世學』을 중요한 과목으로 강론했고 말년에 그의 순회전도는 『末世學』 강의로 일관되다시피 했다.[6] 이렇듯 길선주의 말세론은 위기상황과 이에 따른 묵시문학사상 출현이라는 논리와 접목될 수 있으며, 따라서 그의 말세론 형성을 고찰하기 위해서는 시대적 배경과 개인적인 배경 모두를 조명해야 할 필요성이 있다.

그러나 주목할 점으로서 그의 말세론 형성의 배경이 단순하게 삼일운동 이후의 좌절에서 비롯된 것만은 아니었다는 점이다. 이미 고찰해 보았듯이 길선주의 말세론의 배태시점과 관련하여 이종성, 김수진, 심일섭, 이만열, 김기대, 허호익 등은 삼일운동에만 초점을 맞춤으로써 그 이전에 형성되어 온 말세론의 배경을 조명해 주지 못하는 한계점을 지니고 있었다. 이덕주와 길진경은 길선주의 말세론의 배태시점을 삼일운동 이전으로 소급하여 연구할 수 있는 가능성을 제시해 주기는 했지만 위기상황과 묵시문학사상과의 상관관계가 지닌 이론적 배경을 고찰하지는 않았다. 또한 길선주의 말세론을 고난과 위기로 점철되었던 시대적, 개인적 배경에 비추어 다루어주지 않았다는 점에서도 역시 연구의 부족한 면이 있었다.[7]

길선주가 말세론에 접한 배경들을 고찰하기 위해서는 무엇보다도 위기상황과 관련된 묵시문학사상의 출현을 이해해야 할 필요가 있다. 왜냐하면 전술했듯이 길선

---

5) 길진경, 『靈溪 吉善宙』(서울: 鐘路書籍, 1980), 279.
6) Ibid., 280.
7) 본 논문 1장 5절 8의 '말세론의 배태시점에 관한 문제'를 볼 것.

주의 말세론은 위기로 점철된 시대적, 개인적 정황에 근거되어 있기 때문이다. 이 점을 고려하여 본 장에서는 먼저 위기상황과 묵시문학이 상호 접목될 수 있는 이론적 배경을 고찰할 것이다. 이를 위해 유대의 묵시문헌과 한국의 묵시문헌 그리고 그 배경이 되는 역사를 개괄적으로 살펴볼 것이며 계속해서 길선주의 말세론이 형성될 수 있었던 시대적, 개인적 배경을 논할 것이다.

제2절 위기상황과 묵시문학

1. 종말론과 묵시문학의 접점과 차이

'묵시' 란 시간과 공간을 포함하는 초월적인 실재를 사람에게 은밀하게 소개하는 형식의 계시를 담는 언어적인 표현이며 '묵시문학' 이란 묵시를 일정한 체계 속에 담고 있는 글을 총체적으로 일컫는 명칭이다.[8]

종말론과 묵시문학을 동일한 지평에서 다룰 수는 없지만 이 양자 간의 접점 혹은 차이점을 논할 수 있다.

우선, 종말론과 묵시문학의 상호 접점으로서 묵시문학은 종말론의 의의를 이해할 수 있는 이론적 뒷받침이 될 수 있다는 점을 생각해 볼 수 있다. 묵시문학은 시대적 위기상황과 메시아의 출현이라는 미래지향적 소망을 필연적으로 연계시켜 주는 의미 있는 장르가 되기 때문이다. 전통적으로 벌코프(L. Berkhof), 하지(C. Hodge), 바빙크(H. Bavinck) 등 보수신학자들은 조직신학의 종말론에 묵시문학을 포함시켜 다루지 않았다. 그렇지만 묵시사상 혹은 묵시문학을 종말론 관련 저서에 일부 주요 내용으로 편집하여 다루어 준 학자들도 있다. 가령 몰트만(J. Moltmann)은 *The Coming of God*에서 '역사의 묵시' (Apocalypse of History)를[9], 덤브렐(W. J. Dumbrell)은 *The Search for Order*에서 '포로기후 종말론과 묵시

---

8) 왕대일, 『묵시문학연구』(서울: 대한기독교서회, 1994), 22-24.
9) Jürgen Moltmann, *The Coming of God*(Translated by Margaret Kohl; Minneapolis: Fortress Press, 1996), 134-146.

종말론'(Postexilic and Apocalyptic Eschatology)[10]과 '묵시종말론'(Apocalyptic Eschatology)[11]을, 트래비스(S. H. Travis)는 *Christian Hope & the Future*에서 '묵시문학-그 기원과 특색', '묵시문학, 예수님, 초대교회', '묵시문학과 조직신학' 등을 일부 내용으로 다루었다.[12]

그러나 종말론과 묵시문학은 세 가지 면에서 엄격한 차이가 있다.

첫째, 조직신학으로서의 종말론이 신구약 성경, 특히 요한계시록에 근거하여 확정된 교리적 성격과 일정한 틀[13]을 형성하고 있는 반면 묵시문학은 대체적으로 다니엘을 제외하고는 정경 이외의 외경들이 주축이 되어 있다는 점이다. 유대묵시문학은 예언의 기능이 쇠퇴하고 예언자들의 역할이 무력화되어 가던 주전 3세기 이후의 신구약 중간기 시절, 유대교의 본격적인 생성과 함께 역사의 무대에 자취를 남긴 책들이다.[14] 콜린스(J. J. Collins)는 '스바냐의 묵시', '아브라함의 언약', '제3바룩서', '레위의 언약', '제2에녹서', '제1에녹서', '에녹의 비유', '별들의 책', '아브라함의 묵시', '제2바룩서', '제4에즈라서', '희년서', '10주간의 묵시', '동물의 묵시', '다니엘' 등 15종을 묵시문학 문헌으로 소개했으며[15] 왕대일은 헤르마스의 목자, 엘가사이의 책, 이사야의 승천, 베드로의 묵시, 제5에스드라, 야곱의 사닥다리, 주님의 언약서, 바돌로매의 질문, 샤드락의 묵시, 바울의 묵시 등등 20여 종의 책들을 초대기독교의 묵시문학에 속하는 대표적인 책들로 나열했다.[16]

둘째, 묵시문학은 위기상황이라는 특정한 시대적 정황에 반응하여 나타난 문헌들을 통해 위기극복 차원에 강조점을 두지만, 종말론은 특정한 시대와 상관없이 성경에 근거된 일정한 교리적인 틀을 견지한다는 점에서 차이가 있다. 따라서 묵시문학은 역사의 과정에서 위기가 도래할 때마다 지속적으로 나타나 정황에 맞도록 해

---

10) William J. Dumbrell, *The Search for Order*(Grand Rapids, Michigan: Baker Books, 1994), 127-152.

11) William J. Dumbrell, *The Search for Order*, 331-346.

12) Stephen H. Travis, 『종말론 해설』(김근수 역; 서울: 기독교문서선교회, 1987), 29-82.

13) 예컨대 벌코프는 '육체적 죽음', '영혼불멸', '중간기 상태', '그리스도의 재림', '천년왕국', '죽은 자의 부활', '최후의 심판', '최후의 상태' 등을, 하지는 '죽음 이후의 영혼의 상태', '부활', '재림', '재림에 관련된 부수적 내용들' 등을, 바빙크는 '중간기 상태', 그리스도의 재림', '완성'(주의 날, 창조의 갱신) 등을 다루었다. 본 논문 3장 2절 1의 '구조와 내용'을 볼 것.

14) 왕대일, 『묵시문학연구』, 62-64.

15) John J. Collins, *The Apocalyptic Imagination*(Grand Rapids, Michigan: Wm. B. Eerdmans Publishing Co., 1998), 7.

16) 왕대일, 『묵시문학연구』, 68-70.

석되고 적용되는 간헐적이고 상황적인 성격을 지니게 되며 또 다른 위기의 시대가 도래하는 경우 역시 전혀 새로운 묵시문학 문헌들이 계속해서 나타날 가능성도 배제할 수는 없다.

셋째, 조직신학으로서의 종말론과 묵시문학과의 또 다른 차이점은 상호 관심을 갖는 시간대를 규명하는 데서 고려해 볼 수 있다. 이종성은 묵시문학이 위기의 역사 속에서 하나님의 개입에 희망을 거는 미래지향적인 것이라면, 종말론은 그러한 것이 이미 과거의 어떤 역사적인 사건에서 출발되었고 현재에도 나타나 있으며 미래에도 나타나겠지만 미래에로만 집중하는 것이 아니라는 점에서 결정적인 차이가 있다고 보았다.[17] 그러나 이 문제는 묵시문학의 뿌리를 선지자적 전통에서 찾음으로써 역사의 현실 안에서 묵시문학을 이해해야 한다[18]는 입장도 있으며 사회개혁 사상과 통하는 면도 있다[19]는 견해도 있으므로 좀 더 상세한 논의가 필요한 논제가 될 수 있다.

2. 인과관계로서의 위기상황과 묵시문학

1) 유대의 위기상황과 묵시문학

본 항에서는 유대묵시문학과 위기상황과의 상호관계, 묵시문학의 중심논제와 메시아니즘, 묵시문학 출현의 의의, 묵시문학이 지닌 초월적 종말론 사상, 묵시문학이 성행하는 계층 등에 관해 초점을 맞추어 개괄할 것이다. 이러한 사안들은 열강의 틈바구니에서 국력을 상실해가던 조선말의 시련과 일제치하 피압박 민족이라는 특수한 정황에서 배태된 길선주의 말세론과 연계하여 생각해 볼 수 있는 논리적인 틀을 제공해 준다.

유대묵시문학은 유다가 바벨론의 침략으로 인해 속국으로 전락하고 피압박 민족으로서 억압을 받으며 식민통치를 당하던 시기, 안티오커스 에피파네스(Antiochus Epiphanes)의 학정과 마카비(Makkabaer)의 투쟁 등 일련의 시련으

---

17) "默示文學과 韓國敎會", 547.
18) Stephen H. Travis, 「종말론 해설」, 51.
19) "默示文學과 韓國敎會", 553.

로 점철되는 역사의 과정 속에서 동족 유대인들을 위로하고 미래에 대한 희망을 심어주기 위해 출현한 문학이었다는 점에서 학자들은 대체적으로 일치된 의견을 내놓는다. 콜린스는 묵시문학의 목적이 새로은 세계에 대한 믿음과 아울러 현실적인 고난을 인내하는 데 있었다고 이해함으로써 묵시문학이 지닌 현실적인 의미까지를 조명했다. 그는 묵시문학의 의의는 하나님의 능력을 드러냄으로써 폭력과 혼란 속에 있는 독자들에게 희망과 부활의 메시지를 들려주고, 하나님의 지혜를 드러냄으로써 하나님의 심판과 다른 차원의 세계에 대한 믿음을 제공하며 현실의 위기감을 축소시켜 현실적인 고난을 인내할 수 있는 힘을 제공하는 기능을 담당한다고 보았다.[20] 여기에 중심 주제로 등장하는 것이 브활과 최후의 심판이었다. 특별히 부활과 관련하여 라트(G. von Rad)는 이스라엘 사람들의 시련과 위로를 논하는 과정에서 묵시문학은 일반적인 부활에 대한 기대로 철저한 변화를 일으켰다고 보았다.[21] 묵시문학이 지닌 메시아니즘도 이 문제와 관련하여 주목할 만한 논점으로 등장한다. 메시아니즘과 관련하여 로제(E. Lohse)는 묵시문학에는 고통, 질병, 죽음을 몰아내고 사탄을 굴복시킴으로써 낙원을 회복시키는 메시아사상이 나타나 있고, 원시기독교 공동체는 유대교가 만들어낸 묵시문학적 표상들과 개념들을 사용하여 임박한 주의 재림을 기대했다고 파악함으로써 묵시문학의 메시아니즘과 초대교회의 재림사상을 밀접하게 연계시켰다.[22] 그런데 묵시문학사상이 역사 밖의 피안적 세계에 대해서만 관심을 가졌는가 아니면 역사 안의 현실적 문제에도 관심을 두었는가라는 논점에 대해서는 대체적으로 전자의 견해를 취하려는 경향이 농후하다. 묵시문학 사상에 나타나는 소위 '초월적 종말론'(transcendent eschatology)은 하나님이 역사의 지평에서 역사하신다는 옛 선지자들의 선언과는 상치되는 양상이며, 하나님의 직접적 간섭에 의해 성취될 역사 밖의 구속을 지향한다는 점에서 중

---

20) 왕대일, 『묵시문학연구』, 70-71.
21) Gerhard von Rad, *Old Testament Theology*(Vol. I)(Translated by D. M. G. Stalker; London: Westminster John Knox Press, 2001), 407.
22) Eduard Lohse, 『新約聖書背景史』(박창건 역; 서울: 大韓基督敎出版社, 1986), 51, 55. Lohse는 묵시문학적 사상에는 하나님이 심판을 하시고 새로운 세계를 일으키실 것이므로 반드시 메시아가 나타나야 할 필요가 없지만 묵시문학에는 메시아적인 구세주 상이 여러 가지로 나타난다고 보았다. 같은 문헌, 51. 일반적으로 묵시문학에서의 주된 관심은 미래에 악이 정복당하고 메시아적인 인물이 임할 것 그리고 영원한 평화와 의의 나라인 하나님의 나라가 설립될 것에 관한 내용으로 정리되어 나타난다. Philip W. Goetz, ed. *The New Encyclopaedia Britannica*(Vol. 1)(Chicago: Encyclopaedia Britannica, Inc., 1988), 482.

요한 특징으로 부각된다. 유대묵시문학이 초월적 종말론의 성격을 지니게 된 역사적 배경과 관련하여 트래비스는 피압박이라는 고난의 현실과 선지자적 전통이 혼합되는 양상이 전개되면서부터 이러한 종말론의 양태가 발생했다고 파악했다. 그는 유대묵시문학의 배태와 관련하여 포로기 이후 이스라엘 공동체 사이에서 선지자적 활동은 퇴보하지만 옛 예언들에 대한 해석은 선지자적 묵시운동에서 계속되었으며 성취되지 않은 예언의 문제는 묵시론자들에게는 매우 실질적인 문제였다고 보았다. 그는 이스라엘이 바벨론 포로 귀환 이후에도 외세의 압박이 지속되자 피압박 민족의 입장에서 아직 성취되지 않은 예언들에 접했던 묵시문학가들은 신정론(theodicy)에 사로잡히게 되었고 이러한 역사적 상황과 선지자적 전통이 혼합되는 양상을 보이면서 결국 초월적 종말사상이 등장했다고 보았다.[23] 이 문제와 관련하여 카레이(J. J. Carey)는 묵시사상의 부정적인 면을 심각하게 조명했는데 두 세대 간의 대립과 단절, 현시대에 대한 비관주의와 도래할 세상에 대한 희망, 원수들에 대한 심판과 백성의 구원, 어둠의 자녀와 빛의 자녀 등의 단절된 이분법적 도식이 함축되어 있다고 봄으로써 날카로운 이원론적 사고가 내재되어 있다는 비판적 입장을 취했다.[24] 한편 묵시문학 운동을 전개한 뿌리가 소외된 계층(a minority phenomenon)에서 비롯되었다는 주장은 시대적 정황에 비추어 호응하는 중심계층이 어느 부류였는지를 논했다는 점에서 주목할 만한 사안이다. 핸슨(P. D. Hanson)은 대다수의 사람들이 과거의 기준에 근거한 질서를 따르는 반면 소외당한 소수의 사람들은 환멸을 느끼고 삶의 가치에 대한 새로운 이해를 제공하는 것으로 보이는 묵시적 현상에 관심을 보인다고 주장했다.[25]

이상의 내용을 정리해 보면 위기상황과 묵시문학의 출현은 일반적으로 상호 유기적 인과관계를 형성하는 것으로 이해할 수 있으며 메시아니즘, 부활, 심판 등 분명히 미래적 소망의 차원을 대변해 주는 개념들과 연계되어 나타난다. 또한, 묵시문학이 역사 밖에서 논의될 초월적 종말론의 성격을 지닐 때에는 현세와 내세가 불연

---

23) Stephen H. Travis, 『종말론 해설』, 40-42. 그럼에도 불구하고 유대묵시문학은 현 역사과정에 대해 부정적인 태도를 가졌다는 견해에 반하여 긍정적인 면들도 조명하려는 노력을 보여주었다. 같은 문헌, 45-51.
24) John J. Carey, "신·구약 성서의 가교인 묵시사상", James H. Charlesworth/Walter P. Weaver, 『구약성서와 신약성서 그 관계와 신구약 중간기 문헌』(나채운/예영수 공역; 서울: 장로회신학대학교출판부, 1996), 119.
25) Paul D. Hanson, 『묵시문학의 기원』(이무용/김지은 공역; 서울: 크리스챤다이제스트, 1999), 12.

속적 관계에 있는 것으로 간주되어 이원론적 도식이 부각된다는 점도 중요한 논점이 될 수 있다. 그리고 평안을 누리는 기득권의 세력보다는 주로 억압받는 계층이 묵시문학에 관심을 갖는다.

2) 한국적 상황에서의 위기상황과 묵시문학

이만열은 기독교에서 보이는 말세의식과 새 세계를 희구하는 천년왕국 사상 같은 것은 이스라엘에서만 일어난 것이 아니라 불교나 민간신앙을 통해서 우리의 정신사에서도 일찍이 나타났던 사상이었다는 점을 강조했다.[26] 즉 민족, 국가 그리고 사상을 초월하여 보편적 종교심의 영역에서 논할 수 있다는 의미를 부여한 셈이다. 윤이흠은 보편적 제도(普遍的 濟渡, universal salvation)를 통한 황금시대의 구현을 논함에 있어 기독교의 종말론이나 동학의 개벽사상, 불교의 윤회(輪廻) 사상을 황금시대의 상징으로 보았다.[27] 전경연은 묵시문학적인 말세론이 한국교회에 영향을 준 사유들로서 근본주의 신학 이외에도 재래종교와 조선숭배(祖先崇拜), 불교의 영향으로 인한 극락과 지옥 같은 사후의 광경이 종교의 중요한 관심사가 된 점, 『鄭鑑錄』 같은 일종의 역사철학이 오랜 기간 민중의 마음을 끌었다는 점 등을 제시했다.[28] 박용규 역시 동양종교와 철학 등을 전천년운동의 발흥에 기여한 중요한 동인들로 보았다.[29]

거시적 안목에서 한국사에 나타난 말세사상은 불교의 수용과 신라 말 미륵불(彌勒佛) 사상의 심화, 왕조말기 천명(天命)을 명분으로 내세운 역성혁명관(易姓革命觀), 풍수도참(風水圖讖)의 흥망성쇠(興亡盛衰) 이론과 『鄭鑑錄』의 역성왕조(易姓王朝) 사상, 사회개혁과 이상세계를 추구한 문학들, 동학(東學)의 후천개벽사상(後天開闢思想) 등으로 정리해 볼 수 있다.

우선, 미륵불 사상의 수용을 들 수 있다. 고구려는 소수림왕(小獸林王) 당시 전진(前秦)의 왕 부견(符堅)이 파송한 승려 순도(順道)를 통해 불상과 경문(經文)을 받아

---

26) 이만열, "韓國基督敎의 末世意識과 千年王國思想", 哲學宗敎硏究室硏究部 編, 『現代韓國宗敎의 歷史 理解』(서울: 韓國精神文化硏究院, 1997), 199.

27) 尹以欽, 『韓國宗敎硏究 第 1卷』(서울: 集文堂, 1991), 23.

28) 전경연, "末世信仰과 韓國敎會", 『基督敎思想』(1961년 6월), 38.

29) 박용규, 『韓國長老敎思想史』(서울: 總神大學出版部, 1999), 256.

들이고 초문사(肖門寺, 興國寺)를 설립함으로써 나라를 흥왕하게 하는 종교라는 차원에서 고구려 불교의 효시가 되었다.[30] 백제는 침류왕(枕流王) 때 진(晉)의 마라난타(摩羅難陀)가 전한 불교를 수용했으며, 아신왕(阿莘王)은 불법을 숭신(崇信)하여 복을 구하라[31]는 하교를 내림으로써 기복적(祈福的)인 차원에서 불교를 신뢰했다. 백제에서의 미륵신앙은 무왕(武王)이 용화산(龍華山) 아래 연못 가운데 미륵삼존(彌勒三尊)이 출현했을 때 미륵사(彌勒寺)를 설립한데서 비롯된 것으로 보인다.[32] 신라에는 고구려의 아도(我道, 阿頭)와 그의 사후 시자(侍者)들이 경문과 율법(律法)을 강독함으로써 불교의 기초가 놓여졌다.[33] 미륵신앙에 대한 자취는 진지왕(眞智王) 때 흥륜사(興輪寺)의 승려 진자(眞慈)가 발원서언(發願誓言)할 때 미륵선화(彌勒仙花)를 만나는 장면에서 발견할 수 있고,[34] 원효(元曉)는 백성의 법화(法化)를 위한 차원에서 불타(佛陀) 신앙을 전파했다.[35] 신라에서의 미륵신앙은 지배계층이 현실에 바탕을 두고 죄를 감함으로써 복을 닦고 의리(義利)를 일으켜 경세제민(經世濟民), 국태민안(國泰民安), 흥국이민(興國利民)하려는 이법(理法)으로서 수용되었다.[36] 이러한 미륵신앙은 신라왕실에서는 현세에서의 자신들의 생활조건을 정당화하는 데 미륵신앙을 적용한 반면 피지배계층은 신라사회의 무규범적 상황에서 구원을 가져오는 미륵신앙을 신봉하는 양상을 띠게 된다.[37] 신라의 천년왕조사 중 선덕왕(宣德王) 때로부터 경순왕(敬順王) 때까지의 150년 기간은 하대(下代)로 분류되는데 이 기간에 왕권이 불안정하고 후백제, 후고구려 등장, 호족들의 할거 현상으로 혼란이 가중되자 불교계는 선종(禪宗)이 기존의 교종(敎宗)을 대체함으로써 사회의 변동을 주도해 가려는 입장을 취했고 말법의식(末法意識)이 두드러지게 되었다. 후고구려의 건국자였던 궁예가 자칭 미륵이라 하여 중생구제를 선언했던 것도 세상의 종말에 새로운 사회를 건설할 미래불(未來佛)로 자처했던 일례로 볼 수 있

---

30) 一然, "三國遺事"(李丙燾 譯), 申一澈 외 10인 편, 『韓國의 民俗·宗敎思想』(서울: 三省出版社, 1991), 146('興法 第三, 順道肇麗').
31) Ibid., 147('興法 第三, 難陀闢濟').
32) Ibid., 122-123('紀異 第二 武王').
33) Ibid., 147-148('興法 第三, 阿道基羅').
34) Ibid., 183-185('塔像 第四 彌勒仙花·未尸郎·眞慈師').
35) Ibid., 231('義解 第五 元曉不羈').
36) 서윤길, "신라의 미륵사상", 『원광대원불교사상연구원 박길진화갑논문』(이리: 원광대출판부, 1975), 289.
37) 이민용, "新羅社會의 彌勒信仰", 『東國思想』 15집(1970년), 77.

다. 신라 하대에 나타났던 일종의 메시아니즘[38]으로서의 미륵신앙은 사회가 어지러울 때마다 다시 분출되는 양상을 띠었으며 대표적인 사례로서 고려말기 미륵의 화신을 자처한 신돈(辛旽)과 조선말기 여환(呂還)의 미륵신앙을 들 수 있다.[39] 흥미로운 연구로서 한·중·일의 미륵신앙을 비교해 보면 미륵신앙의 전통이 오늘날까지 끊임없이 명맥을 유지하는 나라는 한국뿐이라고 주장하는 견해도 있는데[40], 이는 한국역사가 묵시문학적 태도를 지향하게 해 주는 시대적 고난으로 점철되어 왔다는 점을 반영한다.

둘째, 왕조의 말기마다 등장하는 천명(天命)을 명분으로 내건 역성혁명관도 묵시문학적 사고를 반영하는 것으로 볼 수 있다. 가령, 하(夏) 왕조 말기에 계(契)의 후손 탕(湯)은 "天은 夏에 화를 내려 그 죄를 벌하셨다"는 명분으로 민생을 도탄에 빠뜨린 걸왕(桀王)을 내쳤고, 은 왕조 말기에 무왕(武王)은 "天을 경봉하고 백성을 안도케 하려는 데 혁명의 목적이 있다"는 명분으로 하늘에 불경하고 살육과 추방을 일삼는 주왕(紂王)을 축출했으며, 이러한 혁명이론은 고려 태조 왕건(王建)이 "天地不容 神人共怒"라는 명분을 내세워 미륵불을 자처하며 인민을 혹사시킨 궁예(弓裔)를 거세한 데서도 동일하게 적용되었다.[41] 결국 이러한 혁명이론은 왕조의 말기에 공통적으로 나타나는 시대적 혼란과 권력구조의 동요, 민생 도탄과 불안이라는 현상을 종교심에 입각하여 천명을 명분 삼아 응징하고자 했던 묵시문학적 사고와 연결지어 볼 수 있다. 『東經大全』에서는 하(夏), 은(殷), 주(周) 삼대에 하느님을 공경하며 선비들이 천명에 순종했음을 상기하여 최제우(崔濟愚) 당대의 학자들을 경고했을 정도로[42] 천명에 대한 순응은 절대적 명분의 성격을 지녔다.

셋째, 풍수도참사상은 유교, 불교와 같은 고급 종교에는 속할 수 없었으나 왕가

---

38) 본 연구자는 '메시아니즘'은 비단 기독교에서뿐만 아니라 다른 여러 종교에서도 널리 사용되고 있을 정도로 보편화된 용어라는 점을 고려하여 한국의 묵시문학에도 이 단어를 적용했다. 웹스터사전에서는 'messiahnism'을 정의함에 있어 특별히 기독교만을 언급하지는 않고 'belief in a messiah'라는 문구로 설명했다. Philip B. Gove, ed. *Webster's Third New International Dictionary*(Springfield, Massachusetts: Merriam Webster Inc., 1984), 418.

39) 이만열, "韓國基督教의 末世意識과 千年王國思想", 200-209.

40) 강돈구, "한국 신종교의 역사관", 『현대 한국종교의 역사 이해』(서울: 한국정신문화연구원, 1997), 294-295.

41) 金能根, 『儒教의 天思想』(서울: 崇實大學校出版部, 1988), 12-15.

42) "東經大全"(崔東熙 譯), 申一澈 외 10인 편, 『韓國의 民俗·宗教思想』(서울: 三省出版社, 1991), 507('修德文').

로부터 서민에 이르기까지 널리 신봉되어 온 민간신앙이며 풍수지리설과 결합되어 왕조의 흥망, 전란에 대한 불안, 공포, 위기의식의 표현 및 국가운명과 관련된 유언비어 형태와 관련된 민간신앙이라는 점에서 주목을 받아왔다. 참위설(讖緯說)은 중국의 전한말(前漢末) 애제(哀帝), 평제(平帝) 때 나타난 사상으로 후한(後漢)의 장형(張衡)이 주장했다. '참'은 은화(隱話)나 예언 등을 통해 국가, 왕조, 인물의 길흉화복을 선언하는 것에 해당되며, '위'란 육경(六經)을 기설(奇說)로 해석하여 경서의 뒤에 숨은 신비를 밝혀낸다는 뜻이다. 따라서 '참위'란 국가나 왕조의 흥망성쇠를 점치는 것이었으며, 이론적 근거는 음양오행설(陰陽五行說)과 역경(易經)으로, 역(易)의 복점화(卜占化)로 인한 사설(邪說)이 곧 '참위설'이다. 고려 초 대표적인 풍수도참가는 도선(道詵)으로 그는 지리쇠왕설(地理衰旺說), 지리순역설(地理順逆說), 음양비보설(陰陽裨補說) 등을 주장했다.[43] 『鄭鑑錄』은 삼국시대 이래 전파된 풍수도참설 중 조선조 임진왜란과 병자호란 후의 흐트러진 민심을 바탕으로 나타난 것으로 보인다.[44] 『鄭鑑錄』의 '鑑訣'에는 "산천이 기운을 모아 계룡산으로 들어가니 정씨(鄭氏)의 8백년 도읍할 땅이요, 원맥(元脈)은 가야산으로 들어가니 조씨(趙氏)의 천년 도읍할 땅이요, 전주(全州)는 범씨(范氏)의 6백년 도읍할 땅이요, 송악(松岳)에 되돌아와서 왕씨(王氏)가 다시 일어날 땅인데"[45]라고 하여 각 왕조가 종말을 고하고 역성혁명이 전개될 것이 예언되어 있으며, 말세적 국난을 피하여 몸을 보존할 수 있는 십승지(十勝地)[46]가 예언되어 있다. 특히 삼일운동 당시 삼일운동 주변에 팽배했던 『鄭鑑錄』의 이야기들은 억압된 민중들의 사회적 상상력을 제공하고 새로운 역사적 감지력을 주는 데에 상당한 역할을 했다[47]는 점도 위기상황을 묵시문학적 신념으로 대응하고자 했던 양상을 반영한다. 이종성은 『鄭鑑錄』이 한국의 모든 종교에 큰 영향을 주었다며 기독교에 영향을 준 대표적인 사례로서 많은 기독교 신자들이 십승지에 이주하여 거주한 점, 특히 계룡산 신도(新都) 내에 기독

---

43) 申一澈, "解題—≪鄭鑑錄≫에 대하여", 申一澈 외 10인 편, 『韓國의 民俗·宗教思想』, 292-293.
44) Ibid., 289.
45) "鄭鑑錄"(申一澈/金根洙 共譯), 申一澈 외 10인 편, 『韓國의 民俗·宗教思想』(서울: 三省出版社, 1991), 303('鑑訣').
46) Ibid., 308-309. 豊基 車巖 金鷄村, 花山 召嶺의 옛터, 속리산 네 甑項 근처, 雲峰 杏村, 醴泉 金塘室, 鷄龍山, 寧越 정동 쪽 上流, 茂朱 舞鳳山 북쪽 銅傍 相洞, 扶安 壺巖, 伽倻山 萬壽峰, 旌善縣 上元山 鷄龍峰 등.
47) 基督教思想編輯部 編, 『韓國歷史와 基督教』(서울: 大韓基督教書會, 1983), 83.

교인들의 집단이 발견되는 점을 예로 들었다.[48]

넷째, 묵시문학이 종말론 사상과 결부되어 사회개혁의 문학형태로 나타난 경우도 있는데, 16, 17세기의 『홍길동전』이나 임꺽정, 장길산 등 의적 무리에 대한 이야기를 들 수 있으며, 사회가 부패되고 희망이 없을 때 새로운 희망과 결부되어 나타나는 형태라고 볼 수 있다.[49] 특히 『홍길동전』은 민중종교인 도교와 불교의 언어를 병합하고 민중적, 메시아적 언어를 내포한 민중소설이었다.[50] 앞서 고찰한 혁명이론이 기존의 통치체계를 붕괴시키고 새로운 왕조를 건설한 데 있다면, 의적에 대한 이야기는 기존의 체제를 용인하고 그 안에 자리를 잡으면서 개혁을 전개하려 했다는 점에서 그 차이점을 발견할 수 있다.

다섯째, 19세기 중반 내지는 구한말의 격동기에 후천개벽사상을 주장했던 최제우(崔濟愚), 강일순(姜一淳), 이선평(李仙枰)의 사상 또한 묵시문학적 성격을 지녔다. 동학의 후천개벽사상은 음양오행의 동양사상을 기초로 한 역성혁명 사상으로, 선천운수(先天運數)가 지나가고 후천운수(後天運數)가 열린다고 믿었으며, 이는 풍수참위(風水讖緯) 사상에 나타난 기성체제에 대한 민중의 반체제적 혁명사상에 해당된다.[51] 동학은 1860년 최제우에 의해 창시되었으며, 그가 처형된 후 후학들이 그의 가르침을 모아 편찬한 것이 『東經大全』이었고, 가사체로 된 『龍潭遺辭』는 별도로 정리되었다. 이들 문헌에는 "我國운수 가련하다 (중략) 十二諸國 怪疾運數(전 세계를 휩쓰는 나쁜 운수─ 본 연구자 주) 다시 開闢 아닐런가"[52], "十二諸國 다 버리고 我國 운수 먼저 하네"[53], "下元甲(말세─ 본 연구자 주) 지내거든 上元甲 호시절에 萬古 없는 無極大道 이 세상에 날 것이니 (중략) 이 세상 무극대도 永世無窮 아닐런가"[54]라는 표현과 "怪疾運數"와 대립되는, 개벽의 기초로서의 '無極大道'[55] 혹은

---

48) 이종성, "아우구스티누스의 歷史哲學과 韓國敎會의 末世信仰", 『敎會와 神學』 5집 (1972년), 25.

49) "默示文學과 韓國敎會", 550.

50) 基督敎思想編輯部 編, 『韓國歷史와 基督敎』, 83.

51) 柳東植, "韓國의 民俗・宗敎思想에 대하여", 申一澈 외 10인 편, 『韓國의 民俗・宗敎思想』(서울: 三省出版社, 1991), 24.

52) 『龍潭遺詞』(崔東熙 譯), 申一澈 외 10인 편, 『韓國의 民俗・宗敎思想』(서울: 三省出版社, 1991), 546('安心歌' 제 5절). '夢中老少問答歌' 제2절에는 유사한 문장에 '輪迴時運(되돌려진 시대운수─ 본 연구자 주) 구경하소"라는 문구가 첨부되어 있다. 같은 문헌, 589.

53) Ibid., 541('安心歌' 제2절).

54) Ibid., 590('夢中老少問答歌' 제2절).

55) Ibid., 536('龍潭歌', 제3절).

'無窮之道'[56]의 개념이 자주 나타난다. 증산도(甑山道)에서는 최제우의 무극대도 출현 예언이 1871년 대도진리이자 상제로 추앙받는 강일순의 출생으로 성취되었다고 간주한다.[57] 이 종파는 현상의 인류는 선천시대가 종료되고 통일과 결실의 후천시대로 전환되는 대변국기에 처해 있으며, 수렴, 통일, 천지완성, 상생시대(相生時代), 성인시대(善), 단일의 대도출현, 인존시대(人尊時代)로 대변되는 후천지상낙원시대를 위한 천지개벽이 이루어질 것이라는 주장을 전개해 왔다.[58] 한편 천지원리교(天地原理教)에서는 1882년 출생한 이선평을 소위 후천세계를 건설하기 위해 화생한 진인(眞人)으로 숭앙해 왔는데[59], 이선평은 사서삼경(四書三經)과 도덕경(道德經), 불교대전(佛教大典), 성경, 동학유사(東學遺詞) 등을 섭렵하여 종교심이 깊었던 인물이었다. 그는 한일합방 전 일제에 맞서 의병장으로 활동하다가 국운이 다하자 자의로 의병을 해산하고 후천세계가 도래하리라는 환상을 본 이후부터는 종교활동에만 전념했다.[60]

이상의 고찰한 내용을 토대로 한국에서의 위기상황과 묵시문학 출현과의 관계는 다음과 같이 정리해 볼 수 있다.

첫째, 한국인의 종교성은 고대로부터 근세에 이르기까지 숱한 역사적 파동기에 등장했던 묵시문학적 말세론을 쉽게 받아들일 수 있는 심적 체계를 형성해 왔다고 볼 수 있다. 특히 조선말부터 한일합방을 전후하여 『鄭鑑錄』이나 최제우, 강일순, 이선평 등의 묵시문학적 신앙운동을 통해 후천사상이 풍부하게 전개되었다는 점은 조선말 시대적 격동기의 위기상황이 어떠했었는지를 보여주는 단면이 될 수 있을 것이며, 이러한 후천사상은 당대의 압제 당하는 민중의 심성에 쉽게 파고 들 수 있는 호소력을 지니고 있었다고 볼 수 있다.

둘째, 한국인의 묵시문학적 말세론은 한결같이 공통적으로 위기를 극복하기 위한 묵시문학적인 성격을 지녔다고 볼 수 있다. 어수선한 시국에서 구원자를 대망하는 메시아니즘으로서의 미륵불사상, 왕조 말 혼란기의 역성혁명, 흥망과 전란에 대

---

56) "東經大全", 496('論學文').
57) 안경전, 『韓民族과 甑山道』(서울: 大原出版社, 1989), 50-51.
58) Ibid., 81-82.
59) 『天地大法典』(서울: 興學文化社, 1986), 7.
60) Ibid., 347-348, 359-364.

처하기 위한 일환으로서의 풍수도참사상, 불평등한 세상을 변화시키려는 개혁운
동, 조선말을 하원갑으로 간주하고 새로운 상원갑과 메시아로서의 무극대도를 갈
구하는 후천개벽사상 등은 한결 같이 위기의 상황을 벗어나기 위한 환옥(還玉)으로
태동된 사상들이었다.

셋째, 한국인의 묵시문학적 말세론은 대체적으로 '초월적 종말론'에 입각한 다
른 차원의 신세계를 소망했다기보다는 전통적으로 현세적 왕조 전복을 기도함으
로써 기존의 무질서한 위기 체제를 와해시키고 사롭게 건설되는 지상적 세계를 기
대했다는 점에서 초역사적 종말사상과는 차이가 있다. 이러한 지상적 신세계 건설
사상은 묵시사상의 심성 형성에 있어서 현세에 대한 좌절이나 포기가 아닌, 역사
내에서의 현실개혁과 참여를 촉구하는 동력이 될 수 있었을 것이다.

제3절 묵시문학적 배경을 지닌 길선주의 말세론

위기상황에서 태동하는 묵시문학이 지니는 중요한 특징들은 일제 식민치하의 독
특한 시대적 배경 하에서 전개된 길선주의 말세론 형성과 관련지을 수 있는 유익한
논점들을 제시해 준다.

첫째, 거시적인 안목에서 길선주가 활동한 당대는 일제 식민치하였으며, 무단정
치에 이어 문화정치의 억압으로 인해 모든 삶과 사상의 영역까지도 피폐화되었던
점을 고려하면, 길선주 당대를 민족적 위기의 상황으로 규정지을 수 있다는 점에서
당시의 정황과 그의 말세론이 상호 의미 있는 관련을 맺고 있다고 볼 수 있다.

둘째, 본 논문 3장에서 고찰하겠지만 길선주의 말세론이 임박한 시한부 종말론
적 재림론(1939년 재림설, 2002년 재림설)[61]과 당대의 현상적 내증 및 외증에 근거
된 현세조명적 재림론(現世照明的 再臨論)[62]의 특징을 지녔다는 점을 감안하면, 그
의 말세론 또한 메시아니즘, 부활, 심판 등 임박한 미래적 소망을 담는 유대묵시문
학의 중심 개념들을 공유했다고 볼 수 있다.

---

61) 본 논문 3장 3절 4의 '시한부 종말론적 재림론'을 볼 것.
62) 본 논문 3장 3절 5의 '현세조명적 재림론'을 볼 것.

셋째, 유대묵시문학을 선지자적 전통에 따른 것으로 간주하여 역사 안에서 논할 것인지 혹은 '초월적 종말론'으로 규정하여 역사 밖에서 논할 것인지에 대한 논점은 길선주의 말세론이 위기의 상황에서 초역사적 피안의 세계만을 동경하고 현실 도피적인 태도를 취했는지 아니면 역사의 현장에 관심을 두었는지를 논할 수 있는 이론적 틀을 제공해 준다는 점에서 의미가 있다.[63]

넷째, 유대묵시문학 운동의 뿌리가 소외된 계층에서 비롯되었다는 핸슨의 주장 또한 위기상황과 길선주의 말세론을 서로 연계해 볼 수 있는 의미 있는 논점을 지녔다. 왜냐하면 핸슨의 견해대로라면 식민치하의 한국인들, 특히 항일적(反日的) 태도를 취하여 독립운동을 전개했던 민족운동가들, 심각하게 착취를 당하거나 만주 등지로 강제 이주된 사람들, 징병과 징용, 그리고 정신대에 동원되었던 한국인들은 안정된 기반을 누렸던 일부 계층에 비해서 철저하게 소외된 계층이었고, 종교적 심성으로는 쉽게 묵시문학적 사고를 수용할 수 있는 처지에 처해 있었다는 논리가 가능하기 때문이다.

제4절 길선주의 말세론 형성의 시대적 개인적 배경

길선주의 말세론 형성 배경은 시대적 배경과 아울러 개인적 배경을 동시에 숙고해야 하지만 본 절에서는 시대적 배경보다는 그의 개인적 배경을 고찰하는 데 역점을 두고자 한다. 시대상에 관한 학적 연구는 그동안 괄목할 만한 진척이 있었지만 길선주 개인의 묵시문학적 토양이라고 논할 수 있을 만한 사적인 배경은 깊이 있는 연구가 이루어지지 않았기 때문이다.

---

63) 본 연구자는 길선주의 말세론은 현세와 내세를 단절로 보지 않았으며 연속선상에서 파악하는 일원론적 입장을 취한다는 점을 본 논문 6장 '이원론을 극복한 동인으로서의 민족개량 정신'에서 소상하게 밝힐 것이다. 길선주의 말세론은 '초월적 종말론'(transcendent eschatology)을 극복한다.

1. 시대적 배경

앞서 고찰한 '인과관계로서의 위기상황과 묵시문학'은 길선주의 말세론 배태가
그가 생존했던 시대적 정황에 비추어 결코 우연한 것이 아니었다는 점을 고려해 볼
수 있는 이론적 토대를 제공해 준다. 길선주가 생존했던 조선말로부터 일제 식민치
하에 이르기까지 암울했던 시대적 정황은 길선주 개인 차원에서 뿐만 아니라 거시
적인 안목에서 온 민족이 공유했던 묵시문학적 온상이라 할 수 있었다.

그의 말세론은 조선말 국력이 쇠잔하고 외세의 침략이 잦았던 시대적 질곡(桎梏)
과 일제 식민치하에서 피압박 민족이 당하는 공동체적 위기, 그리고 고난의 연속이
라는 특별한 역사적 배경을 지닌다. 그가 입신하여 신학에 입문한 때는 제국주의
열강 세력들의 경쟁적 주권 침탈이 노골화되던 시점이었고 일본은 청일전쟁(1894
년~1895년)과 러일전쟁(1904년~1905년)에 연승하면서 차츰 한반도의 지배권을
장악해 가던 시기였다. 그가 평양신학교에 자학 중이던 1905년, 러일전쟁에서 승
리한 일본은 을사보호조약(乙巳保護條約, 을사늑약)을 체결하고 통감부(統監府) 치
하의 고문정치와 차관정치를 시행했다. 이토 히로부미(伊藤博文)는 보호라는 명분
으로 조선의 외교권을 박탈했으며 헌병경찰제가 강행되고 정부군은 해체되었다.
일본은 조선의 자주정신을 말살하기 위한 식민지 교육제도 정비를 서둘러 각종
'學校令'과 '學校規則'을 선포했다. 그리하여 자주적 교과서를 탄압하고 식민화
교과서들을 침투시켰으며, 이완용(李完用) 내각을 통해 '신문지법'을 공포하는 등
언론·출판까지 탄압함으로써 이미 합방 전부터 교묘하게 황민화(皇民化) 책략을
진행했다. 1910년, 일제는 통한의 한일합방을 강제로 체결하고 식민지 예속의 틀을
완성하여 통감부 대신 조선총독부(朝鮮總督府) 체제 하에 헌병 경찰제의 무단정치
(武斷政治)를 표방했으며, 조선 총독은 행정·사법·입법권과 군사통수권까지 장
악한 절대군주의 위치를 점했다. 일제는 합방 직후 매국인사들에게 자문역을 맡겨
'중추원'을 설치했고, '조선총독부경찰관제', '범죄즉결령', '경찰범처벌규칙',
'조선태형령' 등을 제정하여 폭압체제를 확립했으며, '私立學校規則'을 제정함으
로써 황국신민화(皇國臣民化)를 목표로 한 동화교육(同化敎育)을 실시했다. 또한
합방 당해 연도에는 안악사건(安岳事件)과 조작된 105인 사건을 통해 민족운동을
탄압했고, 1919년 삼일운동 당시에는 강경 진압으로 3월부터 5월 하순까지만 해도

7,979명이 학살당하고 46,948명이 검거될 정도였다. 길선주는 105인 사건을 통해서는 장자 진형을 잃었고 삼일운동 당시에는 민족대표로 서명하고 옥고를 치름으로써, 이 두 사건은 그의 말세론이 더욱 강화되고 체계화 되는 동인으로 작용했다. 삼일운동 이후 일제는 문화정치(文化政治)를 표방하면서 민족운동을 억압하기 위한 일환으로 '治安維持法'(1925년)을 선포하고 이어 사상 탄압을 위한 '고등계경찰'(1928년)을 설치했으며, 대토지소유제를 촉진시켜 소작농들을 양산함으로써 농촌을 피폐화시켰다.

이렇듯 1935년 11월, 길선주가 소천하기까지 그가 생을 영위했던 시대는 묵시문학적 소양에 의해 말세론이 형성될 수 있는 적절한 토양이 될 수 있었다. 그는 이러한 시대적 격동기를 거치며 사적으로 당했던 고난도 남달랐다. 그나마 길선주는 1936년 미나미(南次郎) 총독의 내선일체(內鮮一體) 표방, '조선사상범보호관찰령', '조선사상범예방구금령', 신사참배의 수난과 신학교 폐교, 창씨개명(創氏改名), 2차대전과 징용·징병제 실시, 정신대(挺身隊) 모집, '日本基督敎朝鮮敎團' 설립 등을 보기 전에 소천했다.[64]

이제 길선주의 말세론 형성의 개인적 배경을 시대적 배경에 비추어 고찰해 보자.

2. 개인적 배경

길선주의 말세론이 형성될 수 있었던 개인적 배경은 입신(入信) 이전과 이후의 두 단계로 대별하여 살펴볼 것이다. 왜냐하면 길선주의 말세론은 입신 이전과 이후를 분기점으로 염세관이냐 아니면 재림론이냐로 현저하게 구분되는 양상을 띠기 때문이다.

1) 입신 이전 말세론 형성 배경

길선주의 말세사상은 그가 기독교로 개종하기 이전에도 소년시절로부터 청년기

---

64) 일제의 침략과 압박에 관한 중요한 역사적 사실들은 다음 자료에서 발췌하여 정리했다. 민경배, 『韓國基督敎會史』(서울: 延世大學校出版部, 2000), 304-309. 박지동, 『한민족에 대한 日·美의 종속화 교육 및 언론 시책에 관한 연구』(서울: 고려대학교 대학원, 박사학위논문, 1996), 36-110. 변태섭, 『韓國史通論』(서울: 三英社, 1993), 459-533.

에 선도에 심취하기까지 '천부적인 종교가적 심성', '부조리한 윤리상에 대한 개혁 의식', '수난과 사업 실패', '사후영생(死後永生)을 고민하는 종교심', 『텬로력뎡』에의 심취'라는 독특한 배경들을 통해 점진적으로 깊이 있게 형성되었다. 그러나 그는 기독교로 개종하기 전에는 19세로부터 29세에 이르기까지 약 10년에 걸쳐 선도에 몸담고 수련에 힘썼지만, 선도의 이념인 영생불사의 진리를 터득하지 못한 채 항상 회의감에 사로잡혀 있었고 끝내 염세관을 극복해 내지 못했다.

① 천부적인 종교가적 심성

길선주의 성품은 소년시절에도 덧없는 세상사와 나그네 같은 인생의 무상(無常)을 논하며 탄식했을 정도로 천부적인 종교가적 심성을 지녔다. 그는 여덟 살의 어린 나이에 하늘의 뜬 구름이 서풍에 밀려 흩어지는 모습과 정원의 시들어가는 꽃을 보고서 세상사의 무상함을 토로하며 인생의 과세(過世)를 슬퍼했다.

> 八歲되든 해에 (중략) 一日은 數童의 동무르 더부러 庭外에서 놀다가 天上의 浮雲이 萬物相을 지어 往來함을 바라보고 아희들이 浮雲을 各各 自己의 所有로 指目하야 저것은 네 것이라 그것은 내 것이라 하야 짜토고 이약이하는 동안에 浮雲이 문뚝 西風에 飛去한지라 (중략) 先生은 이를 보고 落淚하여 우는지라 他童이 그 우는 理由를 무른 則 先生이 答하되 사람이 이 世上에서 네 것 내 것하고 慾心내여 얻으랴는 富貴가 저 浮雲과 다름이 잇느냐. 이 世上의 無常함이 엇지 슬푸지 아니하냐고 하엿으니[65]

> 선생이 여덟 살 되었을 때의 일이다. 예전에 살던 옛 집을 우연히 지나다가 그 집 대문 앞에서 발걸음을 멈추고 정원을 일일이 살펴보고는 눈물을 흘렸다. 옛정에 다감했고 인생의 과세(過世)가 나그네 같음을 느낀 탓이었다.[66]

---

65) 김인서, "靈溪先生小傳(上)", 『神學指南』 13권 6호 (1931년 11월), 37-38.
66) 길진경, 『靈溪 吉善宙』(서울: 鐘路書籍, 1980), 18-19.

길진경은 선친의 이러한 기질을 초로인생을 비관하던 정서라고 이해했는데[67] 다정다감했던 그의 성품에는 자신의 고통스러웠던 가정적 배경과 조선말기의 혼란, 망국(亡國)과 국권피탈, 그리고 일제 식민치하라는 불행한 시대적 배경을 거치며 말세론적 사고가 각인되어졌다.

② 부조리한 윤리상에 대한 개혁의식

길선주는 소년시절에 자신의 주변과 가정에서 목격한 부조리한 윤리상들을 남달리 비관적인 시각으로 바라보면서도 한편으로는 비판적인 안목과 태도를 견지하는 양면적인 성품을 형성했다.

그는 부친이 기생첩을 둠으로써 가정에서 모친이 겪는 고통을 목도하면서 인생의 허무를 체험했다.

> 선생은 부친이 기생첩을 둠으로써 어머니가 받는 고통에 자극을 받은 때부터 사람의 삶이란 허울뿐이고 실(實)이 없다는 생각에서 인생의 허무를 느꼈다.[68]

그는 아이러니하게도 혈기방장(血氣方壯) 하던 26세 무렵, 당시 선도를 수련하던 여 제자에게 실절(失節)한 적이 있는데[69] 이러한 뼈아픈 체험은 오히려 역동적으로 그로 하여금 바른 윤리관을 결단하게 해 주는 촉매가 되었다.

또한 자신의 주변 정세로부터는 전국적 흉조라고 표현될 정도의 윤리와 도덕의 피폐, 정부의 관서인(關西人)들에 대한 천시, 탐관오리들의 횡포를 체험하면서 시대조류를 개혁하려는 안목을 넓혀갈 수 있었다.

> 윤리와 도덕이 땅에 떨어졌고 예의와 질서가 허물어진 당시 사회는 개혁이 되어 새싹이 나기 전에는 전국을 휩쓸고 있던 그런 흉조 속에서 민족적 희망을 걸어 볼 수

---

67) Ibid., 19.
68) Ibid., 23. 길선주의 이러한 개인적인 인생 허무의 체험은 부친이 기생첩을 두었던 이 사건 한 가지로만 파악할 것이 아니라 앞서 살펴본 '천부적인 종교가적 심성'이라든가 계속해서 살펴보게 될 '수난과 사업실패', '사후영생을 고민하는 종교심' 등의 복합적인 상황들을 모두 고려할 때 앞서 논한 인과관계로서의 위기상황과 묵시문학적 심성의 형성을 생각해 볼 수 있다.
69) 김인서, "靈溪先生小傳(上)", 38.

는 없었던 것이다. (중략) 정부는 서사(西士)들을 무시했다. 그뿐만 아니라 권문(權門)의 노비까지도 관서 사람들을 멸시한 것은 말할 것도 없으며, 조정은 간신배들의 횡포로 어지러워졌고, 국위는 그들의 자위(自衛)를 위한 농간으로 더럽혀지고 있었다.[70]

향후 길선주가 목회사역에 전념하면서 성경에 입각하여 민족개량운동을 전개하는 과정에서 특별히 부부윤리, 결혼윤리, 가정의 질서, 효의 실천, 사회를 향한 소임 실천, 허례허식과 무속 타파, 금주 금연 실천 등 가정과 사회 윤리의 정립을 촉구했던 것도 이미 소년기에 내면적으로 형성된 비판적 태도와 개혁의식이 기독교 정신으로 고취된 결정체라고 볼 수 있을 것이다. 이 점에 대해서는 본 논문 6장 4절 2. 4)의 '가정·사회 윤리 정립 촉구'에서 고찰할 것이다. 이처럼 허무, 비관 등으로 표현될 수 있는 그의 심성에는 동시에 현실에 대한 비판과 개혁의 의지도 각인되어가고 있었기 때문에 입신 이후 그의 체계화된 말세론에는 한 결 같이 현세와 내세를 단절로 보지 않으려는, 즉 현세를 포기하지 않고 개혁하려는 일원적 자세가 나타난다.

③ 수난과 사업 실패

1885년 길선주가 16세 되던 무렵 부랑자 윤학영(尹學榮) 삼형제가 길선주 일가를 급습하여 구타한 사건이 발생했다. 그는 이 사건으로 인해 마음에 큰 상처를 받았으며, 그 때 맞은 환부는 어혈(瘀血)로 인해 중병이 겹치는 지경에 이르렀고, 점차 속세의 고뇌가 심해져 염세사상이 심화되어갔다.

그해 봄에(1885년- 본 연구자 주) 무위도식하던 악배(지금의 깡패) 윤학영(尹學榮) 삼형제가 선생의 백씨를 질투하던 끝에 어떤 날 한밤중에 선생의 집을 급습해서 가장 집물을 쳐부수고, 아무런 관계도 없는 열일곱 살(만 16세- 본 연구자 주) 나이의 어린 선생을 난타해서 거의 죽게 되었다. (중략) 워낙 마음에 깊이 상처를 입은 선생

---

70) 길진경, 『靈溪 吉善宙』, 24.

에게는 세상이 허무하고 인생이 무상하기만 했다. (중략) 깡패들에게 맞은 어혈(瘀血)로 인해서 허약해진 그의 몸은 중병까지 겹쳐 재생이 막연하게 되었다.[71]

이후 길선주가 자신의 염세관을 선도에서 극복하려 했던 노력의 일환으로 정좌법(靜坐法), 신차력(神借力), 수차력(水借力), 약차력(藥借力) 등의 방법을 통해 육체의 단련에 힘썼던 점만 보더라도 당시 입었던 상처가 얼마나 심각했었는지를 짐작할 수 있다.

그의 청소년기 시절은 윤학영 사건에 이어 계속해서 사업실패로까지 이어져 염세사상이 더욱 심각해지는 양상을 띠었으며 이러한 정황 속에서 그가 눈을 돌린 곳이 바로 종교였다.

> 先生이 十七歲, 十八歲 어간에 平壤에서 商業을 經營하여 보앗으나 天作의 宗敎人으로 태여난 先生의게 商業이 마즐니가 없어 商業은 畢竟 失敗하고 數人의 友를 伴하야 平壤附近 龍岳寺에 入하야 修道하다가 重病에 걸니여 뜻을 일우지 못하고 歸家하엿다. 十九歲 때부터는 곳칠 수 없는 先生의 厭世病은 度를 더하야 그대로 잇을 수 없섯다.[72]

길선주가 청소년기 시절을 거치는 동안 조선의 상황은 종교적으로 위기에 직면해 있었다. 그래서 그는 조선의 전통 전래 종교로서는 자신의 염세관을 극복할 수 없었다. 당시 조선은 종교적으로는 유불선의 역할부재가 심화되었고, 영적 진공기로 간주될 정도로 혼란스러운 시기였다. 유동식은 한국의 종교사는 불교와 유교와 기독교가 교체하며 전개되어온 역사이며, 비록 국가종교라 할지라도 현실적인 이해타산에 밀착함으로써 종교로서의 생명을 잃고 세속화의 길을 걸어가는 양상이 반복되어 다른 종교에 그 권리를 넘겨주는 현상이 나타났다고 간파했다.[73] 이는 조선말에 불교뿐만 아니라 국가종교였던 유교의 위치와 역할이 얼마나 미미했는지

---

71) Ibid., 24-25.
72) 김인서, "靈溪先生小傳(上)", 38.
73) 유동식, 『韓國宗敎와 韓國神學』(天安: 韓國神學硏究所, 1991), 25.

를 간파해 볼 수 있는 적절한 논거가 될 것이다.

선교사들이 입국하기 전 조선말 한국인들의 종교적 심성은 상, 하위 층 신분을 불문하고 새로운 종교의 도래를 갈망하고 있었다.[74] 백낙준은 당시 한국인들의 신앙은 샤머니즘에서 발견할 수 있는 생사의 신비와 영적 세계, 불교의 종교적 감화, 그리고 유교의 윤리와 도덕적인 면이 혼재됨으로써 종교적 혼합 행위가 나타났으며, 이 세 가지 종교가 지닌 특성들을 충족시켜 줄 수 있는 세계적 종교(universal religion)를 요청하고 있었다고 파악했다.[75] 앞으로 본 논문에서 살펴볼 내용이 되겠지만 길선주의 입장에서 본다면 자신의 염세관 극복이나 민족개량 운동[76]은 이 삼교(三敎)의 특성이 통합된 세계적 종교, 즉 기독교를 통해서만 가능한 일이었다.

언더우드와 아펜젤러가 입국하기 전 1883년 12월경 이수정은 *The Missionary Review*에 보낸 '선교사파송 호소문' 을 통해 조선 천주교도들의 장렬한 순교 역사가 증명하듯이 이미 조선인들은 복음을 수용할 준비가 되어 있다는 점, 정부가 적극적으로 기독교도들을 핍박하지 않는다는 점, 정부가 국민들의 삶의 질을 개선하기 위해 노력 중이며 개화의 문이 열려져 있다는 점 등을 들어 한국선교의 호기(the golden opportunity)라고 호소했던 적이 있었다.[77] 이는 조선은 이미 필연적으로 새로운 종교를 수용하기 위한 황금의 시간을 맞고 있었다는 의미가 된다. 길선주가 염세사상을 극복하기 위해 종교에 눈을 돌리기 시작한 때가 바로 이 시점이었다.[78]

④ 사후영생을 고민하는 종교심

전술했듯이 청년기 시절, 잇단 수난으로 인해 염세관에 사로잡혔던 길선주는 염세관을 극복하기 위해 종교를 찾았으며, 그의 종교는 유학을 기반으로 관성교(觀聖敎)에서 선도(仙道)로, 선도에서 기독교로 심화해 가는 일련의 종교적 파노라마를

---

74) Dong Sub Bang, *The Indigenous Mission of Pioneer Korean Christian*, 84-85.
75) L. George Paik, *The History of Protestant Missions in Korea(1832~1910)*(서울: 延世大學校出版部, 1995), 25-27.
76) 본 논문 6장, '이원론을 극복한 동인으로서의 민족개량 정신' 을 볼 것.
77) Dong Sub Bang, *The Indigenous Mission of Pioneer Korean Christian*, 175.
78) 길선주의 출생연도가 1869년이었고 사업에 실패한 때가 17내지 18세였다면 그가 종교에 눈을 돌렸던 시점은 대략 1886년-1887년 어간이었다고 볼 수 있다.

형성했다. 그는 19세 때 잠시 관성교에 입문하여 보고문(譜告文) 몇을 만독(萬讀)했을 정도로[79] 열정을 가졌으나 곧 선도로 전향했다. 29세에 기독교로 개종하기까지 약 10년간에 걸쳐 옥경(玉經)을 배우고 구령삼정(九靈三精) 주문을 외워가며 육정육갑술(六丁六甲述), 육경신(六庚申), 장량(張良)의 도인법(道引法), 소강절정좌법(昭康節靜坐法), 신차력, 수차력, 약차력 등을 수련했다.[80] 그러나 그의 종교적 기질은 늘 사후의 영생을 갈구하는 영생불사의 종교심에 입각해 있었고, 선도에서 이 물음에 대한 답변을 얻지 못했다. 어차피 도교에서 추구하는 장생불사론도 정신과 육체가 하나로 통합되어 존재하는 상태를 지속시키는 것을 의미하는 것일 뿐 정신이 육체와 분리된 채로 영원히 지속할 수 있다는 정신불멸 혹은 영혼불멸을 주장하는 것은 아니었기 때문이었을 것이다.[81] 그는 후일 유불선 삼교를 비교하면서 이 문제를 진지하게 회고했는데 다음 인용문들은 그가 선도에 입문하여 던졌던 질문이 최종적으로는 기독교에서 해결되었음을 보여주는 소중한 고백이다. 그가 참된 종교를 찾는 과정에서 현세가 아닌 저 너머의 새로운 내세를 갈구함으로써 사후세계의 구원문제를 잣대로 삼았다는 것은 그의 종교심이 말세론과 매우 밀접했었다는 것을 보여준다.

> 先生은 三靈神君[82]의게 世界의 大道인 예수道가 眞道인지 僞道인지 알게 하야 달라고 祈禱한지 여러 날에 仙道가 永生의 道 아닌 것이 疑心이 낫다. 當時 求道하는 先生의 心念은 比하건대 우에는 層巖絕壁이오 아래에는 萬頃蒼波인대 (중략) 先生의 彷徨하는 心的 狀態엇다고 한다.[83]

> 上帝님이시여 저를 불상히 녁여 주시옵소서 多年間 至誠것 信奉하고 工夫하던 仙道

79) 길진경, 『靈溪 吉善宙』, 26.
80) 김인서, "靈溪先生小傳(上)", 39.
81) 이용주, "도와 하나 되는 삶 — 도교의 이상적 인간상", 『宗敎와 文化』, 서울大學校宗敎問題硏究所, 2001년, 293.
82) 길선주는 입신 전 "聖三位 하나님이 亦是 三靈神君일지라" 하여 도교의 신관을 기독교의 신관과 연계하기도 했다. 김인서, "靈溪先生小傳(上)", 40. 도교의 '三淸論'에 의하면 최고의 三位 至高神은 元始天尊, 靈寶天尊, 道德天尊이 있으며, 김일권은 이 신관이 불교의 三身佛 사상과 유사하게 모색될 수 있다고 보았고, 이러한 개념들을 삼위일체 방식의 신관으로 이해했다. 김일권, "道敎의 宇宙論과 至高神 觀念의 交涉 硏究", 『宗敎硏究』, 韓國宗敎學會, 1999년, 216-219.
83) 김인서, "靈溪先生小傳(上)", 40.

는 疑心이 나고 義롭은 듯한 예수道는 永生의 眞道인지 깨닷지 못하야 저는 甚한 煩悶中에 죽을 지경이니[84]

東洋에 儒釋道 三敎가 이스나 死後에 될 일을 가라친 것이 업섯다. (중략) 道敎는 死와 活의 問題를 숙혀 論치 안엇다. 그러나 우리 主 예수끠셔는 世上에 臨ᄒ야 死後永生의 道理를 明白히 가라치셧나니라.[85]

⑤ 『텬로력뎡』에의 심취

길진경에 의하면 선도에 입문하여 길선주와 교류했던 김종섭이 먼저 기독교로 개종하여 길선주를 전도하기 위해 전해 주었던 『李先生傳』은 중국인 아편중독자 이 씨가 회개하고 입신한 내용이 기록되어 있었으나 길선주는 이 서적을 그다지 달갑지 않게 생각했고, 이후 기독교 신앙에 대한 두 사람의 대화를 담은 『張元兩友相論』을 통해서는 저으기 감동을 받았다고 했다.[86] 길선주는 『텬로력뎡』을 전해 받고서 "基督徒의 信仰經驗의 過程에 크게 感動"되어 눈물로 책장을 적시며 탐독했다.

天路歷程을 讀破할새 基督徒의 信仰經驗의 過程에 크게 感動하야 눈물노써 冊張을 적시엿다. 밋기도 前에 번연 요한의 偉大한 心靈의 눈물에 함ᄭᅴ 우는 先生의 心靈도 偉大하다고 아니치 못할 것이다.[87]

마침 길선주가 『텬로력뎡』을 읽던 시기는 그가 신봉하던 선도가 영생불사의 도인지에 대한 의심을 품기 시작한 때였고, 『텬로력뎡』을 탐독한 직후 김종섭의 방문과 권면이 계속되면서 그의 회심은 갑작스럽게 이루어졌다. 그는 "예수가 참 救主인지 알게 하야 주시옵소서"라고 기도했을 때 공중으로부터 자신의 이름을 세 차

레 연거푸 부르시는 하나님의 음성을 체험하면서 하나님을 아버지로 칭했고, 자신의 죄를 사해 줄 것을 간구하는 극적인 회심이 이루어졌다.

> 萬籟具寂한 가울밤은 새로 한 時 쯤에 꿀어 업대여 『예수가 참 救主이신지 알게 하야 주시옵소서』 懇切히 祈禱하는데 (중략) 총소리 같은 요란한 소래가 잇서 空氣를 振動하는지라 先生이 크게 놀내여 잠잠하니 空中에서 『吉善宙야! 吉善宙야! 吉善宙야!』 三次 부르거늘 (중략) 『나를 사랑하는 나의 하나님 아바지시여 나의 罪를 赦하여 주시고 저를 살녀주시옵소서』 祈禱하면서 放聲大哭하니 그때에 先生의 몸은 불덩이처름 다라서 더욱 힘써 祈禱하엿다.[88]

길선주의 회심은 진리를 찾아 방황하던 어거스틴이 "집어 들고 읽으라"(Pick it up, read it)는 음성을 들으면서 하나님의 품에 안주했던 회심[89]이나 경건주의자 헤르만 프란케(A. H. Franche)의 손을 뒤집는 듯한 회심[90]에 비견할 수 있을 것이다.

『텬로력뎡』은 1895년 선교사 게일(J. S. Gale) 부부의 번역과 이창직(李昌稙)의 교열로 빛을 보았으며 서문에서는 "사롬이 엇더케 츰도리롤 밋는 것과 또 엇더케 예수롤 아는 것과 또 엇더케 권력을 주시는 것과 또 엇더케 삼가 직히는 거슬 쇼쇼히 나타내엿스니 이거시 텬로로 가는 딕 쳡경이라"고 함으로써 "밋는 딕 유익ᄒ게 ᄒ심이 아니냐"고 번역 목적을 밝혔다.[91] 길선주는 이 『텬로력뎡』에 착안하여 이후 말세론을 체계화하는 전조에 해당될만한 『懈惰論』과 이 저서의 증보격인 『만ᄉ셩취』를 저술했다. 이들 저서에는 현세와 내세를 이원론적으로 단절로 보지 않고 현실에 충실하며 내세를 바라보는 순례자적 기독신자로서의 일관된 사상적 흐름이 나타나며 현세와 내세를 일원론적으로 간파하려는 그의 말세론의 진면목이 담겨져 있다.

---

88) Ibid., 41.
89) Augustine, *Confessions and Enchiridion*(Translated by C. Outler; London: SCM Press Ltd), 175–176(Book 8, 29).
90) Hermann Franche는 의심과 불안, 잘못된 이성, 그리고 본능적인 삶을 벗어나 손을 뒤집는 듯한 변화를 맛보며 형언할 수 없는 기쁨과 확신으로 하나님의 실존을 찬양했다. 그는 하나님의 능력이 이성으로 하여금 믿음에 복종하게 하심으로써 이성은 패퇴하여 물러났다고 고백했다. August Hermann Franche, "Autobiography(1662)", in *Pietists*(Edited with an introduction by Peter C. Erb; New York · Ramsey · Toronto: Paulist Press, 1983), 105–106.
91) John Bunyan, 『텬로력뎡』(J. S. Gale 부부 공역; 서울: The Trilingual Press, 1895), '텬로력뎡셔문'

이 두 저서 『懺悔論』과 『만ᄉ셩츄』가 『末世學』과 어떻게 연계될 수 있는지에 대해서는 본 논문 3장 5절의 『末世學』, 『懺悔論』, 『만ᄉ셩츄』의 관계'에서 상세하게 다룰 것이다.

2) 입신 이후 말세론 형성 배경

입신 이후에는 '입신과 수난', '105인 사건과 장자 진형의 사망', '투병생활', '삼일운동과 영어의 생활', '만보산사건(萬寶山事件)', '장대현교회의 배척', '교회의 부패상에 대한 경고'라는 고통스러운 일련의 과정들을 거치며, 그의 말세사상을 체계성 있는 학문적인 형태로 정립해 갈 ᄉ 있었다. 특히 삼일운동 직후 2년 가까운 영어의 생활은 당시 장로교의 세대주의적 전천년설 학풍[92] 위에 계시록을 만독하여 체득한 말세론을 학적으로 체계화 시켜가는 카이로스의 시간이 될 수 있었다. 특히 그의 눈에 비친 1930년대의 교회의 영적 침체와 부패상은 임박한 재림사상을 더욱 깊이 있게 각인시켜 가는 의미심장한 동인으로 작용했다.

① 입신과 수난

길선주는 기독교로 개종함으로써 사적으로 장기간의 수난을 감수해야만 했다. 가정적으로는 부친의 배척을 받았으며 형으로부터는 무려 20년에 걸쳐 핍박을 당했고 향리에서는 관인의 박해를 감수해야만 했다.

> 先生의 父親은 예수를 極히 排斥하야 馬布 宣敎師를 甚히 逼迫하든 사람이니 愛子인 先生이 西道에 改宗하엿다 함을 듯고 크게 忿하엿든 것은 말할 것도 업다.[93]

> 家庭에 잇서서는 先生의 伯氏가 二十年間 先生을 逼迫하엿으나 마츰내는 그 伯氏의 돌갓치 頑强한 마음도 先生의 傳道에 感化되여 그리스도人이 되엿다. 先生이 또한 鄕里에 와서 韓末 官人의게 받은 迫害도 한두 번이 아니엇다.[94]

---

92) 본 논문 제 4장 3절의 '스왈런의 종말론 관련 저서들과의 비교' 및 4절 2. 1)의 '장로교단에서 소개한 종말론 관련 저서들'을 볼 것.
93) 김인서, "靈溪先生小傳(中)", 37.
94) 김인서, "靈溪先生小傳(下)", 『神學指南』 14권 3호 (1932년 5월), 33.

그러나 이러한 핍박은 입신 이전처럼 절망적 염세관을 부추기는 동인이 아니라 도리어 참 도를 발견한 길선주의 전도열을 왕성하게 해 주는 촉매제가 되었으며 특별히 형을 전도하기 위해 20년 동안 인고의 기도에 힘썼다. 결국 그는 부모와 형, 그리고 아내를 모두 전도함으로써[95] 후일 구령사역의 모토로 내세웠던 '인가귀도'(人家歸道)[96]의 전도원칙을 자신의 가정에서부터 체험적으로 실천했다. 그의 이러한 신앙내력은 염세적 사고를 믿음으로 극복해 가고자 하는 산 경륜이 되었다.

② 105인 사건과 장자 진형(鎭亨)의 사망

105인 사건은 1910년 한일합방이 이루어진 3개월 후 초대 총독 데라우치 마사다케(寺內正毅)가 평안도를 중심으로 기독교 지도자들을 투옥하고 선교사들을 추방함으로써 한국통치의 장애물을 제거하려는 목적을 달성하기 위해 조작한 사건이었다. 이 과정에서 해서지방(海西地方)의 유수한 교회 관계 인사들 157명이 체포되었고, 이들 중 전덕기(全德基), 김근형(金根瀅), 정희순(鄭希淳), 한필호(韓弼鎬) 등이 고문으로 목숨을 잃었으며 최광옥(崔光玉)은 병사했다. 최종적으로 123명이 1912년 6월 서울 지방법원에서 재판을 받았는데 이중 기독교인은 장로교인이 97명, 감리교인이 6명, 그 외 2명 도합 105인에 달했다.[97]

이 105인 사건에 길선주의 장자 길진형이 연루되어 고문으로 인해 장기간 고통을 겪으며 목숨을 잃었다. 이는 길선주의 입장으로서는 목회사역에 임한 이후에 경험했던 가장 험난한 시련이기도 했다. 김인서는 당시 길선주의 시련을 안자(顔子)의 조세(早世)와 이(鯉)를 곡(哭)한 공자의 슬픔에 비유했을 정도로 그의 비애는 컸다.

先生의게 數次의 哀慘이 잇섯거니와 長子 鎭亨이 近世 朝鮮史에 大獄事인 百五人事
件으로 三四年 獄因되엇든 것도 先生의 家庭에 患難이엇다. (중략) 先生이 己未에
三年 獄中에 難을 몸소 當하엿스나 愛子를 獄中에 두엇을 째보다는 마음은 도로혀
平安하엿을 것이다. 鎭亨은 病든 몸으로 出獄하야 米國에 留學하다가 마츰내 重病

---

95) 김인서, "靈溪先生小傳(中)", 「神學指南」 14권 1호 (1932년 1월), 37-38.
96) '人家歸道'란 온 가정이 예수를 믿는 가정으로 변화되는 것, 즉 온 가정의 복음화를 의미한다. 본 논문 6장 4절 2. 4)의 '가정·사회 윤리 정립 촉구'를 볼 것.
97) 민경배, 「韓國基督敎會史」(서울: 延世大學校出版部, 2000), 305.

으로 歸國하야 別世하엿다. 嗚呼! 朝鮮의 賢才는 엇지 그리 早世하엿는고. 古人이 顔子(공자의 수제자— 본 연구자 주)의 早世를 恨하엿다면 우리는 鎭亨의 早世를 슬퍼한다. 孔子— 鯉(공자의 아들— 본 연구자 주)를 哭하엿음애 先生이 鎭亨을 哭하엿도다.[98]

길선주는 진형을 잃기 전에도 아들 진국(鎭國), 그리고 두 딸 숙형(淑亨)과 진숙(鎭淑)을 모두 유아기에 잃었기 때문에[99] 장성한 진형의 죽음은 더욱 큰 충격이 되었을 것이다. 길선주는 장래가 촉망되던 장자를 잃은 후 지은 한시(漢詩)를 통해 "心遊別界感"을 논함으로써 타계(他界)에 대한 염원을 표현했을 정도로 고통스러워했으나 "萬事無心經數卷 微軀此外更何求"[100]라 고백함으로써 성경에 의지하여 슬픔을 극복하려는 결의를 다지기도 했다.

③ 투병생활

길선주의 일생에는 주목할 만한 몇 차례의 험난한 투병생활이 있었고 투병의 과정을 통해 내면적 신앙을 형성해 갈 수 있었다. 무엇보다도 평생 가장 눈엣가시로 작용했던 육체적 고통은 시력의 약화였다. 길선주는 1900년에 완전 실명하여 1903년에 수술을 받고 다소 회복될 수는 있었지만 그의 시력 저하는 이후의 저술활동과 목회사역 및 대인관계에 커다란 걸림돌로 작용했다.

先生의 短處의 하나은 失明이다. 一九00年에 아주 失明하엿다가 一九0三年 宣敎師 黃忽理 夫人의게 治療를 밧고 若干 볼 수 잇게 되엿다. 失明하신 째문에 讀書와 著書를 마음대로 할 수 업섯고 (중략) 失明은 知的 方面에서만 아니라 事業方面에 잇서서도 不少한 損失이엇다.[101]

---

98) 김인서, "靈溪先生小傳(下)", 33.
99) 길진경, 『靈溪 吉善宙』, 93-97.
100) "心遊別界感, 萬事無心經數卷 微軀此外更何求(마음에 떠도는 다른 세계, 모든 일에 마음에 없고 성경 수권이 있으니 내가 이 밖에 무엇을 더 구하리오)" 길진경, 『靈溪 吉善宙』, 241-242.
101) 김인서, "靈溪先生小傳 後篇三", 『信仰生活』 5권 3호 (1936년 3월), 28.

길선주는 실명의 원인이 부친의 유전병에 기인했을 것이라고 추측했으나[102] 길진경은 선친이 선도 수련 중 시력이 약화되었다[103]고 판단한 점으로 미루어 약차력 수련과정에 문제가 있었을 것이라는 추론도 가능하다. 실명의 고통 외에도 윤학영 삼형제의 구타로 인한 후유증이 심각하여 몸이 쇠약해질 때마다 어혈이 재발했고,[104] 105인 사건 때는 심장염으로 고생했으며[105], 또 생명이 위독할 정도로 심한 늑막염을 앓아 루들로우(A. I. Ludlow)의 집도(執刀)로 소생한 적도 있었다.[106] 특히 삼일운동이 발발하기 전에 받았던 내장 농즙(濃汁) 제거수술은 '통회', '자복', '기도', '성령의 수술'로 조명되는, 인간이 갖추어야 할 내면적인 모습을 깊이 숙고해 볼 수 있는 영적 각성의 계기가 되었다.[107] 이러한 경험은 이후 그의 목회사역이 외향적인 성격보다는 내면적인 성격으로 전환되는 중요한 동인이 되기도 했다.[108]

길선주는 삼일운동으로 인해 취조를 받는 과정에서 자신의 근안(近眼)과 건강상의 문제를 들어 향후 정치활동에는 일체 관여하지 않을 것임을 다짐한 적이 있었는데 이는 그의 목회활동이 내면화되어가는 길목에 서있었음을 보여주는 적절한 예증이 될 수 있다. 당시 경찰신문조서(警察訊問調書) 가운데는 이 문제와 관련하여 다음과 같은 내용이 기록되어 있다.

> 問 吉善宙인가.
> 答 그렇다. (중략)
> 問 피고는 금후에도 또 독립운동을 할 것인가.
> 答 나는 극도의 근안(近眼)이고 또 몸이 불편하여 금후는 하지 않고 나는 정치상의 일에는 일체 관여하지 않기로 하였다.[109]

---

102) Ibid., 28.
103) 길진경, 『靈溪 吉善宙』, 71.
104) Ibid., 71.
105) 길선주, "성도모범의 五大原素", 이성호 편, 『吉善宙牧師說敎』(서울: 惠文社, 1977), 61(전편).
106) 길진경, 『靈溪 吉善宙』, 110.
107) 길선주, "죄를 자복(自服)하고 기도하라", 이성호 편, 『吉善宙牧師說敎』, 172(전편).
108) 자세한 내용은 본 논문 6장 3절의 세 번째 내용(인간의 내면적 변화와 각성을 중시하는 신앙으로의 전향)을 볼 것.
109) "吉善宙先生取調書", 『3·1 運動秘事』(시사보국사출판국, 1959), 112-114.

④ 삼일운동과 영어의 생활

1910년 한일합방이 결정되고 조선총독부가 설치되면서 일제의 조선통치의 핵심은 제국신민화라는 목표를 지향했다. 천황에 직속된 총독은 천황으로부터 입법, 사법, 행정의 전권을 위임받아 모든 영역에서 전제군주로서 무소불위의 권력을 행사했으며, 1919년까지 무단정치(武斷政治)가 지속되었다. 헌병경찰제도를 내세워 언론, 출판, 집회, 결사 등의 자유를 박탈했으며, 나아가 동화(同化)의 명분을 내세워 철저하게 민족의식과 언어, 문화를 억압했다.

1919년의 삼일운동은 그 동인으로써 윌슨 대통령의 민족자결주의 제창이나 고종 황제의 승하(1919년 1월)로 인한 국민적 울분을 논할 수도 있겠지만, 무엇보다도 일본의 억압에 대한 한국민의 반일의식이 고조된 데서 비롯된 독립운동이었다. 미국 기독교연합회 동양문제위원회에서 간행한 *The Korea Situation*(3·1 運動秘史)에서는 삼일운동의 동인으로써 독립에 대한 갈망, 엄격한 군정, 민족성의 박멸, 사법 기관이나 행정기관의 부당한 대우, 조선인에 대한 차별대우, 언론·신문·결사의 자유 박탈, 제한된 종교의 자유, 조선인의 교육과 해외여행에 대한 실질적 금단, 옥토의 약탈, 공창제도(公娼制度)나 마약주사(痲藥注射)와 같은 비도덕화의 영향, 만주에의 강제 이민, 산업·상업·전매권에 있어서의 일본인을 위한 혜택 등을 들었다.[110] 이후 1920년대 들어 일본의 식민통치 양상은 문화통치(文化統治) 체제로 이어지지만 문화통치는 단지 명목상의 회유책이었을 뿐 황국신민으로서의 동화정책을 추진하기 위한 방법론상의 슬로건에 불과했다. 이러한 1920년대의 시대적 상황에 대하여 윤성범은 "유대인, 한국인, 그 밖의 피압박민족, 약소민족의 설움"[111]이라 표현했고, 박봉배는 "상당한 탄압이 가열되던 시대"[112]로, 민경배는 "질식할 정세"[113], "곤궁의 세대", "억눌린 자의 비참", "민족전체의 강박관념"[114]이라고 묘사했다.

삼일운동이 발발하자 일본경찰은 기독교계 목회자들이었던 김선두(金善斗), 양전백(梁甸伯), 함태영(咸台永) 등을 비롯하여 길선주를 경성 서대문감옥에 수금했

---

110) 美國基督教聯合會東洋問題委員會 刊, "三一運動秘史"(민경배 역), 『基督教思想』 (1966년 7월), 100-103.
111) 윤성범, "李龍道와 十字架 神秘主義", 邊宗浩 編, 『李龍道牧師關係文獻集』(서울: 長安文化社, 1993), 243.
112) 박봉배, "李龍道의 사랑의 神秘主義와 그 倫理性", 邊宗浩 編, 『李龍道牧師關係文獻集』(서울: 長安文化社, 1993), 125.
113) 민경배, "李龍道의 神秘主義 硏究", 邊宗浩 編, 『李龍道牧師關係文獻集』(서울: 長安文化社, 1993), 44.
114) 민경배, 『韓國基督教 社會運動史』(서울: 大韓基督教出版社, 1988), 207.

다.[115] 그런데 약 2년 어간에 걸친 길선주의 영어생활은 그가 말세론을 체계화시켜 가는 소중한 시간이 되었다.

그의 투옥 및 출옥과 관련하여 다음 두 가지 면에서 주목할 만한 점들을 정리해 볼 수 있겠다.

첫째, 옥중에서 요한계시록을 탐독하면서 자신의 말세론을 학문적으로 정립했으며, 이 말세론은 출옥 후 그의 순회 부흥운동의 중심적인 메시지가 되었다는 점이다.

> 선생은 옥중에서 「묵시록강의」를 재정리하였고 「말세학강의」를 체계화하였다. 이것은 출감 후의 순회전도에 있어서 중요한 과목의 하나가 되었다. 말년에 선생의 순회전도는 말세학 강의로 일관되다시피 하였다.[116]

옥중에서 정리한 강의안은 소천하기 4개월 전인 1935년 7월부터 사후 1년 후쯤인 1936년 11월까지 김인서가 주필로 있던 『信仰生活』에 연재됨으로써 그의 대표적 역작으로 빛을 볼 수 있었다.

그런데 유의할 점으로서 길선주가 입신 초기부터 30년 동안이나 장기간에 걸쳐 재림을 사모하며 꾸준히 재림의 징조[117]를 수집했던 노력을 고려해 볼 때 그의 영어생활은 말세론이 배태되기 시작했던 시점[118]이 아니라 말세론을 『末世學』으로 체계화시켜 가는 기회의 시간이었다고 보는 것이 정당하다.

> 先生이 예수의 再臨을 待望하는지 三十年 이를 알기 爲하야 聖經을 全讀하기 數百回 黙示錄을 읽기 萬讀 以上 徵兆를 收集하는지 三十年 再臨論을 講하기 百餘回엿다.[119]

둘째, 경찰신문조서 및 무죄석방과 관련하여 소위 '길선주의 법정비겁'이라는

---

115) 『죠선예수교쟝로회 뎨 八회회록』에는 당시 서대문감옥에 수감되어 있던 이들에게 편지로 위문할 것을 가결한 기록이 있다. 『죠선예수교쟝로회 뎨 八회 회록』, 1919년 10월, 11.
116) 길진경, 『靈溪 吉善宙』, 280.
117) 길선주의 『末世學』에 게재된 재림의 징조는 28가지의 내증과 6가지, 도합 34가지나 되는데 양적으로 「末世學」 전체분량의 삼분의 일을 차지할 정도로 비중 있게 다루어졌다.
118) 이 문제에 대해서는 본 논문 1장 5절 8의 '말세론의 배태시점에 관한 문제'를 볼 것.
119) 김인서, "靈溪先生의 末世學", 『信仰生活』, 4권 7호 (1935년 7월), 13.

비판을 받음으로써 그의 신앙이 더욱 내면화될 수밖에 없었다는 점이다. 길선주는 삼일운동 당일에 자의로 출두함으로써 체포된 이후[120] 1920년 10월까지 옥고를 치렀으나[121] 아이러니하게도 무죄를 언도받고 석방되었다.[122] 경찰신문조서에 의하면 길선주는 선언서의 내용을 알지 못한다는 답변을 했고[123], 일본정부에 대해 불평불만이 없다는 입장을 표명했으며[124], 삼일운동과 관련하여 자식이 아버지에게 분가를 요구하듯이 독립을 청원한 차원이었다는 점을 밝힌 대목들이 있다.[125] 결국 길선주가 무죄석방 되자 천도교의 기관지 『開闢』은 그를 '법정비겁'이라고 비판했고, 사회와 교회로부터 비난이 쏟아졌으며, 자신의 시무처인 장대현교회의 청년들 또한 민족운동 배신이라는 명목으로 그를 배척하기에 이르렀다.[126] 김인서는 길선주의 무죄석방과 관련하여 그를 조선인 사회에서 매장시키려는 일제의 모략이자 구미 선교사들에게 선전재료를 만들기 위한 술책이라고 변호했다.[127]

본 연구자의 소견으로는 길선주가 경찰신문에서 분명하게 국권회복을 찬성했으며[128], 민족자결주의가 주창되고 국제연맹회의가 조직되고 있어 독립이 가능할 것으로 기대했었다는 진술을 간과해서는 안 될 것으로 본다.[129] 그리고 신문조서의 내용이 왜곡되었을 가능성도 염두에 두어야 할 것이다. 또한 그의 단편적인 법정진술만으로 그의 원대한 민족관 전체를 일률적으로 평가절하할 것이 아니라 그의 설교집에 나타난 민족과 관련된 메시지들을 토대로 민족관을 통일성 있게 고찰해야 할 것이다. 길선주의 민족관에 대해서는 본 논문 6장 2절의 '신앙과 민족언약사관'에서 깊이 있게 다룰 것이다.

출감한 이후 길선주의 말세운동에 대한 주돋할 만한 첫 자취는 1924년 안동교회(安東敎會)의 노회도사경회 겸 부흥회에서 발견할 수 있는데 장차 임할 전쟁을 예언하고 말세의 징조와 재림을 설파하던 중 구속당해 심문을 받은 적이 있다.[130]

---

120) 길진경, 『靈溪 吉善宙』, 272.
121) 이만열, "韓國基督敎의 末世意識과 千年王國思想", 238.
122) 독립운동사편찬위원회 편, 『독립운동사자료집(제 5집)』, 고려서림, 1971, 52.
123) "吉善宙先生取調書", 110, 120.
124) Ibid., 120.
125) Ibid., 120. cf. 112, 115, 117.
126) 김인서, "三·一運動과 吉善宙", 『金麟瑞著作全集(第 2卷)』, 信望愛社, 1974, 388-389.
127) Ibid., 389.
128) "吉善宙先生取調書", 110.
129) Ibid., 115.
130) 길진경, 『靈溪 吉善宙』, 308.

⑤ 만보산사건(萬寶山事件)

1931년 7월 길림성 만보산 지역에서 중국 농민들과 일본에 고용된 한국인 관계 수로공사 노동자들 사이에 물리적 충돌이 발생하자 이 여파가 경성, 원산, 평양에까지 미쳐 평양 신창리 등지에서 한국인들에 의해 중국 화교들이 살해당하고 재물 약탈과 방화사건이 잇따르는 등 만행이 저질러졌다. 이 사건은 당시 기독교계에서도 크게 우려를 표명했을 정도로 전대미문(前代未聞)의 사건이었던 만큼 『基督申報』 7월 15일자 사설에서는 "中國人에 對한 우리의 態度"[131]와 "중국인위문과 각계 망라협의"[132]를 게재하여 유감을 표했다. 이어 한 주 후 22일자 보도에서는 "朝中人 衝突事件과 平壤敎會의 聲明"이라는 제하에 7월 8일 산정현교회에서 평양의 13장로교회가 도당회(都堂會)를 열어 성명서를 발표하고 중국인들에게 우의를 표명하는 차원에서 길선주와 박형룡을 통해 오백 원을 전달하여 위문하기로 결의했다는 내용을 게재했다.[133] 이 난동소식을 접한 길선주는 평양을 죄악의 도시로 규정하고 장차 도래할 환난을 경고하면서 회개를 외쳤다.

> 한국의 예루살렘이라고 하는 평양 도시가 죄악의 도시로 추락되는 현실은 시대 상황에 대한 판단력을 상실한 지도자들과 사랑이 식어진 교회에 대한 경고인 동시에 우리가 회개하지 아니하면 머지 아니해서 무서운 시험에 직면하게 될 것이오.[134]

길선주는 이 사건과 관련하여 평양 서문밖교회에서 평양, 평서 양 노회 연합부흥회 겸 사경회를 인도했는데 집회가 끝난 후 장대현교회와 신현교회의 유력인사들이 평양을 떠나 이남 연고지로 이주하는 사태가 빚어질 정도였다.[135] 길선주는 자신의 임종이 다가와 언어로 의사소통이 어렵게 되자 김인서와의 필담을 통해 손가락으로 '不入平'이라는 문구를 기록한 바 있다. 이 문구의 내용은 김인서가 판단했듯이 '不入平壤'의 문장으로 해석할 수 있을 것이며[136], 말세사상에 입각해 평양의 재

---

131) "中國人에 對한 우리의 態度", 『基督申報』, 1931년 7월 15일, 1면.
132) "중국인위문과 각계 망라협의", 『基督申報』, 1931년 7월 15일, 2면.
133) "朝中人衝突事件과 平壤敎會의 聲明", 『基督申報』, 1931년 7월 22일, 2면.
134) 길진경, 『靈溪 吉善宙』, 313.
135) Ibid., 313.
136) 김인서, "靈溪先生의 臨終과 葬儀", 『信仰生活』 54권 1호 (1936년 1월), 36.

난을 경고했던 선지자적 예지로 이해할 수 있을 것이다.

⑥ 장대현교회의 배척

장대현교회의 길선주 배척운동은 그의 말년을 고독과 위기로 몰아넣는 걸림돌이 되었다. 특히 그는 청년층으로부터 심한 배척을 받았는데 그 원인을 두 가지로 정리해 볼 수 있다.

첫째, 앞서 살펴보았듯이 길선주가 옥고를 다 치른 후 무죄언도를 받고 석방되자 이를 '법정비겁' 행위이자 민족 배신으로 간주하여 배척한 경우를 들 수 있다.

둘째, 사회주의를 신봉하는 청년 진영에서의 배척을 들 수 있다. 1926년, 사회주의에 감염된 장대현교회 청년들이 부교역자로 시무하던 변린서 목사와 함께 길선주를 배척했으며 이 사건은 당시 『東亞日報』에 특필되었을 정도로 심각한 양상으로 전개되었다.[137]

사회주의가 국내에 침투한 시기는 1920년경으로 볼 수 있지만 의식화되고 문제될 만한 적극성을 보인 것은 1922년 우라디보스톡이 소비에트 노동정부의 적군(赤軍)에 의해서 점령되고 나서부터의 일이었다. 1925년 일제 동경정부가 소련을 승인한 이후에는 만주, 시베리아 및 일본에 거주하던 한인 공산주의자들이 국내에 귀국하여 반기독교운동을 전개함으로써 그 세력이 절정에 이르렀다.[138] 그런데 사회주의 사상의 국내 침투는 삼일운동 이후의 정치적 불안과 경제적 시련에 기인한 좌절감과 비탄이 그 경로가 되어 있었다[139]는 점에서 사회주의의 현실적인 사회참여 의식이라는 모토가 설득력을 지닐 수밖에 없었다. 따라서 사회주의자들이 일제치하에서 사회개조와 평등사상, 구제실천 등 주로 혼실적이고 가시적인 면에 관심을 두었다면, 길선주의 목회관은 인간성 회복이나 청년양육, 교회갱신, 가정과 사회

---

137) 길진경, 『靈溪 吉善宙』, 302-304. 길선주는 계속해서 같은 해 가을에 원산 석우동교회(石隅洞敎會) 부흥집회를 인도했는데 집회 도중 급진적 사회주의자들로부터 습격을 받아 피신한 적이 있었다. 같은 문헌, 306.
138) 민경배, 『韓國基督敎 社會運動史』, 207. 당시 사회주의자들의 반기독교운동에 적극적으로 대항한 보수주의 신학자로서는 박형룡을 들 수 있다. 그는 『神學指南』을 통해 마르크스 종교론과 사회주의자들의 무신론을 비판함과 동시에 이에 대한 대책으로서 변증신학의 필요성을 역설했다. 박형룡, "次代에 宗敎는 消滅될가?", 『神學指南』 10권 3호 (1928년 5월), 5., 박형룡, "無神論의 活動과 基督敎의 對策", 『神學指南』 (1930년 7월), 12-18.
139) 민경배, 『韓國基督敎 社會運動史』, 207.

윤리 정립 등[140] 내면적이며 장기적인 안목을 취함으로써 사회주의자들이 당장 추구하는 이상과는 달랐다는 데 엄격한 차이가 있었을 것이다. 길선주의 내면적 신앙양태는 본 논문 6장에서 '이원론을 극복한 동인으로서의 민족개량 정신' 이라는 제하에 '내면적 신앙운동을 통한 민족개량 정신' 을 부제로 삼아 깊이 있게 다룰 것이다. 실제 길선주는 사회주의 세력이 팽창하던 1930년 무렵에 행한 설교 "聖山의 靈啓"에서 자신이 전개하던 개량운동의 성격이 사회개량이 아닌 인간개량에 있다는 점을 강조한 바 있다. 그는 사회개량에 의해 문화세계를 건설함으로써 지상천국을 건설할 수 있다고 보는 당대 교인들의 후천년설적 낙관적인 태도를 비판하고 문화운동에 급급한 교회의 행태에 대해 깊은 우려를 표명하기도 했다.[141]

결국 길선주는 1926년경 그가 30년간 사역해 오던 장대현교회에서 위임목사직을 사임했다. 그 이후로는 단지 명목상으로 원로목사의 직위만을 둔 채 이후 1935년에 소천하기까지 약 10년 동안 부흥사로서 전국 각지를 순회하면서 300여 회에 걸쳐 교회 부흥회를 인도하는 일에 치중했는데 그가 전한 메시지의 중심은 주로 말세론이었다.

「名聲이 놉흐면 敵이 만타」는 선생의 格言과 갓치 先生 名聲이 旭日昇天의 氣勢로 놉허지매 先生에게 强한 敵이 업지 못하여 이 재문에 敎會에서는 틈이 나기 始作하고 先生과 頭領 xx師(변린서- 본 연구자 주)와의 관계도 圓活치 못하엿다. 마츰내 一九二六年에 엇던 煽動을 바든 一部 不良靑年들(사회주의자들- 본 연구자 주)이 吉牧師 排斥의 暴行을 하였다. 이 期會에 先生은 委任牧師의 視務를 解하고 同敎會의 元老牧師의 位만 두고 伊來 十年間 全鮮敎會復興會(말세론 중심 강론- 본 연구자 주)를 引導하기 三百餘回엇다.[142]

---

140) 본 논문 6장 4절 2의 '민족개량 정신' 을 볼 것.

141) 길선주, "聖山의 靈界", 崔仁化 編, 『吉善宙牧師說敎集』(京城: 主校出版社, 1941), 21-22.

142) 김인서, "靈溪先生小傳 後篇二", 『信仰生活』 5권 2호 (1936년 2월), 26. 길선주는 1907년 9월 독노회에서 초대 7인 목사로 장립 받음과 동시에 장대현교회의 목사로 내정되어 담임목회를 시작했다.- "로회회원들은 일제히 신학ᄉ 셔경조 한셕진 송린셔 량뎐빅 방지챵 길션쥬 리긔풍 칠인의게 안슈혼 후에 우슈로 집ᄉ례를 힝ᄒᆞ아 목ᄉ로 쟝립ᄒᆞ니라"(『대한예수교쟝로회로회회록(뎨 일회)』, 1908년, 10). "길션쥬씨는 평양 쟝ᄃᆡ재 지교회 목ᄉ로 명호 일"(같은 문헌, 18).

⑦ 교회의 부패상에 대한 경고

김인서는 한국교회 역사를 대별함에 있어 천주교회사에 해당되는 기간을 제 1기로, 그 이후 개신교회사에 해당되는 기간을 제 2기로 구분하고 제 2기를 또 다시 교회진흥의 정점시대, 평상상태, 퇴보시대로 나누었다. 그는 삼일운동 이후의 교회사를 "靈보다 知識을 爲主하고 信仰보다 事業을 셔들엇다 敎會야 엇지되든지 敎人을 끄을고 政治運動도 하여야 하고 敎會를 利用하야 무슨 事業도 하여보는 쌔이다"[143] 라고 하여 퇴보시대의 범주에 넣었다. 신자 수에 있어서도 1920년~1930년대 한국교회의 교세는 침체일로를 면치 못하고 있었으며, 1923년 이후 교인 수는 5, 6년에 걸쳐 현저하게 감소했고, 미국선교부로부터 이에 대한 질책을 받았을 정도로 교회의 정체현상은 심각한 문제로 대두되고 있었다.[144]

그렇다면 이러한 상황과 맞물려 당시 교회상에 대한 평가는 어떠했는가. 주목할 만한 점으로서 교회의 영적 부패상을 지적한 사설들이 꾸준히 당대의 권위 있는 저널들에 게재되어 발표되었다는 사실이다. 대표적인 사례로서는 이대위(李大偉)의 "民衆化할 今日과 合作運動의 實現"(1924년), 방인근(方仁根)의 "朝鮮과 基督敎를 救할 者 누구뇨?"(1928년), 최승만(崔承萬)의 "宗敎와 生活"(1930년), 『信仰生活』의 주필이었던 김인서의 "朝鮮敎會의 새 動向"(1933년)과 "革命乎復興乎"(1934년) 등의 사설들을 들 수 있다. 이대위는 물질주의의 만연을, 방인근은 성결한 목회자의 부재를, 최승만은 의식적 미신적 분립적 이기적 현상을, 김인서는 교회의 분쟁으로 인한 영적 윤택의 상실과 부흥이 정체된 무기력한 상태를 비판했다.

> 基督의 敎가 입하야 (중략) 그 心에는 堅하고도 또 固한 物質主義가 裏心에 꽉차기 쌔문에 金錢이 잇는 者는 條件업시 別의 待遇를 밧게 되고 勞動者는 條件 업시 또한 同等의 待遇를 밧지 못하게 되니 이것은 現時敎會의 事情이요 이것 쌔문에 그 結末은 宗敎破産論이 起한 것이 안이냐.[145]

---

143) 김인서, "朝鮮敎會의 새 動向", 『信仰生活』 (1933년 3월), 4.
144) Ibid., 5.
145) 이대위, "民衆化할 今日과 合作運動의 實現", 『靑年』 4권 4호 (1924년 4월), 7.

偉大한 宗敎家를 한 時代나 한 民族에게 여러 사람이 出現치 못한다. 그러나 朝鮮에
는 아직도 出現치 아니하엿다. (중략) 赤血이 용소슴칠만한 사람. 그를 태워 죽여도
罪의 건지가 秋毫도 남지 안흘 사람. 그러한 큰 指導者 한 사람이 出現하여도 넉넉
히 朝鮮과 및 基督敎를 救할만한 原動力이 될 것이라.[146]

왜 現代 우리 基督敎會가 (중략) 彼此에 사랑이 업스며 義롭지 못하며 바르지 못하
며 熱情이 업스며 殉敎의 精神이 업는가 (중략) 그럼으로 現代의 朝鮮敎會는 儀識的
이요 迷信的이요 分立的이요 利己的이라는 말을 듯게 되는 것이다.[147]

敎會―비록 外側의 組織이 完備하다 할지라도 (중략) 敎人의계 靈的 潤澤이 업는지
라 쌀쌀한 經緯와 쌘쌘한 敎權이 맛닷는 대로 이 敎會 저 敎會에서 싸흠소리가 놉하
젓나니 이것이 輓近十餘年 동안 醜聞과 紛爭으로 記錄되는 不名譽의 敎會史이엇
다.[148]

建設의 初代에서 날뛰여야 활 朝鮮敎會는 어느새 볼서 잠이 드는가 어린 아이갓치
充溢한 生命力에 時時刻刻으로 成長할 朝鮮敎會는 엇지 그리도 死를 向한 老人처럼
無氣力한가 愛我朝鮮敎會는 이 病的 狀態에서 革命의 手術을 밧드려는가 復興의 治
療를 바드라는가.[149]

　　이 외에도 『靑年』(1923년)의 한 기자는 조선 기독교인의 숫자가 30만 명이나 되
지만 사회가 기독교화 되지 못한 점을 비판했으며,[150] 최태용(崔泰瑢)은 『天來之聲』
(1925년) 창간호를 통해 교회가 영적 운동을 전개하지 못하고 사람의 영혼을 등한
시하는 무력한 종교로 전락했다고 일침을 가했다.[151] 심지어 천도교 기관지였던 『開
闢』(1925년)에서조차 조선기독교의 안일한 행보를 우려하여 조선교회가 현실을 부

---

146) 방인근, "朝鮮과 基督敎를 救할 者 누구뇨?", 『靑年』 8권 4호 (1928년 5월), 28.
147) 최승만, "宗敎와 生活", 『靑年』 11권 1호 (1931년 1월), 1.
148) 김인서, "朝鮮敎會의 새 動向", 5.
149) 김인서, "革命乎復興乎", 『信仰生活』 (1934년 4월), 3.
150) 一記者, "基督敎와 半島敎會의 責任", 『靑年』 3권 7호(1923년 7월 · 8월), 38–43.
151) 최태용, "아―하나님이여 朝鮮을 救援ᄒ시옵소셔", 『天來之聲』 창간호 (1925년 6월), 1–2.

정하고 인내와 권세에 대한 복종을 미덕으로 강요함으로써 위선을 행하는 회칠한 예루살렘교회가 되었다[152]고 힐문(詰問)할 정도였다.

물론 교회에 비판적인 태도를 취한 기관들이나 인사들의 견해는 교회의 영성 부재를 질타한 사례에서뿐만 아니라 사회복음주의 과학주의, 실용주의, 심지어 사회주의에 입각한 인사들의 글에서도 쉽게 발견할 수 있다.[153] 이러한 글들은 복음주의를 표방하는 보수주의 계열에서 용납할 수 없는 논지들도 포함되어 있지만 향후 보수주의가 풀어 나가야 할 과제들을 깊이 생각하며 자성할 수 있는 동기를 부여했다는 차원에서 의미를 부여할 수 있다.

특히 교회의 영성을 비판한 견해들은 내용상으로도 길선주가 외친 교회의 갱신 촉구와도 밀접하게 상통한다. 1930년대 들어 길선주가 간파한 교회의 어두운 면은 전도의 열성을 상실한 교회상, 비진리와 비복음운동에 의한 신앙적 위기, 신앙과 사랑이 식어진 성도들의 모습, 기도와 열심 그리고 영열(靈熱)의 상실, 교역자들의 영적역량(靈的力量) 부재, 배금사상(拜金思想), 회개를 잊은 교회 상으로 특징지어진다. 이 점에 대해서는 본 논문 6장 4절 2. 3)의 '교회갱신 촉구'에서 별도로 고찰할 것이다. 길선주의 교회갱신 촉구는 그와 더불어 동시대에 대표적 부흥사로 활동했던 이용도(李龍道)의 교회 영성 진단과도 공통분모를 형성한다. 교회개혁을 논한 이용도의 강단 메시지를 분석해 보면 1930년도를 전후한 교회상은 속화(俗化)되어 신앙적으로 수면을 취하는 교회, 신령한 은혜가 없는 교회, 선구자가 부재한 교회, 예수를 죽이는 교회, 기도를 모르는 교회, 암흑시대, 병든 교회 등의 상투적인 어구들로 묘사되며[154] 거룩한 성도상과 목회교직(牧會敎職)에 대한 소명의식 고취 그리고 물량주의 극복이라는 호소를 담는다.[155]

김인서에 의하면 길선주는 평소 설교나 사적인 담화석상에서 회개하지 않는 평

---

152) "에루살넴의 朝鮮을 바라보면서", 『開闢』 통권 61호 (1925년 7월), 55-61.
153) 1920년대 내지 1930년대는 특히 사회참여적 신앙과 복음주의적 신앙이 대립되는 양상을 띠는 시기였으며, 사회참여를 주장하는 인사들은 복음주의적 신앙을 겨냥하여 현세와 내세를 단절로 보려 한다며 비판을 가했다. 신문지상에 발표된 대표적인 사례들로서는 물질과 정신을 분리할 수 없다며 시대착오적 견해를 극복할 것을 촉구한 『東亞日報』(1924년 4월 1일)의 사설, 사회문제를 등한시하여 현실세계를 등지고 구령사역과 사후세계에만 관심을 둠으로써 교회와 일반사회와의 사이에 나타난 괴리현상을 비판한 『基督申報』(1927년 5월 11일, 1930년 10월 1일)의 사설 들을 들 수 있다. 姜明錫, "經濟思想의 變遷과 今日의 朝鮮敎會(二)", 『基督申報』, 1927년 5월 11일. "講壇과 社會問題", 『基督申報』, 1930년 10월 1일.
154) 안수강, "李龍道의 民族사랑 考察", 『백석저널』 4호 (2003년 가을), 41.
155) Ibid., 42-43.

양 교회들의 죄악상을 지적하면서 평양과 평양 교회들이 받을 재앙을 경고했다.[156] 평양 · 평서 노회 연합부흥회에서는 "평양 교회가 장차 하나님을 반역하는 큰 죄를 범하게 될 것이요 그로 인해 한국의 예루살렘이라고 하는 평양 도시가 마귀의 소굴이 될 것"[157]이라는 예언을 함으로써 임박한 듯한 심판을 예견한 적도 있었다. 그의 설교에 "평양교회여 어디로 가는가? 장차 이를 어찌 하자는 말인가?"[158], "우리 교회는 회개치 않아도 그 자리에 둘 줄 아는가?"[159]라는 통분에 찬 심정이 자주 표현되어 나타나는 것도 그의 재앙을 경고한 예언과 밀접한 관련이 있다고 볼 수 있다.

제5절 소결

본 장에서는 역사적 위기상황과 묵시문학적 사고가 상호 인과관계적으로 밀접하게 연계될 수 있다는 논리적 근거를 들어 조선말 격동기와 일제치하의 식민통치를 배경으로 길선주의 말세론이 형성되어 가는 과정을 조명했다.

역사가 위기에 직면하게 될 때 묵시문학적 사고가 팽배해질 수밖에 없다는 논거는 본 장에서 논했듯이 인과관계라는 확고한 논리체계로 정립되어 있다. 이러한 논리체계는 거시적인 차원에서 조선말 열강의 침탈, 불평등 조약들, 한일합방, 그리고 일제의 식민통치라는 위기상황의 지평과 길선주의 말세론 형성이라는 지평을 상호 인과관계로 연계해 볼 수 있는 이론적 근거를 제공해 준다.

본 연구자는 길선주의 말세론 형성이 묵시문학적 사고의 배태와 밀접한 관련이 있다는 논리적 근거를 밝히기 위해 먼저 유대묵시문학의 출현을 고찰해 보았다. 그리고 계속해서 한국적 묵시문학의 배태를 규명하는 차원에서 통일신라 말기 선종의 발흥으로부터 조선말엽 『鄭鑑錄』, 동학의 『東經大全』, 천지원리교의 출현에 이르기까지 역사적 위기의 전환점마다 등장했던 주목할 만한 묵시문학적 운동이나 이에 해당될 만한 문헌들을 살펴보았다.

---

156) 김인서, "靈溪先生小傳 後篇三", 31.
157) 길진경, 『靈溪 吉善宙』, 313.
158) 길선주, "聖山의 靈啓", 崔仁化 編, 『吉善宙牧師說教集』(京城: 主校出版社, 1941), 21.
159) 길선주, "죄를 자복(自服)하고 기도하라", 이성호 편, 『吉善宙牧師說教』, 170(전편).

본 장의 '묵시문학적 배경과 길선주의 말세론 형성'에 대한 연구는 지금까지 진행된 다른 연구들에 견주어 볼 때 다음 세 가지 면에서 의의를 지닌다.

첫째, 신구약 중간기 유대세계에서 묵시문학이 출현할 수 있었던 배경과 한국에서 묵시문학이 출현할 수 있었던 상황을 시대적 정황에 비추어 살펴봄으로써 길선주의 말세론의 배태가 묵시문학적 사고와 밀접한 관련을 맺을 수 있다는 이론적 근거를 제시하고, 이에 비추어 그의 시대적, 개인적 고난의 생애를 고찰했다는 점이다. 아직까지 묵시문학 출현의 이론적 배경에 근거하여 그의 말세론이 배태될 만한 시대적, 개인적 배경을 통시적으로 조명해 준 사례는 없다.

둘째, 길선주의 『末世學』이 학적으로 어느 분야로 분류될 수 있는지의 문제를 다루어 보았다. 주재용은 길선주의 『末世學』을 해방 전 묵시문학의 대표적인 저작으로 간주하여 위기상황과 『末世學』을 논하려는 입장을 취하지만, 본 연구자는 '종말론과 묵시문학의 접점과 차이'를 분석하여 길선주의 『末世學』은 학적으로는 조직신학의 종말론으로 분류해야 한다는 점을 분명하게 밝혔다. 다만 전술했듯이, 길선주의 말세론이 정리되어 저술형태로 빛을 본 『末世學』은 시대적으로나 개인적으로나 위기와 고난의 상황에서 배태되어 점진적으로 체계화된 특징을 지닌다는 점에서 묵시문학적 사고의 출현 배경과 밀접한 관련을 갖는다. 그의 『末世學』이 구조와 내용에 있어서는 종말론적인 특징을, 저술동기에 있어서는 묵시문학적인 특징을 갖는다는 점에 대해서는 본 논문 3장 제 2절의 '종말론적이며 묵시문학적인 위치'에서 상술했다.

셋째, 길선주의 말세론의 배태시점을 유년기의 성장과정에서부터 조명함으로써 삼일운동을 말세론의 배태시점으로 보려는 이전의 주장들과 견해를 달리했다는 점이다. 그의 말세론의 배태시점이 언제부터인가라는 질문과 관련하여 일반적으로는 삼일운동에 초점을 맞추려는 견해가 지배적이며, 대표적 학자들로서는 이종성, 김수진, 심일섭, 이만열, 김기대, 허호익 등을 들 수 있다. 그러나 이들의 주장은 한결같이 삼일운동 이전 유년기 때부터 잠재적으로 심성의 저면(底面)에 형성되어 온 말세사상의 원뿌리를 조명해 주지 못하는 한계점을 지녔다.

묵시문학 사상 출현의 배경과 밀접한 연관을 갖는 길선주의 말세론 형성은 시대적, 개인적 정황을 통시적으로 고려해 볼 때 다음 세 가지로 정리할 수 있다.

첫째, 일제치하에서 체계화된 길선주의 말세론은 묵시문학의 태동과 관련된 중요한 논점들을 담는다. 무엇보다도 길선주의 말세론 배태와 관련하여, 그가 활동한 시기는 위기와 고난으로 점철된 조선말의 격동기 내지는 일제 식민통치기였다는 점에서 시대적으로 묵시문학적인 배경에 놓여 있었다. 또한 그의 말세론은 유대묵시문학에 나타나는 메시아니즘, 부활, 심판 등 임박한 소망을 대변해 주는 개념들과 교섭된다는 점, 현실과 내세를 단절로 보았는지 아니면 연속선상에서 파악했는지에 대한 단초를 제공한다는 점, 그리고 철저하게 소외된 계층에서 생성된 신앙이라는 점 등에서 묵시문학이 지니는 특징들과 밀접하게 연관된다.

둘째, 길선주의 말세론 형성은 그가 입신했던 시점을 분기점으로 염세관에 사로잡혀 있었는지 아니면 그리스도의 재림을 바라보는 소망에 입각해 있었는지가 확연하게 구분된다. 입신 이전 길선주의 말세사상은 소년시절로부터 청년기에 방황하며 선도에 입문하기까지 '천부적인 종교가적 심성', '부조리한 윤리상에 대한 개혁의식', '수난과 사업 실패', '사후영생을 고민하는 종교심', 『텬로력뎡』에의 심취' 라는 일련의 과정들을 통해 잠재적으로 배태되었고 점차 심화되어 가는 양상을 지녔다. 그러나 입신하기 이전 그는 영생불사의 진리를 발견하지 못한 채 방황해야만 했으며, 따라서 그의 말세론은 비관적 염세관만이 증폭되어가는 특징을 지녔었다. 그의 '사후영생을 고민하는 종교심' 은 그가 평소에 말세론의 중심을 어디에 두고 있었는지를 방증(傍證)해 준다.

셋째, 길선주의 입신 이전의 말세사상이 만족할 만한 진리를 체득하지 못한 채 염세관 일변도의 신앙양태로 지속된 양상이었다면, 입신 이후의 말세사상은 학문적으로 체계성 있는 주 재림론으로 승화됨으로써 현세와 미래를 통시적으로 바라보는 소망으로 고양되어 나타난다. 길선주는 한 때 선도 동문이었으나 회심한 김종섭으로부터 기독교로 개종할 것을 권면 받았고, 그가 전해 준 『텬로력뎡』을 탐독하는 과정에서 10년 가까이 몸담았던 선도가 영생불사의 진정한 종교가 될 수 없다는 의문을 품게 되었다. 그는 어거스틴과 헤르만 프란케의 회심에 비견할 수 있을 만한 극적인 회심의 과정을 거친 후 비로소 옥경, 구령삼정 주문, 육정육갑술, 육경신, 장량의 도인법, 소강절정좌법, 신차력, 수차력, 약차력 등으로 대변되던 선도의 울타리를 벗어날 수 있었다. 기독교에 입문한 이후에는 '입신과 수난', '105인 사건과 장자 진형의 사망', '투병생활', '삼일운동과 영어의 생활', '만보산사건', '장

대현교회의 배척', '교회의 부패상에 대한 경고'로 점철되는 험난한 인생사를 체험
했으며, 이러한 배경 하에서 요한계시록을 바탕으로 자신의 말세론을 체계성 있는
학문적 형태로 발전시켜 갈 수 있었다.

제3장　길선주의 『末世學』 고찰

제1절 서론

길선주의 종말론 관련 대표적 저서라 할 수 있는 『末世學』은 그의 소천 4개월 전인 1935년 7월부터 소천 일 년 후쯤인 1936년 11월까지 김인서가 주필로 있던 『信仰生活』에 매월 연재되었다. 김인서는 이 저서에 대한 논평에서 "著書의 價値로 보아도 材料의 豊富하기와 聖經 解釋의 該博하기와 神學的 組織이 完備한 点이 엇던 大著作에 比하여 遜色이 없다"[1]고 했을 정도로 당대의 종말론 관련저서로서 대작이었다.

김정현에 의하면 자신이 집필한 1928년판 『末世論』의 '自書'와 1935년판 『末世論』의 '서론'에서 길선주 목사에게 직접 교수 받았다[2]고 한 점으로 미루어 길선주의 『末世學』이 저작 형태로 발표되어 일반 대중이 접할 수 있었던 것은 그가 말세론을 심층 강론했던 시기에 비해서 상당히 늦었다고 볼 수 있다. 실제 길선주는 삼일독립운동에 연루되어 2년 가까이 옥고를 치르는 과정에서 요한계시록을 만독(萬讀)하며 자신의 묵시록강의와 말세학 강의를 체계화했고[3], 1926년 경 장대현교회에서 위임목사직을 사임한 이후 십 년 어간에 걸쳐 300여 회의 순회 부흥집회를 인

---

1) 김인서, "靈溪先生의 末世學", 『信仰生活』 4권 7호 (1935년 7월), 21.
2) 김정현, 『末世論』(京城: 彰文社, 1928), 2('自書'), 김정현, 『末世論』(京城: 講臺社, 1935), 3('서론').
3) 길진경, 『靈溪 吉善宙』(서울: 鐘路書籍, 1980), 279-280. '묵시록강의'와 '말세학 강의'는 길선주가 사적으로 소지한 강의안이었던 것으로 보이며 실제 발행되지는 않았다.

도하면서 자신의 말세론을 강론했다.[4]

그러나 『末世學』에 앞서 1904년에 발행된 소책자 형태의 『懈惰論』[5]과 1916년에 증보격으로 내놓은 『만ᄉ셩취』[6] 역시 현세에서의 일정한 순례자적 삶을 거쳐 궁극적으로는 영원한 안식을 누릴 수 있는 영생국에 입성한다는 종말론적인 논점들이 함축되어 있기 때문에 그의 말세론을 고찰하기 위해서는 『末世學』 뿐만 아니라 이보다 앞선 작품들인 『懈惰論』과 『만ᄉ셩취』까지도 통시적으로 고찰해야 할 필요성이 있다.

본 장에서는 『末世學』의 종말론적, 묵시문학적 위치와 재림론에서 발견할 수 있는 특징적인 논점들을 고찰한 후 전통적 칼빈주의와 상이한 점들은 무엇인지를 밝힐 것이며, 『末世學』과 『懈惰論』 그리고 『만ᄉ셩취』와의 관계도 살펴볼 것이다. 이러한 작업은 선행연구에서 체계성 있는 주제로 설정하여 다루지 않았던 내용들이다.

제2절 종말론적이며 묵시문학적인 위치

1. 구조와 내용: 종말론으로서의 『末世學』

'종말론' 이라는 명칭은 성경에 기록된 '마지막 날들' (the last days, 이사야 2:2, 미가 4:1), '말세' (the last time, 베드로전서 1:20), '마지막 때' (the last hour, 요한일서 2:18) 등의 성경구절에 기초되어 있으며, 이런 표현들은 종종 전체 신약세대에 대해서 언급하지만 종말론적 사고들을 구체화한다.[7] 시대적 범주에 있어서 종말론의 개념은 역사의 마지막과 새로운 시대의 시작을 의미하는 협의적인 차원이 있으며, 동시에 역사의 목적을 뜻하는 광의적인 차원에서 논의될 수 있는 문제이기도 하다.[8]

---

4) 김인서, "靈溪先生小傳 後篇二", 『信仰生活』 5권 2호 (1936년 2월), 26.
5) 길선주, 『懈惰論』(京城: 大韓聖敎書會, 1904).
6) 길선주, 『만ᄉ셩취』(平壤: 光文社, 1916).
7) Louis Berkhof, *Systematic Theology*(Grand Rapids, Michigan: Wm. B. Eerdmans Publishing Co., 1981), 666.
8) William J. Dumbrell, *The Search for Order*(Grand Rapids, Michigan: Baker Books, 1994), 9. William J. Dumbrell은 두 가지 개념 중 후자의 입장을 취한다.

벌코프(L. Berkhof)는 종말론을 말할 때는 특별히 그리스도의 재림에 연관된 사실들과 사건들을 명심하게 되며, 그의 재림은 현 세대의 종말을 나타내고 미래의 영원한 영광을 맞이하게 될 것이라고 했다.[9] 그는 종말론의 내용으로서 '육체적 죽음', '영혼불멸', '중간기 상태', '그리스도의 재림', '천년왕국', '죽은 자의 부활', '최후의 심판', '최후의 상태' 등을 논했다.[10] 하지(C. Hodge)는 자신의 조직신학에서 종말론의 구조로서 '죽음 이후의 영혼의 상태', '부활', '재림', '재림에 관련된 부수적 내용들'을 다루었으며[11], 바빙크(H. Bavinck)는 '중간기 상태', '그리스도의 재림', '완성'(주의 날, 창조의 갱신)[12]으로 나누어 전개했다.

한국장로교 보수신학계에서 통용되는 대표적 조직신학 전집으로서는 1973년에 발행된 박형룡의 저작을 들 수 있다.[13] 박형룡은 길선주의 생존 시기였던 1930년대에 평양신학교의 변증학 교수로 재직하면서 주로 변증학과 비교종교학 등을 강의했다. 1942년에는 신사참배를 피해 국외로 나가 있으면서 조직신학을 가르치기 시작했고, 1963년에는 인죄론을, 10년 후에는 교의신학 일곱 권을 모두 완성했다.[14] 박형룡은 벌코프의 종말론을 기초로 보수신학적 입장을 취하는 다른 종말론 관련 저서들(C. Hodge, A. A. Hodge, A. H. Strong, R. L. Dabney, L. Boettner)을 참고하여 자신의 교의신학 제 7권을 발표했다. 그는 교의신학 제 7권을 현세의 종말 사물보다도 영원한 내세의 나타남과 영속(永續)에 관심을 둠으로써 일반적인 명칭인 '終末論'이라고 명명하지 않고 의도적으로 '來世論'이라는 명칭을 채택했다.[15]

길선주의 말세론은 1935년 7월부터 사후인 1936년 11월까지 『信仰生活』에 종말론이라는 명칭대신 『末世學』이라는 이름으로 매월 연재되었는데, 내용면에서 보수신학 계열의 일반적인 종말론 구조와는 차이점이 있다. 물론 집필 목적이나 동기

---

9) Louis Berkhof, *Systematic* Theology, 666.

10) Ibid., 659–738.

11) Charles Hodge, *Systematic Theology*(Part III&IV)(Grand Rapids, Michigan: Wm. B. Eerdmans Publishing Co., 1977), 771–880. '재림에 관련된 부수적 내용들'이란 일반적인 부활, 최후의 심판, 세상의 끝, 하나님의 나라, 천년왕국론, 미래의 심판 등을 포함한다.

12) Herman Bavinck, *The Last Things*(Translated by John Vriend; Grand Rapids, Michigan: Baker Books, 1996), 19–204.

13) "1973年 8月, 10年前 刊行始作한 『敎義神學』 ― 秩 七卷 完刊" 박형룡, 『敎義神學: 來世論』(서울: 韓國基督敎敎育硏究所, 1983), 379.

14) 장동민, 『朴亨龍의 神學硏究』(서울: 韓國基督敎歷史硏究所, 1998), 315.

15) 박형룡, 『敎義神學: 來世論』, 45.

등을 고려할 때 그의 『末世學』을 벌코프나 하지, 그리고 박형룡 등의 종말론과 비견하는 것은 적절하지 못할 것이다. 다만 분명한 것은 구조나 내용상으로 보아서는 길선주의 『末世學』을 조직신학의 종말론으로 분류할 수 있다는 사실이다. 그렇다면 그의 『末世學』이 전통적인 조직신학의 '종말론'이나 '내세론' 등의 명칭과는 구체적으로 어떤 차이가 있는가. 그리고 내용상으로는 어떤 점에서 차이가 있는가. 이를 정리해 보면 길선주의 『末世學』은 다음 다섯 가지 면에서 그 특징적인 사안들이 발견된다.

첫째, 이 저서의 학적, 신앙적 공헌이라면, 일제 강점기 당시에 한국인 목회자에 의해 저술된 종말론 관련 대표적인 역작이자 부흥집회를 통해 많은 평신도들에게 선포됨으로써 대중성의 가치를 지녔다는 점이다. 즉 그의 저서는 제한된 공간의 강단에서 신학교 학생들에게나 가르치는 강의 교재로서의 위치에 머문 것이 아니라 일반 평신도들을 대상으로 한 공개된 메시지에 해당된다.

둘째, 조직신학적으로는 종말론에 해당되지만 내용상으로 '緖言', '總論', '예수 再臨의 徵兆', '主再臨時 信者의 形便', '復活의 七大 證據', '空中再臨宴席', '七年大患難', '七年大患難에 敎會가 參加되지 아을 證據', '그리스도의 地上再臨', '千年世界', '魔鬼釋放', '變化無窮世界'[16] 등만 다루고, '육체적 죽음', '영혼불멸', '중간기 상태' 등에 대해서는 다루지 않았기 때문에 조직신학에서 보여주는 전통적인 구조와는 어느 정도 차이가 있다.

셋째, 그가 사용하는 '末世'의 개념은 전통적인 조직신학에서의 '終末'의 개념과는 기간의 범주를 적용함에 있어서 차이가 있다. 가령 벌코프의 경우에는 앞서 언급했듯이 '육체적 죽음', '영혼불멸', '중간기 상태', '그리스도의 재림', '천년왕국', '죽은 자의 부활', '최후의 심판', '최후의 상태' 등을 중심내용으로 다루어줌으로써 재림과 관련된 종말론적 사고들을 부각시키려는 노력을 보여주었지만, 길선주의 경우에는 '예수 再臨의 徵兆'만을 저서 전체 분량의 삼분의 일에 걸쳐 상술했을 정도로 종말이 도래하기 이전의 역사를 풍부하게 소급하여 고찰했다. 그는 실제 '말시대'(末時代)의 범주를 용어상으로는 "예수 때부터 예수 地上再臨때까지"[17]

---

16) 1935년 7월부터 1936년 11월까지 『信仰生活』에 게재된 『末世學』의 소논문 제목들을 발췌하여 정리한 것임.
17) 길선주, "末世學(예수再臨論)", 『信仰生活』 4권 8호 (1935년 3월 · 9월), 10.

로 언급했다. 이는 그가 말세의 범주를 그리스도의 대속사역으로부터 시작하여 천
년왕국통치가 실현되기 직전까지로 설정함으로써 천년왕국의 시작과 더불어 말세
는 종료된다는 것을 의미한다.[18] 이로 볼 때 길선주가 저서의 명칭을 종말론이 아닌
『末世學』으로 채택한 이유는 자신의 말세론의 초점을 새로운 안식세계로서의 천년
왕국이 시작되는 그리스도의 지상재림에 맞춘 때문이었을 것이다. 즉 그의 『末世
學』은 말시대가 종료되면서 그리스도의 지상재림이 이루어질 것이라는 점에 강조
점을 두었다는 의미가 된다. 길선주는 실제로 『末世學』의 중심을 그리스도의 지상
재림으로 보았다.[19]

넷째, 『末世學』에는 일제치하에서 고통당하는 시대적 정황과 토착적 요소가 반
영되어 있다. 길선주의 『末世學』은 저술 동기에 있어서만큼은 일제강점기라는 시
대적 배경이 고려된 묵시문학적 성격을 지닌 저서라는 점에서, 그리고 앞서 고찰했
듯이 내용에 있어서 한국적 상황이라는 토착화 신앙을 담는다는 점에서[20] 일반적
인 조직신학 체계의 종말론 관련 저서와는 차이가 있다. 그러나 박형룡의 『敎義神
學: 來世論』은 한국인에 의해 발표된 저술이지만 길선주의 『末世學』의 경우와는 달
리 저술 동기에 있어서 묵시문학적이라거나 혹은 내용상에 있어서 토착적인 특징
들을 발견할 수 없다.

다섯째, 길선주는 당대의 시대적 현상을 임박한 재림의 징조로 분석하여 적용했
다. 본 장 3절 5의 '현세조명적 재림론'에서 논하겠지만, 그는 재림의 징조를 논하
는 과정에서 28가지의 내증과 6가지의 외증을 들었는데 종말에 관련지을 만한 당
대의 현상들을 수집하여 소개함으로써(예: '電話', '라듸오', '飛行機', '地震' 등)
종말론을 당대의 현상들과 접목시켜 고찰했다는 점에서 독특성을 지닌다.

---

18) 그러나 실제로 길선주의 『末世學』은 내용상으로는 그리스도의 지상재림으로부터 저서의 마지막 장에 배치
    된 '變化無窮世界'까지의 전 기간을 모두 포함한다.
19) 길선주는 주의 재림이 말세학의 중심이 되어야 한다는 이유로서 성도들의 소망과 병든 세상의 치유 및 우
    주정화에 관련짓는다. 본 장 3절 1의 『末世學』의 중심으로서의 재림론'을 볼 것.
20) 본 논문 1장 5절 3의 '말세론과 토착화 신앙의 문제'를 볼 것.

2. 저술동기: 묵시문학적인 배경을 지닌 『末世學』

길선주의 『末世學』은 구조나 내용면에 있어서 학적으로는 종말론에 관련된 문헌이지만 저술 동기는 묵시문학적 저서로서의 특징을 지닌다. 왜냐하면 길선주가 『末世學』을 저술한 배경과 관련하여 조선말 격동기와 일제 식민치하의 시대적 정황이 동인이 되었다는 점을 고려한다면 적어도 『末世學』을 저술한 동기는 위기상황에서 태동하는 묵시문학적 사고에 기인했다고 볼 수 있기 때문이다. 즉 저술 의도나 동기에 있어서만큼은 위기와 고난이라는 당시의 시대적이며 개인적인 체험적 산물로서의 성격이 농후하게 반영되었다는 점이다. 다만 그의 『末世學』은 일반 묵시문헌들이 성경에 기초되지 않은 예언(예: 막연한 메시아니즘— 불교의 미륵불, 『鄭鑑錄』의 정도령, 동학의 무극대도 출현 등)을 담는 것과는 달리 계시록과 재림의 내용을 다룬 성문화된 신구약 성경에 근거하여 체계가 정립된 저서라는 점에서 일반 묵시문학과는 그 성격을 달리한다.

따라서 길선주의 『末世學』은 저술 동기에 있어서는 위기의 시대상을 반영하는 묵시문학적 배경에서 비롯되었고, 구조나 내용 등 학적인 면에 있어서는 조직신학의 종말론에 해당되는 양면적인 독특한 성격을 지닌 저서라고 볼 수 있다.

제3절 『末世學』에 나타난 재림론

1. 『末世學』의 중심으로서의 재림론

길선주는 주의 재림이 말세학의 중심이라고 주장하면서, 재림을 부인하는 것은 곧 성경을 인정하지 않는 것과 다를 바 없다고 간주했다. 왜냐하면 그의 논리에 의하면 주의 재림이 철저하게 성경에 근거되어 있다고 보았기 때문이다.

> 大槪 末世學은 主의 再臨을 중심한 것이다. 主의 再臨에 대하야 모든 信者들의 見解가 各各 다르다. 或은 千年安息世界後에 主께서 오신다 하고 或은 聖神降臨을 곳 主의 再臨이라 하야 임우 時期가 지낫다고도 하며 또는 主의 再臨이 全然 없는 것이라

고도 한다. (중략) 主의 再臨이 全無하다는 말은 聖經을 숲혀 否認하는 말이니 足히 論할 바 없거니와[21]

그러면 왜 그는 주의 재림이 말세학의 중심이 되어야만 한다고 보는가. 그 이유를 다음 두 가지로 정리해 볼 수 있다.

첫째, 성도들의 영원한 소망은 궁극적으로는 재림에 있으며 이 지상에 있는 동안 경성하여 믿음에 견고하게 서기 위한 동인을 재림신앙에서 찾을 수 있다고 믿었기 때문이다.

오! 兄弟여 姉妹여! 우리의 信仰의 土台는 그리스도의 十字架의 寶血에 잇는 것이며 信者들의 不變不朽의 無窮한 所望은 主님이 다시 오시여서 平和의 天國을 建設하심에 잇는 것이니 깨여 準備하고 信仰에 굳게 서서 所望中에 즐거워하기를 바라는 바이다.[22]

둘째, 왜 주의 재림이 말세학의 중심이 되어야만 하는가 하는 그의 주장은 천년 왕국기의 '병세치유론적 재림론'(病世治癒論的 再臨論)과 최후의 심판 단계에서의 '우주정화론적 재림론'(宇宙淨化論的 再臨論)[23]에 근거되어 있다. 이 점에 대해서는 계속해서 다음 항의 '병세치유론적 재림론과 우주정화론적 재림론' 에서 다룰 것이다.

2. 병세치유론적 재림론과 우주정화론적 재림론

길선주는 그리스도께서 재림하시는 목적이 세상을 정화하는 데 있다고 봄으로써 병세치유론적 재림론에 큰 의미를 두었다. 그에 의하면 그리스도의 지상재림은 병

---

21) 길선주, "末世學(一)", 『信仰生活』 4권 7호 (1935년 7월), 14.
22) Ibid., 16.
23) '病世治癒論的 再臨論' 은 그리스도께서 지상에 재림하셔서 천년왕국을 건설하시고 병든 세상을 치유함으로써 평화로운 세계를 구현한다는 뜻으로 본 연구자가 명명한 것이다. '宇宙淨化論的 再臨論' 은 최후의 심판 시 사탄을 징벌함으로써 우주의 모든 악이 제거되고 정화된다는 뜻으로 역시 본 연구자가 명명한 것이다.

든 세상을 치유하기 위함이라는 필연적 당위성을 지니며, 그리스도의 사역은 현세적으로는 처소를 예비하는 일에, 미래적으로는 천년왕국을 건설하는 일에 초점이 맞추어진다. 그가 그리스도께서 천년왕국 후에야 재림하실 것이라는 입장을 취했던 후천년설을 단호하게 배격했던 것도 재림의 의미를 병세치유론에 두었기 때문이다.

> 예수끠서 千年安息後에 오신다는 말은 도모지 不合理한 것이다. 웨 그런고 하면 炳이 다 나흔 患者의게 醫師가 무삼 所用이 잇스며 世上이 光明하다면 다른 빛을 要求할 理由가 잇겟는가. 世上이 病드럿기에 醫師이신 예수를 渴望하는 것이며 時代가 暗黑하기에 光明이신 예수끠서 오서셔 光明한 千年王國을 建設하 必要가 잇는 것이다. (중략) 使徒 요한은 예수님의게 再臨하실 것을 親히 드른 記錄이 默示錄이 아닌가 「아멘 主 예수여 오시옵소셔. (중략)「가셔 너희 잇슬 곳을 豫備하면 내가 다시 와서 너희를 나의게로 迎接하야 내 잇는 곳에 너희도 잇게 하리니」(요十四3) 하신 예수의 親히 하신 말슴을 어덧케 解釋하려는가.[24]

이 병세치유론적 재림론은 그리스도께서 천년왕국 기간 동안에 지상세계를 평화로운 천국으로 건설하여, 악을 발견할 수 없는 낙원이 되고 지상에 에덴의 평화가 회복되는 유토피아가 이루어짐으로써 실현된다.

> 이 世界에는 예수 그리스도로 말미아마 平和의 天國이 臨할 거시다. 이리가 어린 羊으로 더부러 居하고 豹범이 염소로 더부려 눕을 거시고 송아지와 어린 獅子와 살진 즘생이 다— 함끠 이스리니 (중략) 하나님의 完全한 子女들만 居住하는 千年世界에 惡한 動物이나 毒한 植物이 업슬 거시다(새五王12·13) 人間本位의 現世界에 眞正한 平和가 이슬수가 업지만 神本位의 千年世界는 平和의 樂園이 될 거시니 (중략) 하나님이 主人되신 千年世界에는 그리스도의 사랑이 바닷물결처럼 넘치어 惡을 볼 수 업는 樂園이다. 하나님이 主人이 되신 곳에 魔鬼는 容納되지 못할뿐 아니라 無底

---

24) 길선주, "末世學(一)", 14.

坑에 가두어서 害함과 傷함이 도모지 업는 世界이다. 예수로 말미아마 하나님과 사람이 和睦하고 사람과 사람이 和睦하며 動物界도 和睦하여저서 이사야 豫言한 거와 갓치 어린 아이가 獅子와 毒巳로 더부려 遊戲하는 萬物平和의 理想國이 實現될 수 잇다.[25]

그의 병세치유론적 재림론은 천년왕국 세계에서의 치유의 과정을 거처 최종적으로는 그리스도의 최후의 심판과 연계되는 우주정화론적 재림론을 지향한다는 점이 중요하다. 즉 천년왕국에서의 병세치유는 궁극적 우주정화를 지향하는 전단계로서의 전주곡에 해당되는 셈이다.

우주정화 시에는 사탄이 징벌되고 우주의 모든 악이 제거되며 불신죄인들과 양심상으로 범죄한 자들까지도 최후의 심판에 넘겨짐으로써 지상에는 무궁안식세계가 건설된다.

審判主로 오실 때에는 그리스도의 마지막 降臨이시다. 그리스도끠서 自己의 無限하신 權勢로 이 宇宙에 모든 惡을 업시 하고 새로운 無窮安息世界를 建設하시려는 때이다. 이때는 世上에 第一 惡한 魔鬼王을 처서 滅亡식히실 때이니 그리스도의 그 權威야말노 얼마나 크실 것인가. 베드로後書 三章十一十二節, 默示二十章十一十五節를 읽어보면 그리스도끠서 審判主로 오실 그 날에는 하늘이 큰 소래를 내이며 물너가고 休質은 쓰거운 불에 녹아 푸러진다고 하였나니 그 때에는 하늘에 天使라도 떨니라고 하엿다. 그런데 罪人이야말노 어느 곳에서 엇더케 避할 것인가.[26]

舊約時代와 新約時代와 七年患難時代에 밋지 아니하고 惡을 行한 罪人들과 千年時代에서 良心上 犯罪한 罪人들이 復活하야 永遠한 硫黃불에 審判바들 거시다(行十七31, 요한五29, 默二十56, 11-15). 千年世界에서 魔鬼를 暫間 노아줄 재에 魔鬼의 試驗을 이기지 못하야 산 그대로 硫黃불에 드러가는 審判을 바들 거시오(默十九20). 死亡을 硫黃불구덩이에 던질 거시오(默二十14, 前고十五26). 惡天使 卽 魔鬼를 硫黃

---

25) 길선주, "末世學(十二)", 「信仰生活」 5권 8호 (1936년 8월 · 9월), 10-11.
26) 길선주, "末世學(예수再臨論)", 「信仰生活」 4권 8호 (1935년 8월 · 9월), 15-16.

불구덩이에 던질 거시다(유다書六節 後벳二4 前고六6 默二十1) 이와 갓치 무서운 審判을 行할 거시니 하늘에 天使들도 떨거시다.[27]

길선주의 논리에 의하면 "千年世界에는 그리스도의 사랑이 바닷물결처럼 넘치어 惡을 볼 수 업는 樂園"이라 표현한 것처럼 지상의 천년왕국기를 병세치유론적 기간이라 간주할 때, 최후의 심판은 영원한 유황불 심판이 내려져 악인과 마귀까지도 심판받아 모든 것이 정화되는 우주정화론적 기간에 해당된다. 병세치유론적 재림론과 우주정화론적 재림론의 양자 사이를 정확하게 논한다면 '病世治癒論的 再臨論(천년왕국기)→잠시 마귀의 해방→宇宙淨化論的 再臨論(최후의 심판)' 의 도식으로 정리할 수 있다. 모든 우주가 정화되는 단계에서 그리스도의 심판사역은 완전하게 종료된다.

3. 세대주의적 전천년설

길선주는 천년왕국이 그리스도께서 지상에 재림하여 반드시 현 역사 안에서 실현될 것이라고 주장함으로써 평양신학교에서의 소위 '천년세계자유취사설'(千年世界自由取捨說)을 강력하게 반대했던 것으로 알려져 있다.[28]

길선주가 주장하는, 그리스도께서 천년왕국 전에 재림하신다는 전천년설의 구조는 그가 논하는 세대구분, 공중재림과 공중 혼인연석, 지상재림, 그리고 천년왕국 등의 도식을 고려해 볼 때 세대주의적 전천년설의 틀을 따른다.

우선, 길선주가 논하는 세대구분은 아담 창조토부터 안식시대까지 시대를 나눔에 있어 모두 일곱 시대로 대별하고, 그리스도의 재림으로 건설될 천년왕국시대를 안식시대의 범주에 넣었다.

아담이 創造함을 바들 때부터 無窮安息時代까지 七時代로 分할 수 잇나니 (1)아담이 創造함을 바들 때부터 罪를 犯하기 前까지 無罪時代요 (2)아담이 罪를 犯한 뒤부터

27) 길선주, "末世學(十三)", 『信仰生活』 5권 9호 (1936년 10월), 14.
28) 김철손, "默示文學", 『基督敎思想』 (1971년 6월), 160.

노아洪水까지 良心時代요 (3)洪水後부터 아부라함 때까지 人權時代요 (4)아부라함부터 모세 때까지 許諾時代요 (5)모세 때부터 예수 때까지 律法時代요 (6)예수 때부터 七年患難末 때까지 恩惠時代요 (7)千年王國時代부터 無窮時代까지 安息時代이다.[29]

또한 세대를 구분함에 있어 일곱 시대로 나눈 후에 또 다시 일곱 시대를 통폐합하여 세 시대로 대별했는데, 아담 때부터 노아 때까지를 상고시대(上古時代)로, 노아 때부터 예수 때까지를 중고시대(中古時代)로, 예수 때부터 지상재림 때까지를 말세(末世)로 명명했다.

하나님씌서 天地萬物을 創造하시고 우리 人類始祖 아담을 創造하신 때부터 예수 地上再臨때까지 三時代에 分할 수 이스니 1. 아담 때부터 노아 때 까지 上古時代(上古時代始祖 아담) 2.노아 때부터 예수 때까지 中古時代(中古時代始祖 노아) 3. 예수 때부터 예수 地上再臨 때까지 末時代(末時代始祖 예수)[30]

길선주의 일곱시대론을 정리하면 다음 [도Ⅲ-1]과 같다.

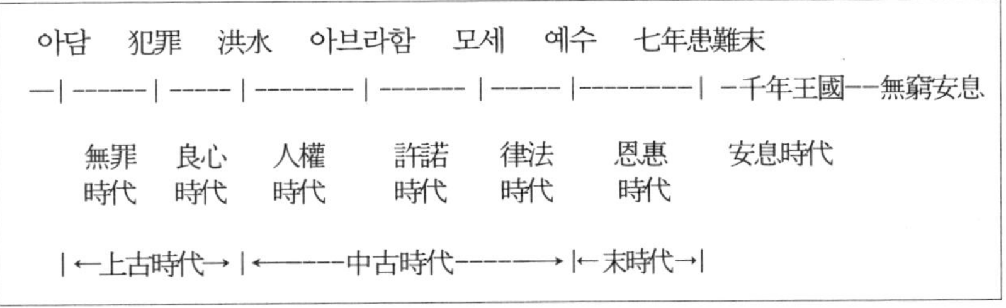

[도Ⅲ-1] 일곱시대론

그러나 길선주는 시대를 구분함에 있어, 율법시대와 은혜시대 그리고 이스라엘과 교회를 엄격하게 구분하고, 천년왕국을 다윗왕국의 언약을 실현하는 차원에서

---

29) 길선주, "末世學(예수再臨論)", 「信仰生活」 4권 8호 (1935년 8월 · 9월), 10-11.
30) Ibid., 10.

해석하려는 전형적인 세대주의자들의 세대구분론과는 견해를 달리한다. 이 점에 대해서는 본 장 4절 1의 '세대주의적 전천년설에 관한 문제'에서 별도로 논할 것이다.

둘째, 길선주는 그리스도의 재림을 논함에 있어 공중재림과 지상재림, 두 재림 사이의 공중 혼인연석, 그리고 전삼년반과 후삼년반으로 이루어지는 지상에서의 칠년환난기를 논증함으로써 세대주의적 전천년설을 수용했다.

그는 그리스도께서 공중재림하실 때 신자들은 영광스러운 부활체로 변화하여 공중 혼인연석에 참여할 것이라고 보았다.

> 우리 신자들의 所望이 이곳(공중혼인연석 – 본 연구자 주)에 잇다. 우리는 恒常 깨여 祈禱하며 榮華로운 몸으로 復活하고 靈化하야 主의 婚姻宴席에 參詣하기를 힘써야 할 거시다.[31]

> 교회부활(주씌셔 공중재림할 때 前살四16-17, 前고十五23, 요한五27-29)[32]

길선주는 그리스도의 공중재림 시에 승천한 구약 신자들과 신약 신자들은 7년 동안 공중 혼인연석에 임하여 지상에서 전개되는 환난을 피할 수 있으며, 이 혼인연석은 신자들이 지상에서 행한 대로 상급을 받는 시상식장이 될 것이라고 주장했다.

> 敎會가 昇天할 재에는 世上에도 敵그리스도가 나타날 것이니 참 그리스도 예수는 空中天界에 나타날 거시오 敵그리스도는 物質世界에 나타나서 世上을 다스릴 거시다. 聖經에 열쓸 가진 즘생이 將來 世界에 나타날 거슬 記錄한 거슨 十角 卽 열 나라 權勢를 잡고 世上을 主掌할 이 敵그리스도를 豫示한 거시다.[33]

> 空中婚姻의 宴席은 使徒 요한이 默示로 본 곳이니 (중략) 흰옷을 입고 머리에 金冕

---

31) 길선주, "末世學(七)", 『信仰生活』 5권 3호 (1936년 3월), 23.
32) 길선주, "末世學(예수再臨論)", 『信仰生活』 4권 8호 (1935년 8월 · 9월), 16.
33) 길선주, "末世學(九)", 『信仰生活』 5권 5호 (1936년 5월), 10. 그리스도의 공중재림 시 교회의 승천과 관련하여 '敎會復活'로 표기되어 있다. 길선주, "末世學(예수再臨論)", 『信仰生活』 4권 8호 (1935년 8월 · 9월), 16.

旒冠을 쓰고 二十四寶座에 둘너안즌 二十四長老는 舊約時代에 救援어들 十二支派
와 新約時代에 救援어들 十二使徒들인데 이 二十四寶座 잇는 곳은 新婦된 敎會와 新
郞된 예수 그리스도와의 婚姻하는 空中婚姻宴席을 가라침이니 참으로 榮光스럽고
喜樂이 넘치는 자리다. (중략) 이 空中婚姻宴席은 敎會를 審判하는 곳이다. 그러나
이 審判이란 거슨 七年大患難世界로 써러지게 한다든지 地獄에 던지는 審判은 아니
다. 各 個人이 行한대로 賞給을 주고 아니 주는 施賞式이라고 함이 可할 것이다.[34]

그에 의하면 지상세계는 7년 환난 기간 중에 유대화 되며, 그리스도께서 지상에
재림하시기까지 창세기 49:16에 근거된 단지파 출생의 '배암' 이요 '독사' 인 적그
리스도가 통치하는 세상이 된다.

야곱이 이스라엘 十二支派를 祝福할 째에 『단은 大路에 배암이오 小路에 毒死라』 고
하야 단支派에서 敵그리스도 날 거슬 豫言하엿기 째문이다(倉四十九16)[35]

적그리스도는 몇 십 년의 준비과정을 거쳐 부정모혈(父精母血)로 태어나 마성인
신(魔性人身)의 특징을 지니며, 지상은 이 적그리스도가 통치하는 칠년환난기 동안
점진적으로 심화되어 가는 일곱 인의 재앙, 일곱 나팔의 재앙, 일곱 대접의 재앙을
받음으로써 전무후무한 공포의 시대를 맞을 것이라고 했다.

참 그리스도 예수는 참 하나님이시오 참 사람이신 것처럼 敵 그리스도 亦是 쏙 魔鬼
요 쏙 사람인 거시다. 그리스도가 道成人身한 것처럼 敵그리스도는 魔性人身으로써
世上에 出生할 거시다. 이 敵그리스도가 이러나서 七年大患難時에 妄自尊大하야 하
나님의 位에 스사로 안고서 奇事異蹟으로 모든 人類의 精神을 昏迷케 하려고 別別
手段을 써가면서 擇함을 바든 信徒까지라도 迷惑할 수만 이스면 誘引하려고 할 거
시니 참으로 危險한 時代가 될 거시다. 이 敵그리스도가 나타나는 거슨 참그리스도
예수께서 出生하신 後 三十年 동안 準備하엿다가 三年 동안 活動하신 것과 갓치 이

<hr>

34) 길선주, "末世學(七)", 22–23.
35) 길선주, "末世學(十一)", 『信仰生活』 5권 7호 (1936년 7월), 14.

敵그리스도 七年大患難前에 父精母血노 人間界에 孕胎하야 出生 後 멧 十年 동안 準備時代로 잇다가 七年大患難始作에 出現할 거시다.[36]

默示錄 六章 以下 十一章 及 十三章에 詳考하야보면 七年 大患難이 이슬 거슬 가라 치시엇다. 이 七年患難에는 全世界가 猶太化할 거시며 만흔 患難이 이러나 말할 수 업시 무섭은 世上이 될 거시다. 멧 十가지 災殃이 이슬 거슬 다ー 말할 수 업스나 默示錄에 明記한 거시 二十一 大災殃이 이슬거시니 曰 七印封의 諸災殃 曰 七喇叭의 諸災殃 曰 七大접의 諸災殃이 漸大的 八字形으로 漸漸 摸大하여지고 더욱 慘酷하야 萬古以來에 처음 이러나는 무서운 時代일 거시다.[37]

전삼년반과 후삼년반 도합 칠년환난기 동안 지상을 중심으로 전개될 주목할 만한 내용들을 정리하면 다음과 같다.

칠년환난기 중 전삼년반 동안 이스라엘 민족과 모든 이방세계에 임하는 대환난, 모세와 엘리야의 성격과 사명을 지닌 두 증인의 전도사역과 순교[38], 후삼년반 동안 두 증인의 순교, 최후통첩에 해당되는 천사의 전도, 후삼년반 시작 시점 두 증인의 부활과 승천[39], 환난이 종료되는 시점에서 유대인 144,000명의 부활, 대환난기간 회개하고 주를 증거하다가 적그리스도에게 죽임을 당한 순교자들의 부활[40], 올릴 12반(구약시대에 메시아를 믿은 유대인들과 혼난 중 순교한 자들)과 내릴 12반(신부된 교회)의 합류[41], 혼인연석에 참여하여 신부되었던 성도들이 그리스도와 더불어 유대 광야에 강림하여 이스라엘 12지파를 심판할 일. 지상재림 직후 공의로 만국을 심판하실 그리스도의 심판사역, 피환난처에서 양육 받아 비부활체의 모습으로 천년왕국에 들어갈 숨은 교인들[42], 천년 기간 동안 마귀의 무저갱 감금[43] 등

---

36) 길선주, "末世學(九)", 10–11.
37) 길선주, "末世學(八)", 13.
38) 길선주, "末世學(九)", 11–12.
39) Ibid., 14–15.
40) Ibid., 12.
41) 길선주, "末世學(十一)", 13.
42) Ibid., 15.
43) 길선주, "末世學(十二)", 11.

　이상, 길선주가 주장하는 그리스도의 공중재림과 공중 혼인연석, 적그리스도의 지상 통치와 지상의 칠년환난기, 그리스도의 지상재림을 정리하면 다음 [도Ⅲ-2] 와 같다.

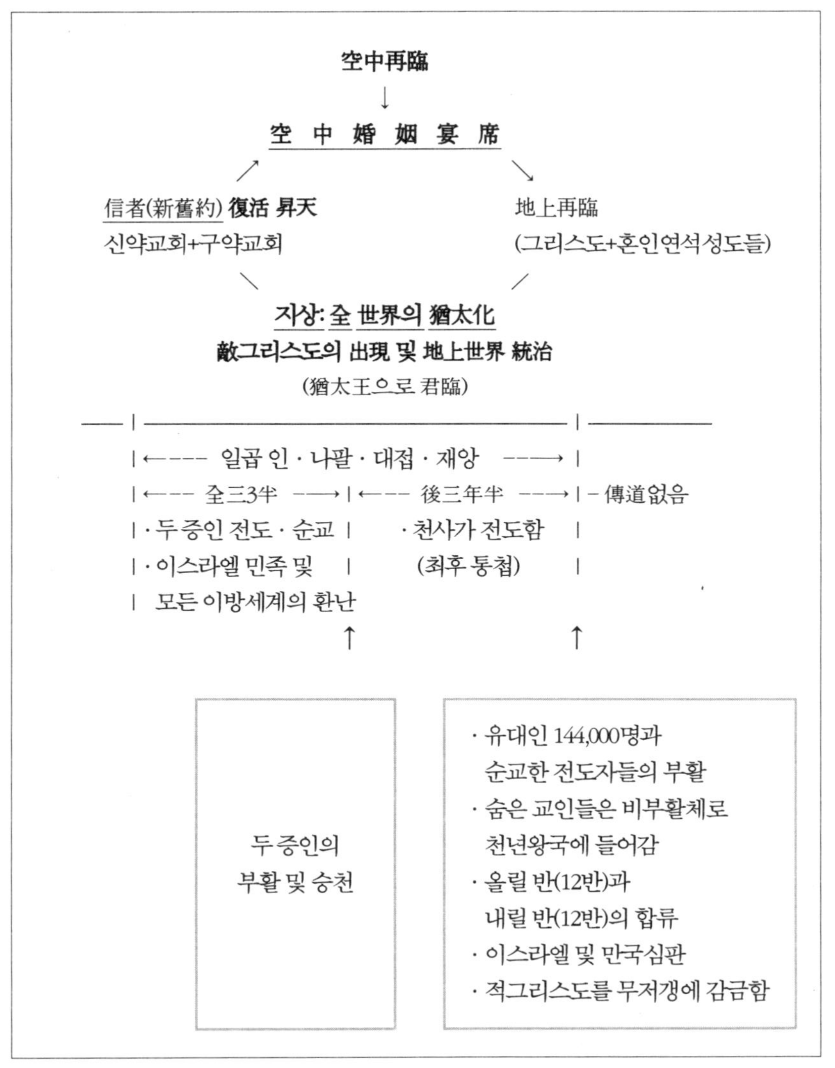

[도Ⅲ-2] 그리스도의 공중재림으로부터 지상재림까지

셋째, 길선주는 천년왕국이 시작되기 직전에 그리스도의 지상재림이 선행된다 함으로써 전천년설의 논리를 전개했다. 이 같은 주장은 앞서 고찰했던 것처럼 세상은 스스로 치유할 능력이 없고 오직 그리스도의 재림을 통해서만 치유될 수 있다는 병세치유론적 재림론에 그 당위성을 둔다. 그는 병세치유론적 재림론에 근거하여 천년왕국 후에 재림이 실현될 것이라는 후천년설을 배격했으며 "主께서 반드시 다시 오서서 千年王國을 建設하실 것은 確實無疑한 事實이오 聖經全部를 仔細히 研究함으로 더욱 分明히 깨다을 수 잇다"[44] 라그 하여 그리스도의 재림과 더불어 천년왕국이 건설될 것이라고 단언했다.

그에 의하면 혼인연석에 참여했다가 그리스도와 더불어 지상에 내려온 부활체 신자들과 대환난기간 중 순교한 신자들은 신령한 부활의 몸으로 천년왕국에 들어갈 수 있지만[45], 환난 기간 중 순교하지 않고 피환난처에서 양육 받으며 숨은 교인으로 지내던 비부활체의 신자들은 천년왕국에서 가취생산(嫁娶生産)의 생활을 영위하게 된다.[46] 이 기간 동안 인종이 번성하고 땅은 인체 보건의 귀중한 약재가 되는 라듐과 비타민이 풍부하여 비부활체 신자들도 천년 이상 장수의 복을 누릴 수 있으며, 이 기간 동안 번성한 인구를 수용할 수 있도록 태평양과 대서양에 지리적 변동으로 인한 수중대륙(水中大陸)이 돌출할 가능성이 있다고 보았다.[47] 천년왕국 끝에는 잠시 마귀가 해방되어 비부활체 신자들이 가취생산을 하면서 낳은 자녀들을 시험하는 기간이 주어지며, 최후의 심판이 이르면 불신 죄인들까지도 모두 부활함으로써 모든 인류가 그리스도의 심판에 임하게 된다.[48] 최후의 심판이 끝나면 불현계(不現界)의 '새예루살렘', 새 땅으로 개조과정을 거친 지상의 '무궁안식세계', 그리고 영원한 유황불로 대변되는 '지옥' 등의 삼계(三界)가 전개된다.[49]

---

44) 길선주, "末世學(一)", 14-15.
45) 길선주, "末世學(十一)", 13, 15.
46) 길선주, "末世學(十二)", 11-12.
47) Ibid., 12-14. 길선주는 천년세계에서는 한 부부가 삼사백 명의 자녀를 낳을 수 있으며, 지상에는 백억만 명 이상이 거주하게 될 것으로 보았다.
48) 길선주, "末世學(十三)", 13-14.
49) 길선주, "末世學(十四)", 『信仰生活』 5권 10호 (1936년 11월) 8.

이상, 본 항에서 논한 길선주의 세대주의적 전천년설을 정리하면 다음 [도Ⅲ-3]과 같다.

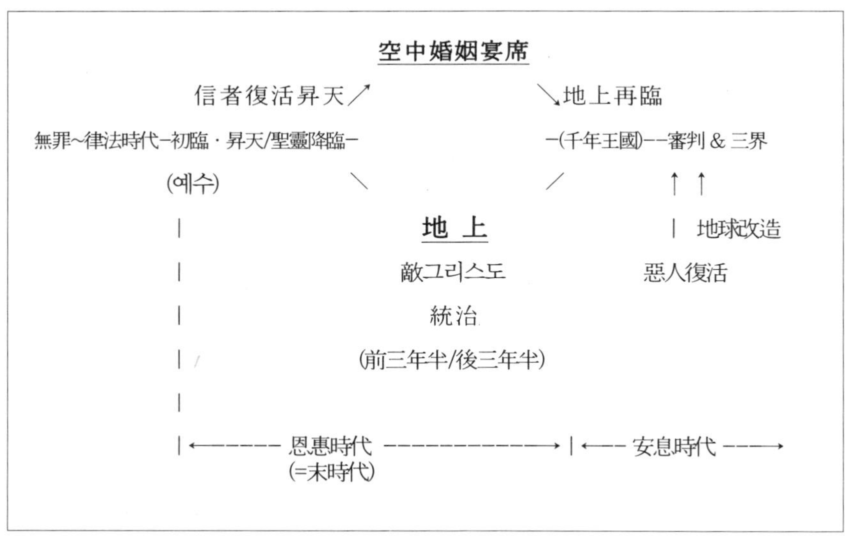

[도Ⅲ-3] 길선주의 세대주의적 전천년설 구도

4. 시한부 종말론적 재림론

재림의 시기와 관련하여 길선주는 내증과 외증을 통해 시한부 종말론적 재림론을 주장했다. 다음 항의 현세조명적 재림론에서 논하겠지만 특히 내증과 외증은 모두 길선주 당대의 현실성 있는 상황들을 담고 있어 순회 부흥집회를 통해 더욱 설득력 있게 그의 시한부 종말론적 재림론을 전개해 갈 수 있었을 것이다.

첫째, 재림시기와 관련된 내용의 문장 전개는 항상 임박한 듯한 재림을 가리키는, 긴장을 동반하는 문구들로 일관되게 나타난다. 가령, "아멘 주 예수여 오시옵소서"[50], "分明히 速히 오실 時代"[51], "常迫한 主의 再臨"[52], "예수꺼서 速히 오실 것"[53], "主再臨이 不遠"[54], "千年王國의 時期가 臨迫"[55] 등으로 기록되어 있으며 "이 時代는 모든 先知者들의 預言과 主님의 敎示하신 바와 使徒들의 默示가 다― 應하여 가는 時代가 아닌가"[56]라고 하여 당대를 선지자들의 예언과 주님의 가르침 그리고 사도들의 계시가 거의 다 성취되어 감으로써 주의 재림이 일층 가까운 시대라고 보았다.

둘째, 길선주는 재림의 일자는 알 수 없으나 그 기한은 알 수 있다고 주장했는데, 그 성경적 논거로서 무화과나무의 비유, 열 처녀의 비유, 그리고 120년 전부터 임할 홍수를 미리 알고 있었던 노아의 경우를 예로 들었다.[57] 그는 이 비유를 들어 성도들이 주님이 재림하실 시기를 알아야 할 당연한 이유로서 미리 깨달아 주님의 오심을 준비하는 데 있다고 보았다.

> 馬太福音 二十四章 三十六節에 『어느 때인지 아느니 없다』는 말슴을 가지고 (중략) 主의 오실 時期를 도모지 알 수 없다고만 할 것이면 (중략) 『無花果나무의 比喩』로 分明히 速히 오실 時代를 가라치신 말슴을 엇더케 解釋하겟는가. (중략) 萬一 主께서 참된 信者들의게도 盜賊갓치 오신다면 多年間 主를 미든 것이 헛 것이 아닌가. 主님이 初臨時에도 洗禮 요한이 와서 몬저 길을 豫備한 것 갓치 再臨時에도 聖神이 반드시 信者의게 나타나서 聰明을 넣어 主 오실 時期를 깨다라 알게 하야 準備식히실 것이다. 그런故로 信者들은 主님이 오실 日字는 알 수 없스나 그 期限은 알 수 잇는 것이 幸福이다.[58]

셋째, 길선주는 재림시기와 관련하여 나름대로의 논리적 계산을 통해 재림의 시점까지도 밝혔을 정도였다.

그는 이방기약과 희년제도, 이 두 가지 관점에서 논리적 계산을 시도함으로써 1939년 재림설과 2002년 재림설을 제시했다.

---

50) 길선주, "末世學(一)", 14.
51) Ibid., 15.
52) Ibid., 15.
53) Ibid., 16.
54) 길선주, "末世學", 『信仰生活』 5권 1호 (1936년 1월), 19.
55) Ibid., 21.
56) 길선주, "末世學(一)", 15.
57) Ibid., 15–16.
58) Ibid., 15.

【1939년 재림설: 이방기약에 근거】

길선주는 누가복음 21:24의 이방기약에 근거하여 1939년 재림설을 주장했다. 길진경은 길선주 유고선집에서 길선주의 주장을 1974년 재림설로 계산하여 소개했으나[59], 이는 『信仰生活』에 발표되었던 원전의 내용과는 전혀 다르다. 일반적으로 학계에서도 길진경 편의 『靈溪 吉善宙 牧師 遺稿 選集(第 一集)』만을 참고하여 1939년 재림설이 아닌 1974년 재림설을 소개하지만[60], 『信仰生活』에 발표된 『末世學』 원전에 의하면 길선주는 분명히 1939년 재림설을 주장했다.

유대국에서 1기는 1년, 1년은 360일이며, 하루는 에스겔 4:6과 민수기 14:34에 근거하여 1년에 해당된다. 1기 재앙에 회개하지 않으면 벌을 칠 배나 더한다고 했기 때문에(레위기 26:28) 360년에 7을 곱하면 2520년이라는 연수가 나온다. 한편 이방기약의 단위는 유대가 멸망한 시점부터 시작되므로 포로시점인 주전 606년으로부터 멸망 시기인 주전 586년을 감하면 21년이 나오고 주의 출생연대에도 4년의 오차가 있으므로 '주전 606년+2520년+21년+4년=1939년' 이라는 계산에 의하여 1939년이 재림연대가 된다고 보았다.

> 猶太나라에서 一期라 함은 一年을 意味함이다. 그리고 그 一年을 三百六十日(30일 ×12개월– 본 연구자 주)로 換算한다. 에스겔四6 민수기十四34을 보면 一日을 一年으로 計算하엿으니 이로 보건데 三百六十日은 卽 三百六十年이다. 하나님께서 一期 災殃에 悔改치 안으면 그 刑罰에서 七倍을 加하겟다 하시엇스니 三百六十年에 七을 乘하면 二千五百二十年이 되는 것이다. 이 二千五百二十年이라 함은 어는 째브터 單位를 잡는가 하면 하나님께서 猶太民族을 滅亡식히고 異邦에 權勢를 세우겟다 함을 미루워 보면 異邦期約의 單位는 猶太國이 亡하기 始作한 그때브터 計算해야 될

---

59) 길진경 편, 『靈溪 吉善宙牧師遺稿選集(第 1集)』(서울: 大韓基督敎書會, 1968년), 69–70. 길선주는 1년을 360일로 환산하여 1939년 재림연대를 계산해 냈지만, 길진경은 선친과는 달리 1년을 360일이 아닌 365일로 계산함으로써 1974년이라는 전혀 새로운 연대를 계산해 내어 선친의 주장인 것처럼 소개했다. 길선주와 같은 사례는 스왈런이 천년왕국 문제를 논하면서 1년을 360일로 환산하여 계산한 경우에도 일관되게 나타나는데, 길선주 역시 당시의 관례대로 30일을 한 달로 간주하여 12달을 곱함으로써 1년을 360일로 계산한 것 같다. cf. W. L. Swallen, 『묵시록공부』(京城: 朝鮮耶穌敎書會, 1922), 138.
60) 길진경 외에도 길선주의 1974년 재림설을 주장하는 인사들로서는 김기대, 송길섭, 유동식, 허호익 등이 있다. 김기대, 『日帝下 改新敎 宗派運動 硏究』(城南: 韓國精神文化硏究院 韓國學大學院 博士學位論文, 1996), 107. 송길섭, 『韓國神學思想史』(서울: 大韓基督敎出版社, 1992), 277. 유동식, 『韓國神學의 鑛脈』(서울: 展望社, 1986), 59. 허호익, "영계(靈溪) 길선주 목사의 영성신학", 『청풍』 1호 (1998년), 81.

것이다. 猶太國이 처음 바벨논에 사로잡혀갈 때를 主前 六0六年이라 하면 이 때브터 異邦期約이 始作된 해가 될 것이다. 主前 六0六年브터 二千五百二十年 後면 卽 一九一四年이 異邦期約이 滿期가 되는 것이다. 그러나 主께서 一九一四年에 再臨하섯는가 하면 그러치 안타. 猶太國이 主前 六0六年에 아주 亡한 것이 안이다. 빠벨논으로 잡혀가든 그해브터 始作하야 二十一年 동안을 끄러서 主前 五八六年에 아주 亡하고 만 것이다. (중략) 猶太國이 亡하기 始作한 年數 二十一年을 加하고 또 主紀元誤算된 四年을 加하면 主后 一千九百三十九年이 곳 異邦期約이 滿期되는 同時 猶太國이 完全히 自由國이 될 것이다. 그러면 쥬의 再臨은 一九三九年이 될 것이다.[61]

【2002년 재림설: 희년제도에 근거】

한편 길선주는 또 희년제도에 근거하여 2002년 재림설을 주장했다. 희년은 안식년 7년에 7을 곱한 연수이고 이 수에 다시 70희년을 곱하면 3500년이 된다. 그런데 모세가 희년을 선포한 것은 주전 1458년이므르 그 때로부터 계산하면 70희년 즉 재림의 해는 '주전 1458년+3500년=2002년' 이라는 계산에 의해 2002년이 된다고 제시했다.

> 하나님께서 命令하신 바를 쪼차서 單數 七을 乘하야 四十九년을 지나서 五十年을 禧年으로 직히라 하시엿은즉 그 禧年을 定하신 方法에 依하야 十數되는 五十年을 十數되는 七十禧年으로 乘하면 三千五百年이다 곳 우리가 바라든 千年安息의 禧年이 될 것이다. 그러타 하면 이 三千五百年의 單立가 어느 때브터 始作된 것이냐 함에는 하나님께서 모세를 通하야 이스라엘 民族의게 禧年을 命하신 그 時브터 始作하여서 計算하여야 할 것이다. 모세가 이 命令을 頒布한 時를 詳考하여 보면 歷史上으로 主前 一四九八年이다. 그러하야 우리의 千年安息年을 이해브터 始作하구 보면 七十禧年은 主后 二00二년이 된다. 三千五百年의 數가 모세 때브터 卽 主后 二千年이 되면은 安息에 主人公이 되시는 그리스도꺼서 再臨하실 것이다.[62]

---

61) 길선주, "末世學", 「信仰生活」 5권 1호 (1936년 1월), 18-19.
62) Ibid., 20-21.

길선주는 이 두 가지의 재림 연대를 제시하면서 세상의 연대가 정확하지 않을 수도 있다는 전제를 둠으로써 연대 수치 계산의 정확성에는 유보적인 입장을 취했다.

> 그러나 이것(연대 계산- 본 연구자 주)이 確實하다구는 斷言할 수 업다. 엇지한 연고냐 하면 世上年代가 正確한지 알 수 없다는 까닭이다. 그러나 現世人類의 心理狀態를 보거나 하나님께서 暗示하신 年代를 計算해 보면 主再臨이 不遠함을 알 수가 잇다.[63]

> 前世에도 말한 바와 갗이 上年代가 틀님으로 多少 年數가 맛지는 안는다 하여도 現世에 여려가지 現像을 모든 方面으로 보아 우리 信者로서 企待하는 安息과 福樂을 누릴 千年王國의 時期가 臨迫함을 知하야 警醒하며 豫備하여야 할 것이다.[64]

재림시기 계산과 관련하여 한 가지 주목할 사안이라면 그가 시한부 종말론적 재림론을 주장했다고 해서 일제 식민치하를 칠년대환난의 한 과정으로 간주하지는 않았을 것이라는 점이다. 왜냐하면 길선주의 세대주의적 전천년설에 입각한다면 그의 생존 시는 그리스도의 공중재림이 없었고 소천할 때까지도 칠년대환난의 시기라고 증거할 만한 단서들이 포착되지 않았기 때문이다. 어쩌면 길선주가 1939년을 불과 4년 남겨두고 1935년도에 『末世學』을 최후로 손질한 후 소천했던 점을 감안한다면 1939년 재림보다는 내심 2002년 재림을 기대했을 수도 있다. 실제 길선주는 1935년 11월에 소천했고, 죽음을 앞둔 두 주 전까지도 말세학 저술을 교정했으며[65], 재림연대를 담은 이 소논문의 내용은 그가 소천한지 두 달 후에 『信仰生活』(1936년 1월호)에 게재되었다.

---

63) Ibid., 19.
64) Ibid., 21.
65) 김인서, "靈溪先生小傳 續一", 『信仰生活』 5권 1호 (1936년 1월), 29.

5. 현세조명적 재림론

길선주는 재림의 징조들을 철저하게 자신이 살고 있던 시대적 정황들과 연관 지음으로써 현세조명적 재림론(現世照明的 再臨論)을 전개했다. 이 현세조명적 재림론은 당시의 현장과 자신의 말세론을 접목시키려는 노력을 경주했다는 점에서 매우 현실감 있는 호소력을 지닐 수 있었으리라 본다. 길선주의 현세조명적 재림론은 그가 설정했던 말세의 기간과 재림의 시기, 재림신앙을 강조했던 이유 그리고 삶의 현장에서 현실성 있는 내증들과 외증들을 소개한 데서 두드러진다.

첫째, 길선주는 말세를 논함에 있어 예수님의 초림으로부터 천년왕국이 임하기 전 지상재림에 이르기까지의 기간을 말세의 시기로 설정했다.

그는 "예수 때부터 예수 地上再臨 때까지 末時代"라 했고 예수 그리스도를 말시대의 시조로 보았다.[66] 그렇다면 앞서 논한 1939년 재림설이나 2002년 재림설은 자신이 살고 있던 시대를 조만간에 그리스도의 지상재림이 전개될 장으로 간주했다는 의미가 된다.

둘째, 길선주는 재림 시기가 임박했음을 피력하면서 재림신앙의 목적이 철저하게 성도들의 현실적인 영적 과업 수행에 있음을 강조했다. 그는 간절한 기도와 성경연구, 전도의 열심, 천국에 대한 소망을 품을 것을 역설하면서 재림을 기다리는 성도들이 삶의 현장에서 신앙적으로 각성해야 한다고 촉구했다.

> 예수께서 速히 오실 것을 確信하고 準備하는 것은 信者의 當然한 본분이다. 이러한 信仰에서 懇切한 祈禱도 生起고 聖經을 깊히 研究하려는 熱心도 나고 傳道하지 안코는 견델 수 없는 熱情도 發하는 것이다. 이와 反對로 再臨을 尋常히 역이는 不徹底한 教訓으로 말미아마 信者들의 밧는 害毒은 實노 무섭다. 熱烈한 信仰을 冷却식히는 것과 犯罪할 機會를 녀러주는 것과 天國의 所望을 흐리게 하는 것은 다— 不徹底한 再臨觀에서 생기는 害毒들이다.[67]

---

66) 길선주, "末世學(예수再臨論)", 『信仰生活』 4권 8호 (1935년 8월 · 9월), 10.
67) 길선주, "末世學(一)", 16.

셋째, 길선주는 재림의 징조들과 관련하여 모두 열네 편의 소논문들 중에서 무려 다섯 편에 이르는 분량으로 내증들(네 편)과 외증(한 편)을 열거하면서 현실적인 증거들을 집중적으로 조명했다. 그는 재림의 징조와 관련지을 수 있을 만한 성경구절들을 인용하면서 당대의 시대적 현상에서 발견할 수 있었던 다양한 사례들과 접목시켜 설명함으로써 한층 설득력 있는 논증을 펼쳐 나갈 수 있었다. 물론 내용들 중에는 오늘날의 시각으로 볼 때 성경해석상에 있어서나 적용상에 있어서 납득하기 어려운 점들이 많지만 모두 현세조명적 재림론과 관련지을 수 있는 증거들을 제시했다.

【내증의 현실적인 증거들】

길선주는 내증을 모두 28가지로 제시했는데 유럽 대 전쟁, 조선말 양반의 권력상실, 전화와 라디오, 비행기, 각처의 지진, 천문 · 지리 · 물리 · 화학 · 의학의 발전, 기차, 기선, 교통사고, 공산주의, 허무주의, 사회주의, 산업혁명, 기계공업, 자본제도, 복음전파의 세계화, 국제연맹조직, 각국의 빈민층, 유행성감기와 열병, 신경병 등은 현세적용적 재림론을 증거해 주는 대표적인 사례들이 될 것이다. 내증에 해당되는 내용들을 발췌하여 정리하면 다음과 같다.

· 女子의 權勢 도라옴으로 証據(이사야 四章一節): 유롭바大戰爭時代 男子 二千五百萬名이나 필을 흘닌 것, 敎會 敎人數가 三分之二以上, 큰 事業을 成就한 女子들, 女牧師, 女長老
· 父子兄弟가 서로 죽임으로 証據(馬太福音 十章二十一節): 日刊新聞紙上에 記載되는 것 - 子息이 父母를 죽이는 일
· 賤人들이 貴人을 對하야 驕慢함으로 証據(이사야 三章五節): 朝鮮에 잇서서도 班常貴賤의 差別이 嚴하엿드니 只今은 賤하여진 者 잇고
· 電話와 라듸오로 証據(馬太七章二十七節과 二章三節): 物界의 音波가 라듸오로 傳達, 無線電話, 電送寫眞
· 飛行機로 証據(새三十一-5): 飛行機를 타고 예루살넴을 나러 넘어 聖城을 占領하든 風景, 近日 飛行機上에서 爆彈을 投下하며 毒가스를 뿌리며
· 地震으로 証據(마태二十四7): 伊太利에서 大地震, 關東大地震, 一九二三年부터 一

九二七年 全世界에 이러난 地震回數는 二萬七千七十五次

· 知識이 發達됨으로 証據(단니엘 十二章四節下半): 天文, 地理, 物理, 化學, 醫學
研究와 發明-와트, 노벨, 쎄벨, 솔스, 에듸손 쏘랏수

· 만흔 사람의 往來함으로 証據(단니엘 十二4): 기차, 汽船, 飛行機

· 危急한 時代가 됨으로 証據(듸모데後書 三章一節): 汽車 自動車에 치여 죽은 사람,
器械에 傷하야 死亡하는 자, 共産主義, 虛無主義, 社會主義

· 財物을 싸흠으로 証據(야고보 五章一節-三節): 世界的 産業革命, 器械工業, 資本
制度, 헨느리포드, 우라기펠노, 킹잉골스째새, 위코

· 福音이 天下에 宣傳됨으로 証據(馬太福音 二十四章十四節): 福音이 오날은 全世
界에 傳播되여 六億萬信者의 宗敎

· 열쌀이 나타남으로 証據(단七24): 國際聯盟會 이는 열쌀에 그림자

· 凶年과 瘟疫으로 証據(누가福音 二十一章十一節): 各國에 貧民層은 增加, 天變地
災, 一九二0年頃 全世界的 流行性感氣, 流行性熱病, 神經病患者, 靈的病勢[68]

【외증의 현실적인 증거들】

외증은 모두 여섯 가지로 정리되어 있으며 내증의 경우와 마찬가지로 역시 현실
적인 증거들을 조명했는데, 주로 주의 강림 혹은 천국의 도래와 관련하여 불교인,
회교인, 신비학자 등 타종교인들 뿐만 아니라 기독교계 목회자나 신학자들의 예언
에 그 초점이 맞추어져 있다. 그는 이방종교에서 주의 강림 혹은 천국의 도래를 예
언한 것까지도 외증으로 인정했는데, 그 근거로서 동방박사가 예수탄생을 경배했
던 사례를 들어 결코 심상한 일로 볼 수 없다는 입장을 취했다.[69] 그 내용들을 발췌
하여 간추려 정리하면 다음과 같다.

· 佛敎人들의 証據: 一九0二年에 印度佛敎國際雜志에 預言하기를 神靈하고 能力 잇

---

68) 길선주, "末世學(예수再臨論)", 『信仰生活』 44권 9호 (1935년 10월), 11-15. "末世學(예수再臨論)", 『信仰生
活』 4권 10호 (1935년 11월), 15-21. "末世學(예수再臨論)", 『信仰生活』 4권 11호 (1935년 12월), 8-12. "末
世學(예수再臨論)", 『信仰生活』 5권 1호 (1936년 1월), 13-21에서 발췌하여 요약한 것으로 원문에 있는 내
용을 소개했음.
69) 길선주, "末世學(六)", 『信仰生活』 5권 2호 (1936년 2월), 15.

는 世界的 救主가 나타나셔 公義의 王國을 建設하리라

· 回回敎의 証據: 가이로城에 回回國 先知者 一人이 이러나셔 모합멧敎會가 天國의 永遠한 집을 基業으로 바들거시라 하는 文句가 記載

· 神秘學者들의 証據: 印度에 神秘學派敎會가 있는데 一九二二年에 預言하기를 世上을 救援할 救主가 二十年內로 오실 터

· 主再臨大會証據: 主再臨大會 第一次會集은 米國 뉴욕 第二次會集은 米國 치카고城에서 開催

· 聖神밧은 有名한 神學者들의 証據: 聖經解釋에 權威 잇는 神學者 數十萬名이 千年世界前에 主께셔 속히 오시리라

· 有名한 牧師들이 默示밧음으로 証據: 英國에 有名한 牧師 二十八人이 서로 約束한 일도 업시 主再臨을 爲하야 熱心으로 祈禱, 載寧敎會에서 主再臨을 爲하야 祈禱會 [70]

6. 우주개조론적 재림론

길선주는 천년왕국 이후에 임할 영원한 '무궁안식세계' 는 지구가 폐멸(廢滅)되고 교체됨으로써 새롭게 창조되는 처소가 아니라 현재의 지구가 새롭게 개조되는 과정을 거쳐 실현될 것이라는 우주개조론적 재림론(宇宙改造論的 再臨論)을 주장했다. 즉 무궁안식세계를 피안적 세계가 아닌 차안적 세계로 본 것이다. 그는 이러한 개조를 가리켜 '천지개벽'(天地開闢)이라고 했다.

無窮世界가 어더케 지상에 나타나느냐? 베드로後書 三章十三節에 보면 『하늘이 불에 살워지고 體質이 쓰거운 불에 녹아지리라』 하신 聖言에 對하야 或은 現天現地는 아주 火中에 消滅하고 他天他地를 新創造한다고 解釋하나 나는 이 解釋을 쫏지 아니하고 現天現地를 消滅하는 것이 아니라 그것으로 새로 짓는다고 解釋하다. (중략) 처음 하늘과 처음 짜이 變하야 처음 것대로는 업서지고 새 天地로 開闢하엿다. 말하

70) Ibid., 14-16에서 발췌하여 요약했음.

지면 이 宇宙 이 地球의 元體가 업서지는 거시 아니라 體質이 變하야 새宇宙 새地球 된다 함이니 宇宙가 永存하고 地球도 永存할 거시다. (중략) 『體質이 녹어진다』는 말 고 갓치 이 天地의 體質이 녹어저서 새天地로 變할 거시다.[71]

그렇다면 왜 길선주는 변화무궁세계의 건설과 관련하여 현 우주가 소멸되지 않고 영존(永存)할 것이라고 보았는가. 그는 신약에서 만유(萬有)가 회복되리라는 것을 약속한 구절들을 제시해 가면서 하나님이 지으신 세계는 본래 선하게 창조되었다는 점, 그리고 그리스도께서 피를 뿌린 땅이라는 점에 근거하여 결코 소멸되어 사라질 대상이 아니라고 보았다. 마치 인간의 몸이 부활체가 되어 일어나는 것과 마찬가지 원리로 더 나은 모습으로 개조되어 영원토록 존속하게 될 것이라고 보았다.

萬物이 廢滅된다면 로마人書 八章十九-二十二節에 『썩음의 좀됨을 버서나 하나님 의 뭇아들의 榮光을 어더 自主掌함에 이르미니라』하신 聖言을 어더케 解釋할 거신 가. 에베소一 章에 예수 萬物統一하시리라는 갈슴과 (중략) 바울의 神學은 萬物廢棄 가 아니라 萬物統一 萬物新造를 말하엿다. 聖經에 一貫한 啓示는 萬物廢滅이 아니 라 新造이다. 하나님이 創造하시고 『조흔지라 하신 宇宙를 廢滅하시지 안을 것이다. 하나님이 사람을 죽게 하기 爲하야 내신 거시 아니라 復活하게 내섯고 萬物을 廢滅 하기 爲하야 創造하신 거시 아니라 『조흔지라』의 더 조케 하기 爲하야 새롭게 하실 거시다. 예수 밟으시든 地球는 決코 廢滅되지 아니하고 예수의 피에 저즌 地球는 새 짜이 되어 永遠히 이슬거시오 (중략) 無窮安息世界의 場所가 될 거시다.[72]

7. 삼계지향적(三界指向的) 재림론

앞서 논했듯이 천년왕국기를 병세치유론적 기간이라 한다면 최후의 심판은 우주 정화론적 기간에 해당되고 우주정화와 더불어 영원한 세계인 삼계가 도래한다. 길 선주가 논하는 그리스도의 재림의 의의는 단지 천년왕국기간에만 있는 것이 아니

---

71) 길선주, "末世學(十四)", 8-9.
72) Ibid., 9.

라 궁극적으로는 영원한 세계인 삼계를 지향한다. 다시 말해서 병세치유론적 재림론은 우주정화론적 재림론을 지향하는 전조이자 그림자에 해당되는 셈이다. 따라서 그에 있어서 영원의 개념은 천년왕국이 아니라 영존 세계인 삼계에 적용된다.

길선주는 『末世學』의 마지막 장에서는 '變化無窮世界'라는 제하에 삼계를 논했다. 그는 최후의 심판 후에 도래할 세상을 불현계의 '새예루살넴', 지상의 '무궁안식세계' 그리고 '유황불 지옥'의 삼계로 대별했다.

> 不現界에 하나님의 榮光이 充滿한 새예루살넴과 이 地上에 無窮安息世界와 又一界에 硫黃불 地獄— 三界가 永遠無窮토록 存在할 거시다. 그래서 사람은 救援이 아니면 滅亡 새예루살넴과 無窮世界가 아니면 地獄이 이슬 뿐이오 煉獄等 中間狀態는 업는 거시다.[73]

길선주는 "새예루살넴이 至聖天至尊城이니 바울이 이른 바 三層天 곳 天城일 거시다"[74]라고 하여 불현계에 대해 '새예루살렘'이라는 이름 외에도 '至聖天至尊城'(지성천지존성), '三層天'(삼충천), '天城'(천성) 등 별개의 다양한 명칭을 부여하기도 했다.

그렇다면 삼계를 이루는 세 장소에는 누가 거주할 처소인가. 그는 '새예루살넴'은 부활하여 천년왕국에 임했던 성도들이 들어갈 수 있는 처소이고, 지상의 '무궁안식세계'는 부활하지 못한 채 천년왕국에서 가취생산에 임했던 성도들이 입성할 곳이며, 지옥은 이 두 천국에 들어가지 못하는 자들이 들어갈 곳이라고 보았다.

> 저 새예루살넴에는 일즉 예수를 篤實히 밋고 新婦가 되여 죽엇다가 復活한 信者들과 肉身으로 變化한 信者들이 居住할 곳이다. 새예루살넴의 榮光과 여기에 사는 聖徒들의 榮華와 福樂은 다— 말할 수 업는 거시다(默示十一1-27). 그리고 地上無窮安息世界에는 肉身을 가지고 드러온 義人들이 살 거시다(마태二十五46).[75]

---

73) Ibid., 11.
74) Ibid., 8.
75) Ibid., 11.

天堂에 못드러가는 者는 硫黃불 붓는 地獄에서 이를 갈며 哀痛할 거시다(마태二十五30~41, 默二十10).[76]

또한 길선주는 지상에서의 각 시대와 영원세계의 복락의 정도를 논함에 있어서 '이 세상〈교회시대〈천년세계〈무궁안식세계〈새예루살넴' 의 도식으로 순위를 매기면서, '새예루살넴' 에 거하는 성도들은 지상의 '무궁안식세계' 에 자유롭게 왕래하여 두 처소의 복을 누릴 수 있으며, '무궁안식세계' 에 거하는 성도들도 향후 때가 되면 '새예루살넴' 으로 부활 승천할 것이라고 보았다. 그러나 '무궁안식세계' 의 성도들이 때가 되어 모두 '새예루살넴' 으로 승천한 이후에 '무궁안식세계' 가 어떻게 될 것인지에 대해서는 침묵했다.

地上無窮安息世界에 사는 聖民들도 째가 되면 하나님씌서 부르는대로 肉身이 變化하야 예수의 새예루살넴으로 昇天할 거시다(創五24, 王下二11). 變化한 聖徒와 復活한 聖徒 곳 卽 新婦된 聖徒들은 榮光極한 새예루살넴에 살뿐 아니라 無窮世界에도 自由自在로 往來하면서 두 世界의 悅樂을 永遠히 누릴 거시다. 이 世上보다 敎會가 더 조흔 樂園이오 敎會時代보다 千年世界가 더 조흔 樂園이오 千年世界보다 無窮安息世界가 더 조흔 樂園이인데 새예루살넴은 가장 조흔 樂園이다. 이 새예루살넴에 드러가고저 하는 新婦된 우리는 婚姻宴席에 新郎을 마지할 聖神의 恩惠를 잘 準備하야 지혜 잇는 處女가 되여야 할 거시다.[77]

이상, 길선주가 논하는 최후의 심판 후에 실현될 불현계의 '새예루살넴', 지상의 '무궁안식세계', '유황불 지옥' 의 삼계의 양상을 정리하면 다음 [도Ⅲ-4]와 같다.

---

76) Ibid., 11.
77) Ibid., 11~12.

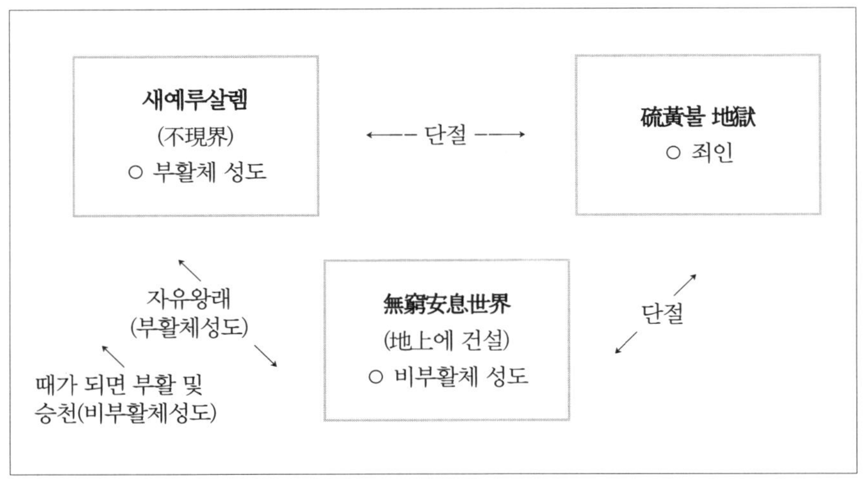

제4절 칼빈주의와 상이한 점(相異點)

1. 세대주의적 전천년설에 관한 문제

1) 일곱 시대 문제

세대주의는 전통적인 계약신학에 반(反)하여 인류를 통치하시는 하나님의 섭리를 분명하게 몇몇 '세대'(dispensation)들로 나눈다. 가령, 세대주의의 대가인 스코필드(C. I. Scofield)는 성경에 대한 문자적 해석을 기초로 하여 인류 역사를 일곱 시대로 대별했는데, 무죄와 양심의 시대(아담~홍수), 인간통치(홍수~아브라함), 약속(아브라함~시내산), 율법(시내산~갈보리), 은혜(갈보리~데살로니가전서 4:16-), 대환난(데살로니가전서 4:16-, 마태복음 24:29, 30), 천년왕국(마태복음 24:7-, 요한계시록 20:7), 약간의 기간(요한계시록 20:7-11, 잠시 동안 사탄이 해방됨), 요한계시록 20:11-21:1(백보좌 심판과 신천신지) 등의 세대로 구분했다.[78] 그에 의하면 이 '세대'란 인간이 하나님의 의지로 주어진 특정한 계시에 대해 사람들이 순종하는지의 여부를 시험받는 일정한 시기인 것으로 이해된다.[79]

그러나 세대주의의 이러한 세대구분에 대해 보수계열의 학자들은 계시의 통일성과 하나님의 주권에 상충된다는 점 등을 들어 이의를 제기한다. 후크마(A. A. Hoekema)는 인간이 각기 다른 세대에서 서로운 방법으로 시험을 받아야만 할 이유가 무엇인지를 반문하면서 세대주의는 성경적 계시의 근본적인 통일성을 정당하게 다루는 데 실패했다고 주장했다.[80] 에릭슨(M. J. Erickson) 역시 세대주의는 점진적 계시의 개념을 진지하게 받아들이려고 했지만 결국 실패했다고 보았다.[81] 로벗슨(O. P. Robertson)은 "어느 것이 성경의 구조가 되는가? 계약인가 아니면 세대인가?"라는 질문을 통해 계약과 세대는 방법 체계에 있어서 서로 충돌하는 구도를 지니게 되고 결국 성경을 구성하는 것은 인간의 설계(즉 세대)가 아닌 하나님의 주도(즉 계약)에 있다고 강조했다.[82]

물론 길선주의 신학사상은 하나님의 주권을 인정하는 언약신학에 입각해 있고, 율법시대와 은혜시대 그리고 이스라엘과 교회를 엄격하게 구분하는 세대주의의 사상체계와는 엄연히 다르다는 점에서 그를 전형적인 세대주의론자와 동일시할 수는 없다. 또한 그의 시대 구분은 구체적인 설명 없이 단순하게 시대의 명칭들만을 대별해 놓은 것에 불과하기 때문에 세대주의자들이 논하는 것처럼 하나님께서 세대마다 새롭게 인간을 시험하시며 인간의 실패와 심판으로 끝나는 것을 의미한다고 단정해서도 안 된다.

길선주가 비록 세대주의의 일곱세대론과 유사하게 일곱 시대를 주장했지만, 본 연구자는 그를 전형적인 세대주의자로 볼 수 없는 근거로서 다음 세 가지를 제시해 본다.

---

78) Cyrus. I. Scofield, *The Scofield Bible Correspondence Course*(Chicago: The Moody Bible Institute, 1907), 21.

79) Cyrus. I. Scofield, *Scofield Reference Bible*(New York: Oxford University Press, 1971), 5.

80) Anthony A. Hoekema, *The Bible and the Future*(Grand Rapids, Michigan: Wm. B. Eerdmans Publishing Co., 1989), 195.

81) Millard J. Erickson, *A Basic Guide to Eschatology*(Grand Rapids, Michigan: Baker Books, 1999), 123.

82) O. Palmer Robertson, *The Christ of the Covenants*(New Jersey: Presbyterian and Reformed Publishing Co., 1982), 227.

첫째, 세대주의자들은 율법과 은혜를 분리하고, 이스라엘은 행위의 언약 하에 있지만 교회는 은혜의 대상이라 하여 이 두 원리를 혼합시키지 않으려는 태도를 취한다. 그러나 길선주는 신약시대의 칭의의 원리를 믿음에서 찾았고 구약에서의 칭의 역시 신약시대와 마찬가지로 믿음에 의해서 주어진다고 일관성 있게 주장했다.

> 아브라함이 소돔城을 위ㅎ야 祈禱홀 쌔에 義人 十人이 이스면 容恕ㅎ여 달나고 ㅎ엿고 義人의 祈禱는 運動力이 잇다 ㅎ엿다 그러나 律法을 직힘으로 義人된 자 업나니라. 一, 누구를 밋음으로 義人될가 예수를 二, 義人된 效果 하ᄂ님으로 더브러 平和홈 (중략) 五, 義人의 賞給 天父의 榮光을 밧음으로[83]

> 救援은 瞬間에 잇나니라 一, 罪를 쌔달음으로 (중략) 三, 篤實히 밋음으로 밋음은 救援 엇는 靈魂의 손이니라 엡二○八-[84]

> 二, 永生의 根源 1. 上帝 요十七○三- 2. 그리스도 롬五○二十一 三, 永生을 엇을 者 1. 예수를 밋는 者 요十一○二十五-十四○六- 2. 主의 말삼을 듯는 者 요五○二十四- 3. 主를 爲ㅎ야 世情을 쩌는 者 눅十八○二十九-三十一-[85]

둘째, 세대주의자들은, 이스라엘은 하나의 국가로서 왕국의 계약에 의해 하나님과 관계되어 있는 반면, 교회는 구약에서 예언되어 있지도 않았고 교회시대는 지상의 이스라엘에 관한한 아무런 예언도 없는 '괄호'(parenthesis)에 해당되는 시대라고 간주한다.[86] 그러나 길선주는 교회가 칠년대환난기에 참여하지 않을 증거들을 열두 가지로 제시함에 있어 '야곱의 患難', '노아의 方舟', '埃及의 災殃', '埃及의 七年凶年' 등 구약성경을 들어 충분하게 인용함으로써 구약 이스라엘과 신약 교회와의 관계를 연속선상에서 파악하고자 했다.[87] 그는 애굽에서 고난당하는 이스라

---

83) 길선주, "밋음으로 된 義人", 『講臺寶鑑』(平壤: 東明書館, 1926), 219.
84) 길선주, "十字架上에 救援엇은 强盜", 『講臺寶鑑』, 162-163.
85) 길선주, "永生", 『講臺寶鑑』, 186.
86) Vern S. Poythress, 『세대주의 이해』(권성수 역; 서울: 총신대학출판부, 1996), 30.
87) 길선주, "末世學(十)", 『信仰生活』 5권 6호 (1936년 6월), 15-20.

엘 백성들의 처지는 교회의 불같은 고난을 예표하는 것으로, 압박 중에도 번성한 이스라엘 백성들은 장차 교회의 진흥을, 이스라엘 백성들의 영광은 교회의 영광을 나타내는 것으로 이해함으로써[88] 구약 이스라엘 공동체와 신약의 교회를 한 지평에서 통합하고자 했다. 또한 혼인연석에 참여한 교회를 고센에 거하여 재앙을 피한 이스라엘 사람들과 홍수를 피하여 방주에 거한 노아의 식구들에 비유하면서 혼인연석에는 신약의 교회만이 참여하는 것이 아니라 신약과 구약의 모든 성도들이 참여한다고 이해했다.[89] 이는 그가 이스라엘과 신약의 교회를 분리시켜 생각하지 않고 유기적인 관계성 속에서 파악했다는 것을 의미한다. 따라서 길선주는 교회시대[90]를 결코 세대주의자들이 주장하는 것처럼 '괄호'의 개념으로 이해하지 않았다.

셋째, 세대주의자들은 천년왕국의 개념을 이해함에 있어 다윗에게 약속되었던 지상의 유대적 왕국을 세우는 일과 이스라엘 민족의 회복에 그 의미가 있으며 따라서 자연적 육체를 지닌 이스라엘 민족에 관계된다고 단정한다. 그러나 길선주는 이스라엘 민족뿐 아니라 의인부활 시에 부활하여 혼인연석에 참여했던 부활체 성도들과 칠년환난기를 통해 구원받아 가취생신에 임할 비부활체 성도들 모두가 천년왕국에 혼재하여 거주한다고 봄으로써 세대주의자들과 견해를 달리했다. 아울러 주목할 점은 혼인연석에 참여하는 부활체 성도들은 신약의 교회뿐만 아니라 구약의 이스라엘 성도들도 해당된다는 점에서 세대주의자들과는 분명히 다른 입장을 보여주었다. 바로 이런 점에서 길선주의 세대주의적 시대 구분은 율법시대와 은혜시대 그리고 이스라엘과 교회를 엄격하게 구분하고 천년왕국을 다윗왕국의 언약을 실현하는 차원에서 해석하려는 세대주의자들의 전형적인 논리와는 확연하게 다르다.

그러나 그가 굳이 시대를 구분한 것은 평소 언약신학에 입각해 있던 그로서는 사실상 의미 없는 작업이었다고 생각된다. 그의 세대구분은 세대주의의 일곱 세대 구분과 매우 유사하기 때문에 계시의 통일성 문제와 관련하여 불필요한 오해를 야기

---

88) 길선주, "모세가 이스라엘 民族을 爲ᄒ야 하ᄂ님 榮光을 봄", 『講臺寶鑑』, 191-192.
89) 길선주, "末世學(七)", 22.
90) 길선주는 "聖神으로 降臨 使徒行傳二章――四節(敎會時代初), 新郞으로 降臨 데살노니가前書 四章十六―十七節(敎會時代末)"이라 하여 오순절 성령강림으로부터 공중혼인연석까지의 기간을 교회시대로 보았다. 길선주, "末世學(예수再臨論)", 『信仰生活』 4권 8호 (1935년 8월 · 9월), 11.

할 수 있다는 점을 지적받아야 한다. 물론 공중재림과 휴거, 지상의 칠년대환난, 지상재림 등으로 전개되는 세대주의적 전천년설을 주장하기 위한 작업으로서 초림으로부터 지상재림 시기까지를 은혜시대로, 지상재림으로부터 영원세계인 삼계까지를 안식시대로 구분할 필요는 있었겠지만 굳이 무죄시대로부터 율법시대까지 이어지는 다섯 세대를 도식화할 필요성이 있었겠는가 하는 점은 여전히 의문으로 남는다.

2) 칠년환난기의 도식 문제

일곱 시대의 구분과 아울러 중요한 쟁점이 될 수 있는 사안으로서 길선주의 칠년환난기의 도식이 세대주의적 전천년설의 그것과 일치한다는 점이다. 그는 공중재림과 지상재림 그리고 칠년대환난기에 교회가 환난을 면할 수 있다는 세대주의의 주요 논리들을 그대로 답습함으로써 역사적 전천년설과는 다른 입장을 취했다. 전통적으로 역사적 전천년설에서는 교회 역시 예외 없이 대환난을 통과하는 것으로 이해하며[91], 재림양식과 관련해서도 ‘parusia’나 ‘apokalypsis’, ‘epiphaneia’ 등의 표현들은 세대주의에서 주장하는 이중재림과는 전혀 관련되지 않는 용어들로 본다.[92]

2. 시한부 종말론적 재림에 관한 문제

길선주는 무화과나무의 비유, 열 처녀의 비유, 그리고 노아의 때 등을 비유로 들어 재림의 일자는 알 수 없으나 그 기한만큼은 알 수 있다는 입장을 취함으로써 이 방기약과 희년제도에 근거하여 복잡한 계산을 통해 1939년 재림설과 2002년 재림설을 제시했다. 물론 자신이 계산한 두 연대가 맞지 않을 수도 있다는 단서를 붙였다는 점, 경성하여 재림을 예비할 것을 강조했던 점, 내세와 현세를 이원화하지 않고 현세의 삶에 최선을 다할 것을 강조했던 점을 감안한다면 긍정적인 차원에서 그의 연대 계산은 일면 성도들로 하여금 재림신앙의 경각심을 갖게 해 주는 의미를

---

91) Louis Berkhof, *Systematic Theology*, 709.
92) Anthony A. Hoekema, *The Bible and the Future*, 165–166.

담았다고도 볼 수 있을 것이다. 그러나 그의 연대계산은 분명히 시한부종말론적인 재림론의 성격을 지닌다. 송길섭은 길선주가 연대가 다소 맞지 않을 수도 있다는 단서를 붙였다는 점을 들어 그를 시한부 재림론자로 단정할 수 없다는 입장을 취한다.[93] 그렇지만 길선주가 자신이 계산해 낸 재림연대가 맞지 않을 수도 있다고 밝혔던 것은 혹시 세상연대가 잘못되어 있어 수치상으로 계산에 착오가 있을 수도 있다는 뜻이었지 결코 자신이 생각해 낸 재림시기에 관한 계산공식 그 자체가 잘못되었다는 것을 의미하지는 않는다.

길선주의 시한부 종말론적 재림론은 시한부의 의미를 지녔다는 점에서만도 비판받을 소지가 크지만 이 외에도 다음 네 가지 면에서 그 논리성에 허점이 드러난다.

첫째, 재림의 시기를 왜 하필이면 이방기약 혹은 희년제도라는 두 가지의 관점 모두를 고려하여 계산했느냐 하는 점이다. 만일 재림시기를 논하려 한다면 양자(兩者)의 가능성을 동시에 제기하기보다는 어떤 한 가지의 확고한 근거를 제시하고 논했어야 했다.

둘째, 이방기약에 근거된 1939년 재림설과 희년제도에 근거된 2002년 재림설이 어떤 점에서 논리적인 상관성을 갖느냐 하는 점도 밝혀주어야 할 부분이다. 그의 1939년 재림설은 주재림의 징조들(내증) 중 '異邦期脈이 참으로 證據' (27항)에서, 2002년 재림설은 '禧年으로 證據'(28항)에서 논한 사안들이며, 두 연대는 전혀 별도의 독립된 계산방식에 의해 산출되었다.

셋째, 그의 계산 방식은 전체적인 계산과정에서드 이해하기 어려운 점이 많지만 연대계산에 있어서도 많은 의문점을 보여준다. 예컨대 1939년 재림설에서 1년을 360일로 환산한 후 레위기 26:27-28의 형벌을 칠 배나 더한다는 내용에 근거하여 7을 곱하는 방식을 취한 계산이라든가, 2002년 재림설에서 희년 즉 50이라는 수에 왜 7이라는 단수의 10배가 되는 70을 곱해야만 했는지도 의문이다.

넷째, 만일 1939년이 재림시기라면 7년 전인, 적어도 길선주의 생존 시기였던 1932년쯤에는 그리스도의 공중재림과 신자들의 부활승천이 있었어야만 했다. 또 1932년부터 자신이 소천한 해인 1935년까지는 적그리스도가 통치하는 전삼년반에

해당되는 시기였는데 실제로 길선주가 이 시기를 칠년환난기로 언급하지 않았다는 점도 생각해볼 문제이다. 앞서 밝혔듯이 어쩌면 길선주는 1939년 재림론보다는 2002년 재림론을 더 신뢰했을 가능성도 있다.

3. 삼계론에 관한 문제

전통적으로 개혁교회에서는 최후의 심판 이후의 영원한 처소를 천국과 지옥의 두 세계로 규정한다. 그러나 길선주는 최후의 심판 후에 임할 세상을 불현계의 '새 예루살렘', 지상의 '무궁안식세계', 그리고 '유황불 지옥'의 삼계로 나누어 놓음으로써 사후 처소의 관점에 비판의 소지를 남겼다. 그는 한 성전 안에도 성소와 지성소가 있음을 들어 불현계의 '새예루살렘'을 지성소에, 지상의 '무궁안식세계'를 성소에 비유함으로써 양자를 '한天國'으로 통합하려고 시도했지만[94], 그는 엄연히 사후의 처소를 양계(兩界)가 아닌 삼계로 구분했다.

4. 조상림보교리에 관한 문제

길선주는 베드로전서 3:19-20의 "저가 또한 영으로 옥에 있는 영들에게 전파하시니라 그들은 전에 노아의 날 방주 예비할 동안 하나님이 오래 참고 기다리실 때에 순종치 아니하던 자들이라"는 구절을 논함에 있어 '옥'을 '조상림보'(조선림보, The Limbus Patrum)로 보았다. 그는 이 성구를 그리스도께서 음부에 내려가셔서 구약시대에 죽었던 성도들의 영혼을 천국으로 인도하신 것으로 해석하여 이 교리를 정당한 것으로 받아들였다.

主님의서 十字架에 못박혀 죽으실 때에 그 肉體난 三日 동안 무덤 속에 게서스나 그 神은 陰府에 잇는 樂院에 가서서 靈魂들의게 傳播하서스니(前벳三19-20 四6) 이는 舊約時代에 미사야(메시아의 오기인 듯─ 본 연구자 주)를 期待하다가 죽은 先知者

---

94) 길선주, "末世學(十四)", 8.

의 靈魂들과 先知者의 傳道를 바다 救主를 기다리는 者의 靈魂들의게 난 福音이 되
나 (중략) 舊約時代에 하나님을 밋고 依支함으로 敬虔하게 지내다가 죽은 後에 死亡
의 權勢 아래에 服從하며 陰府樂園에 사로잡혀 잇서서 그리스도를 기다리던 靈魂들
을 主의서 사로잡어 天堂으로 올니고[95]

칼빈은 이 구절을 기록한 베드로의 의도에 대해 주의 강림은 경건한 영혼들의 입
장으로서는 마땅히 기뻐할 일이었지만, 반면 악한 자들에게는 자신들이 모든 구원
으로부터 완전히 배제되었다는 사실을 깨닫게 하려는 데 있었다고 해석했다.[96] 그
는 그리스도께서 음부로 내려가신 의미에 대해 더욱 확실한 설명이 필요하다며, 그
리스도께서 음부로 내려가심은 정죄되고 버림받은 인간의 무서운 고통을 그의 영
혼에 체험하심으로써 더 위대하고도 고귀한 값을 치르신 것이라는 해석도 제시했
다.[97] 벌코프는 조상림보교리와 관련하여 그리스도께서 조상림보에 갇혔던 구약성
도들의 영혼들을 해방시키시고 천국으로 올리셨다는 이 가르침이 중세 로마교회
로부터 비롯되었다고 보았다.[98] 박형룡은 이 교리를 논함에 있어 구약의 성례들은
은혜를 표시하였을 뿐 전달하지는 못했지만 천주교의 성례들은 구원의 복을 사람
들에게 전달하는 단독통로가 된다고 주장하는 잘못된 가르침과 밀접한 관계가 있
다며 조상림보 교리의 부당성을 강변했다.[99]

5. 그리스도의 강림에 관한 문제

그리스도의 강림과 관련하여 전통적으로는 초림과 재림으로 이해하고 있다. 그

---

95) 길선주, "末世學(예수再臨論)", 『信仰生活』 4권 8호 (1935년 8월 · 9월), 12–13.
96) John Calvin, *Institutes of the Christian Religior*(Vol. 2)(Translated by Ford L. Battles;
Philadelphia: The Westminster Press, 1960), 16. 9. 칼빈은 베드로전서 3:19 주석에서는 베드로가 특
별히 의미하는 바는 그리스도의 영의 능력 그 자체가 그리스도 안에서 생명이 됨을 보여주고 또한 역시
죽은 자들에게도 그와 같이 알려졌으므로 우리들 역시 마찬가지로 그와 같은 생명을 얻으리라는 점을 보
여주는 데 있었다고 했다. John Calvin, *Calvin's Commentaries: The Epistle of Paul the Apostle to
the Hebrews and The First and Second Epistles of St Peter*(Translated by William B. Johnston;
Grand Rapids, Michigan: Wm. B. Eerdmans Publishing Company, 1963), 294.
97) John Calvin, *Institutes of the Christian Religion*(Vol. 2), 16:10.
98) Louis Berkhof, *Systematic Theology*, 687.
99) 박형룡, 『敎義神學: 來世論』, 147.

러나 길선주는 그리스도의 강림을 모두 다섯 차례라고 보았으며 다섯 차례의 강림
은 때, 장소, 모양, 권세, 형편, 환경이 각기 다르다고 주장했다.

> 그리스도꼐서 世上에 降臨하심이 凡五次이니 ⑴ 人子로 降臨 누가福音 二章五十七
> 節(律法時代末) ⑵ 聖神으로 降臨 使徒行傳 二章一一四節(敎會時代初) ⑶ 新郎으로
> 降臨 데살노니가前書 四章十六-十七節(敎會時代末) ⑷ 萬王의 王으로 降臨 馬太福
> 音 二十四章二十九節-三十一節又三十五章(25장의 오기인 듯— 본 연구자 주)三十
> 一節三十四節(七年大患難時代末) ⑸ 審判主로 降臨 默示二十五章十一一十三節(七
> 年末魔鬼暫時釋放時代) 그러나 그 五次 오심이 다— 한 貌樣으로 오시는 것이 아니
> 다 그 때도 다르고 그 處所도 다르고 그 오시는 貌樣도 다르고 主꼐서 가지고 오는
> 權勢도 다르고 그 때 形便도 다르다.[100]

이는 그리스도의 재림을 공중재림과 지상재림의 두 단계로 나누려는 세대주의적
전천년설에 입각한 성경해석 방식에서 나타난 자연스런 귀결이라고 볼 수 있다.
　길선주가 이해하는 그리스도의 다섯 차례의 강림을 정리하면 다음 [도Ⅲ-5]와
같다.

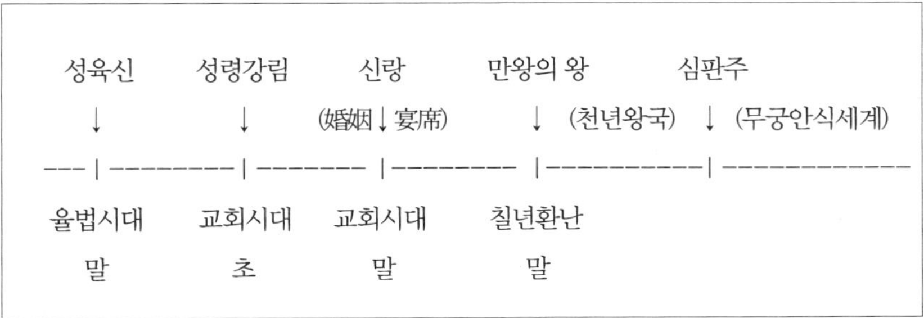

[도Ⅲ-5] 그리스도의 강림에 관한 문제

---

100) 길선주, "末世學(예수再臨論)", 『信仰生活』 4권 8호 (1935년 8월·9월), 11.

6. 부활의 성격에 관한 문제

길선주는 주께서 다섯 차례 강림하실 때마다 부활 또한 다섯 차례가 있다고 보았다.

> 三春陽氣가 도라오면 三冬에 죽엇든 動植物이 다시 사러나는 것과 갓치 사랑의 太陽이신 主의서 오실 때에마다 復活하는 理致가 다섯番 잇다. 1. 예수復活(十字架에 못박혀 죽으신지 三日後 馬太二十八1-10, 막十六1-14, 누가二十四1-12, 요한二十1-18) 2. 聖人復活(예수復活後 馬太二十七52) 3. 敎會復活(主의서 空中再臨할 때 前살四16-17, 前고十五23, 요한五27-29) 4. 猶太人復活(大患難에 敎會 爲하야 죽은 者까지 七年굿헤 主의서 따에 降臨하실 때 에스겔 三十七1-12, 다니엘 十二2) 5. 죽은 罪人復活(審判主로 降臨하실 때, 默示二十13-15)[101]

길선주의 세대주의적 입장을 전제한다 하더라드 성인부활은 영화로운 부활체로서의 성격은 아니었다. 또한 그는 부활의 증거들을 논하는 과정에서도 신령한 부활체로서의 몸의 변화를 동수동물(冬睡動物)이 동면에서 깨는 모습과 곤충이 화충(化蟲)이 되는 변화에 비유했는데[102] 이는 부활체의 신령한 본질을 잘못 이해한 사례이다.

그가 부활을 다섯 차례로 볼 수밖에 없었던 이 논증 또한 근본적으로 재림을 공중재림과 지상재림으로 나눈 데서 비롯된 세대주의적 사고에 근거되어 있다.

7. 상징적인 성경해석에 관한 문제

성경의 상징적 해석(우화적 해석)은 『末世學』에 전반적으로 나타난다. 대표적인 예로서 '主再臨時 信者의 形便'을 논할 때 열 처녀 비유, 밭에서 일하는 두 사람의 비유, 잠자리에 있는 두 사람의 비유, 맷돌질하는 두 사람의 비유 등을 우화적으로

---

101) Ibid., 16.
102) 길선주, "末世學(七)", 15-16.

해석한 경우를 들 수 있다. 그는 이 세 가지의 비유에는 주 재림 시에 반수(半數)의 신자들만이 승천할 것이라는 의미가 함축되어 있다고 보았으며, 특히 맷돌질하는 여인은 식량을 예비하는 자로서 목양사역을 감당하는 교회 사역자들에게 해당된다고 해석했다.

> 마태二十五章은 예수 再臨時 信者의 形便을 預言하신 中에 열處女比喩는 分明히 당신을 마지할 사람의 數를 가라치신 말슴이다. (중략) 日「두 사람이 밧헤 이스매 하나은 다려가고 하나은 바려두며」마태二十四40 日「내가 너희다려 닐아노니 그 밤에 두 사람이 한 자리에 누엇는데 하나은 다려가고 하나은 바려두며」누가十七34 日「두 女人이 맷돌을 갈 때 하나은 다려가고 하나은 바려두리니」마태二十四41 (중략) 예수님은 二人中一人 곳 半數만 다려갈거슬 預言한거슨 分明 再臨하시는 主를 짜러갈 사람은 敎人中 半數임을 가라치신 거시다.[103]

> 맷돌질 두 女人은 집안 食口들의 食粮을 豫備하는 者이니 이는 特히 主님의 付托을 바더 하나님의 어린 百姓을 먹이는 使役者들을 가라치는 意味가 잇다. 그러타고 하면 敎會內에서 主의 敎人을 먹이는 使役者라도 主끠서 善不善을 擇하사 그 半은 다려가고 그 半은 버려둘 거슬 警告하심이다.[104]

이 외에도 특히 재림의 내증을 다룰 때 성경을 지나치게 상징적으로 해석하는 경우가 흔한데 구체적인 사례는 다음 항 '내증과 외증에 관한 문제'에서 좀 더 살펴보기로 하자.

8. 내증과 외증에 관한 문제

성경해석상의 문제는 여러 곳에서 발견할 수 있다. 가령, 이사야 4:1의 "일곱 여자가 한 남자를 붙잡고"를 여자의 권세가 돌아오는 것으로 해석했는데, 이를 말세

---

103) 길선주, "末世學(六)", 16-17.
104) Ibid., 18-19.

의 징조로 간주한 것이 정당한가 하는 문제를 들 수 있다. 누가복음 12:3의 "집 위에서 전파되리라"는 말씀을 전화와 라디오의 발명에 일치시킬 수 있는가의 문제, 이사야 31:5의 "새가 날개 치며"를 비행기 운행으로 볼 수 있는가도 지적할 만한 내용이다. 또 디모데후서 3:1의 "말세에 고통하는 때가 이르리니"를 기차나 자동차 사고로 사망하는 사건이나 공장의 기계에 의해 살상되는 사례에 적용한 점도 성경을 곡해한 사례에 해당된다.

이처럼 성경해석상에 있어서 원문을 상이한 의미로 해석했다는 점도 문제가 될 수 있지만, 이러한 해석을 당대의 삶의 현장에 무리하게 연관 지어 적용하려고 했다는 점도 납득하기 어렵다. 예컨대 여자의 권세가 돌아왔다는 내용을 유럽 대 전쟁 중에 많은 남성들이 피를 흘린 점, 교회 교인수 중 여자의 수가 삼분의 이 이상이라는 점, 큰 사업을 성취하여 성공한 여자들이 많다는 점, 여 장로·여 목사의 배출 등에 적용한 사례들을 들 수 있다. 또 천인이 귀인에 대해 교만하다는 점을 적용할 때 조선의 양반가문이 몰락한 것이 적절한 예가 될 수 있는가의 문제, 국제연맹을 열 뿔의 그림자로 간주할 수 있는가의 문제, 전 세계적 유행성 감기, 유행성 열병, 신경병 환자, 영적 병세를 누가복음 21:11에서 말하는 온역으로 이해할 수 있는가의 문제를 들 수 있다.

한편 외증으로서 이방지역의 동방박사들이 그리스도를 찾아 그의 탄생을 경배했던 사례를 들어 '佛敎人들의 証據', '回回敎의 証據', 인도 '神秘學者들의 証據' 등의 구주 강림에 관한 예언이 의미 있는 증거가 될 수 있다고 보았지만, 인간의 이성을 과대평가함으로써 신적인 지식을 논한 셈이 되었다. 유념할 점으로서 '主再臨大會証據', '聖神밧은 有名한 神學者들의 証據', '有名한 牧師들이 默示밧음으로 証據' 등에 나타난 임박한 재림에 관한 예언들은 다분히 직접계시에 연루될 만한 가능성까지도 내포했다.

9. 자유의지에 관한 문제

길선주는 창세기 15:6에서 언급하는 아브라함의 칭의 문제를 다룸에 있어 그의 신앙을 자유의지를 통해 얻은 믿음이라고 해석했다. 그는 아브라함의 믿음을 설명할 때 아담이 범죄하기 이전에 부여받았던 자유의지를 아브라함이 가진 자유의지와 동일시함으로써 아브라함이 하나님을 신종(信從)할 수 있었던 것은 그가 가진 자유의지에 의해서였다고 이해했다.

> 하나님쯰서 처음사람(아담-본 연구자 주)을 創造하실 째에 自由의 能과 自由의 權을 주섯다. 하나님쯰서는 自由意志로 敬拜하고 順從하는 者를 깃버하시나니 信仰으로 義롭다 함을 어든 아부라함이 信仰者의 模範이 된 것도 自由意志로 信從한 째문이다.[105]

길선주의 자유의지론은 하나님께서 인간의 자유의지를 고려하여 예지로 선택했다는 아르미니우스주의(Arminianism)의 예지예정론의 노선에 서 있는데 이 논점에 대해서는 본 논문 5장 4절 2. 3)의 '구원과 자유의지의 문제'에서 별도로 다룰 것이다.

제5절 『末世學』, 『懈惰論』, 『만ᄉ성취』의 관계

『懈惰論』은 길선주가 평양신학교에 입학하기 이년 전인 1901년에 저술되었으나 삼년 후 평양신학교 2학년에 재학 중이던 1904년(光武 8년)에야 대한성교서회(大韓聖敎書會)에서 발행되었다. 길선주는 서문에서 "만사를 성취하는 거슨 부즈런한 대 잇고 천 가지에 해로온 거슨 게으른 대 잇는지라"[106] 함으로써 저술목적을 게으름, 즉 해타를 극복하여 부지런한 삶을 경주할 것을 교훈하는 데 두었다. 전개 형식은 게일(J. S. Gale) 부부가 1895년에 번역하여 소개한 『텬로력뎡』[107]과 유사하며 그가 개종하기 전 김종섭으로부터 전해 받아 읽었던 『텬로력뎡』의 내용에 착안했을 것으로 보인다. 그는 개종하기 전 불신자였음에도 『텬로력뎡』을 읽을 때 눈물로 책장을 적셨을 정도로 이 저서에 심취해 있었다.[108]

---

105) 길선주, "末世學(十三)", 13.
106) 길선주, 『懈惰論』(京城: 大韓聖敎書會, 1904), 1.
107) John Bunyan, 『텬로력뎡』(J. S. Gale 부부 공역; 서울: The Trilingual Press, 1895).

한편 『만ᄉ셩취』는 일제치하였던 1915년에 『惰怠論』의 확대증보 형식으로 저술된 것으로, 일 년 후인 1916년에 광문사(光文社)에서 발행되었으며, 내용이 장별로 구성되어 『惰怠論』에 비해 더욱 세분화되고 자세하게 기술되어 있다.[109] 그 목적은 『惰怠論』이 게으름을 타파하라는 훈계에 있었다면, 『만ᄉ셩취』는 "희타(惰怠)를 힘써 이기고 부즈런ᄒᆞᆫ 열셩으로 만ᄉ에 셩취ᄒᆞ야"[110] 함으로써 게으름을 타파하여 적극적으로 실천적 삶을 영위하게 하려는 데 두었다.

이 세상은 많은 사람들이 직분을 얻기 위하여 소원을 갖는 '소원셩'(所願城)이지만, '사로'(思路)에 이르러서는 '췌주로'(醉酒路), '연락로'(宴樂路), '음란로'(淫亂路), 'ᄌ만로'(自滿路), '이심로'(二心路), '급심로'(急心路) 등에 빠지기 쉽다는 점을 경고했다. '정로'(正路)를 택한 사람이 '모안로'(謀安路)에서 희타(惰怠)를 극복한 후 '고난산'(苦難山)을 거치면 '셩취국'(成就國)에 이를 수 있고, 이곳에서 직분을 다한 후에 영원한 안락이 있는 '영싱국'(永生國)에 들어갈 수 있다는 것이 전체적인 윤곽이다.

말세론적인 내용들과 관련하여 『惰怠論』과 『만ᄉ셩취』에 나타난 주목할 만한 논지들을 정리해 보면 다음과 같다.

첫째, 두 저서 모두 현세에서의 직업소명의식을 담고 있다는 점이다. 비록 두 저서 모두 종국에는 인생의 귀로(歸路)가 영생국이라는 점을 지향하지만, 현세에서 인생이 감당해야 할 고유한 사역들을 비중 있게 조명함으로써 피안적 세계 못지않게 차안적 세계도 중시했다. 또한 성취국에서의 성현, 문장, 임금, 대장, 목사, 교사, 벼슬, 농사, 장인, 장사, 부자 등의 직분을 논함에 있어 유교적 사농공상(士農工商) 서열의 귀천(貴賤)을 따르지 않고 다양한 직업들을 동등선상에서 다루어주었다는 점도 혁신적 사고의 전환으로 평가할 수 있다. 임금보다도 성현과 문장을 앞에 두었고, 부자를 장인과 장사보다도 뒤에 위치시켰다. 그러나 이러한 직분들은 인간

---

108) 김인서, "靈溪先生小傳(上)", 『神學指南』 13권 6호 1931년 11월), 40.

109) 길선주, 『만ᄉ셩취』(平壤: 光文社, 1916), 3. 『만ᄉ셩취』는 제 1장 인도(引導)로부터 시작하여 所願城, 思路, 醉酒路, 宴樂路, 淫亂路, 自滿路, 二心路, 急心路, 定意門, 謨安路, 惰怠의 형상, 烟草, 鴉片, 惰怠의 힝동, 警醒甲옷, 魔鬼會議, 昏迷花, 無氣泉, 忘理樹, 多睡山, 惰怠의 게히를 밧은 쟈의 ᄉ젹, 苦難山, 休息亭, 成就國, 成就國에 드러간 쟈의 ᄉ젹, 永生國, 魔鬼印記與上帝印記까지 모두 28장으로 구성되어 있으며 '鴉片' 외에는 모두 『惰怠論』에서 언급된 내용들이다.

110) Ibid., 1.

측에서 원한다고 해서 일방적으로 쟁취할 수 있는 것이 아니라 적재적소(適材適所)
의 원리에 따라 주어진다고 주장했다는 점에서 소명의식의 의미를 함축했다고 볼
수 있다.

> 이 세상 사람이 다 소원이 잇는대 엇던 사람은 성현되기를 소원이오 엇던 사람은 문
> 장 되기를 소원이오 엇던 사람은 님군되기를 소원이오 엇던 사람은 대장되기를 소
> 원이오 엇던 사람은 목사나 교사되기를 소원이오 엇던 사람은 벼슬하기를 소원이오
> 엇던 사람은 농사하기를 소원이오 엇던 사람은 장인의 재조 배호기를 소원이오 엇
> 던 사람은 장사하기를 소원이오 엇던 사람은 부자 되기를 소원이니[111]

> 정의문이란 거슨 이 문으로 드러가면 아모 생각이던지 한 가지 쯧대로 작정이 되는
> 고로 이 문 일홈은 정의문이라 한거시라 이 문으로 드러가는 사람들은 이 문 직히는
> 주인이 잇서서 그 문을 두드리는 사람마다 열어 준 후에 그 사람들의 재지를 시험하
> 야 보고 각각 표지를 난화주는대(나눠주는데— 본 연구자 주) 이 표는 문장과 성현과
> 목사와 교사와 님군과 대장과 사농공상의 표니 이 모든 표를 각각 재조(재주— 본 연
> 구자 주)대로 맛겨 성취국으로 보내나니[112]

둘째, 길선주가 언급하는 '믿음'은 영생국에 이르는 필수조건이 된다는 점에서
칭의교리(稱義敎理)의 의미를 담는다. 두 저서 모두 '믿음'에 관해 언급했는데 『만
수성취』에는 『解惑論』에 비해 이신득의(以信得義)의 교리적인 색체가 더욱 깊이 있
고 세련되게 묘사되어 있다는 점이 고무적이다. 『解惑論』에서는 예수를 믿는 사람
들은 성취국에서 소임을 다한 후에 영생국에 들어가 영원한 안락을 누린다고 했지
만 『만수성취』에서는 "이 나라에 드러가는 길은 구세주 예수를 밋는 길 밧게 다른
길은 업느니라" 하여 '유신'(唯信, salvation by faith alone)에 의한 구원의 의미가
강조되어 있다.

---

111) 길선주, 『解惑論』, 4. 『만수성취』에는 '박사'와 '의사'가 추가로 소개되어 있다. 길선주, 『만수성취』, 2.
112) 길선주, 『解惑論』, 7. cf. 길선주, 『만수성취』, 17.

하나님끠서 소원셩 사람들을 심이 어엿비 넉이사 일천구백사년 전에 예수를 이 소원셩에 강생 식히사 예수를 밋는 사람들은 인긔를 주어 셩취국으로 드러가게 하시대 그 나라에 드러가서 그 직분을 다한 후에 그 나라에서 쪄나서 영생국까지 드러가 영원한 안락을 누리게 하시매(『懈惰論』)[113]

이 나라(셩취국— 본 연구자 주)에셔 그 직분을 다ᄒ면 이곳에셔 쪄나 얼마 가지 아니ᄒ여셔 무궁안식세계(無窮安息世界)가 잇스니 이곳은 곳 영셩국(永生國)이니라 거긔는 영셩ᄒ신 하ᄂ님 아바지가 계신 곳이니 이 나라에 드러가ᄂ 길은 구셰주 예수를 밋ᄂ 길 밧게 다른 길은 업ᄂ니라 그런고로 예수끠셔 굴ㅇ샤딕 내가 곳 길이오 진리오 싱명이니 나로 말믜암지 아니ᄒ면 아부지끠로 롤 사롬이 업스리라(『만ᄉ셩취』)[114]

셋째, 현세를 조명함에 있어 『懈惰論』에 비해 『간ᄉ셩취』에서는 특별히 일제치하의 가련한 동포들의 처지를 생각하는 마음이 깊기 배어 있다는 점이다. 『懈惰論』은 을사늑약이 체결되기 4년 전인 1901년에 집필되었고(발행은 1904년) 내용 어느 곳에도 '동포' 라는 단어가 기술되어 있지 않지만, 『만ᄉ셩취』에서는 동포들을 호칭하며 호소하는 대목이 있다. 『만ᄉ셩취』가 한일합방 이후인 1915년에 집필(발행은 1916년)되었다는 점을 감안하면 특별히 'ᄉ랑ᄒᄂ 동포들' 을 부르는 대목은 망국의 비운 가운데에서도 소원셩에서 부지런한 열성으로 만사를 성취하며 영원한 영생국을 바라보는 민족이 될 수 있도록 권면하려는 염원을 담았다고 볼 수 있다. 그는 『만ᄉ셩취』에서는 '영셩국' 을 별도의 장으로 할애하여 비중 있게 다루었으며, 맨 첫 장과 마지막 28장에서는 'ᄉ랑ᄒᄂ 동포들' 혹은 'ᄉ랑ᄒᄂ 동포형뎨ᄌᄆᆡ들' 을 호칭하며 게으름과 고난을 극복할 것을 권면했다.

열셩으로 붓을 들어 이 칙을 져슐홈은 ᄉ랑ᄒᄂ 동포들이 무릉도원에 깁히 든 줌을 펄쩍 씨여 ᄒᆞᆫ번 용밍스러온 ᄆᆞᆷ으로 나라에 딕긔이 되고 가뎡에 마귀가 되며 기인의 원수가 되ᄂ 히타(懈惰)를 힘써 이긔고 부즈런ᄒ 열셩으로 만ᄉ에 셩취ᄒᆞ야 일싱에

<hr>

113) 길선주, 『懈惰論』, 9.
114) 길선주, 『만ᄉ셩취』, 48.

쾌락흔 복을 밧으시기를 부라오니 이 칙에 긔록흔 말이 실젹(實跡)은 업는 일이나 그 뜻은 깁히 싱각ㅎ여 보시오(제 1장– 본 연구자 주)[115]

스랑ㅎ는 동포형뎨즈미들이여 인간만스에 아모일이던지 셩취ㅎ는 길노 나아갈 째에 비록 천만 가지 어려온 시험을 당홀지라도 홀 수 업다 ㅎ는 <u>마귀의 인긔</u>를 쎄여부리고 (중략) (無不能爲)ㅎ는 ㅎ나님의 <u>인긔</u>를 밧아가지고 셩취국(成就國)과 영싱국(永生國)꼬지 드러가셔 태평복락을 누리시기를 근절히 부라고 몟마더 니야기를 감히 앙달ㅎ옵ㄴ이다(마지막 28장– 본 연구자 주)[116]

넷째, 『만스셩취』에 기술된 몇몇 단어들이 『末世學』에 기록된 말세론 관련 용어들과 일치된다는 점이다. 길선주는 '영싱국(永生國)' [117]이라는 용어 외에도 '인마즌쟈' [118], '십스만스쳔' [119], '무궁안식세계(無窮安息世界)' [120] 등 『末世學』에서의 그리스도의 지상재림과 변화무궁세계에 기술된 표현들을 구사했다.[121]

이상의 내용을 종합해볼 때 『懈惰論』과 『만스셩취』는 저술 시점에 있어서 『末世學』과는 상당한 시간 간격이 있음에도 불구하고 분명히 연계점이 있으며 일관된 논리가 담겨져 있다는 사실을 알 수 있다. 무엇보다도 길선주의 시간관은 철저하게 현세와 내세, 즉 성취국과 영생국이 이원론적으로 분리되어 있는 관점이 아니라 영생국이 성취국의 연장선상에 있는 것으로 파악된다. 그에 의하면 인생의 과정은 궁극적으로는 영생국을 지향하며 영생국에 이르렀을 때 비로소 영원한 안락을 누리게 된다. 그렇지만 지상 즉 차안의 세계를 중시하여 순례자로서의 현세에 동참하는 성실한 삶을 전제함으로써 영생국인 '무궁안식세계'를 지향했다. 즉 성취국에서 각자에게 주어진 직분을 다한 후에 최후의 처소인 영생국에 들어간다는 것이 그의 지론이다. 주목할 점은 현세로부터 영생국으로의 역동적, 비약적 도약이 아니라 현

---

115) Ibid., 1.
116) Ibid., 52.
117) Ibid., 48.
118) Ibid., 52.
119) Ibid., 52.
120) Ibid., 48.
121) cf. 길선주, "末世學(十一)", 14. 길선주, "末世學(十四)", 8–12.

세에서 소명을 받아 일정한 순례자적 인생여정을 거친 후에야 비로소 영생국에 이를 수 있다고 주장한 점이다.

앞서 고찰했던 것처럼 길선주는 『末世學』을 통해 현세조명적 재림론과 우주개조론적 재림론을 부각시킴으로써 피안의 세계 못지않게 차안의 세계를 강조했다. 또 삼계론적 재림론을 논함으로써 이 지상이 그리스도께서 재림하여 천년왕국이 이루어질 장소이며, 궁극적으로는 삼계 중의 지상의 '무궁안식세계'가 마련될 처소가 되리라고 단언했다. 이런 점들을 고려한다면 『懈惰論』과 『만스성춰』에 나타난 순례자적 현실참여, 그리고 『末世學』에 나타난 재림신앙은 현세와 내세를 단절로 보려는 이원론적 태도가 아니라 양자를 통합된 시각으로 관철하려 했던 일원적 입장이라고 볼 수 있다.

거시적인 안목에서 보면 초기저작인 『懈惰論』과 『만스성춰』가 지상 순례에 비중을 둔 진행형으로서의 저서였다면, 생애 말기의 저작인 『末世學』은 그 완료형에 해당되는 영원한 안식세계를 지향한 저서였다고 평가할 수 있다. 따라서 『懈惰論』과 『만스성춰』 그리고 『末世學』을 별도의 독립된 저서들로 볼 것이 아니라 서로 통시적이며 공관적(共觀的)으로 바라보아야 할, 유기적인 관계에 있는 저서군(著書群)으로 간주해야 할 것이다.

또한 길선주의 『만스성춰』가 특별히 한일합방이 이루어진지 5년이나 지난 일제 치하에서 집필된 저서였었다는 점을 감안해야 한다. 이 저서에는 약소민족이 당해야 하는 고난을 비관만 할 것이 아니라 고통을 있는 그대로 인정하고 수용하여 현실에 참여해야 한다는 시대적 사명의 대전제가 깔려 있다. 이는 길선주가 당시의 시대상을 거치며 지녔던 남다른 안목이었다. 비록 당시 조선의 현실은 일본의 식민 치하에 있었지만 조선이라는 삶의 현장은 엄연히 성취국이었고, 소명의식에 입각하여 '이미와 아직 사이'에서 각자에게 주어진 직분(성현, 문장, 임금, 대장, 목사, 교사, 벼슬, 농사, 장인, 장사, 부자 등)을 감당해야 하는 의미 있는 생의 한 처소이자 가치 있는 인생사의 장이었던 것이다.

이상, 지상세계에서의 소명의식에 입각한 순례자적 삶의 자세를 충실하게 다루어준 『懈惰論』과 『만스성춰』, 그리고 재림을 논함에 있어 현실을 조명해가며 현세조명적 재림론, 우주개조론적 재림론, 그리고 삼계론적 재림론에 의미를 부여한 『末世學』의 사상을 통합하여 정리하면 다음 [도Ⅱ-6]과 같다.

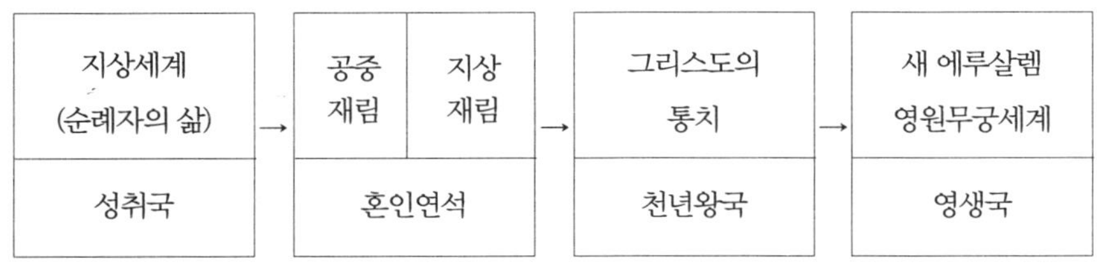

[도III-6] 『懈精論』, 『만亽셩취』, 『末世學』 사상의 연결

제6절 소결

이상, 길선주의 종말론 관련 대표적 역작인 『末世學』을 고찰함에 있어 구조나 내용에 있어서의 종말론적인 특성과 위기의 시대상을 반영하는 묵시문학적 배경, 재림의 특징적인 논점들, 칼빈주의와의 상이한 점들을 살펴보았으며, 『懈精論』, 『만亽셩취』, 그리고 『末世學』을 통시적으로 조명해 보았다.

본 장에서의 독창적인 내용이라면 길선주의 『末世學』의 종말론적인 위치뿐만이 아니라 시대적, 개인적 배경에 비추어 묵시문학적인 위치를 논했다는 점, 칼빈주의 신학에서 문제 삼을 만한 난제들이 무엇인지를 밝혔다는 점, 그의 말세론을 『末世學』에서뿐만 아니라 『末世學』에 비추어 『懈精論』과 『만亽셩취』까지도 통찰하여 고찰했다는 점 등을 들 수 있다.

논점 ①: 말세학의 주요 논점들

첫째, 길선주는 성도들의 영원한 소망과 굳건한 신앙의 동인이 재림신앙에 있다는 점을 들어 말세학의 주제를 재림으로 간파했다. 또한 재림의 목적이 세상을 정화하는 데 있다고 단언하며, 평화를 낙관하는 후천년설을 배격하고 천년왕국 기간에는 병세치유론적 재림론이, 최후의 심판 후에는 우주정화론적 재림론이 실현될 것임을 강조했다.

둘째, 그는 세대구분을 전제하여 말세의 흐름을 공중재림과 휴거, 공중혼인연석, 지상에서의 칠년대환난, 지상재림, 마귀의 무저갱 감금, 천년왕국 등의 도식으로 전개하여 전형적인 세대주의적 전천년설의 입장을 취했다.

셋째, 천년왕국론과 관련된 독특한 논점이라면 혼인연석에 참여했다가 그리스도와 더불어 지상에 내려온 부활체 신자들, 대환난기간 중에 순교한 신자들, 그리고 유대인 144,000명 등은 부활체로서 천년왕국에 들어가지만, 숨은 교인에 해당되는 비부활체의 신자들은 가취생산의 생활을 영위하고 천년왕국 끝에 잠시 해방된 마귀가 이들의 자녀들을 시험하리라는 대목이다. 또한 천년왕국 기간 중에 땅은 라듐과 비타민이 풍부하여 가취생산을 하는 비부활체 신자들도 천년 이상 장수의 복을 누릴 것이라고 본 점과 번성한 인구를 수용하기 위한 신대륙 돌출 가능성을 논한 점들도 독특한 논지들이다.

넷째, 길선주는 당시 삶의 주변에서 발견할 수 있었던 풍부한 내증들과 외증들을 소개하면서 재림의 시기가 가까웠음을 밝히고, 재림시기와 관련해서는 이방기약과 희년제도에 근거하여 논리적인 계산을 시도함으로써 이방기약에 근거해서는 1939년 재림설을, 희년제도에 근거해서는 2002년 재림설을 제시했다.

다섯째, 길선주는 재림론을 철저하게 자신이 살고 있던 시대의 정황들과 연관 지어 현실성 있는 내증들과 외증들을 소개함으로써 현세조명적 재림론을 설파했으며, 자신의 말세론을 당시의 현상들과 접목시키려는 노력을 기울임으로써 그의 강론은 당대의 신자들에게 상당한 호소력을 지닐 수 있었다.

여섯째, 최후의 심판 후의 영원세계를 논함에 있어 우주개조론적 재림론과 삼계지향적 재림론을 주장했다. 길선주는 천년왕국 이후에 임할 '무궁안식세계'는 새롭게 개조된 지상에 이루어질 것으로 확신했으며, 최후의 심판 후에 우주는 완전하게 정화되고 삼계의 영원세계가 도래할 것으로 믿었다. 삼계는 부활신자들이 들어갈 불현계의 '새예루살렘', 비부활체 신자들이 들어갈 지상의 '무궁안식세계' 그리고 불신자들이 들어갈 '유황불 지옥'으로 대별된다.

논점 ②: 칼빈주의와 상이한 점

첫째, 무엇보다도 길선주의 세대구분 방식은 비판의 소지를 담는다. 비록 그가 언약신학에 입각해 있고, 율법시대와 은혜시대 그리고 이스라엘과 교회를 엄격하게 구분하는 세대주의의 사상체계와는 엄연히 다른 입장을 취한다는 점에서 그를 전형적인 세대주의자로 단정해서는 안 되지만, 전통적인 계약신학에 반하여 인류를 다루시는 하나님의 계획을 여러 개의 분명한 '세대'들로 나누는 세대주의자들의 세대구분 방식을 그대로 따랐다는 점은 문제가 될 수 있다.

둘째, 칠년대환난과 관련하여 전통적으로 역사적 전천년설에서는 교회 역시 대환난을 통과하는 것으로 이해한다. 그러나 길선주의 칠년환난기의 도식에 의하면 세대주의의 전형적인 논리인 공중재림과 휴거, 혼인연석, 지상재림 그리고 칠년대환난기에 교회가 환난을 면할 수 있다는 내용을 담는다.

셋째, 시한부 종말론을 주장했다는 점이다. 그는 비록 재림의 일자는 알 수 없으나, 무화과나무의 비유와 열 처녀의 비유, 노아의 때 등에 근거하여 기한은 알 수 있다는 논리를 전개함으로써 소위 이방기약과 희년제도에 근거하여 1939년 재림설과 2002년 재림설을 제시했다. 그의 연대 계산은 일면 성도들로 하여금 재림신앙의 경각심을 갖게 해 주는 긍정적인 의미를 담았다고 볼 수도 있으나 일단 논리적인 계산을 통해 연대를 제시한 만큼 시한부 종말론자라는 비판을 면할 수는 없다.

넷째, 전통적으로 최후의 심판 이후에 전개되는 영원세계는 천국과 지옥의 두 처소만을 논하지만, 길선주는 심판 후에 임할 영원세계를 '새예루살렘', '무궁안식세계', '유황불 지옥'의 삼계로 대별해 놓음으로써 사후 처소의 관점에 있어서 논란의 불씨를 남겼다.

다섯째, 이 외에도 베드로전서 3:19-20을 해석함에 있어 그리스도께서 음부에 가셔서 구약시대에 죽은 성도들을 천국으로 인도했다는 조선림보 교리를 주장한 점, 그리스도의 강림을 다섯 차례로 이해한 점, 주께서 다섯 차례 강림하실 때마다 부활 또한 다섯 차례가 있다고 본 점, 성경을 지나치게 상징적(우화적)으로 해석한 점, 재림의 내증과 외증이 정당한가의 문제, 칭의교리를 다룸에 있어 자유의지를 개입시킨 점 등도 역시 논란의 여지가 될 수 있다.

논점 ③: 『末世學』, 『懈情論』, 『만ᄉ셩취』의 관겨

무엇보다도 『懈情論』과 『만ᄉ셩취』에 나타난 주목할 만한 논지로서 두 저서 공히 현세에서의 직업소명의식을 강조한다는 점이다. 두 저서 모두 인생의 귀착점인 영생국을 지향하면서도 소명의식에 입각하여 현세에서 감당해야 할 순례자적 삶을 깊이 있게 조명해줌으로써 차안의 세계를 중시했다. 이는 현세와 내세를 단절로 보지 않고 일원론적으로 조망했다는 점에서 의미가 깊다. 특별히 『만ᄉ셩취』에는 현세를 조명함에 있어 식민치하에 위치한 동포들의 처지를 생각하는 마음이 깊게 스며 있다. 그리고 영생국에 이르는 조건으로서 이신득의 교리를 논한 점이나 『만ᄉ셩취』에 기술된 '영싱국(永生國)', '인마즌 쟈', '십ᄉ만ᄉ쳔', '무궁안식셰계(無窮安息世界)' 등의 용어가 주의 재림과 변화무궁세계를 바라보는 『末世學』의 궁극적 소망과 한 지평을 이룬다는 점도 매우 고무적이다.

이상, 『懈情論』과 『만ᄉ셩취』에 나타난 논지들을 고려해볼 때 『懈情論』과 『만ᄉ셩취』는 다음 두 가지 면에서 『末世學』과 밀접한 사상적 교섭이 있다.

첫째, 『懈情論』과 『만ᄉ셩취』에서 보여주는 시간관은 내세의 영생국이 현세의 성취국의 연장선상에 놓여있는 구조로 되어 있기 때문에 일원론적으로 파악된다. 현세에서 소명의식에 입각하여 '이미와 아직 사이'의 일정한 순례자적 인생여정을 거친 후에 비로소 영생국에 이를 수 있다는 체계를 보여준다. 이와 관련하여 『末世學』이 지상의 현실세계를 조망한 현세조명적 재림론, 그리스도의 지상재림, 지상에 이루어질 천년왕국, 병세치유론적 재림론, 우주정화론적 재림론, 우주개조론적 재림론, 지상의 '무궁안식세계' 등의 논지들은 차안의 세계를 중시했다는 점에서 『懈情論』과 『만ᄉ셩취』가 보여주는 일원적 시간관과 맥락을 같이 한다.

둘째, 거시적인 안목에서 보면 입신 초기저작인 『懈情論』과 『만ᄉ셩취』가 주로 지상의 순례자적 삶에 비중을 둔 진행형으로서의 저서였다면, 생애 말기의 저작인 『末世學』은 그 완료형에 해당되는 영원한 안식세계를 중점적으로 조명한 저서였다는 점에서 『懈情論』과 『만ᄉ셩취』 그리고 『末世學』의 의미 있는 상관관계를 논할 수 있다.

<h2 style="text-align:center">제4장 길선주의 학문적 배경과
동시대 종말론 관련 저서들 고찰</h2>

제1절 서론

길선주의 학문적 배경과 동시대 종말론 관련 저서들에 있어서는 다음 세 가지 내용을 중심으로 고찰하고자 한다.

첫째, 스왈런과 길선주와의 관계이다. 스왈런은 길선주가 평양신학교에 재학 중이던 당시 요한계시록을 강의함으로써 길선주가 자신의 『末世學』에 관련된 신학을 전개해 가는데 필요한 학문적이며 신앙적인 체계를 형성해 준 선교사였다. 아직까지 길선주의 말세론을 연구한 학자들은 길선주가 평양신학교에 재학했을 당시 스왈런이 길선주에게 계시록을 강의한 은사였다는 사실을 밝혀주지 못했다. 본 장에서는 길선주의 평양신학교 재학 중 학년별 수강과목과 담당교수, 계시록 수강, 스왈런의 내한 사역 및 평양신학교 강의과목, 길선주 졸업 이전에 내한한 선교사들과 강의과목들, 길선주 재학 당시 종말론의 학풍 등을 살펴본 후에 길선주의 『末世學』과 스왈런의 종말론 관련 저서들을 비교분석하고자 한다.

둘째, 길선주가 목회활동과 부흥집회에 전념하던 시기에 해당되는 1913년부터 소천한 1935년경까지만 해도 장로교, 감리교, 성결교, 안식교 등 교파별로 매년 종말론 관련 저서들이 꾸준히 발표되었는데 이 저서들의 주된 논점들이 무엇이었는지를 살펴볼 것이다.

셋째, 길선주의 『末世學』과 동시대 종말론 관련 저서들을 비교하여 어떤 내용들이 상호 교섭되며 차이가 있는지, 그리고 길선주가 주장하는 독창적인 논점들은 무엇인지를 밝힐 것이다.

본 장에서 논할 길선주의 평양신학교 재학시절의 학문적 배경, 그가 수강한 과목들과 담당 교수진, 스왈런이 길선주에게 계시록을 강론한 은사였다는 점, 이 두 사람의 저서들을 비교분석하는 일, 동시대에 발표된 다양한 종말론 관련 저서들을 고찰하여 길선주의 사상과 비교하는 작업 등은 기존의 선행연구에서 밝혀 내지 못한 내용들이다.

제2절 길선주의 학문적 배경

1. 길선주의 학년별 수강과목과 계시록 수강

길선주는 목사 안수를 받기까지 평양신학교[1]에서 신학의 전 과정을 이수했으며, 1903년에 입학하여 5년만인 1907년에 첫 회로 졸업했다.[2] 1901년부터 1904년까지의 선교사들의 연례모임 보고서에 의하면 길선주는 김종섭, 신시 등과 더불어 평양교회의 목회사역을 담당했던 모펫(S. A. Moffett)에게 지도를 받았다. 당시 신학교에서 강의를 맡았던 교수진 내지 교육관련 사역에 종사했던 평양선교부 소속 선교사들로는 모펫 부부, 베어드(W. M. Baird) 부부, 리(G. Lee) 부부, 스왈런 부부, 웰스(J. H. Wells) 부부, 베스트(Margaret Best), 헌트(W. B. Hunt) 부부, 번하이슬

---

1) 1916년에 최초로 발행되었던 신학교 요람의 표지에는 '長老敎會神學校' 로, 속지에는 '朝鮮耶蘇敎長老會神學校' 로, 같은 속지에 있는 교인(敎印)은 '朝鮮國長老會神學校' 로 되어 있으며, 신학교 기관지였던 『神學指南』에도 학교의 명칭이 자꾸 달리 기재되어 나타난다. 김요나 『총신90년사(1901~1991)』(서울: 도서출판 양문, 1991), 130-131. 1906년 선교사들의 연례보고서에 의하면 신학교의 학업과정을 기술할 때 'Theological Seminary' 로 소개되어 있다. *Report of the Korea Mission of the Presbyterian Church in the United States of America to the Annual Meeting*(Seoul: The Methodist Publishing House, 1906), 37. 한편 1916년 『神學世界』 창간호에 실린 교장 모펫의 신학교 약사에는 '長老會神學校' 로 명칭이 나와 있다. S. A. Moffett, "長老會敎 神學校 略史", 『神學世界』 1권 1호 (1916년 2월), 164. 선교사들의 입장에 의하면 신학교의 공식 명칭이 'The Presbyterian Theological Seminary of Korea' 로 받아들여진 것은 길선주가 졸업한 이후인 1907년 9월 17일이었던 것으로 나와 있다. *The Fifth Anniversary Celebration of the Korea Mission of the Presbyterian Church in the U. S. A. June 30-July 3,* 1934, Seoul, Chosen, 110. 본 논문에서는 '朝鮮長老敎會神學校' 가 일반적으로 '平壤神學校' 로 알려진 점을 고려하여 '평양신학교' 라 칭할 것이다.

2) Chas. F. Bernheisel, "Rev. Kil Sunju", in *The Korea Mission Field*, 1936. Vol.XXXII. February No.2. 29.

(C. F. Bernheisel), 스누크(V. L. Snook), 블레어(W. N. Blair) 부부, 버거(E. H. Berger) 등의 이름들이 거론된다.[3]

길선주는 1903년에 양전백, 김종섭, 방기창, 송인서, 이기풍 등과 더불어 평양신학교에 입학했다. 첫 해에는 모펫에게서 성령사역과 소요리문답을, 베어드에게서 구원론을, 스왈런에게서 유대역사를, 리에게서 설교학과 신약입문을, 번하이슬에게서 산수를, 헌트에게서 마태복음을 배웠다.[4] 스왈런의 "Personal Report"에 의하면 스왈런은 같은 해에 모세오경도 강의한 것으로 보고되어 있다.[5] 당시 교과과정은 매년 3학기 제도로 5년 동안 학업을 이수하도록 편성되어 있었으며, 1월, 4월, 6월에 개학하여 강의를 진행함으로써[6] 연중 3개월씩 집중교육이 시행된 셈이다. 그리고 연중 나머지 9개월 동안은 지교회의 사역을 감당하고 사경(査經)을 인도하는 일, 자택에서의 자습 및 연구에 전념하도록 했다.[7]

1904년의 평양선교부 보고에 의하면 2학년에 진급한 이들은 러일전쟁으로 인해 부득이 4월 학기의 학업을 중단해야만 하는 사태가 빚어지기도 했으나 출애굽기와 누가복음 주해, 신약입문, 인간론, 설교학 등을 이수할 수는 있었다.[8] 1904년 9월 평양선교부의 연례 모임 보고서에 의하면, 특히 이 기간 중에는 전쟁으로 인하여 2학년의 3학기 기간 중 두 학기는 교육이 시행되지 않았다고 언급되어 있을 정도로 학업 진행과정에 많은 어려움이 있었다.[9]

1905년 9월에 *The Korea Mission Field*에 게재된 모펫의 글에 의하면 모펫이 1905년에 1학년에게 소요리문답을, 3학년에게 중세교회사와 디모데전후서 주해, 그리고 교회정치 토론을 가르쳤다[10]고 기록되어 있는 점으로 미루어, 길선주는 당

---

3) *Minutes and Reports of the Annual Meetings of the Korea Mission of the Presbyterian Church in the U. S. A*, I. 1901–1904, 230.

4) *The Minutes of the Annual Meetings of the Council of Presbyterian Missions in Korea, 1903–1907*, 271.

5) W. L. Swallen, "Personal Report", *The Korea Mission Field*, 1905. 11., 14.

6) *Report of the Pyeng Yang Station 1902–1903, Korea Mission of the Presbyterian Church in U. S. A*(Seoul: The Methodist Publishing House), 32.

7) S. A. Moffett, "長老會教 神學校 略史", 164–165. 평양신학교의 기관지인 『神學指南』은 1918년 3월에야 창간되었으므로 2년 앞서 발행된 감리교의 『神學世界』에 이 글을 기고했던 것으로 보인다.

8) *Report of the Pyeng Yang Station July 1st, 1903 to June 30th, 1904, Korea Mission of the Presbyterian Church in U. S. A*(Seoul: The Methodist Publishing House, 1904), 32.

9) *The Minutes of the Twelfth Annual Meeting of the Council of Presbyterian Missions in Korea, Seoul, Sept. 13–19, 1904*(Seoul: The Methodist Publishing House, 1904), 26.

시 3학년에 재학 중이었으므로 모펫에게서 중세교회사와 디모데전후서 주해, 그리고 교회정치를 배웠을 것이다.

그런데 중요한 것은 길선주가 평양신학교에 재학하던 중 언제 어느 교수로부터 종말론 과목을 이수했느냐 하는 점이다. 다행스럽게도 1906년 9월 서울에서의 선교사들의 연례모임 보고에 의하면 당시 평양신학교에 재학 중이던 1학년, 2학년, 4학년의 교과과정이 상세하게 기술되어 있어 길선주가 언제 누구에게서 종말론 과목을 이수했는지를 확인할 수 있다. 3학년의 교과과정이 누락된 것은 아마도 1904년도의 전시상황에 신입생을 선발하기가 어려웠던 때문인 것으로 보인다. 1906년 9월의 연례모임 보고에 의하면 같은 해에 스왈런은 히브리서를 강의할 예정이었으나 히브리서 대신 계시록을 강의한 것으로 보고되어 있다.

이 외에도 길선주는 4학년 때 모펫에게서 이사야를, 레이놀즈(W. D. Reynolds)에게서 요한복음과 인간론을, 전킨(W. M. Junkin)에게서 제자훈련과 예배를, 블레어에게서 설교학과 유럽지리를, 번하이슬에게서 종교개혁사를, 스미스(Smith)에게서 시편을, 무어(S. F. Moore)에게서 영어역사를 배웠다.

길선주가 4학년에 재학 중이던 1906년 당시의 학년별 교과과정을 소개하면 다음과 같다.

> 이 학년(길선주가 속한 4학년- 본 연구자 주)에 배정된 학과목은 다음과 같다.
> 이사야: 모펫 박사, 요한복음: 레이놀즈, 계시록: 스왈런(히브리서 대신), 제자훈련과 예배: 전킨, 인간론: 레이놀즈, 설교학: 블레어, 종교개혁사: 번하이슬, 유럽지리: 블레어, 시편(Select Psalms): 스미스, 영어역사(English History): 무어 (중략, 교수와 담당과목은 모두 소개했음)
> 2학년에 배정된 학과목은 다음과 같다.
> 출애굽기: 스왈런, 요한복음: 레이놀즈, 사도행전: 엥겔, 사도사: 전킨, 인간론: 레이놀즈, 역사(쉐필드)(History, Sheffield' s Vol. 2): 번하이슬, 팔레스틴 지리: 블레어, 신앙고백: 스왈런, 설교학: 블레어, 위생학: 웰스 박사 (중략, 교수와 담당과목은

---

10) S. A. Moffett, "Theological Instruction", *The Korea Mission Field*, 1906. 4., 75.

모두 소개했음)

1학년에 배정된 학과목은 다음과 같다.

마태복음: 엥겔, 창세기: 무어, 사도사: 전킨, 소요리문답: 모펫 박사, 설교학: 블레어, 예배신학(Theology Proper): 베어드, 팔레스틴 지리: 블레어[11]

역시 동일한 연례모임 보고에 의하면 길선주는 1906년에 3년 동안의 학업을 이수하고 김종섭, 방기창, 양전백, 송인서, 한석진, 이기풍 등과 더불어 4학년에 진급하여 재학 중인 것으로 명부에 등재되어 있다. 그리고 1907년도까지 모든 교과과정을 정상적으로 이수하고 졸업했던 것으로 미루어 볼 때 그는 틀림없이 4학년 때인 1906년도에 스왈런으로부터 요한계시록 강의를 들었을 것이다.

50명의 학생들이 등록되어 있는데 4학년에 7명, 2학년에 14명, 1학년에 29명이 등록했다.

4학년 학생들은 다음과 같다.

김종섭 평양중앙교회 장로, 길션두 평양중앙교회 장로, 방긔챵 룡강계지교회, 양전빅 평안북부지역 선천교회 장로, 송닌셔 평양한젼교회 장로, 한셕진 쟝젼교회 장로, 리긔풍 황해지역 안악군 조사.[12]

당시 스왈런이 평양에 주재하고 있었다는 사실은 평양공의회의 선교사 명부를 통해서도 확인할 수 있다.[13] 길선주가 4학년에 재학할 당시 계시록을 강의했던 스왈런은 이후 1922년에 세대주의적 전천년설에 입각한 『묵시록공부』[14]를, 12년 후인 1936년에는 이 책의 증보격이라 할 수 있는 『계시록대요』[15]를 펴냈는데 이 두 저서의 내용은 그가 길선주에게 계시록을 교수했을 당시에 강의안의 골격이었을 가능

---

11) *The Minutes of the Fourteenth Annual Meeting of the Council of Presbyterian Missions in Korea, Seoul, Sept. 12-17, 1906*(Seoul: The Methodist Publishing House, 1906), 25-26.

12) *The Minutes of the Fourteenth Annual Meeting of the Council of Presbyterian Missions in Korea, Seoul, Sept. 12-17, 1906*, 26-27.

13) *The Minutes of the Fourteenth Annual Meeting of the Council of Presbyterian Missions in Korea, Seoul, Sept. 12-17, 1906*, 3-4.

14) W. L. Swallen, 『묵시록공부』(京城: 耶蘇敎書會, 1922).

성이 높다. 스왈런의 이 두 저서에 나타난 주요 논지들에 대해서는 본 장 3절 '스왈런의 종말론 관련 저서들과의 비교'에서 논할 것이다.

이상, 본 연구자가 확인한 선에서 길선주가 평양신학교에 재학하던 시기(1학년이었던 1903년부터 4학년이었던 1906년까지)에[16] 학년 별로 수강했던 과목들과 담당교수들의 명단을 정리하면 다음 [표Ⅳ-1]과 같다.

연도	학년	과목	담당교수	비고
1903	1	성령사역	S. A. Moffett	
		소요리문답	S. A. Moffett	
		구원론	W. M. Baird	
		유대역사	W. L. Swallen	
		모세오경	W. L. Swallen	
		설교학	G. Lee	
		신약입문	G. Lee	
		산수	C. F. Bernheisel	
		마태복음	W. B. Hunt	
1904	2	출애굽기		
		누가복음 주해		
		신약입문		
		인간론		
		설교학		
1905	3	중세교회사	S. A. Moffett	러일전쟁으로 인하여 학제운영에 어려움이 있었음
		디모데전후서	S. A. Moffett	
		교회정치	S. A. Moffett	

---

15) W. L. Swallen, 『계시록대요』(京城: 耶蘇教書會, 1936). 『묵시록공부』의 영문명칭은 *Thoughts on the Book of Revelation*으로 표기되어 있으나 『계시록대요』의 영문명칭은 *Light on the Book of Revelation*으로 기록되어 있다. 『계시록대요』의 서언게 "계시록을 매우 어려운 책인 줄 생각하야 펴서 보기브터 아니함으로 실제 생활에 아모 가치가 업게 생각하나니라"라고 염려한 점으로 미루어 'thoughts' 보다는 의도적으로 'light'라는 용어를 채택한 것으로 상각된다.

16) 길선주가 졸업학년에 있었던 5학년 당시(1907년)의 수강과목들과 담당교수들의 명단은 자료가 없어 확인하지 못했다.

1906	4	이사야	S. A. Moffett	
		요한복음	W. D. Reynolds	
		계시록	W. L. Swallen	
		제자훈련과 예배	W. M. Junkin	
		인간론	W. D. Reynolds	
		설교학	W. N. Blair	
		종교개혁사	C. F. Bernheisel	
		유럽지리	W. N. Blair	
		시편	Smith	
		영어역사	S. F. Moore	

[표Ⅳ-1] 길선주의 학년별 수강 과목과 담당교수

2. 초기 평양신학교의 교수진과 담당과목

1) 스왈런의 내한 사역 및 평양신학교 강의과목

스왈런은 미북장로교 소속 선교사로, 1892년에 내한하여 서울, 원산, 평양 지역을 중심으로 활동했으며 1939년에 한국을 떠났다.[17] 그는 1893년에 평양지역에서 선교사역에 본격적으로 착수하면서 평양주재 선교사로 위임받았다. 1884년에는 함남 원산으로 파송 받아 전도와 교육사역에 전념하다가, 1899년 다시 평양선교부로 옮겨 숭실학당의 관리책임자를 역임했고, 1901년에는 조선예수교장로회공의회 초대 회장에 선출되었다. 이어 1903년에는 모펫, 베어드 등과 더불어 평양신학교를 설립하여 신학교육사역에 전념했다.[18]

『통일찬송가』 545장에 수록된 "하늘 가는 밝은 길이"는 스왈런이 작시했던 것으

---

17) 김승태/박혜진 공저, 『내한선교사총람(1884-1983)』(서울: 한국기독교역사연구소, 1996), 54.

18) 정성구, "평양장로회신학교 교수 약전(略傳)", 『神學指南』 68권 2집 (2001년 6월), 92. 조선예수교장로회공의회가 조직되어 스왈런이 초대 회장에 선출된 때는 1901년 9월 20일이었으며, 당시 외국선교사는 25명, 한국인 장로는 3명, 조사는 6명이었다. 이재영 편, 『제 90회 총회 회의결의 및 요람』(서울: 대한예수교장로회총회 사무국, 2006), 10.

로 러일전쟁에 이어 을사늑약이 체결되던 허인 1905년도 판 『찬성시』에 게재되었으며[19], 당시의 전시상황과 국권이 피탈되는 격동기에 민족적 아픔과 고뇌를 달래 준 찬송가로서도 큰 의미를 담았다. 이 찬송은 가사의 내용으로 보면 분명히 내세의 도래를 소망하는 찬송이지만, 예수님의 곤로에 의지하여 이 지상에서 현실적으로 맛보아야 할 모든 근심과 걱정을 극복해 내리라는 현세지향적인 결단 또한 두드러진다.

스왈런의 종말론 사상은 앞으로 살펴보게 될 그의 저서 『묵시록공부』와 『계시록대요』를 고찰하여 세대주의적 전천년설에 입각해 있다는 점을 밝히겠지만[20], 이와 관련하여 먼저 그의 성경관을 파악하는 일이 중요하다. 왜냐하면 당시 내한한 선교사들의 성경관은 이들이 세대주의적 전천년설을 수용하는 중요한 동인이 되었기 때문이다.[21]

스왈런은 1931년 『神學指南』에 해리 리머(H. Rimmer)의 글 "科學은 聖經을 証據한다"를 번역하여 게재했는데 이 글을 통해 간접적으로 스왈런의 성경관을 엿볼 수 있다. 이 글에서 리머는 성경이 살아계신 하나님의 감동으로 기록된 글이기 때문에 성경을 과학적으로든 어떤 방법으로든 정직하게 연구하는 일에 두려워할 이유가 없다고 했다.

> 聖經이 살아계신 하나님의 感化하신 말슴인 줄 아지 못하는 사람들은 聖經이 科學者의 손에서 破壞될가 두러워하엿스나 勿論 男女하고 聖經이 하나님의 感化로 記錄한 말삼인 줄 믿는 사람들은 聖經을 어떤 方法으로던지 正直하게 硏究하기를 두럽워하지 아니하엿습니다. 그러한고로 우리는 聖經을 科學的으로 硏究하기를 두럽워할 必要가 없을 뿐 아니라 도로혀 科學이 聖經을 하나님의 말삼이라고 證據하는 일이 많이 잇스니 이 前에는 우리가 거저 믿기만 하던 것을 지금은 基礎的 事實을 다 알고 똑똑히 證據하게 되엿습니다.[22]

---

19) W. L. Swallen, "하늘 가는 밝은 길이"(The Bright, Heavenly Way), 『찬성시』(1905년), 128장. 『통일찬송가』 545장에 수록되어 있으며 주제별로는 '소망'에 분류디어 있다.
20) 본 장 3절의 '스왈런의 종말론 관련 저서들과의 비교'를 볼 것.
21) 본 절 3. 2)의 '내한 선교사들의 종말론 학풍'을 참고할 것.
22) Harry Rimmer, "科學은 聖經을 證據한다"(W. L. Swallen 역), 『神學指南』 13호 (1931년 9월), 30.

계속해서 그는 성경은 어떤 관점에서도 오류를 발견할 수 없다며, 성경 중에는 고대의 착오(錯誤)된 사상이 하나도 기록되어 있지 않다는 점, 성경을 과학적으로 시험해도 참되다는 점, 고고학적 증거와 의학적으로도 시대에 뒤지지 않는다는 점, 기상학적으로도 참되다는 점 등을 들어 성경의 무오성을 주장했다.[23]

미국 북장로교 선교사들은 1927년에 『神學指南』을 통해 조선북장로회 선교사들 명의로 "지죠션븍쟝로션교회의 종교변호션언셔"를 발표했는데, 성경은 성령으로 영감된 하나님의 말씀이자 신앙과 행위에 대해 최고의 권위를 지니며, 유일무이한 법칙이요, 신구약 성경만이 하나님의 의지를 밝힌 경전이라고 고백했다.

> 셩셔와 신앙 창조이리로 신앙과 힝위에 디ᄒ야 최고권위가 되고 유일무이ᄒ 법측의 경면을 요구홈이 오ᄂᆞᆯ날과 ᄀᆞ치 뎍실ᄒᆞᆫ 시뎌가 업섯ᄂᆞ니 그 경면은 신구약셩셔 외에 업ᄂᆞᆫ 줄 우리가 붉히 아는 바라 이 셩셔는 셩신의 감화로 된 하ᄂᆞ님의 ᄎᆞᆷ말슴으로 권위가 잇서 인싱의 육뎍 싱활과 령뎍 구원에 디ᄒ야 하ᄂᆞ님의 의지를 붉히 나타내는 경면이니라[24]

스왈런은 평양신학교가 처음 문을 열었던 1901년에는 도덕학과 신구약해의(新舊約解義) 등의 두 과목을 맡아 강의했으며[25], 정상적인 학제가 운영되기 시작한 첫 해인 1903년에는 유대역사[26]와 모세오경[27]을, 1906년에는 계시록과 출애굽기, 신앙고백 등을 강의했다.[28] 이후 1916년에 발행된 최초의 신학교 요람에는 1903년도와 마찬가지로 도덕학과 신구약해의를 강의한 것으로 기재되어 있다.[29] 그렇다면 길선주는 평양신학교 입학 당해연도인 1903년부터 신학교 정규수업에 임했다는 점을 고려할 때 졸업하기까지 5년간의 재학기간 동안 스왈런으로부터 유대역사,

---

23) Ibid., 30–37.
24) "지죠션븍쟝로션교회의 종교변호션언셔", 『神學指南』 9호 (1927년 1월), 6.
25) 채필근, 『韓國基督教開石者 韓錫晋牧師와 그 時代』(서울: 大韓基督教書會, 1971), 128.
26) The Minutes of the Annual Meetings of the Council of Presbyterian Missions in Korea, 1903–1907, 271.
27) W. L. Swallen, "Personal Report", 14.
28) The Minutes of the Fourteenth Annual Meeting of the Council of Presbyterian Missions in Korea, Seoul, Sept. 12–17, 1906, 25–26.
29) 이만열, 『韓國基督教文化運動史』(서울: 大韓基督教出版社, 1992), 291.

모세오경, 계시록 등 최소한 세 과목 이상을 수강했다고 볼 수 있다.

  2) 길선주 졸업 이전에 내한한 선교사들과 강의과목들
  선교 초기 길선주가 평양신학교를 졸업하기 이전에 내한한 선교사들의 출신학교
별 분포는 매코믹신학교와 프린스톤신학교가 주류를 이루었고, 파크대학, 유니온
신학교(리치몬드) 등이 그 뒤를 이었다.
  평양신학교에서 교수직을 수행한 선교사들로서 초기의 저명한 인물들은 주로 미
국 북장로교 소속 매코믹신학교 출신이 숫자적으로 많았다. 내한한 선교사들 중에
서 수적으로는 프린스톤신학교 출신들도 다수 있었지만 평양신학교에서는 교편을
잡지 못했던 것으로 보인다. 특히 1904년에 초대교장으로 취임했던 모펫을 비롯하
여 베어드, 리, 번하이슬, 헌트 등은 스왈런과 더불어 길선주가 평양신학교에 재학
중이던 당시 매코믹신학교 출신 교수진에 속했던 대표적인 인물들이었다. 이 외에
도 1900년 이전에 내한한 선교사들 중에 기포드(S. Gifford), 테이트(L. B. Tate),
아담스(J. E. Adams), 클락(C. A. Clark) 등도 모두 매코믹신학교 출신이었다.
  길선주가 평양신학교를 졸업하기 이전에 내한했던 매코믹신학교, 프린스톤신학
교, 파크대학, 유니온신학교 출신별 선교사들과 길선주가 재학 중이던 당시 강의과
목이 확인된 과목들을 분류해 보면 다음 [표Ⅳ-2]와 같다.[30] 다음 표에서 '길선주
재학 중 담당과목' 란의 굵은 이탤릭체로 처리된 과목은 길선주가 재학하던 당시
그가 수강한 과목과 담당교수가 일치하는 경우를 뜻하며 그렇지 않은 과목들은 그
가 재학 중일 때 커리큘럼 상에 있는 과목들이기는 하지만 실제로 그가 담당교수들
로부터 직접 수강했는지의 여부가 확인되지 않은 경우에 해당된다. 길선주는 교장
모펫으로부터는 최소한 여섯 과목을, 스왈런으로부터는 세 과목 이상을, 리, 번하
이슬, 레이놀즈, 블레어 등으로부터는 각각 두 과목 이상씩을 수강했다.

---

30) 출신학교와 선교사 이름, 내한연도 등은 김승태·박혜진의 『내한선교사총람(1884-1983)』, 131-536을 참
    고했으며, 길선주의 평양신학교 재학 중 교수별 담당과목은 본 연구자가 확인한 경우에 한해 기재했다(이
    와 관련된 설명은 본 절 2의 내용을 볼 것). W. B. Hunt와 C. F. Bernheisel의 출신학교는 『내한선교사
    총람(1884-1983)』에서는 확인할 수 없으나, 박용규는 이들을 매코믹신학교 출신으로 본다. 박용규, "평양
    장로회신학교(1901-1910)", 『神學指南』 68권 2집 (2001년 6월), 75.

출신학교	선교사 이름	내한연도	길선주 재학 중 담당과목
(미국) 매코믹신학교	S. Gifford	1888	
	S. A. Moffett	1890	**이사야, 딤전후주해, 중세교회사, 성령사역, 소요리문답, 교회정치**
	W. M. Baird	1891	구원론, 예배학
	W. L. Swallen	1892	**모세오경**, 출애굽기, **계시록**, 신앙고백, **유대역사**
	G. Lee	1892	신약입문, **설교학**
	L. B. Tate	1892	
	J. E. Adams	1895	
	W. B. Hunt	1898	**마태복음**
	C. F. Bernheisel	1900	**종교개혁사**, 도덕학, 역사(쉐필드), **산수**
	C. A. Clark	1902	
(미국) 프린스톤신학교	G. W. Gilmore	1886	
	W. E. Smith	1898	
	R. H. Sidebotham	1899	
	J. F. Preston	1903	
	W. C. Erdman	1906	
	S. L. Roberts	1907	
(미국) 파크대학	M. E. Hayden	1888	
	M. Best	1897	
	A. M. Sharrocks	1899	
	W. V. Johnson	1903	
	G. S. McCune	1905	
	H. M. McCune	1905	
(미국) 유니온신학교	W. M. Junkin	1892	**제자훈련과 예배**, 사도사
	W. D. Reynolds	1892	**인간론, 요한복음**
	C. C. Owen	1898	
	L. O. McCutchen	1902	
—	W. N. Blair	1901	**설교학, 유럽지리**, 팔레스틴 지리
(스위스)바젤	G. O. Engel	1900	마태복음, 사도행전
—	Smith	—	**시편**
—	S. F. Moore	1892	창세기, **영어역사**
—	J. H. Wells	1895	위생학

[표IV-2] 길선주 졸업 이전 내한 선교사 출신학교별 명단

3. 길선주 재학 당시 평양신학교의 종말론 학풍

1) 평양신학교의 주축 – 매코믹신학교 출신 교수진

미국북장로회 외국선교부 총무직을 맡아 한국선교정책을 지도하던 엘린우드(F. F. Ellinwood)는 1890년에 한국 전역에 지리적 분산을 꾀하여 선교사 상임처를 설치한다는 계획을 밝혔는데[31], 이후 미국 북장로교는 평안도, 황해도, 그리고 경상북도 지역을 분할 받아 선교를 담당했다.[32] 따라서 평양에 소재했던 평양신학교를 자연스럽게 주도해 가는 위치를 확보할 수 있었으리라 본다. 실제 처음 평양신학교 설립을 주도했던 세력도 교장 모펫을 비롯한 미북장로교 소속 매코믹신학교 출신들이었기 때문에 평양신학교를 운영할 만한 명분을 갖추었던 셈이다. 평양선교부의 지도자로 있던 모펫은 서울에서 운영하던 '신학반'을 정규신학교로 발전시킬 계획을 추진했고, 1901년 가을 공의회에 신학교의 개교를 결정하여 교육을 시작했는데 이것이 평양신학교의 모체가 되었다.

> 1900년에 平壤공의회의 지도자 馬布 牧師는 지금까지 서울에서 해오던 「신학반」을 정규의 神學校로 만들어 볼 생각을 가졌었다. 그리하여 그 해 가을에 平壤공의회를 열고 지금까지 교회일을 보아 오는 韓國 사람들 중에서 몇 사람을 선정하여 平壤에서 신학교육을 시작할 것을 결정지었다. 그리하여 平壤公議會는 1901년 봄에 平壤 章臺峴敎會 장로 邦基昌 · 金鍾燮 양인을 목사후보생으로 선정하고 동년 가을에 모인 공의회에서 신학과정위원(神學科程委員)을 선정하여 助事들을 위한 신학 예비과목으로 결정하고 가르치기 시작하였다. 이리하여 平壤神學校는 개시되었다.[33]

모펫은 이후 1916년 「神學世界」 창간호에 "長老會敎 神學校 略史"를 기고했다. 그는 이 글에서 평양신학교는 '성경전문학반제도'가 점차 발전하여 조직된 신학교이며, 목회사역에서 요청되는 지력(智力)과 영력(靈力)을 공급하려는 데 설립목적

---

31) Lark June Paik, *The History of Protestant Missions in Korea (1832–1910)*(서울: 延世大學校出版部, 1995), 177–178.
32) Ibid., 470.
33) 채필근, 「韓國基督敎開拓者 韓錫晋牧師와 그 時代」, 128.

을 두었다고 회고했다.

> 朝鮮半島에 長老會神學校는 平壤市內에 在ᄒ며 朝鮮에 在호 此敎會事業의 가쟝 有
> 表ᄒ고 顯著호 本色되는 聖經專門學班制度에셔 漸次로 發展되여 組織되엿고 事役ᄒ
> 는 助事와 領袖 諸氏의게 此學班에셔 該氏等의 事役홈이 要求되는 智力과 靈力을 供
> 給ᄒ엿더라.[34]

앞서 길선주가 졸업하기 이전에 내한했던 선교사들과 강의과목에서 살펴보았듯
이 본 연구자가 확인한 바로는 길선주가 평양신학교에 재학할 당시 성경신학이나
교회사, 교리 등 중요한 과목의 강의는 주로 교장 모펫을 중심으로 베어드, 스왈런,
리, 헌트, 번하이슬 등 미북장로교 소속 매코믹신학교 출신 선교사들이 담당하고
있었다. 프린스톤신학교나 파크대학, 유니온신학교 출신의 내한 선교사들도 여럿
있었으나 서울이나 호남 지역에 주재한 선교사들에게는 거의 강의과목이 주어지
지 않았다. 중요한 과목들은 주로 평안선교부에 소속되어 있던 매코믹신학교 출신
의 선교사들에게 배정되었다는 점에서, 길선주가 재학할 당시 평양신학교의 신학
은 전반적으로 매코믹신학교 학풍이었다고 단정할 수 있다. 1904년 당시 평안선교
부 선교사 명부에는 베어드, 번하이슬, 블레어, 헌트, 카언스(C. E. Kearns), 쿤스
(E. W. Koons), 리, 모펫, 로스(C. Ross), 샤록스(A. M. Sharrocks), 스왈런, 웰스
(J. H. Wells), 화이팅(H. G. Whiting), 휘트모어(N. C. Whittemore) 등의 명단이
게재되어 있는데[35], 1906년 당시 평안선교부 선교사 명부 역시 명단이 동일하며 단
지 매큔(G. S. McCune) 한 사람만이 더 추가되어 있을 뿐이다.[36] 이는 1904년 내지
1906년 사이에 평안선교부에는 선교사 이동이 거의 없었으며, 길선주가 재학하던
당시 평양신학교에는 여전히 미북장로교의 매코믹 신학풍이 그대로 유지되고 있
었다는 점을 시사한다.

---

34) S. A. Moffett, "長老會敎 神學校 略史", 164. '長老會敎'는 '長老敎會'를 잘못 표기한 것으로 보인다.
35) *The Minutes of the Twelveth Annual Meeting of the Council of Presbyterian Missions in Korea,
    Seoul, Sept. 13-19, 1904,* 3-4.
36) *The Minutes of the Fourteenth Annual Meeting of the Council of Presbyterian Missions in
    Korea, Seoul, Sept. 12-17, 1906,* 3-4.

2) 내한 선교사들의 종말론 학풍

길선주의 말세론이 체계화될 수 있었던 학적인 배경은 초기 미북장로교 선교사들의 세대주의적 종말론 학풍이었다. 길선주는 4학년에 재학 중이던 1906년에 세대주의적 전천년설자 스왈런으로부터 계시록 과목을 이수했으며, 실제 스왈런의 종말론 사상은 길선주의 말세론 형성에 지대한 영향을 미쳤다. 이 점에 대해서는 본 장 3절의 '스왈런의 종말론 관련 저서들과의 비교'에서 논할 것이다.

이들 초기 선교사들의 세대주의적 전천년설의 종말론 학풍을 이해하기 위해서는 먼저 19세기 미국 신학의 흐름과 아울러 보수신학과 세대주의적 전천년설과의 접점을 이해해야만 한다. 19세기 초 미국은 칼빈주의 신학의 원천으로 일컬어지는 뉴잉글랜드신학이 계몽주의의 이해를 받아들여 아르미니우스주의(Arminianism)를 수용한 웨어(H. Ware)의 초자연적 합리주의(Supernatural Rationalism), 삼위일체론을 비판한 하지(F. Hodge), 채닝(W. Channing)의 유니테리안주의(Uniterianism) 등의 좌파신학이 성장했다. 또한 예일대학을 중심으로 칼빈의 이중예정론과 전적타락 및 원죄의 유전성을 비판하는 신학이 출현했으며 에드워즈(J. Edwards Jr.), 벨라니(J. Bellany), 드와이트(T. Dwight), 홉킨스(S. Hopkins), 테일러(N. Taylor), 비처(L. Beecher), 핀니(C. Finney) 등도 이에 동조했다.[37] 19세기 말에는 유럽으로부터 전래된 다윈(C. Darwin)의 진화론, 쉴라이에르마허(F. D. E. Schleiermacher)의 사상 및 합리주의 신학, 사회복음 신학 등이 발전하게 되자 칼빈주의의 근본원리를 고수하려는 보수신학계에서는 19세기 초 앤도버신학교와 유니온신학교 그리고 프린스톤신학교 등을 설립하여 이에 대응했다.[38]

그렇다면 19세기 말경 미국의 보수신학과 세대주의적 전천년설은 서로 어떻게 접점이 되는가.

첫째, 사경회를 통한 접점이다. 19세기 말엽 미국에서의 전천년설 운동은 흔히 여름사경회(Bible Conference), 나이아가라 사경회(the Niagara Conference), 그리고 선교사 파송운동과 연결되어 있었다.[39] 샌딘(E. Sandeen)은 근본주의가 기본

---

37) 이덕주, "초기 내한 선교사들의 신앙과 신학", 『한국기독교와 역사(제 6호)』(서울: 한국기독교역사연구소, 1997), 34.
38) Ibid., 35.
39) 박용규, 『韓國長老敎思想史』(서울: 총신대학출판부, 1999), 258.

적으로 19세기 후반기에, 특히 성경기관들과 성경 예언 해석에 관한 사경회들을 통해 천년왕국 운동으로부터 성장했다고 보았으며[40], 마르스덴(G. M. Marsden) 역시 근본주의가 발달된 곳은 신학교가 아니고 사경회들(Bible conferences), 성경학교들(Bible schools), 특히 예언적 진리들이 명백해질 수 있는 작은 성경공부 그룹들(small Bible-study groups) 중에서 발달할 수 있었다는 점에 동의한다.[41] 즉 전천년설의 기반 위에서 근본주의가 발흥했다는 의미가 되는 셈이다.

둘째, 성경무오성에 의한 접점이다. 샌딘에 의하면 흔히 세대주의적 전천년설자들은 역사 전체를 명백한 시대들 또는 세대들로 나누고, 마지막 세대에는 천년왕국 또는 천년 동안 그리스도의 지상통치가 이루어질 것이라고 보았으며, 당시 성경교사들은 프린스톤신학교의 보수적인 장로교인들로부터 새롭게 정립된 성경무오사상을 얻었다. 샌딘은 보수신학을 파괴하려는 신학사조에 대항하기 위하여 프린스톤 출신과 세대주의적 전천년설자들이 성경무오성을 근저로 연합했다는 점을 간파함으로써 근본주의를 이해하는 두 개의 가장 중요한 열쇠를 천년왕국운동과 프린스톤 신학이라고 보았다.[42] 즉 성경무오성은 세대주의적 전천년설자들과 보수신학과의 접점이 이루어지는 자연스런 공통분모가 된 셈이다. 미국의 세대주의적 전천년설자들은 본문이나 문맥이 절대적으로 다른 해석을 요구하지 않는 한 성경을 해석하는 타당한 방법으로서 원칙적으로 '문자적 의미'(the literal sense)로 풀어야 한다고 주장했다.[43] 나이아가라 사경회 이후 세대주의의 중흥을 위해 심혈을 기울였던 세대주의의 대가 스코필드(C. I. Scofield) 역시 성경본문이 예언인 경우 기존의 예언들이 모두 문자적으로 성취되었기 때문에 향후 이루어질 예언들 또한 모두 문자적으로 해석해야 한다는 확고한 입장을 고수했다.[44] 세대주의자인 호이트(H. Hoyt)는, 세대주의의 원리는 성경의 역사적 내용들, 교리적 자료들, 도덕적, 영

---

40) George M. Marsden, *Fundamentalism and American Culture*(New York: Oxford University Press, 1980), 4('introduction').

41) Ibid., 61-62.

42) Ibid., 5('introduction'). 샌딘의 이러한 견해에 대해 마르스덴은 근본주의 운동은 단순히 신학적인 면만 아니라 사회, 정치, 지성 전반에 걸쳐 광범위하게 고찰해야 한다는 입장을 강조하지만 샌딘이 천년왕국 운동과 프린스톤 신학이 근본주의를 이해하는 두 개의 가장 중요한 열쇠라고 본 신학적 관점에 대해서만큼은 높게 평가했다. Ibid., 5('introduction'), 199-228.

43) Ibid., 60. cf. 51.

44) C. I. Scofield, *The Scofield Bible Correspondence Course*(Chicago: The Moody Bible Institute, 1907), 44-46.

적 내용들을 문자적으로 취급하며, 예언적 자료들과 상징적 언어에 대해서도 해석에 있어서는 문자적 방법을 적용해야 한다는 태도를 보여주었다.[45] 세대주의적 전천년설자들이 성경의 축자영감론과 무오성에 입각하여 세대주의적 전천년설을 견지함으로써 보수주의자들의 입장에서도 상당 부분 수용할 만한 공통분모가 있다는 점은 후크마(A. A. Hoekema)의 주장에서도 드러난다.[46] 결국 이들이 주장하는 성경의 문자적 해석은 성경무오성을 전제한 것이었다. 19세기 말과 20세기 초에 미국의 보수주의 운동은 세대주의자들의 사상과 연계되었고, 따라서 세대주의자들의 세대주의적 전천년설은 장로교 보수주의자들에게 깊이 침투하고 있었다.

선교사 레이놀즈는 『神學指南』 1922년 1월호에서 "信仰의 原理"라는 제하에 '나이가라 查經會에서 作定흔 信仰의 條目'을 모두 14항목으로 정리했다. 제 1항에서는 모든 성경이 어구나 토 하나까지라도 성령의 감동으로 된 하나님의 묵시라는 주장으로부터 출발하여, 삼위일체, 창조와 타락, 유전적 부패, 중생, 구속의 도리, 믿음, 영접과 구원, 성경의 중심인 그리스도, 교회, 보혜사 성령, 거룩한 삶, 사후의 처소 등 근본주의적 교리들을 논했다. 그리고 마지막 제 14항에 이르러서는 전천년설에 입각한 천년왕국론을 정리함으로서 성경무오설과 전천년설을 상호 유기적인 관계성 속에서 이해했다.

> 吾儕는 全聖經이 하ᄂ님의 默示ᄒ신 바인 즐로 '言ᄒᄂ니 이 聖經은 新舊約全書를 指홈이라 聖經은 (중략) 眞正으로 聖神의셔 古昔聖人의게 親히 默示로써 주셧다 홈이니 그 感動이 有差異홈이 아니오 史記, 詩, 道理, 先知書 等 全聖經은 同一흔 神의 感動ᄒ신 줄노 밋노라 至小흔 語句나 토(吐)ᄭ지라도 本筆記에 記錄된대로 聖神의 感動ᄒ신 줄노 밋노라(제 1항 - 본 연구자 주)[47]

> 主예수의셔 親히 再臨ᄒ샤 千年世界를 建ᄒ시고 <u>이스라엘國</u>을 回復ᄒ야 本土에 居ᄒ게 ᄒ시고 全世界에 主를 知홈이 充滿케 홀 줄노 信ᄒᄂ니 이 千年世界 前에 親히

---

45) Anthony A. Hoekema, *The Bible and the Future*(Grand Rapids, Michigan: Wm. B. Eerdmans Publishing Co., 1989), 187.
46) Ibid., 194.
47) W. D. Reynolds, "信仰의 原理", 『神學指南』 4권 2호 (1922년 1월), 13-14.

再臨ᄒ실 것은 福音에 吾等前에 立ᄒ 福된 所望이니 우리ᄂ 恒常望見홀 것이니라(제 14항– 본 연구자 주)[48]

이러한 배경 하에서 신앙훈련을 받은 젊은이들이 선교사들로 내한할 때는 보수주의만을 가지고 들어온 것이 아니라 동시에 세대주의적 전천년설을 가지고 왔으며[49], 한국에 파송 받은 초기의 선교사들은 무디학생운동, 1차 국제사경회, 나이아가라 사경회의 배경 등에서 배출된 인물들이었다.[50]

평양 주재 초기 선교사들은 구학파의 보수신학을 견지하면서 이러한 분위기 속에서 세대주의적 전천년설을 수용했으며, 따라서 선교 초기에 내한하여 평양신학교에서 강의했던 교수진은 종말론 사상에 있어서 세대주의적 전천년설을 가르쳤던 것이다. 이들 평양신학교 초기 교수진은 스왈런을 포함하여 성경을 정확무오한 하나님의 말씀이라고 고백하는 입장이었기 때문에 세대주의적 전천년설과 쉽게 접점이 이루어졌을 것이다. 이로 볼 때 평양신학교에서의 길선주의 계시록 수강은 이들 초기 교수진의 세대주의적 전천년설 학풍에서 이루어졌다고 볼 수 있다. 물론 초기 선교사들이라고 해서 모두 세대주의적 전천년설자들이라고 일률적으로 단정하기는 어렵겠지만, 분명한 것은 스왈런은 자신의 종말론 관련 저서에서 보여주듯이 세대주의적 전천년설에 입각해 있었고, 길선주는 재학 중에 그로부터 계시록 강의를 들었다는 사실이다. 스왈런의 종말론 관련 저작들과 주요 내용 및 길선주의 『末世學』과의 비교는 계속해서 다음 3절에서 고찰할 것이다.

제3절 스왈런의 종말론 관련 저서들과의 비교

스왈런은 1922년에 『묵시록공부』를, 한국을 떠나기 3년 전인 1936년에는 『계시

---

48) Ibid., 20.
49) 박용규, 『韓國長老敎思想史』, 264.
50) Ibid., 258. 한국에 내한한 초기 선교사들은 무디의 영향을 받은 '학생자원운동'(Student Volunteer Movement for Foreign Missions) 출신이 대부분이었으며 1906년부터 1909년까지 내한한 선교사들 중 절반 이상이 이 운동 출신이었다. 이필찬, "1907년 평양대부흥운동과 세대주의 종말론적 성경해석", 『평양대부흥운동의 성경신학적 조명: 회개와 갱신』(서울: 한국신학정보연구원, 2007년 5월), 553.

록대요』를 발표했다. 『계시록대요』는 『묵시록공부』의 내용을 수정 증보하고 단어들도 문맥에 적합하도록 고친 것으로 길선주가 소천한 이듬해에 발행되었다.

두 저서는 계시록 1장부터 마지막 22장에 이르기까지 계시록의 장절에 따라 순차적으로 주석한 주석서의 성격을 지녔지만 주제 별로 모두 3편으로 나뉘어져 있다. 기록한 사람, 기록한 때, 계시 받은 곳, 기록한 이유 등을 논한 총론에 이어 제 1편에는 '예수 그리스도를 교회 중에서 봄'(계시록 1장), 제 2편에는 '닐곱교회에게 긔록하야 붓친 편지'(계시록 2-3장), 제 3편에는 '예언적으로 된 닐곱 가지 본 것'(계시록 4-22장) 등이 정리되어 있다. 또 매 편에는 큰 주제와 여러 하위단위의 작은 주제들이 세분화되어 있다. 특이한 점으로서 매 편 주석을 마친 후에는 이와 관련된 적절한 질문들을 수록해두어 강의 교재로서의 기능도 겸했다.

1. 길선주의 『末世學』과 일치 혹은 상통하는 내용들

앞서 본 장 2절에서 고찰한 것처럼 길선주는 평양신학교 재학 시절 4학년 때인 1906년에 스왈런으로부터 요한계시록 강의를 들었다.

본 연구자는 앞서 본 논문 3장 3절에서 『末世學』에 나타난 재림론'을 논한 바 있는데, 실제 길선주의 재림론은 스왈런의 재림론과 비교해 볼 때 사상적으로 밀접한 교섭이 나타난다. 예컨데 '말세학의 중심으로서의 재림론', '세대주의적 전천년설', '임박한 재림론', '현세조명적 재림론', '사후 처소로서의 조상림보', '우주개조론적 재림론', '삼계지향적 재림론' 등의 논지들을 들 수 있다.

첫째, 스왈런은 자신의 두 저서에서 계시록이 지향하는 중심적인 주제로서 그리스도의 재림을 논했다는 점에서 길선주가 주장한 '말세학의 중심으로서의 재림론'과 상통한다.

스왈런은 저서의 총론에서 계시록을 기록한 목적이 신자들로 하여금 예수님의 재림을 소망하는 힘을 진작시켜주고, 위로와 성결 된 삶, 세상 끝의 당할 일을 가르치려는 데 있다고 설파했다.

긔록흔 쥬의(主義 - 본 연구자 주)
⑴ 밋는 사룸이 예수의 지림호심을 브라는 힘이 강호게 호랴홈

(2) 이 쟝망셩을 나그내 굿치 지나갈 째 위로ᄒ게 ᄒ랴고 홈

(3) 밋는 사롬이 이 셰샹사롬과 합ᄒ지 말나고 지시홈

(4) 밋는 사롬의게 이 셰샹 쏫헤 당홀 일을 ᄀ르쳐 보게 홈 [51]

스왈런은 재림은 가장 중대한 일이자 가장 귀한 말씀이라고 강조하면서[52], 그리스도의 계시가 가르친 것은 그리스도께서 이 세상에 있는 교회에 나타나신다는 사실이며[53], 계시록에 있어 구주께서 다시 오심을 기록한 성경말씀이야말로 구원의 도리를 믿는 사람에게 크게 유익한 말씀이라고 피력했다.[54] 또한 그는 계시록을 기록한 의의를 논함에 있어서는 재림은 믿는 자의 가장 아름답고 요긴하며 복된 소망이라는 점을 설명하고[55], 깨어 재림을 기다리며 기록된 말씀을 통해 재림을 상고하라는 것이 곧 주님의 지시라고 했다.[56]

둘째, 스왈런이 전개하는 천년왕국론은, 세세한 점에 있어서는 길선주의 주장과 다소의 차이가 있기는 하지만, 미래적 해석방법을 적용함으로써[57] 전체적인 윤곽에 있어서는 길선주의 세대주의적 전천년설과 다르지 않다.

스왈런은 천년왕국론을 전개함에 있어 공중재림과 지상재림, 지상에서의 칠년 환난기, 공중혼인연석을 논함으로써 역사적 전천년설이 아닌 전형적인 세대주의적 전천년설의 입장을 따른다. 저서의 초반부에서 '모든 백성'을 논할 때도 자세한 설명을 하지는 않았지만 유대인, 이방인, 교회로 삼분함으로써 세대주의적 구분 방식을 따른 것으로 보인다.[58]

그에 의하면 주께서 공중에 임하실 때 교회 즉 믿는 자는 첫째부활의 부활체로서[59] 공중에서 주님의 영접을 받게 되는데[60], 이 시기는 첫째인을 떼기 전 즉 지상에

---

51) W. L. Swallen, 『묵시록공부』, 2. W. L. Swallen, 『계시록대요』, 2. 이후 각주부터 『계시록대요』는 『묵시록공부』에 이어 괄호 안에 처리하겠음.

52) W. L. Swallen, 『묵시록공부』, 7, 162(『계시록대요』, 10, 176.)

53) W. L. Swallen, 『묵시록공부』, 3(『계시록대요』, 6.)

54) W. L. Swallen, 『묵시록공부』, 5(『계시록대요』, 7.)

55) W. L. Swallen, 『묵시록공부』, 8, 130(『계시록대요』, 11, 143.)

56) W. L. Swallen, 『묵시록공부』, 5–6(『계시록대요』, 8.)

57) W. L. Swallen, 『묵시록공부』, 2(『계시록대요』, 3.)

58) W. L. Swallen, 『묵시록공부』, 24, cf. 3(『계시록대요』, 22, 29, cf. 6.)

59) W. L. Swallen, 『묵시록공부』, 139(『계시록대요』, 152.)

60) W. L. Swallen, 『묵시록공부』, 8, 43–44, 62(『계시록대요』, 11, 50–51, 70.)

환난이 임하기 전에 해당된다.[61] 승천한 교회는 공중에서 주와 함께 있어[62] 혼인연석에 참예하며[63], 지상에 임하는 대환난을 면할 수 있다.[64] 일단 여기까지는 스왈런과 길선주의 견해가 일치한다.

그런데 스왈런과 길선주의 견해가 다소 차이를 보이는 대목은 승천하지 못하고 지상에서 칠년 동안 환난을 받는 신자들의 문제이다. 이 시기에 지상에 머문 신자들은 환난을 당하는데 하나님께 받은 표 때문에 믿음을 지키는 유대인 144,000명과[65] 대환난에 들어갔다가 죽지 않고 천년왕국에 들어갈 수많은 이방인들로 대별된다.[66] 길선주는 유대인 144,000명을 부활체로서 천년왕국에 들어갈 신자들로, 죽음을 맛보지 않은 소위 '숨은 교인'들은 비부활체로서 천년왕국에서 가취생산을 하며 살게 될 신자들로 구분하지만, 스왈런은 유대인 144,000명과 순교하지 않고 믿음을 지킨 이방인들이 천년왕국에서 어떤 몸을 가질 것인지에 대해서는 언급하지 않았다. 본 연구자의 소견으로는 스왈런은 이들을 비부활체로 천년왕국에 들어갈 신자들로 본 듯하다. 그는 다만 부활체로 들어갈 신자들에 대해서는 예수님 부활 시 부활한 자들, 재림하실 때 데려갈 믿는 사람들, 그리고 순교자들의 세 부류로 한정하여 설명했을 뿐이다.[67] 144,000명에 대해서도 길선주가 숫자의 의미에 대해서는 침묵한 반면 스왈런은 기호의 의미인지 아니면 실제 숫자인지는 잘 알 수 없는 일이라고 했다.[68] 대환난기에 지상에서 복음을 전하는 두 증인과 관련하여 길선주는 모세와 엘리야의 성정을 가진 자로 묘사했으나 스왈런은 신중을 기하면서도 모세와 엘리야 같은 증인일 것이라는 단서를 붙이기도 했다.[69] 눈여겨 볼 점으로서 스왈런은 24장로에 대해 이들을 천사가 아닌 구원받은 자들[70] 혹은 환난 전에 부활한 자들이라고 간주함으로써[71] 구약의 구원 얻은 12지파와 신약의 구원 얻은 12사

---

61) W. L. Swallen, 『계시록대요』, 63.
62) W. L. Swallen, 『묵시록공부』, 62(『계시록대요』, 70.)
63) W. L. Swallen, 『묵시록공부』, 127–128(『계시록대요』, 141.)
64) W. L. Swallen, 『묵시록공부』, 37(『계시록대요』, 42.)
65) W. L. Swallen, 『묵시록공부』, 61–63, 95–96(『계시록대요』, 70–71, 106–107.)
66) W. L. Swallen, 『묵시록공부』, 63(『계시록대요』, 71.)
67) W. L. Swallen, 『묵시록공부』, 139–140(『계시록대요』, 153.)
68) W. L. Swallen, 『묵시록공부』, 63(『계시록대요』, 71.)
69) W. L. Swallen, 『묵시록공부』, 79(『계시록대요』, 88.)
70) W. L. Swallen, 『묵시록공부』, 46–47(『계시록대요』, 54.)
71) W. L. Swallen, 『묵시록공부』, 47(『계시록대요』, 55.)

도를 대표한다고[72] 본 길선주와 유사한 입장을 취했다. 또 단지파에서 적그리스도가 출현할 것[73]이라는 그의 주장은 길선주의 견해와 일치한다.

칠년대환난기가 지나면 예수님은 땅 위에 재림하여 아마겟돈의 전쟁하는 자들을 다 멸하시고[74], 적그리스도를 무저항(무저갱)에 가둠과 동시에[75] 지상에 천년왕국을 이루어 성도들로 하여금 천년동안 왕 노릇하는 권세를 주신다[76]고 했는데 길선주 역시 같은 의견을 표명했다.

천년왕국과 관련하여 길선주와 다른 견해를 보이는 스왈런의 주목할 만한 논점으로서는 천년왕국 동안 마귀는 활동을 못하지만 이 기간 동안 범죄하는 자도 있다고 보는 점이다.[77] 또 길선주가 천년왕국을 문자적으로 이해한 반면 스왈런은 일정한 기간이라는 점에는 동의를 하면서도 하루를 만년으로 계산하여 이 기간을 316만년으로 계산해 낸 후 "그 째는 천년이던지 三十六만년 동안이던지 우리의게는 크게 상관되지 아니ᄒ나"[78]라고 하여 유보적인 태도를 보였다. 또한 천년왕국이 지난 후 마귀가 잠시 활동하는 시기에 배교할 가능성이 있는 대상자들을, 길선주는 가취 생산을 하는 비부활체 신자들의 자녀들로 제한했으나, 스왈런은 이스라엘 중에서는 이런 일이 없고 다만 이방인 자녀들 중에서 배반하는 자들도 있다고 본 점도 상이한 견해라 할 수 있다.[79]

이어 마귀심판, 믿지 않고 죽은 자들에게 주어지는 심판의 의미로서의 둘째부활이 전개되며, 대심판 후의 세계는 무궁세계, 새예루살렘, 유황불 붓는 구렁텅이의 삼계(三界)로 대별되는데 이 점에 대해서는 별도로 논할 것이다.

이상, 스왈런의 세대주의적 전천년설을 정리하면 다음 [도Ⅳ-1]과 같다. 세세한 내용에서는 다소의 차이가 있으나 전체적으로 큰 윤곽에 있어서는 길선주의 세대주의적 전천년설의 구도와 일치한다.

---

72) 길선주, "末世學(十一)", 『信仰生活』 5권 7호 (1936년 7월), 14.
73) W. L. Swallen, 『묵시록공부』, 62(『계시록대요』, 70.) 길선주, "末世學(十一)", 14.
74) W. L. Swallen, 『묵시록공부』, 64-65(『계시록대요』, 73.)
75) W. L. Swallen, 『묵시록공부』, 135-136(『계시록대요』, 149.)
76) W. L. Swallen, 『묵시록공부』, 97(『계시록대요』, 108.)
77) W. L. Swallen, 『묵시록공부』, 138-139(『계시록대요』, 152.)
78) W. L. Swallen, 『묵시록공부』, 138(『계시록대요』, 151. 316만년은 360만년(10,000년×360)의 오기인 듯 하다.
79) W. L. Swallen, 『묵시록공부』, 141(『계시록대요』, 155.)

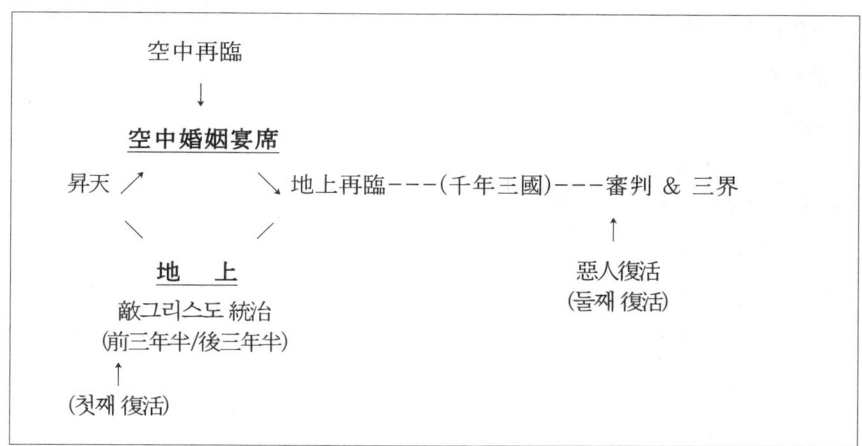

[도IV-1] 스왈런의 세대주의적 전천년설 구도

셋째, 재림시기와 관련하여 길선주와 스왈런 모두 임박한 재림론을 주장한다는 점에서 일치되는 견해를 보여준다.

스왈런은 그리스도의 재림과 관련하여 속히 임하실 것과 그 시기가 가까워오고 있다는 표현으로 재림의 임박성을 강조했다.[80] 그는 소아시아 일곱 교회의 내력을 살펴 교회역사의 각 시대상에 대응시켰다. 에베소교회는 주후 30년부터 100년까지(사도시대)로, 서머나교회는 100년부터 325년까지(콘스탄틴 시대)로, 버가모교회는 325년부터 그레고리 1세까지(590년)로, 두아디라교회는 주후 590년부터 1517년까지(종교개혁)로, 사데교회는 1517년브터 1755년까지(감독교회)로, 빌라델비아교회는 1755년부터 1900년경까지로 구분했는데, 라오디게아교회는 1900년경부터 재림 때까지 해당되는 교회로 보아 칠년대환난을 앞둔 마지막 일곱 번째 시기에 배치했다.[81] 이는 1900년경부터 전개되는 역사는 임박한 재림을 준비해야 할 시대라는 점을 의미한다.

---

80) W. L. Swallen, 『묵시록공부』, 37, 41(『계시록대요』, 43, 46.)
81) W. L. Swallen, 『묵시록공부』, 19-38(『계시록대요』, 24-44.)

스왈런은 계시록 22장 7절, 12절, 20절에 기록된 "보라 내가 속히 오리니"의 문구를 들어 임박한 재림을 강조하면서 현 교회가 주의 재림을 소망하며 기다려야 한다고 촉구했다.

> 하ᄂ님ᄭ는 ᄒ 날이 천년과 ᄀ고 천년이 ᄒ 날과 ᄀ은디 이 말ᄉᆷ을 귀록ᄒ지 발셔 수천 년 지나갓스며 이 일을 귀록ᄒ 쌔에 속히 되리라고 ᄒ엿스니 현금 우리의게는 이 일이 더 갓가히 된 줄 아ᄂ니라 (중략) 내가 속히 오리라 ᄒ신 말ᄉᆷ은 세 번 기록ᄒ엿스니(계시록 22:7, 12, 20- 본 연구자 주) 그 말ᄉᆷ은 아조 중대ᄒ 말ᄉᆷ이라 우리의게 크게 샹관되ᄂ 말ᄉᆷ인 줄 아나 이 세샹에 사ᄂ 사ᄅᆷ이 이 ᄠᆺ을 니져ᄇ리기 쉬운고로 임의 그 말ᄉᆷ을 여러번 ᄀ르첫스니 (중략) 신부가 신랑오기를 ᄇ라ᄂ 것과 ᄀ치 교회가 예수 다시 오시기를 ᄇ라ᄂ ᄆᆷ으로 기ᄃ리ᄂ 것이 합당ᄒ 줄 아ᄂ니라 [82]

위의 글에서 살펴본 것처럼 스왈런은 주께서 속히 임하실 것이라고 주장했을 뿐 구체적으로 특정한 시기를 논하지는 않았다. 이런 점에서 1939년 혹은 2002년의 시한부 종말론적 재림론을 주장한 길선주와는 분명히 다른 입장을 보여주지만, 피차 임박한 재림론을 고백하고 있었다는 점에서만큼은 일치된 견해를 보여준다.

넷째, 현세조명적 재림론에서도 서로 통하는 면이 있다.

길선주는 재림의 징조들을 논함에 있어 『信仰生活』에 발표한 총 열네 편의 소논문들 중에서 내증에 관련된 부분은 네 편, 외증에 관련된 부분은 한 편, 도합 다섯 편으로 게재하여 주로 당시 삶의 주변에서 쉽게 포착할 수 있는 증거들로 기술했다. 그는 재림의 징조에 관련될 만한 성경구절들을 폭넓게 인용하여 설명하면서 당대의 현실성 있는 사안들에 적용시켰다.

스왈런 역시 재림의 징조들을 제시하는 과정에서 비록 길선주에 비해서 단편적이기는 해도 현실적인 문제들을 짚어줌으로써 자신의 논증을 입증하려는 노력을 보여주었다. 그는 계시록 17장부터 19장에 걸친 주석에서 바벨론의 번성한 모습을 해석함에 있어 바벨론이 조만간에 상업, 교통, 정치, 공업, 통신, 언론 등의 기관들

---

82) W. L. Swallen, 『묵시록공부』, 162(『계시록대요』, 176-177.)

이 밀집되어 있는 요충지가 될 것이라고 예견했다.

> 현금 온 텬하에서 경영ᄒᄂᆫ 형편을 싱각ᄒ면 이 셰샹 어듸던지 ᄒᆫ 곳에 큰 셩을 세우
> 고 그 셩 가온ᄃᆡ 무슴 큰 회샤를 조직ᄒ고 온 텬하에 잇ᄂᆫ 모든 일을 다 합ᄒ야 ᄒᆫ 곳
> 에서 쥬관홀만ᄒ 곳을 건설(建設)ᄒ랴고 싱각ᄒᄂᆫᄃᆡ 가령 모든 장소ᄒᄂᆫ 일도 쥬관ᄒ
> 고 모든 선박(船舶)도 쥬관ᄒ고 고텰도 쥬관ᄒ고 모든 나라 정치와 법률도 쥬관ᄒ고
> (중략) ᄒᆫ 곳에 잇ᄂᆫ 것이 유익ᄒ 줄 알지마ᄂᆫ (중략) <u>뉴욕</u>이냐, <u>론돈</u>이냐, <u>로마</u>이냐,
> (?)이냐, <u>바벨논</u>이냐 (중략) 바벨논셩 잇든 곳을 다른 셩보다 됴케 녁이는 이가 만히
> 잇ᄂᆞ니라 그 자리의 디셰를 말ᄒ면 그곳은 동방과 셔방이 샹격ᄒ 곳이오 동방<u>아시아</u>
> 에셔 발네스틘을 지나 <u>애굽</u>으로 <u>아프리까</u>지 통ᄒᄂᆫ 텰로를 부설ᄒᄂᆫ 즁인ᄃᆡ 그 텰
> 로ᄂᆫ 바벨론셩을 지나가게 되ᄂᆫ ᄃᆡ 그 일이 거의 필역ᄒ게 되엇스니 (중략) 바벨논셩
> 자리에 큰 셩을 다시 세울 것을 ᄀᆞᄅ친 줄 다ᄂᆞ니라[83]

스왈런은 계속해서 계시록 18장에 기록된 왕들, 상고들, 선인(船人)들이 번성하
는 대목을 논하는 과정에서는, 상업적 사업이 왕성하여 세계의 기업들이 통상 무역
하는 일을 도모함으로써 천하만사를 다스리는 권세를 누리고, 교만한 마음으로 온
세상을 주관하는 세력들로 부상하게 될 것이라고 설명했다.[84]

길선주의 재림에 관한 내증과 외증에 비해 양적인 면에서나 깊이 면에서 견줄 수
는 없지만 스왈런 역시 일부 현실성 있는 정황들을 포착하여 설명해 줌으로써 독자
들과 공감대를 형성할 수 있는 재림의 증거들을 논증했다는 점에서 방법론적인 면
에서 길선주와 마찬가지로 현세조명적 재림론을 취했다.

다섯째, 사후 처소로서의 조상림보를 인정함으로써 스왈런과 길선주의 주장이
일치한다. 앞서 본 논문 3장 4절 4의 '조상림보교리에 관한 문제'에서 고찰했듯이
길선주는 베드로전서 3:19–20을 해석함에 있어 그리스도께서 음부에 내려가셔서
구약시대에 죽었던 성도들을 천국으로 인도하신 것으로 풀이하여 조선림보 교리
를 논한 바 있다.

---

83) W. L. Swallen, 『묵시록공부』, 122(『계시록대요』, 134–135.), '?'는 판독이 불가능한 글자임.
84) W. L. Swallen, 『묵시록공부』, 124–125(『계시록대요』, 137–138.)

스왈런 역시 예수님께서 강림하시기 전에 죽었던 신자들의 영혼이 낙원에 가 있었으나 승천하신 후에 그 낙원이 하나님 앞으로 인도되었다고 주장했다.

> 음부이나 디옥은 성경에 사룸이 죽은 후에 신이 갈 곳으로 フ릇쳣는디 예수 오시기 전에는 음부에 두 방이 잇서셔 ㅎ나는 밋는 사룸이 가고 ㅎ나는 악훈 사룸의 신이 간다 ㅎ엿는디 그 밋는 사룸의 신이 가는 곳은 락원이라 ㅎ고 혹은 <u>아부라함</u>에 품이라고도 ㅎ엿스니 이는 평안훈 곳이라(누가十六0十九−二十一) 악훈 사룸의 신이 가는 곳은 괴로온 곳이라 이 두 ㅅ이에 큰 구렁텅이가 잇서 서로 왕러ㅎ지 못ㅎ는 것이라 예수끠셔 승텬ㅎ신 후에 락원이라 ㅎ는 곳은 하ᄂ님 압헤 올나가 잇ᄂ니(고린도후十二0一−四) 그 락원을 옴긴 쌔는 에베소 四0八−十절에 フ릇쳣스되 악훈 사룸의 신이 가는 곳은 성경에 옴겻다 ㅎ는 말이 업ᄂ니라[85]

스승인 스왈런과 제자인 길선주가 사후 처소와 관련하여 조상림보교리와 같은 독특한 내용에 대해 유사한 견해를 취했다는 것은 길선주의 논증이 스승인 스왈런의 사상에 연루(連累)되어 있다는 점을 시사해준다.

여섯째, 우주개조론적 재림론의 관점에서도 일치된 견해를 보여준다.

이미 고찰한 것처럼 길선주는 천년왕국 이후에 도래할 '무궁안식세계'를 논함에 있어 지구 자체가 사라지고 새로운 차원의 세계가 창조되는 것이 아니라 천지개벽이 될 것이라 하여 현재의 지구가 질적으로 새롭게 변화될 것으로 보았다.

스왈런 역시 '무궁세계'를 설명할 때는 현존하는 하늘과 땅을 가리킨다. 그가 말하는 '무궁세계'에서의 땅은 문자 그대로 땅을 의미하며 하늘은 공중을 가리킨다.[86] 그는 천년왕국이 지난 후에도 하늘과 땅은 소멸되어 사라지는 것이 아니라 하나님께서 불로써 새롭게 개조하실 것이라고 했다.

> 「짜와 하놀이 그 압헤셔 피ㅎ야 간디 업더라」(11) 이는 그 형편을 말노써 형용ㅎ는 것인디 히셕하는 사룸이 그 쌔에 베드로후셔 三0十一−十二졀에 フ릇치는 일이 되는 줄

---

85) W. L. Swallen, 『묵시록공부』, 58−59(『계시록대요』, 67.)
86) W. L. Swallen, 『묵시록공부』, 151(『계시록대요』, 166.)

아ᄂ니 그 일은 하ᄂᆯ과 ᄶ에 잇던 것이 아조 업셔지ᄂ 것이 아니오 새롭게 ᄒᄂ 것 ᄲᆫ이라 그 낡은 텬디ᄂ 죄에 ᄲ집으로 악ᄒ고 더러워지고 변ᄒ 것이 지나가고 불노써 새롭게 ᄒᄂ 하ᄂᆯ과 ᄶ히 되리라 (중략) 그런즉 하ᄂᆯ과 ᄶ히 간디 업더라 ᄒᄂ 뜻은 큰 보좌 압헤 영광스러온 가운디셔 낡은 부정ᄒ 텬디를 찻고 싱각ᄒᄂ 것이 업다 ᄒᄂ 뜻이니[87]

그에 의하면 '무궁세계'는 하늘과 땅이 깨끗하게 정화되는 세계이자 하나님의 백성들이 영원토록 거주하게 될 지상의 아름다운 처소이다.

새ᄶ이라 ᄒᄂ 것은 낡은 ᄶ흘 불노 ᄶ긋이 ᄒ고 아름답게 곳친 것이니 곳 낡은 ᄶ히 져주홈을 버셔나고 온젼케 ᄒ심을 밧은 새ᄶ이라 롬마八0二十一, 이 새하ᄂᆯ과 새ᄶᄂ 엇더케 새롭게 된 것이라 ᄒᄂ고 ᄒ니 거듭난 사롬을 새사롬이라 ᄒᄂ 것과 ᄀᆺ고 ᄯᅩ 녯적 홍슈 후에 된 셰샹을 새셰상이라 ᄒᄂ 것과 ᄀᆺ홈이라 (중략) 하ᄂᆯ과 ᄶ이 아조 없서지지 아니ᄒ고 불노 ᄶᆨ긋이 ᄒ야 하ᄂ님의 빅셩이 영원토록 살게 ᄒᄂ 아롬다온 곳을 ᄀ르친 것 ᄲᆫ인 줄 아ᄂ니라[88]

일곱째, 길선주의 말세론에서 가장 독특한 사상이라고 평가받는 삼계론은 실제 그의 독창적인 주장이라기보다는 스왈런의 사상에 기반을 두었다.

『末世學』의 마지막 장은 그 제목이 '변화무궁세계'이며 내용상으로는 삼계를 논했다. 김인서는 길선주의 삼계론이 그의 말세론에서의 '일가견'(一家見)이라고 보았지만[89] 이는 사실과 다르다. 스왈런은 심판 후의 처소를 지옥에 해당되는 '유황불 구렁텅이', 개조되는 지상에 세워질 '무궁세계', 그리고 불현계의 '새예루살넴'의 삼계로 나누었는데 길선주가 삼계론에서 구사한 용어들과도 거의 일치한다.

먼저 '유황불 구렁텅이'에 대해 살펴보자. 스왈런은 이 처소를 '류황불 붓는 구렁텅이' 혹은 '불 붓는 구렁텅이'라고 부르며, 생경책에 기록되지 못한 자들, 둘째

---

87) W. L. Swallen, 『묵시록공부』, 145(『계시록대요』, 159.)
88) W. L. Swallen, 『묵시록공부』, 152(『계시록대요』, 166.)
89) 김인서, "靈溪先生小傳 續一", 『信仰生活』 5권 1호 (1936년 1월), 29.

사망을 당하는 자들이 들어갈 곳이라고 했다.[90] 이 '유황불 구렁텅이'는 최후의 심판과 더불어 영원토록 운명이 고정되는 장소이며, 계시록에 등장하는 짐승, 거짓선지자, 그리고 마귀와 더불어 그 추종자들이 들어갈 곳이다.

> 두려워ᄒ는 쟈와 밋지 아니ᄒ는 쟈와 흉악ᄒ 쟈와 살인ᄒ 쟈와 음힝ᄒ 쟈와 복슐과 유샹의게 절ᄒ는 쟈와 모든 거짓말ᄒ는 쟈는 다 류황불 구렁텅이에 참예ᄒ리니(六) 이는 다 그 즘싱과 거짓션지와 마귀와 밋 그 ᄯ라가는 쟈와 홈ᅴ 영원토록 류황불 구렁텅이에셔 지낼 것이 (중략) 악ᄒ 쟈들도 그 무궁고난 셰계에서 영원토록 괴로온 가온뎌셔 지낼 것이라[91]

'무궁세계'는 앞서 우주개조론적 재림론의 관점에서 살펴보았듯이 기존의 하늘과 땅이 개조되어 이루어지는 복된 세계이며, 스왈런은 이 '무궁세계'를 가리켜 에덴동산보다 더 영광스러운 곳이라 했다.[92] 그에 의하면 '무궁세계'는 눈물, 죽음, 슬픔, 통곡, 고통, 질병, 해로운 것이 없는 복된 처소이며, '생명', '예배', '찬송', '거룩함', '기쁨', '의', '진리', '영광', '면류관' 등의 용어들로 특징지어진다.

> 새 ᄯᅡ에 잇는 빅셩들의 복밧을 것이 여러 가지 잇는 에 낫분 것은 업고 됴흔 것만 잇는 디 업는 것은 (一)눈물흘니는 것이 업스며 (二)죽음이 업스며 (三)슯허ᄒ고 통곡ᄒ는 것이 업스며 (四)고통ᄒ는 것이 업스며 (五)질병이 업스며 (六)여러가지 해로온 것이 업는고로 (중략) 영원히 왕성ᄒ리라 (중략) 잇는 것은 (一)싱명이 잇을 것이니 이 싱명은 ᄆᆞ르지 아니ᄒ는 심과 ᄀᆞᆺ치 영원토록 쟝싱불로ᄒ 것이오 (二)례비보는 것도 잇ᄂᆞ니 이는 춤신령ᄒ고 깃븐 찬숑홈으로 공경ᄒ는 것인디 하ᄂ님의 쟝막이 그 가온뎌 잇스니 하ᄂ님의 친구 모양과 ᄀᆞᆺ치 에덴동산과 ᄀᆞᆺ치 잇스리라 (三)그 사롬들이 다 예수 그리스도로 풍셩ᄒ야 부죡홈이 업시 거륵홈을 밧앗스니 데일 깃버ᄒ는 것은 의와 진리와 어린양과 하ᄂ님의 ᄯᅳᆺ 가온뎌 잇ᄂᆞ니 이는 뎌의 영원토록 누릴 영광스러운 면류관과 ᄀᆞᆺ홈이라[93]

---

90) W. L. Swallen, 『묵시록공부』, 147–148(『계시록대요』, 161–162.)
91) W. L. Swallen, 『묵시록공부』, 154(『계시록대요』, 168.)
92) W. L. Swallen, 『묵시록공부』, 151(『계시록대요』, 165.)
93) W. L. Swallen, 『묵시록공부』, 153(『계시록대요』, 167–168.)

가장 복된 처소로서의 '새예루살렘'에 대해서는 요한복음 14:2-3에 언급된, 예수님께서 예비하시는 바로 그 성이라고 보았다.[94] 반면 길선주는 요한복음 14:2-3에 설명된 처소를 '공중혼인연석'으로 이해했다[95]는 점에서만큼은 스왈런과 생각을 달리한다. 스왈런은 불현계의 '새예루살렘'이 땅 위 가까이, 특별히 지상의 예루살렘 바로 위에 위치할 것이라고 보았으며[96], 모양은 장과 광과 고가 각기 12,000리로 같은 크기의 입방체라고 했다.[97] 이곳은 장차 믿는 사람이 영광 중에 살 곳이며[98], 결국 구원을 받는 자는 '새예루살렘'에서 살 것이요 악한 자는 멸망할 곳에서 영원히 고통 중에 거할 것이라 했다.

> 구원홈을 엇는 사룸이 영원히 살 곳과 악혼 쟈의 영원히 멸망홀 곳을 다시 말홈이라 十一一十五(계시록 22:11-15- 본 연구자 주), 이 두 곳은 임의 분명히 ㄱㄹ첫스되 어느 곳으로 갈는지 크게 샹관되는고로 여긔 쏘 다시 혼번 더 분명히 ㄱㄹ첫느니라 예수를 밋음으로 구원홈을 엇는 사룸이 영원토록 새예루살렘에서 살 것이오 그 밧긔 다른 이들은 갈 곳 ᄒ나뿐이니 이 쥬마고 혼 구원홈을 밧지 안코 디젹ᄒ는 쟈 곳 악혼 쟈와 더러온 쟈와 거짓말ᄒ는 쟈와 마귀를 셤기는 쟈들이 다 굿치 멸망홀 곳에 드러가셔 영원히 고싱ᄒ리라[99]

위의 인용문에서 살펴볼 수 있듯이 스왈런은 대심판으로 결정될 처소들을 '유황불 구렁텅이'와 '무궁세계', '새예루살렘'의 삼계로 주장했으나 궁극적인 처소로서는 '유황불 구렁텅이'와 '새예루살렘' 두 곳만을 주장했다고 볼 수 있다. 이 점에 있어서는 길선주의 입장과 동일하다. 길선주 역시 '유황불지옥', '무궁안식세계', '새예루살렘'의 삼계를 주장했으나[100] '무궁안식세계'에 있던 비부활체 신자들이 때가 되면 부활 승천하여 '새예루살렘'으로 옮겨간다고 함으로써 최종적인 처소로

---

94) W. L. Swallen, 『묵시록공부』, 154-155(『계시록대요』, 169.)

95) 길선주, "末世學(七)", 『信仰生活』 5권 3호 (1936년 3월), 23.

96) W. L. Swallen, 『묵시록공부』, 155(『계시록대요』, 169.)

97) W. L. Swallen, 『묵시록공부』, 157(『계시록대요』, 171.)

98) W. L. Swallen, 『묵시록공부』, 155(『계시록대요』, 169.)

99) W. L. Swallen, 『묵시록공부』, 162-163(『계시록대요』, 177.)

100) 길선주의 '유황불지옥'은 스왈런의 '유황불구렁텅이'에 '무궁안식세계'는 '무궁세계'에 해당되며 '새예루살렘'은 길선주와 스왈런 모두 동일한 용어로 사용했다.

서는 '유황불 지옥' 과 '새예루살넴' 만을 주장했기 때문이다.

그런데 스왈런과 길선주는 이 삼계에 대한 세세한 해석에 있어서는 차이를 보여준다. 스왈런은 최후의 심판 후 신자들이 들어갈 처소로서 '무궁세계' 를 말한 후에 궁극적 처소로서 '새예루살넴' 을 말하지만 반면 길선주는 대심판(최후의 심판) 후 '무궁안식세계' 는 천년왕국에서 가취생산을 하던 비부활체 신자들이 들어갈 곳으로, '새예루살넴' 은 부활체 신자들이 들어갈 곳으로 주장했다.

이로써 길선주의 삼계론은 그의 독특한 주장이라기보다는 기본적으로 그의 스승이었던 스왈런의 아이디어에 바탕을 두었다고 볼 수 있으며 다만 세세한 해석에서 다소의 다른 견해를 보이거나 혹은 스왈런이 언급하지 않았던 내용들을 별도로 추가한 대목에서 차이를 보여줄 뿐이다.

2. 길선주의 새로운 주장들

길선주는 신학교 재학시절 스왈런으로부터 계시록 과목을 수강함으로써 이후 자신의 대표적 저서였던 『末世學』을 저술할 때 스왈런의 종말론 체계를 깊이 있게 반영했다. 그러나 길선주의 『末世學』에는 스왈런이 다루지 않았던 내용들이나 독특한 해석들도 나타나는데 중요한 내용들을 다음 몇 가지로 정리해 볼 수 있다.

첫째, 그리스도의 강림을 설명함에 있어 성육신, 성령강림, 신랑으로서의 강림, 만왕의 왕으로서의 강림, 심판주로서의 강림 등 모두 다섯 차례로 세분하여 각기 때와 장소, 모양, 권세와 형편이 다르다고 보았다.

둘째, 길선주는 그리스도께서 다섯 차례에 걸쳐 강림하실 때마다 부활 역시 예수부활, 성인부활, 교회부활, 유대인부활, 죽은 죄인부활 등 다섯 차례가 있다고 하여 다섯 차례의 강림에 대응시킴으로써 강림과 부활을 상호 유기적인 관계로 설정했다.

셋째, 그리스도의 재림시기와 관련하여 스왈런이나 길선주 모두 임박한 재림론을 주장했지만[101], 길선주는 아예 1939년 재림설과 2002년 재림설까지도 수학적으로 계산해 내어 시한부종말론을 주장했다는 점에서 다른 입장을 보여준다.

---

101) 스왈런은 다만 도적같이 오신다는 표현을 했을 뿐 길선주처럼 계산을 통해 시기와 때는 언급하지 않았다. W. L. Swallen, 『묵시록공부』, 35(『계시록대요』, 39.)

넷째, 천년왕국에 들어갈 신자들과 관련하여 가취생산을 하는 신자들이 있다고 주장한 점도 이채롭다. 스왈런은 유대인 144,000명과 지상에서의 대환난 시기에 순교하지 않고 믿음을 지킨 이방인들이 천년왕국에서 어떤 몸을 가질 것인지에 대해서는 침묵하지만, 길선주는 유대인 144,000명을 부활체로서 천년왕국에 들어갈 복된 신자들로, 그리고 죽음을 맛보지 않은 '숨은 교인'들을 비부활체로서 천년왕국에서 가취생산할 신자들로 구분했다.

다섯째, 천년왕국에서 가취생산을 하게 될 비부활체 신자들의 인종번성과 관련하여 독특한 주장을 폈다. 이 시기에는 풍부한 라듐과 비타민 때문에 비부활체의 신자들도 장수하여 천년왕국 기간에 죽음을 맛보지 않고 생존할 수 있으며, 신대륙이 돌출할 가능성도 있기 때문에 번성한 인구를 수용하는 문제도 자연스럽게 해결될 수 있을 것으로 보았다. 그러나 스왈런은 길선주와는 달리 천년왕국에서 가취생산을 하며 살아갈 신자들에 대해서는 일체 언급이 없다.

여섯째, 천년왕국 기간 후 배교하는 무리에 대해서도 상이한 식견을 가졌다. 마귀가 잠시 해방되어 활동할 때 배교할 가능성이 있는 대상자들로서 길선주는 가취생산을 하는 비부활체 자녀들로 제한하여 설명했지만, 스왈런은 이스라엘 중에서는 배교하는 자가 없고 이방인 자녀들 중에서 배반하는 자들이 있을 것이라고 보았다.

제4절 동시대 종말론 관련 저서들 고찰

1. 동시대에 발행된 종말론 관련 저서들

길선주 당대에 종말론 관련 저작으로서 가장 최초로 발행된 저서는 1913년 4월에 번역되어 소개된 『예수의 지림』[102]인 것으로 보인다. 이 책은 블랙스톤(W. E. Blackstone)의 *Jesus is Coming*[103]이 원서로 발행된 지 불과 5년 만에 북장로교 선

---

102) W. E. Blackstone, 『예수의 지림』(J. S. Gale 역; 京城: 朝鮮耶蘇教書會, 1913).

103) 블랙스톤의 *Jesus is coming*은 1908년에 시카고의 'Fleming H. Revell Co.'에서 발행되었다. 박용규, 『韓國長老教思想史』, 254.

교사 게일이 한국어로 번역하여 내 놓은 것이다. 뒤이어 동년 7월에는 한국인 최초의 저술인 『默示錄釋義』[104]가 감리교의 홍종숙(洪鍾肅)에 의해 발표되었고, 역시 동년 10월에는 저자를 확인할 수 없는 중국어로 된 저작이 『묵시록주셕』[105]이라는 서명으로 민준호(閔濬鎬)에 의해 번역 출판되었다. 특별히 이 시기는 한일합방이 체결된 지 3년이 경과되는 시점이었고, 일제의 무단통치가 심화되는 삶의 현장에서 그리스도가 통치하는 신세계를 열망하며 민족적 아픔과 고뇌를 발산하려 했던 몸부림과도 일면 관련이 있었을 것으로 보인다. 안식교에서도 1914년 선교사 샤펜버그(Mimi Sarfenberg)가 번역한 『묵시록히셕』[106]을 출판하여 종말론 관련 저서들의 초기 행보에 가세했다.

이후 삼일독립운동이 일어나기 전 해인 1918년에는 게일이 중국인 이지명(李志明)의 소논문 "그리스도 再臨과 現代信徒"[107]를 번역하여 『聖經雜誌』에 게재했고, 중국인 왕좌화(王佐華)의 『默示錄研究』[108]를 역시 같은 『聖經雜誌』에 연재했다. 같은 해, 성결교의 김상준은 『默示錄講義』[109]를 펴냈으며, 중국인 정의화(丁義華)의 "主再臨時에 聖徒의 先站得救論"[110]과 "예수의 再臨과 敎會의 關係"[111] 등의 소논문 저작 두 편도 게일의 노력으로 번역되어 『聖經雜誌』에 소개되었다. 『神學指南』에 연재되었던 그의 『默示錄의 大槪』[112] 역시 게일의 번역일 가능성이 있다. 이 시기에 주목할 만한 문헌들로서 중국인들의 종말론 관련 저작들이 유입되어 번역 소개되었는데, 게일이 한문으로 된 용어와 문장 표현에 익숙했던 한국인 목회자들과 신학생들을 배려하는 차원에서 중국인들의 저서를 소개하지 않았나 생각된다.

삼일운동이 지난 후에도 종말론 관련 저서들이 꾸준히 발표되어 특히 1922년 한 해만도 감리교의 하디(R. A. Hardie)의 『默示錄論文』[113], 장로교의 베어드가 번역한

---

104) 홍종숙, 『默示錄釋義』(京城: 耶蘇敎書會, 1913).
105) 『묵시록주셕』(민준호 역; 京城: 東洋書院, 1913).
106) 이만열, 『韓國基督敎文化運動史』, 325.
107) 이지명, "그리스도 再臨과 現代聖徒", 『聖經雜誌』 1권 6호 (1918년).
108) 왕좌화, "默示錄研究", 『聖經雜誌』 1권 1호 (1918년)-2권 4호 (1919년).
109) 김상준, 『默示錄講義』(平壤: 基督書院, 1918).
110) 정의화, "主再臨時에 聖徒의 先站得救論", 『聖經雜誌』 3권 6호 (1920년).
111) 정의화, "예수의 再臨과 敎會의 關係", 『聖經雜誌』 4권 2호 (1921년).
112) 정의화, 『默示錄의 大槪』, 『神學指南』 1권 3호(1918년)-2권 3호 (1919년).
113) R. A. Hardie, "默示錄論文", 『神學世界』 제 7권 제 2호-제 7권 6호 (1922년).
114) J. H. Brooks, 『주직림론』(W. M. Baird 역; 京城: 朝鮮耶蘇敎書會, 1922).

부룩스(J. H. Brooks)의 『주지림론』[114], 클락(C. A. Clark), 밀러(E. H. Miller), 데밍 (C. S. Deming)이 공역한 『묵시록주석』[115], 스왈런의 『묵시록공부』 등의 뛰어난 작품들이 동시에 쏟아져 나왔다. 이후에도 장로교어서는 베어드의 "쥬의 지림에 디한 성경의 교훈"[116], 김정현(金正賢)의 『末世論』[117], 정재면(鄭載冕)이 번역한 중국인 가옥명(賈玉銘)의 『末世論』[118], 고든(H. J. Gordon)이 번역한 도슨(W. B. Dawson)의 『오는 소망』[119], 길선주의 『末世學』, 그리고 스왈런의 『계시록대요』 등이 발행되었다. 감리교에서는 하디의 『묵시록강의』가[120], 성결교에서는 이명직(李明稙)의 "審判" 이외 여러 편의 연재물들이[121], 안식교에서는 이시화(李時和) 번역의 『默示錄研究綱目』[122]과 웽거린(T. S. Wangerin)의 『默示錄研究』[123] 등이 출판됨으로써 거의 매년 종말론 관련 저서들 혹은 역서들이 명맥을 이어갔다.

이상, 길선주 당대에 발표된 종말론 문헌들과 관련하여 발표 시기, 저자들, 혹은 역자들의 국내 교단별 분포 등을 고려해볼 때 다음 몇 가지의 주목할 만한 의미 있는 논점들을 발견할 수 있다.

첫째, 일제치하에서 민족적 아픔이 고조되던 한일합방 직후와 삼일운동을 전후하여 많은 저작들이 발표되었다는 점이다. 이후에도 일제 식민치하의 배경에서 종말론 관련 저작들은 꾸준히 명맥을 유지했고, 한국인 저술가들 중에서는 특별히 길선주, 이명직, 김정현 등의 저작 활동이 두드러진다.

둘째, 초기에 선교사들의 역서들이 주류를 형성하던 시기에도 홍종숙, 김상준 등 한국인들에 의한 저술들이 출판되었다는 점이 고무적이다. 이는 단순히 학적인 차원에서뿐만 아니라 망국과 일제 식민치하의 고통스러웠던 시대적인 정황에 비추

---

115) 『묵시록주석』(C. A. Clark 외 2인 공역; 京城: 耶蘇敎書會, 1922). 이 역서는 실제 1913년 민준호가 번역하여 출판한 『묵시록주석』과 같은 책이다. 본 논문 본 절 1. 1) ⑥의 '『묵시록주석』(클락, 밀러, 데밍 공역, 1922)'를 볼 것.
116) W. M. Baird, "쥬의 지림에 디한 성경의 교훈", 『神學指南』 8권 1호 (1926년).
117) 김정현, 『末世論』(京城: 彰文社, 1928). 김정현, 『末世論』(京城: 講臺社, 1935). 김정현이 1935년판 '서론'에서 1926년 7월에 초판을 발행 판매했다고 한 점으로 미루어 이 두 권 외에도 또 다른 한 권의 저서가 있었던 것으로 보인다.
118) 가옥명, 『末世論』(鄭載冕 譯; 平壤: 長老會神學校, 1931).
119) W. B. Dawson, 『오는 소망』(H. J. Gordon 역; 京城: 耶蘇敎長老會總會敎育部, 1934).
120) R. A. Hardie, "묵시록강의", 『神學世界』 9권 1호-2호 (1924년).
121) "審判", "그리스도끠서 來臨하심", "携擧", "空中의 婚宴", "大患難時代", "顯現", "千年時代" 등의 소논문들이 『活泉』 1925년 제 47호로부터 52호까지 연재되었다.
122) 『默示錄研究綱目』(李時和 譯; 平原: 義明學校神學科, 1930).
123) T. S. Wangerin, 『默示錄研究』(京城: 時兆社, 1933).

어 한국인들의 종말론에 관한 관심이 지대했었다는 점을 반영한다고 볼 수 있다.

셋째, 초기 10년 가까이는 일반적으로 외국으로부터 들여온 역서들이 주류를 이루었지만 1920년대 초반부터는 국내 저작들이 출판되었으며, 이는 한국 신학계에서도 어느 정도 종말론의 학적 체계와 위치가 정착되어 가고 있었다는 점을 시사해 준다.

넷째, 종말론의 영역에 깊은 관심을 갖고 이를 주도하는 교단은 장로교였다는 점이다. 초기에는 게일의 번역 작업이 활발했고 이후에는 스왈런, 베어드, 고든 등이 저서 혹은 역서를 발표했다.

다섯째, 1913년 7월에 감리교의 홍종숙이 저술하여 발표한 『默示錄釋義』는 한국인 최초의 저서였다는 점에서 큰 의미가 있으며, 중생, 성결, 신유, 재림 등 사중복음을 주장하는 성결교에서도 김상준과 이명직의 저술활동이 두드러졌다.

이상, 1913년부터 1935년까지 길선주가 생존했던 시기에 발표된 종말론 관련 주요 저서들을 시대 순으로 정리해 보면 다음 [표IV-3]과 같다. 표에 있는 내용 가운데 '관련교단'을 분류한 원칙으로서 국내에서 저작된 문헌들은 저자의 소속 교단에 근거했다. 그리고 역서들의 경우에는 대부분 한국에 파송된 선교사들이 번역했고, 한국에서 읽혀진 문헌들이었다는 점에 의미를 두어 번역한 선교사들의 소속교단에 근거했다. 스왈런의 『계시록대요』는 길선주 소천 후 다음 해인 1936년에 발표된 저서였지만 스왈런이 길선주에게 계시록을 강의한 스승의 저작이었다는 점과 1922년도에 발행된 『묵시록공부』의 증보판이었다는 점을 고려하여 별도로 추가했다. 또 트윙(E. W. Thwing)의 『쥬필재림』과 게일의 『그리스도의 재림』은 박용규의 설명을[124], 샤펜버그 번역의 『묵시록히셕』[125]과 해리슨(Norman Harrison)의 『확실한 재림』[126]은 이만열의 설명을 참고했다. 다음 표에서 이탤릭체 이름은 중국인 저자, 밑줄 처리된 이름은 한국에 파송된 선교사를 가리킨다.

---

124) 박용규, 『韓國長老敎思想史』, 255-256.
125) 이만열, 『韓國基督敎文化運動史』, 325.
126) 이만열, "韓國基督敎의 末世意識과 千年王國思想", 哲學宗敎硏究室硏究部 編, 『現代 韓國宗敎의 歷史 理解』(서울: 韓國精神文化硏究院, 1997), 238.

연도	저자(역자)	저서	관련교단
1913	W. E. Blackstone(J. S. Gale)	예수의 재림	장로교
	洪鍾肅	默示錄釋義	감리교
	?(閔濬鎬)	묵시록주석	?
1914	?(M. Scharfenberg)	묵시록해석	안식교
1918	李志明(J. S. Gale)	그리스도再臨과 現代信徒	장로교
	王佐華(J. S. Gale)	默示錄硏究(연재)	장로교
	金相濬	默示錄講義	성결교
1918-9	丁義華(?)	默示錄의 大槪(연재)	장로교
1920	丁義華(J. S. Gale)	主再臨時에 聖徒의 先站得救論	장로교
1921	丁義華(J. S. Gale)	예수의 再臨과 敎會의 關係	장로교
1922	R. A. Hardie	默示錄論文(연재)	감리교
	J. H. Brooks(W. M. Baird)	주재림론	장로교
	?(C. A. Clark 외 2인 공역)	묵시록주석	장로교
	W. L. Swallen	묵시록공부	장로교
	E. W. Thwing	쥬필재림	?
1924	R. A. Hardie	묵시록강의(연재)	감리교
1925-7	李明稙	審判 외 여러 편(연재)	성결교
1926	W. M. Baird	쥬의 재림에 대한 성경의 교훈	장로교
1928	金正賢	末世論	장로교
1930	J. S. Gale	그리스도의 재림	장로교
1930	?(李時和)	默示錄硏究綱目	안식교
1931	賈玉銘(鄭載冕)	來世論	장로교
1932	N. Harrison(白南奭, H. J. Gordon)	확실한 재림	장로교
1933	T. S. Wangerin	默示錄硏究	안식교
1934	W. B. Dawson(H. J. Gordon)	오는 소망	장로교
1935	金正賢	末世論	장로교
1935-6	吉善宙	末世學(연재)	장로교
1936	W. L. Swallen	계시록대요(길선주 사후)	장로교

[표IV-3] 길선주 생존 시기에 발표된 종말론 관련 주요 저서들

2. 동시대 종말론 관련 저서들의 내용

본 항에서 살펴볼 길선주의 동시대 종말론 관련 저서들은 길선주가 생존했던 시기에 발표되었던 문헌들로 제한할 것이며, 장로교단, 감리교단, 성결교단, 기타로 나누어 교단별로 그리고 시대 순으로 살펴볼 것이다. 스왈런의 저작인 『묵시록공부』와 『계시록대요』는 이미 고찰했으므로 대상에서 제외했다. 내용상으로는 주로 계시록의 기록 목적, 천년왕국 직전에 전개되는 역사, 천년왕국론, 최후심판 후의 영원한 세계, 그리고 독특한 논지 등에 초점을 맞출 것이다.

1) 장로교단에서 소개한 종말론 관련 저서들
① 블랙스톤의 『예수의 지림』(게일 역, 1913년)

장로교 선교사 게일에 의해 번역 소개된 블랙스톤의 『예수의 지림』은 우선 한국에 최초로 소개된 종말론 관련 단행본 저서라는 점에서 의미가 있다. 이 저서를 통해 한국에 파송된 선교사들의 보편적 사고였던 세대주의적 전천년설이 독자들이 접할 수 있는 문헌 형태로 보급되었다는 점에서 종말론 전파의 새로운 전기를 맞았다고 볼 수 있다. 또한 계속해서 이 저서를 기점으로 다른 종말론 관련 저서들, 혹은 역서들이 꾸준히 맥을 이어 발행되었다는 점에서도 의미를 부여할 수 있겠다. 『예수의 지림』은 양적으로도 본문만 267면에 이를 정도로 초기에 보급된 문헌치고는 매우 방대한 저작이었다.

이 저서의 특징적인 내용이라면 무엇보다도 전천년설과 후천년설을 대비해 가며 후천년설의 병폐를 지적하고 전천년설을 옹호한 데 있다. 이 점은 길선주가 '병세 치유적 재림론'에서 보여주었던 확고한 의지와도 일치한다. 블랙스톤은 후천년설에 대해 천년 안에는 재림이 없으며 주께서 더디 오실 것이라고 주장하기 때문에 이는 사람의 믿음을 해치는 사상이라고 비판했다.[127] 이 역서의 서문을 쓴 이창직(李昌稙)[128] 역시 블랙스톤과 견해를 같이 하여 후천년설의 병폐로 인해 행위의 아름다움과 열심과 사랑을 잃어버린다며 전천년설의 필연성을 강조했다.

---

127) W. E. Blackstone, 『예수의 지림』, 50.
128) 이창직은 해 주 출신의 가난한 선비였으며, J. S. Gale의 어학선생이었다. 그는 성경번역, 『천로역정』 번

쥬의 지림을 의론ᄒᆞᄂᆞ 쟈 즁에도 두파가 잇스니 ᄒᆞ나흔 쳔년젼파요 ᄒᆞ나흔 쳔년후파
라 쳔년젼파의 말은 일쳔년 태평시ᄃᆡ 젼에 쥬ᄭᅴ셔 지림ᄒᆞ리라 ᄒᆞ며 ᄉᆞ도의 교훈을
직혀 일ᄊᆡ여 긔도ᄒᆞ며 셩결혼 ᄆᆞ음으로 젼도에 진력ᄒᆞᄂᆞ 쟈요 쳔년후파의 말은 일쳔
년 태평시ᄃᆡ 후에 쥬ᄭᅴ셔 지림ᄒᆞ시리니 미리 일ᄊᆡ여 쥬의 지림만 근졀히 기ᄃᆞ림이 엇
지 혼갓 슈고를 허비홈이 아니리오 (중략) 여러 교인들이 이 말(쳔년후파의 말– 본
연구자 주)을 올케 녁여 좃차간 후로ᄂᆞ 그 ᄒᆡᆼ위도 아름답지 못ᄒᆞ고 젼에 잇던 열심도
업서지고 처음에 엇엇던 ᄉᆞ랑도 일허 버렷도다[29]

블랙스톤은 저서의 첫 장에 '쥬의 지림'을 별도로 편성하여 "당신이 하ᄂᆞ님과 화
목ᄒᆞ기를 권ᄒᆞ노니 그리ᄒᆞ면 여러분이 샤죄ᄒᆞ심을 엇고 (중략) 그리스도ᄭᅴ셔 하ᄂᆞᆯ
노 강림ᄒᆞ실거슬 기ᄃᆞ리며 지내다가 그 지림ᄒᆞ실 ᄶᅢ에 흠도 업고 칙망도 업ᄂᆞ 교인
이 되기를 ᄇᆞ라노라"[130]라고 권면함으로써 재림을 소망하며 기다리는 성도들이 지
켜야 할 성결한 삶의 본분을 피력했다.

이 저서의 제 8장, '영졉홈을 닙음과 밋 형샹을 나타내심'에는 주의 재림을 소개
하는 도식과 함께 주의 초림 이전 이스라엘을 가르친 일로부터 영원무궁한 세대가
도래하기까지 되어질 일들이 순차적으로 설명되어 있다. 그 중요한 맥락을 짚어보
면 주의 공중재림, 의인의 부활, 성도의 휴거, 혼인잔치, 세상에 임하는 환난, 주의
지상재림, 순교한 신자들의 부활, 천년왕국, 심판의 부활, 영원무궁 세대 등이 전개
되어 있어 전형적인 세대주의적 전천년설을 취했다.

  (오) 쥬ᄭᅴ셔 지림ᄒᆞ샤 그 신부를 밧으실 것
  (미) 의인의 부활이요 살아잇ᄂᆞ 신쟈의 변화홀 것
  (신) 성도가 그름 속에셔 쥬를 영졉ᄒᆞ기를 <u>어녹</u>과 ᄀᆞᆺ치 홀 것
  (유) 신부가 공즁에서 쥬를 맛날 것 우리가 주 계신 곳에 홈ᄭᅴ 모힐 것 어린양의 혼인
잔치 우리가 쥬로 더브러 영원히 ᄀᆞᆺ치 잇슬 것 (중략) 교회가 이 갓치 어려운 환난을

역을 비롯한 기독교문서 번역 저술에 참여했고, 게일을 도와 『한영자전』을 편찬하기도 했다. 리진호, 『한
국성서 백년사 I』(서울: 대한기독교서회, 1996), 301.
129) 이창직, "쥬의 지림셔", W. E. Blackstone, 『예수의 지림』, 1-2('서문').
130) W. E. Blackstone, 『예수의 지림』, 3. 저서에 기록돈 성경의 장절은 생략했음.

피흐야 버셔남이라

(슐) 젼무후무흔 환난이 셰샹에 림흘지니 (중략)

(히) 그리스도의셔 모든 셩도로 더브러 나타나셔 불꽂 가온더셔 강림흐샤 짜우에셔
심판을 힝흐시리니 (중략)

(을) 환난 가온더셔 쥬를 밋고 셰샹을 떠난 사롬이 부활흐리니 데 일츠 부활이오

(병) 一千년 태평시더는 그리스도 영광의 쥬의셔 一千년 동안 셰샹에 오셔셔 신부들
노 더브러 흠의 권셰를 잡으실 일이오

(무) 심판의 부활 (중략)

(경) 영원무궁흔 셰더가 림흘 일이라[131]

또한 세대와 관련해서는 "륙쳔 년 전 아담이 오늘까지 살아잇서셔"[132]라 하여 이
미 진행된 인류역사를 6천년으로 보았고 '력더도'에는 인류역사를 '무죄셰더', '주
유셰더', '홍슈후 통할셰더', '션민귀거셰더'(選民寄居世代), '률법셰더', '오묘셰
더', '一千년 현현시더' 등으로 구분하여 모두 일곱 세대로 나누었다.

주목할 만한 점으로서 저서의 마지막 22장에 '그리스도가 속히 림흐실 징죠를
의론흠'에서 재림의 징조를 모두 일곱 가지로 정리했는데, '쎌니 둔니는 지식이 셩
힝흠', '위험흔 날'(온역, 기근, 광풍, 虛無黨, 反逆黨, 均富黨, 전쟁 등), '쵸혼슐'(招
魂術), '밋음을 비반흐는 일', '복음이 셰계에 젼파됨', '부쟈가 만흠', '이스라엘'
(이스라엘의 건재함- 본 연구자 주) 등을 들었다.[133] 이 징조들 중에서 '쎌니 둔니는
지식이 셩힝흠', '위험흔 날'의 온역, 기근, 虛無黨, 均富黨(공산주의- 본 연구자
주), 전쟁, '복음이 셰계에 젼파됨', '부쟈가 만흠' 등은 길선주가 『末世學』에서 논
한 재림론의 내증들과도 일치한다. 불랙스톤은 재림의 시기와 관련해서는 주의 강
림하실 날과 때는 알 수 없다고 했다.[134]

---

131) Ibid., 56–60. 저서에 기록된 성경의 장절은 생략하여 인용했음. cf. 237–238.
132) Ibid., 257.
133) Ibid., 249–267.
134) Ibid., 2.

② 이지명의 "그리스도 再臨과 現代信徒"(게일 역, 1918년)

중국인 이지명의 소논문 "그리스도 再臨과 現代信徒"는 그리스도의 재림을 확신하여 현세에서 주어진 사역들을 성실하게 감당할 것을 권면하는 내용을 담은 일종의 권계서(勸戒書)라 할 수 있다. 그는 이 소논문의 집필 목적을 "그리스도 再臨의 要旨를 잘 알아 確實흔 觀念을 가지고 重大흔 責任을 擔負홀지어다"[135]라고 명기함으로써 각별히 현세와 내세를 단절로 보려는 이원론을 경계했다. 이는 길선주가 『懈惰論』과 『만亽성취』에서 현세와 내세를 단절로 보지 않고, 순례자적 현실참여와 직업소명의식을 통해 보여준 일원론적 자세와도 상통한다.

이지명은 구미 신학에서 과학체계를 도입하여 명백하게 성경을 해석하는 일은 유익한 일이 될 수도 있지만, 영적 지식이 없어 주의 재림을 의심하고 방임주의로 전락해 가는 행태에 대해서는 안타까운 일이라고 지적했다.

> 今日에 歐美의 神學家는 科學研究를 밀위여 聖經解釋을 明白히 홀시 聖經中 每章節에 先代의 歷史를 參考ㅎ고 當今時勢를 들어 確實히 證據ㅎ니 善ㅎ다 此 敎派는 크게 有益ㅎ야 道義의 光輝가 되나 可惜흔 거슨 그리스도 再臨에 對ㅎ야 反對ㅎ지는 아니홀지라도 靈識의 增長홈이 업는 거슨 無(?)라 主의 再臨을 알 수 업다ㅎ야 疑心을 품고 (중략) 放任主義를 가질 뿐이오[136]

또한 이지명은 재림에 대한 영적 지식의 부재와 아울러 잘못된 열망도 동시에 지적했다. 그는 성도들이 시한부종말론에 심취하여 지상에서의 삶을 등한시하다가 재림이 성취되지 않자 종국에는 허무에 빠지게 되는 신앙행태를 비판했다.

> 엇던 敎派는 再臨만 渴慕홈으로 諸般事務를 停廢ㅎ고 物品을 典當ㅎ며 産業을 放賣ㅎ고 且上과 相關이 업다 ㅎ야 一室에 會集ㅎ야 每日 主의 再臨을 ᄇ라며 ㅎ는 言이 某年某月某時에는 丁寧코 差錯업시 再臨ㅎ시리라 ㅎ다가 時期가 지나되 聲跡이 杳然홈으로 其 信徒들노 疑(?)를 發케 ㅎ니[137]

---

135) 이지명, "그리스도 再臨과 現代信徒", 7.
136) Ibid., 8. '?'는 판독이 불가능한 한자임.
137) Ibid., 8. '?'는 판독이 불가능한 한자임.

③ 왕좌화의 『默示錄研究』(1918년, 게일 역)

중국인 왕좌화의 『默示錄研究』는 『聖經雜誌』의 편집인이었던 게일의 노력으로 1918년 2월 초판부터 번역되어 게재된 소논문인데 종말론 관련 문헌으로서는 최초로 신학저널에 연재 형식을 통해 소개되었던 것으로 보인다. 중국인 정의화의 『默示錄大概』 역시 같은 해에 『神學指南』에 게재되었으나 왕좌화의 『默示錄研究』보다는 8개월이 늦은 10월부터 연재되었다.

왕좌화는 "默示錄은 主의 날 곳 예수 再臨에 屬혼 冊이라"[138] 하여 계시록의 주제를 재림으로 보았으며, 특별히 "默示錄은 모든 先知書에 말슴혼 主 예수의 再臨을 드러내여 붉힌 거시니 (중략) 요한의 默示는 主 예수의 再臨을 ᄀᆞ르친 全書로다"[139]라 하여 예언적인 면에서 계시록이 구약과 상응관계에 있음을 강조했다. 특별히 구약성경 다니엘과 관련해서는 다니엘이 계시로 보았던 것도 다니엘 자신에게 관계되었던 일이 아니라 말세에 관계된 일이었다는 점을 부각시킴으로써 '예언(구약)－성취(말일)' 의 도식을 보여주었다.

> 舊約 다니엘의 본 것은 다니엘의게 關係가 아니오 末世에 關係인고로 이 말을 緘封ᄒᆞ야 末期를 苦待ᄒᆞ라 혼 거시나 新約 요한의 본 거슨 모든 信徒의게 關係됨으로 하나님이 特別히 요한을 命ᄒᆞ야 이 冊의 豫言을 緘封치 말나 홈은 其日이 갓가옴이니라[140]

또 한 가지 왕좌화가 심사숙고하여 제시하는 논점은 계시록을 교회사기로 보아야 할 것인가 아니면 주의 날에 관계된 책으로 보아야 할 것인가에 대한 문제이다.

> 默示錄을 講解ᄒᆞᄂᆞ 者가 兩派가 잇스니 一派의 말은 默示錄은 敎會史記니 요한이 冊 지을 時브터 主 예수 再臨時 곳 모든 對敵을 滅홀 時짜지라 ᄒᆞ고 一派의 말은 默示錄은 主의 날에 關係된 말슴이니 主 예수의 再臨을 ᄀᆞ르치신 말슴이라 ᄒᆞᄂᆞ니라"[141]

---

138) 왕좌화, "默示錄研究", 『聖經雜誌』 1권 1호 (1918년 2월), 61. 그는 또 계시록은 주 예수 그리스도의 나타나신 일을 의론(議論)하신 책이라고 하여 재림에 초점을 맞추었다. Ibid., 64.
139) Ibid., 61.
140) Ibid., 61.
141) Ibid., 60.

그는 이 문제와 관련하여 계시록에 기록된 내용들이 "已往 目覩혼 일", "現今 잇 눈일"[142]이라 하여 교회사기적인 일면을 언급하기도 하지만, 사도 요한이 재림에 관 련된 계시를 주일에 받았다는 점에 의미를 두어 계시록을 단순히 교회사기로 간주 할 것이 아니라 주일에 관계된 책으로 보아야 한다고 주장했다.[143]

이 저서의 전체적인 윤곽은 내용상으로 공중재림과 휴거, 환난의 날과 이스라엘 의 연단, 적그리스도의 출현, 그리스도가 통치ㅎ는 천년왕국, 백보좌 심판, 영원세 계의 순으로 전개되어 있어 세대주의적 전천년설을 따랐다. 특별히 주목할 만한 점 으로서 최후의 심판 후에 도래할 영원한 세계와 관련하여 "新天新地 곳 새예루살 넴"이라 함으로써 신천신지와 새예루살렘을 동일시했다.

> 一은 主 예수가 空中再臨ㅎ샤 聖徒를 迎接ㅎ야 놀나갈 일을 말솜ㅎ야 (중략) 二눈 聖 徒가 空中에 迎接홈을 닙은 後에눈 하ㄴ님이 이스라엘을 煉燉 ㅎ시리니 (중략) 三은 이스라엘人이 煉燉을 밧은 後에 하ㄴ님이 다시 福을 주시리라 (중략) 四눈 敵그리스 도가 末世代에 니러나리니 (중략) 五눈 主 예수가 平安혼 王國을 세우실 째에 一千年 동안 萬國王이 되시리니 (중략) 最後에 흰 寶座의 審判이 잇스리라 (중략) 흰 寶座에셔 審判ㅎ신 後에 新天新地 곳 새예루살넴 사롬의게 나타나실 일을 議論ㅎ엿ㄴ니라[144]

④ 정의화의 『默示錄의 大槪』(1918-19년)

중국인 정의화의 『默示錄의 大槪』는 평양신학교 기관지인 『神學指南』이 처음 발 행되던 해인 1918년에 제 1권 3호부터 1919년 10월 제 2권 3호까지 계속 연재되었 다. 『神學指南』에 최초로 연재된 종말론 관련 문헌이었던 만큼 당시 장로교단에 속 한 신학생들의 이목이 집중된 작품이었을 것이다.

정의화는 이 저서에서 '主 예수의 再臨', '敎會의 豫備혼 天國', '主의 日은 卽 審 判日', '世界末日 審判時', '善惡의 大戰爭', '世界最末에 大災難', '將來에 得홀 大 喜樂' 등 모두 일곱 가지의 논점들을 순차적으로 전개했다.

---

142) Ibid., 65.
143) Ibid., 64.
144) Ibid., 62–65.

그는 계시록의 대개를 논함에 있어 주의 재림은 "信徒의게 最히 緊要흔 題目"[145] 이며 "默示錄書 中에 最히 큰 題目"[146]이라 하여 재림이 계시록의 주제라고 밝혔다. 그는 아예 "新約聖經中에 要緊흔 問題는 卽 我 主 예수 그리스도의 再臨이라"[147] 하여 재림을 신약전체의 중요한 주제로 인식했으며, 계시록이 기록된 의의를 논함에 있어서도 그리스도의 재림이 곧 성도의 희망이라고 강조했다.[148]

정의화는 '第 一論說 主 예수의 再臨'에서 '空中으로 降臨', '引上'(휴거— 본 연구자 주), '世界大審判의 災難을 脫出', '羔羊의 婚姻日期', '主와 흠끠 臨'(지상재림— 본 연구자 주) 등을 논함으로써 세대주의적 전천년설을 받아들였다.[149]

독특한 내용으로서 유대 12지파의 144,000명의 숫자 중에 단지파가 제외된 점에 대해서는 단지파가 죄악의 종자를 심어 이스라엘로 하여금 범죄하여 우상을 숭배하도록 한 일에 연유하지만 장래 천국이 지상에 이루어질 때 단지파 역시 일부 사죄의 은총을 받게 될 것이라고 보았다.[150] 길선주는 이 문제와 관련하여 창세기 49:16에 근거하여 단지파에서 부정모혈(父精母血)로 태어난 마성인신(魔性人身)의 적그리스도가 출현할 것으로 보았다.

정의화는 각별히 현세의 직업에 대한 관심을 고취하려는 노력도 보여주었다. 그는 주의 재림날짜는 알 수 없다는 점을 들어 재림을 열망한 나머지 직업을 버리는 등 현세의 삶을 등한시하는 사람들을 비판함으로써[151] 이지명이 그랬던 것처럼 현세와 내세를 단절로 보려는 이원론을 경계했다.

무엇보다도 정의화의 독특한 주장은 '千年平安國'(천년왕국)[152] 후에 임할 영원한 세계를 논한 데서 발견할 수 있으며, 길선주의 삼계론과도 매우 유사하다는 점에서 상호 비교해 볼 만한 가치가 있다. 그는 하늘과 땅이 서로 근접하는 양상으로서 하늘로부터 내려와 땅에 접근해 있는 '천상의 新예루살렘'과 땅 위에 동시에 존

---

145) 정의화, "默示錄의 大槪", 『神學指南』 1권 3호 (1918년 10월), 57.
146) Ibid., 58.
147) 정의화, "主再臨時에 聖徒의 先낡得救論", 18.
148) 정의화, "默示錄의 大槪", 『神學指南』 1권 3호 (1918년 10월), 58.
149) Ibid., 62–63.
150) 정의화, "默示錄의 大槪", 『神學指南』 1권 4호 (1919년 1월), 56–57.
151) Ibid., 57.
152) 정의화는 '천년왕국'을 '千年平安國'이라 했다. 정의화, "默示錄의 大槪", 『神學指南』 2권 3호 (1919년 10월), 61.

재하는 '지상의 예루살넴' 을 논했다.

> 本書(계시록- 본 연구자 주) 二十一章을 查察호즉 地上天國과 新예루살넴을 言홈이
> 잇스니 所謂 新天新地는 如何호 거신지 余도 斷定치 모스나 但 原文을 査察호면 곳
> 天과 地가 接近호여지는 뜻이라 新예루살넴이 天으로부터 느려와 地와 接近홈을 表
> 明홈이니 에스겔 四十章으로 四十八章역지 보면 新예루살넴이 시온山上에 잇슴을
> 論혼 거시니 是로 由호야 天上에 新예루살넴이 잇슴을 可히 알지니 能히 吾儕로호여
> 곰 歡喜踊舞케 호는도다 [153]

결국 정의화는 영원세계를 논함에 있어 '천상의 新예루살넴', '지상의 예루살넴'
그리고 지옥을 의미하는 '火坑' [154] 등 모두 삼계를 주장한 셈이다. 이 세 처소는 길
선주가 논한 '새예루살넴', '無窮安息世界', '硫黃불 地獄' 의 삼계론과도 일치하는
데 정의화가 주장하는 '천상의 新예루살넴' 은 길선주가 주장하는 '새예루살넴' 에,
'지상의 예루살넴' 은 '無窮安息世界' 에, '火坑' 은 '硫黃불 地獄' 에 해당된다.
　정의화는 '지상의 예루살넴' 은 부활한 유대인들이 살면서 세계를 관할할 처소
요, '천상의 예루살넴' 에는 주의 성도들이 거할 처소이며, 두 세계는 접근해 있기
때문에 서로 왕래할 수 있다고 보았다.

> 地上의 예루살넴은 各國으로 더브러 無異호야 유대人이 復活홈을 因호야 地上의 예
> 루살넴에 臣호야 世界各國을 管轄홀 거슬 宜當히 알 거시오 天上 예루살넴인즉 主
> 예수 그리스도의 聖徒들이 居홀지니 不過 天地가 接近호야 上下의 往來홈이 잇슬 짜
> 름이오[155]

길선주 역시 자신의 삼계론에서 '새예루살넴' 의 신자들이 '無窮安息世界' 에 왕
래할 수 있다고 주장함으로써 이 점에 있어서는 정의화의 견해와 일치한다. 그러나

---

153) Ibid., 51-52.
154) 정의화는 지옥을 '火坑' 이라 했다. Ibid., 51.
155) Ibid., 54.

차이점이라면 정의화가 두 세계는 접근해 있어 상하(上下) 왕래할 수 있다고 본 반면, 길선주는 '새예루살넴'에 거하는 성도들만이 '새예루살넴'과 '無窮安息世界'에 왕래할 수 있는 복을 누릴 수 있다고 보았다는 점이다. 또한 정의화가 '지상의 예루살넴'은 부활한 유대인들의 처소요 '천상의 예루살넴'은 주의 성도들이 거할 곳이라고 이해했지만, 길선주는 '새예루살넴'은 부활체의 성도들이, '無窮安息世界'는 천년왕국에서 가취생산을 하며 생활하던 비부활체 성도들이 들어가게 될 장소라고 보았다.

이상 길선주, 스왈런, 정의화가 논하는 삼계를 서로 대응해 보면 다음 [도IV-2]와 같다.

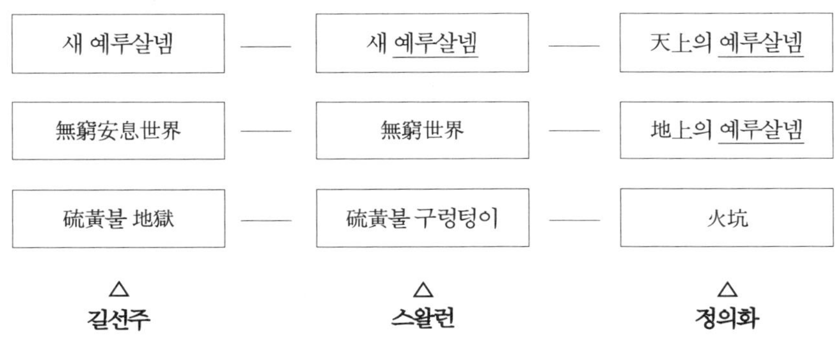

[도IV-2] 길선주, 스왈런, 정의화의 삼계 대응

정의화의 글은 『神學指南』에 소개된 『默示錄의 大概』 외에도 두 편의 소논문이 1920년과 1921년에 게일에 의해 『聖經雜誌』에 별도로 번역 소개되었다. "主再臨時에 聖徒의 先站得救論"(1920년)에서는 "末時의 最大災難에 니르러서는 敎會가 其 內에 잇지 아니리니 信者는 眞道를 직혀 將來를 保護ᄒ야 極大호 榮耀와 快樂을 엇음이 엇지 조치 아니리오"라 하여 재림을 내다보는 성도가 지켜야 할 본분을 강조했다.[156] "예수의 再臨과 敎會의 關係"(1921년) 역시 대환난기에 교회가 받게 될 구원을 논하면서 "춤고 主의 道를 직히며 此日(재림의 날– 본 연구자 주)을 기디려 希

望의 目的을 到達ᄒ라"[157] 함으로써 항상 인내하며 주의 도를 지키는 삶을 살 것을 권고했다.

⑤ 부룩스의 『주지림론』(베어드 역, 1922)
『주지림론』을 번역하여 소개한 베어드는 역서의 서문격에 해당되는 '쥬지림론셔'(主再臨論序)에서 저자인 부룩스에 대해 "미국 교회 학쟈 중 성경을 깁히 공부ᄒ야 션히 히셕ᄒᄂ 선싱"이며, "쥬지림ᄒ시ᄂ 리치에 디ᄒ야 더욱 분명히 말ᄒ니라"[158] 하여 성경에 근거하여 재림론을 연구한 학자라고 소개했다.

부룩스는 저서의 첫 장 '지강림에 디한 ᄉ도의 교훈'에서 재림의 의의를 만물의 회복에 두었다.

> "만물을 회복ᄒ기 시작ᄒ실 째에 반ᄃ시 하ᄂ늘이 예수를 도로 주리니 이것이 셰샹 처음브터 션지쟈들노 ᄒ신 신령흔 믁시의 대지(大旨)가 되엿ᄂ니라"[159]

또한 "쥬의 지림ᄒ심이 홀노 ᄒ나되는 소망"[160]이요, 예수 그리스도께서 오셔서 왕국을 세우실 것을 바라는 신자들의 바램이야 말로 다른 모든 소망을 다 포함한다[161]고 보아, 주의 재림과 천년왕국이 곧 성도들의 지그(至高)의 소망이라고 강조했다.

부룩스는 그리스도의 공중재림으로부터 영원세계의 도래에 이르기까지 전개되는 전 역사를 공중에서 백성들을 모으심, 첫째부활, 참 교회를 데려가심, 지상에서의 첫 삼년 반과 마지막 삼년 반 동안 적그리스도의 활동, 적그리스도의 감금, 천년왕국, 적그리스도의 해방과 유황불 심판, 영생의 세계 도래 순으로 전개하여 세대주의적 전천년설의 도식을 따랐다.[162] 주지할 점은 무엇보다도 그의 세대론이다. 그는 세대론을 전개함에 있어 하나님과 사람이 상관된 역사를 무죄시대, 양심시대,

---

156) 정의화, "主再臨時에 聖徒의 先站得救論", 22.
157) 정의화, "예수의 再臨과 敎會의 關係", 7-8.
158) W. M. Baird, "쥬지림론셔", J. H. Brooks, 『쥬지림론』, 1('서문').
159) J. H. Brooks, 『쥬지림론』, 5-6.
160) Ibid., 136.
161) Ibid., 16.
162) Ibid., 195-202.

족장시대, 율법시대, 주의 인신 사역시대, 은혜시대, 천년시대 등의 일곱 세대로 구분하고, 모든 시대가 사람의 실패로 끝날 것이라고 보아[163] 세대주의자들이 그랬던 것처럼 전통적인 언약신학과는 거리를 두었다.

한 걸음 더 나아가 부룩스는 모든 시대가 사람의 실패로 끝날 것이라는 이 논리에 입각하여, 우리가 살고 있는 현재의 은혜시대 역시 세상 끝은 평화롭지 못할 것이라고 주장함으로써 평화가 도래할 것이라고 낙관하는 후천년설자들을 혹평했다. 부룩스는 비록 교회가 자유와 지혜와 도덕을 펼쳐 천년세계를 이룬다 할지라도 이는 거짓 천년세계가 될 것이라고 단언했으며, 오히려 세상의 끝은 후천년설자들의 입장과는 달리 그리스도를 대적하는 무리가 일어나고 거짓선지자와 악한 세력이 팽배해 질 것이라고 보았다.

> 만일 교회가 셰력을 펴셔 학원을 셜립ㅎ야 그리스도교의 문명의 능력을 가지고 인류로 ㅎ여곰 즈유와 지혜와 도덕을 일층 더ㅎ게 홀지라도 엇더ㅎ 쳔년셰계가 되겟ㄴ뇨 슯흐다 거짓 쳔년셰계가 될 뿐이라[164]

> 만일 현금 그리스도 지림ㅎ시기 전에 졍의가 득셰홀 것 굿흐면 마태복음 二十四五쟝에 긔록혼 九十七졀이나 되ㄴ 긴 말숨 가온더라도 쥬씌셔 이에 더ㅎ야 말숨ㅎ신 바가 업슴이 과연 이샹ㅎ도다 그러나 쥬씌셔 붉히 말숨ㅎ시기를 「그 쌔에 여러 사롬이 나를 슬혀ㅎ야 서로 잡아주고 서로 뮈워홀 것이오 거짓 션지쟈가 만히 니러나 여러 사롬을 미혹ㅎ게 홀 것이오 악흔 것이 셩홈으로 만흔 사람의 소랑이 졈졈 식으되 (중략) 텬국 복음을 온 셰샹에 젼ㅎ야 모든 빅셩의게 증거혼 후에 끗이 니르리라」[165]

부룩스는 저서의 말미에 '파슈군이여 밤이 어ㄴ 쌔나 되엿ㄴ냐' 라는 별도의 부록편을 마련하여 세상이 점차 나아질 것이라고 기대하는 후천년설을 배격하기 위해 근거가 될 만한 일곱 가지의 사례들을 제시했는데 불신자들의 성행, 죄와 마귀의

---

163) Ibid., 137–155.
164) Ibid., 47–48.
165) Ibid., 55. cf. 53.

세력의 흥왕, 죄의 총계표, 노동자들의 파업행의, 전쟁과 공산주의에 관한 뉴스거리들, 신자들을 미혹하는 거짓 선지자들의 활동, 늘어가는 음주량 등을 들었다.[166]

부룩스의 이러한 견해를 길선주의 재림톤과 대조해 볼 때 길선주가 병세치유론적 재림론에 입각하여 후천년설을 배격했다는 점에서는 부룩스의 견해와 일치하지만, 길선주가 언약신학을 견지함으로써 각 세대를 실패로 간주하지 않은 반면 부룩스는 일곱 세대의 모든 시대가 사람의 실패로 끝날 것이라고 보았다는 점에서 분명한 차이가 있다.

부룩스의 주장들 중에 독특한 내용이라면 적그리스도에 대한 개신교 종교개혁자들의 해석과 관련하여 교황과 천주교의 사적으로 적그리스도에 대한 예언이 응했다고 주장하는 이들의 견해를 논박한 점이다. 그는 교황이 적그리스도와 비슷하긴 하지만, 이 세상 끝에 적그리스도가 형체를 이루어 사단의 권세로 이적을 행하는 시대가 도래할 것이기 때문에 교황과 천주교를 적그리스도라고 단정하는 것은 무리라고 일축했다.[167] 또 유보적인 입장을 취하기는 했지만, 주께서 승천하실 때 그 곁에서 재림하실 것을 전하던 두 사람, 변화산에서의 모세와 엘리야, 주의 무덤에 있던 두 사람, 그리고 적그리스도가 활동할 대 나타날 두 증인이 모두 동일한 인물들일 수도 있다고 보았다는 점도 독특하다.[168]

⑥ 『묵시록주셕』(클락, 밀러, 데밍 공역, 1922)

클락, 밀러(E. H. Miller), 데밍(C. S. Deming) 등 세 사람이 번역하여 1922년에 『묵시록주셕』이라는 서명으로 조선야소교서회에서 출판한 이 책은 무천년설의 입장을 견지한 저서로 1913년 민준호가 『묵시록주셕』이라는 서명으로 번역하여 동양서원(東洋書院)에서 발행했던 것을 약간의 손질을 거쳐 야소교서회(耶蘇教書會)에서 재판한 것에 불과하다. 왜냐하면 두 『묵시록주셕』은 사실상 같은 번역서이기 때문이다(내용은 계속되는 4) ①의 『묵시록주셕』(민준호 역, 1913년)을 참고할 것). 다만 민준호가 번역한 『묵시록주셕』에는 성경의 본문이 먼저 소개된 후에 계속해

---

166) Ibid., 206–213.
167) Ibid., 66–67, 78, 81.
168) Ibid., 2–3.

서 매 장절이 주석되어 있지만, 클락, 밀러, 데밍 등이 공역한 『묵시록주석』에는 성경의 본문은 별도로 소개되지 않은 채 매 장절이 주석 되어 있다는 점, 그리고 맞춤법이 좀 더 현대화되어 있다는 점만이 다를 뿐이다.

민준호가 번역한 『묵시록주석』은 동양서원에서 발행되었으나 분매소(分賣所)는 야소교서회라고 되어 있으며, 출처를 게재하는 면에 '複製不許'의 문구가 들어가 있다.[169] 그런데 클락, 밀러, 데밍이 공역한 『묵시록주석』의 출처를 게재한 면에는 역자 표기 란에 분명히 "譯述人 美國人 郭安連 牧師"(곽안련은 클락의 한국명), "同 美國人 密義斗 牧師"(밀의두는 밀러의 한국명), "同 美國人 都伊明 牧師"(도이명은 데밍의 한국명)로 되어 있으며 '版權所有'의 문구까지도 명기되어 있는데[170], 어떻게 번역 문장까지도 일치하는 동일한 번역서가 9년의 간격을 두고 다른 역자들에 의해 다른 출판사에서 소개되었는지는 알 수 없다.

⑦ 베어드의 "쥬의 지림에 딕한 성경의 교훈"(1926년)

베어드는 『神學指南』에 게재한 소논문 "쥬의 지림에 딕한 성경의 교훈"에서, 먼저 서두에 주의 재림은 신자의 소망과 안위가 된다는 점을 밝혔다.[171] 재림시기와 관련해서는 "아모쌔던지 오시리니 「찌여 잇슬 거시오」"[172]라고 하여 하나님의 주권에 속하는 일로 돌렸다.

베어드가 주님이 재림한다고 해서 세상 끝은 아니라는 입장을 취한 점과[173] 또한 성인들과 더불어 세상에서 왕노릇할 것이라[174]고 한 점으로 미루어 그는 분명히 전천년설의 입장을 지지했다고 볼 수 있다. 그가 주께서 오실 때에 살아있는 성도들의 몸이 변화할 것이라고[175] 언급한 내용은 첫째부활을 의미하는 것으로 보인다.

그는 주의 재림의 형상과 관련하여 '인상'(引上, rapture)과 '출현'(出現, revelation)이라는 두 가지의 형상[176]을 논했는데, '인상'은 공중재림을, '출현'은

---

169) 『묵시록주석』(閔濬鎬 譯), 마지막 면의 '출처'.
170) 『묵시록주석』(클락 외 2인 공역) 마지막 면의 '출처'.
171) W. M. Baird, "쥬의 지림에 딕한 성경의 교훈", 70.
172) Ibid., 71.
173) Ibid., 70.
174) Ibid., 70.
175) Ibid., 72.

지상재림을 의미한다.

> 쥬의 지림의 두 가지 형샹이 잇슴을 주의홀지니 뎨 일은 그 셩도들을 다리고 가시기
> 위호야 오심은 인샹(引上) Rapture이라 칭호고 둘재는 그 셩도들을 다리고 ᄂᆞ려오
> 실 거시니 이는 츌현(出現) Revelation이라 칭호ᄂᆞ니라 현지 슌식간과 인샹의 두 ᄉᆞ
> 이에는 예언호신대로 되여야 홀 일은 업ᄂᆞ니 명령호시기를 ᄯᅵ여잇스라 호엿도다 그
> 러나 왕노릇호러 그 셩도들과 홈ᄭᅴ 츌현 곳 영광으로 강림호시기 젼에는 몬져 징죠
> 가 잇스리라 인샹은 혹 비밀히 될 거시오 츌현은 모든 사룸이 다 보리라[177]

앞서 살펴본 것처럼 베어드가 번역한 부룩스의 저서 『쥬지림론』이 세대주의적
전천년설에 입각해 있고, 베어드가 서문에서 부룩스를 성경을 깊이 연구한 학자로
호평한 일이며, 부룩스가 재림의 이치를 분명히 말했다고 평가한 점 등으로 미루어
볼 때 베어드는 분명히 세대주의적 전천년설에 동의한다.

⑧ 김정현의 『末世論』(1928, 1935년)

김정현의 저작 『末世論』은 1928년에는 창문사(彰文社)에서, 1935년에는 강대사
(講臺社)에서 발행되었다. 1935년판은 1928년판의 문체를 수정하고 내용을 좀 더
증보하여 내놓은 수정증보판에 해당된다. 특히 제 1장에 편성되어 있는 '재림에 대
한 주장'은 상당부분 다른 내용들로 대체되어 있다.

1928년판에서는 '자서'(自序)에서 길선주 목사에게서 직접 교수 받은 내용을 기
초로 하여 게일의 저술인 『예수지림론』, 베어드의 저술인 『쥬재림론』 및 기타 연구
를 통해 저술했다고 밝혔으며[178], 1935년판 '서론'에서는 길선주 목사, 『예수재림』,
『주재림론』, 『확실한 재림』, 기타 연구 중에 얻은 자료들로 수정하여 1926년판을

---

176) 정의화와 박형룡은 '인상'(引上)이라는 용어를 '휴거'와 동일한 의미로 보았다. 정의화, "默示錄의 大槪",
　　 『神學指南』 1권 3호 (1918년 10월), 62. 박형룡, 『敎義神學: 來世論』(서울: 韓國基督敎敎育硏究院, 1983),
　　 203. 박형룡은 'rapture'를 '현현'으로 번역하고, 그리스도가 지상에 임하는 개념으로 보았다. 박형룡의
　　 같은 문헌, 207.
177) W. M. Baird, "쥬의 지림에 뎌한 셩경의 교훈", 73-74.
178) 김정현, 『末世論』(1928년), 2('自序'). 실제 『예수지림론』은 게일이 번역한 블렉스톤의 저서이며, 『쥬재림
　　 론』은 베어드가 번역한 부룩스의 저서일 것이다.

재판(再版)한다고 밝혔다.[179] 이 1935년판의 표지에는 "吉善宙 牧師 講述 金正賢 牧師 編者"이라고 기록되어 있으며, 김정현이 본문 앞에 별도로 쓴 '서론'은 길선주가 소천하기 불과 두 달 전인 9월에 작성한 것으로 되어 있다.

김정현은 재림론에서 "저주받은 세상을 청결하야 저를 영접할 만하게 될 지니 이거시 만물의 완성이요 인유에 리상이며 신의 조화에 목적이다"[180] 하여 재림의 의의를 세상의 정화에 둠으로써 길선주의 병세치유론적 재림론과 일치된 견해를 보여주었다.

김정현의 『末世論』은 전체적인 윤곽에 있어서는 길선주의 『末世學』을 상당부분 발췌 편집하여 재구성함으로써 그의 세대주의적 전천년설을 답습했다고 간주할 수 있을 것이다. 그러나 저서의 장절별 내용을 전개할 때는 새롭게 자신의 논지를 더하거나 자료들을 추가로 입수하여 자신의 표현으로 소화하여 정리한 내용들도 많다. 예컨대 길선주가 세대를 무죄시대, 양심시대, 인권시대, 허락시대, 율법시대, 은혜시대, 안식시대 등으로 나눈 반면, 김정현은 구약시대, 교회시대, 공중시대, 환난시대, 천년시대, 무궁시대 등으로 구분했다.[181] 또 천년왕국 기간과 관련하여 길선주는 인간이 무병장수할 수 있는 근거로서 풍부한 라듐과 비타민 정도를 소개했지만, 김정현은 더 많은 정보를 활용해서 지구의 청결, 공기의 청결, 마귀의 부재, 인구감소, 위생지식의 풍부와 아울러 가성가리(苛性加里), 취소, 멕니시엄, 석고, 식염 등의 화학원소들이 풍부하여 황금시대를 이룰 것이라고 설명했다.[182]

그는 공중혼인연석이 이루어질 '공중'에 대해서도 독특한 견해를 보여주는데 이 점에 대해서는 다음의 무궁세계에 대한 설명 둘째 항에서 별도로 살펴볼 것이다.

무엇보다도 김정현과 길선주의 주장을 대조해 볼 수 있는 인상적인 논점이라면 무궁세계일 것이다. 김정현 역시 길선주와 마찬가지로 삼계를 주장했다.

첫째, 길선주는 지구가 새롭게 개조되어 '무궁안식세계'가 이루어질 것으로 보았는데 김정현 역시 '신천신지'를 설명함에 있어 지구가 신선하게 만들어져 에덴

---

179) 김정현, 『末世論』(1935년), 3('서론'). 역시 『예수재림』은 블렉스톤의 저서이며, 『쥬재림론』은 부룩스의 저서일 것이다. 『확실한 재림』은 백남석과 고든이 공역한 해리슨의 저서이다. 본 연구자는 1928년판은 입수했으나 1926년판은 확인하지 못했다.
180) 김정현, 『末世論』(1935년), 1.
181) Ibid., '下篇 각 세대 분해. 구원의 리상'
182) Ibid., 87-90.

동산으로 회복될 것이라고 주장하여 길선주의 우주개조론과 의견을 같이 했다.

> (벧후三10 · 13) 체질이 풀어진다 함은 우주에 형세가 받괸다 함이요 상전벽해가 되여 높고 낮은 것을 변화하야 화려한 천지를 만들 것이다. 지구는 지진으로 소화되고 하늘 즉 공기는 불에 청결하야 좋은 천지를 만들 것이다. 지구를 소멸한다 함은 없어진다 함이 아니요 불노 악한 질을 소멸하야 신선하게 만들어서 에덴동산을 회복하는 것이다.[183]

둘째, 길선주는 '새예루살넴', '무궁안식세계', '유황불 지옥' 의 삼계를 주장하여, '새예루살넴' 에는 부활체 성도들이, '무궁안식세계' 에는 비부활체 성도들이, '유황불 지옥' 에는 불신자들이 거할 것으로 설명했는데, 김정현은 '천당' 을 셋으로 나누어 제 1천인 '신천신지', 제 2천인 '공중', 제 3천인 '새예루살넴' 등의 처소로 설명했다. 그에 의하면 '신천신지' 는 새롭게 개조된 지구이며, '공중' 은 공중재림 시 혼인연석이 이루어지는 곳이며, '새예루살넴' 은 하나님의 도성이자 직접 하나님을 섬기는 가장 복된 장소에 해당된다. 특히 제 2천인 '공중' 은 범죄한 천사가 그 지위를 떠나서 점령했던 곳으로 후일 마귀가 쫓겨나고 공중혼인연석이 이루어질 이상향으로 보았다는 점이 독특하다.

> 우리에 믿고 바라는 천당이라고 하는 것이 세 가지 등분이 있는 듯 한데 바울이 묵시에 본 바 三층천이란 것을 의지하야 좌기 세 가지로 설명한다. 【一】제 一천은 신천신지—(뮥二十一1 벧후三13) 이는 이 천지를 변화하야 화려한 에덴동산을 회복한 것이요 【二】제 二천은 공중—(살전四17) 이는 우주 가온대 어느 별인지 알 수가 없다. 범죄한 천사가 그 지위를 떠나서(유6) 이곳을 점영한 듯 하며(엡二2) 지상에 와서 아담을 범죄케 하고(창三1 · 6) 지상도 점영하야 지상과 공중에 권세를 다 잡았으며(눅十18 요十四30) 교회가 공중에 들여 놀나간 때에 마귀가 대적함으로 천사가 응전하야 이기고(뮥十九14 十七14) 마귀가 지상으로 쪼껴나리는 동시에(뮥二9 요十二31)

---

183) Ibid., 93.

지상에는 대환란을 이루게 되고 공중에는 성도에 이상향을 이루게 되는 것 같다. 【三】제 三천은 새예루살넴-(믁二十一—9·27) 이 세상 나라에도 도성이 있고 도성 안에는 임군에 궁성이 있는 것 같이 우주에 모든 세계를 통치하는 도성이요 하느님에 궁성이라 그 모양에 아름다움과 영광에 풍성함이 비할 데 없으며 여기는 성전에 필요가 없이 개인이 즉접으로 하느님을 섬기며 이 세상이 아닌고로 인원이 상관없이 어린양에 빗 가온대 생활하며 신천신지에는 이 세상을 변화한 것인고로 인원이 상관있다(믁二十一—10·27)[184]

김정현이 논하는 무궁세계는 길선주의 무궁세계와 비교해 볼 때 자세한 내용에는 차이가 있지만 결국 유사한 논리의 삼계론을 주장한 셈이다. 다만 김정현이 별도의 2층천으로 구분한 '공중'은 길선주가 말하는 '공중 혼인연석'의 '공중'과 같은 처소에 해당된다.

⑨ 가옥명의 『來世論』(정재면 역, 1931년)

중국인 가옥명이 원저자로 되어 있는 이 저서는 '종말', '말세' 혹은 '묵시' 등의 단어가 들어가는 명칭 대신 '내세'라는 용어를 채택하여 저서명을 『來世論』이라 명명했다는 점에서 이채롭다.

가옥명은 저서 제 1장의 주제를 '來世의 必有'라고 설정하여 불가시적인 내세의 관념을 소개했는데, 무형의 세계, 영의 세계, 영혼의 영의 세계와의 감응(感應), 영혼의 영원성, 하늘에 속한 영혼의 의미 등을 부각시켰다.

現今科學은 다만 目觀耳聞하며 鼻奧手觸할만한 것을 말하고 그러치 안은 것은 말할 것이 업다 하나니 이는 곳 有形의 世界를 承認하고 無形의 世界를 否認함이라 換言하면 이 말은 卽 靈의 世界를 否認하고 짜라서 사람의 靈까지 否認함이니 이는 卽 形形色色한 天然界 外애 오히려 不可思議한 靈世界가 잇슴을 不知함이오 쏘한 우리 身體가 物質界와 接觸하고 우리의 靈魂이 靈世界로 더브러 感應함이 잇슴을 故意로

---

184) Ibid., 95.

承認치 아니함이라 (중략) 우리의 眞我의 本體는 永遠히 存在한 靈魂이니 (중략) 靈魂은 하날에 屬함으로 決코 血체으로 더브러 갓치 도라가며 消滅되지 아니할지라 觀念이 이와 갓흔즉 엇지 來世의 觀念이 업스리오[185]

가옥명의 천년왕국론은 공중재림, 의인의 브활과 휴거, 성도들에게 주어지는 상, 어린양의 혼인연석, 지상의 대환난, 지상국민의 심판, 사탄의 감금, 환난기에 순교한 성도들의 부활, 그리고 천년왕국으로 이어지는 세대주의적 전천년설의 구도를 보여준다.[186] 그는 재림의 장소와 관련하여 "예수께서 올나가실 째에 임의 감람山 山頂에서 올나가섯슨즉 再臨하실 째도 쏘한 或 감람山에 설 것이라"[187] 하여 감람산이 도래 처소가 될 것으로 보았다.

가옥명은 전천년설과 후천년설을 대비하면서 평화로운 세계가 구현될 것을 낙관하는 후천년설을 부인하고 전천년설이 정당하다는 점을 변증했다. 그는 그 근거로서 천년왕국 전에 적그리스도를 징벌하시기 위한 그리스도의 사역, 교회의 부패, 재림전의 대환난, 성도들의 순수하지 못한 모습, 세계의 분요함, 재림 시의 성도들의 부활, 그리스도의 왕권, 재림을 기다릴 것을 말씀하신 그리스도의 경계, 성경에 세계가 점차로 개량되리라고 언급되지 않은 점 등을 들었다.[188] 이는 길선주가 논한 병세치유론적 재림론의 필연적 당위성과도 합치한다.

영원세계는 신천신지의 천국과 지옥의 두 처소로 대별했는데, 천국은 현존하는 세계가 사라지고 새로운 천국으로 교체되는 것이 아니라 단지 현 세계가 새롭게 개조되는 차원인 것으로 보았다. 그는 베드로후서 3:10 이하에 기록된 "체질이 뜨거운 불에 풀어지고"는 현 세계를 멸한다는 뜻이 아니라 낡은 것을 불살라 새롭게 재조(再造)함으로써 환연일신(煥然一新)하는 의미를 지닌다고 해석했다.

「하늘이 큰 소래로 써나가고 體質이 쓰거운 불에 푸러지고 (중략) 새 하늘과 새 짱을 바라보니 義가 거긔 居하리라」(벳후三10-13) 하엿스니 대개 불살온다 함은 滅함이

---

185) 가옥명, 『來世論』, 1-2.
186) Ibid., 34, 49-51.
187) Ibid., 33.
188) Ibid., 36-39.

아니오 實노 낡은 것을 불살오아 다시 새로온 것을 準備함으로 新天新地를 化成함
이니라[189]

우리가 聖經을 考察하면 眞實노 우리의 居生하는 世界가 반다시 불타바린다(벳후三
10) 하엿스니 다만 불탄다 함은 불노 化함인지 或 불노 씻씀인지 이에 對하야 原文文
義로 보면 불노 化하야 消失됨을 뜻함과 갓흔 바 대개 神의 不盡한 權能으로 말하면 亦
是 불의 鍊鍛을 지남으로 再造하야 (중략) 煥然一新케 할 수도 업는 것이 아니니라[190]

영원세계의 또 다른 세계인 지옥에 대해서는 영원한 '火谷' (불계곡)으로 묘사하
면서 '地獄' 이라는 용어 외에도 '無抵抗', '外邊黑暗', '無窮한 暗黑', '불구덩이'
라는 단어들로 표현했다.

불이 꺼지지 아니하야 火谷을 일우엇스니 聖經이 이를 地獄이라 하엿나니라 ⑵無抵
抗이니(묵九1 2 11) ⑶外邊黑暗이니(마八12, 二十二13) ⑷無窮한 暗黑이니(벳후二17)
⑸불구덩이니(묵二十10 15, 二十一8) 그곳에는 불과 硫黃이 잇서 苦難을 밧으리니[191]

⑩ 도슨의 『오는 소망』(고든 역, 1934년)
『오는 소망』의 원제목은 *The Hope of the Future*이며 장로교 선교사 고든에 의
해 번역되었다.

도슨은 그리스도의 재림은 미래에 일어날 사건에 대한 예언이라기보다는 하나님
께서 장차 이루시려고 하는 것에 대한 선언이며, 하나님의 마음 가운데 있는 영원
한 계획의 한 부분이라고[192] 봄으로써 하나님의 섭리에 따른 성취의 당위성을 강조
했다.

도슨은 계시록의 주제는 처음부터 끝까지 그리스도의 재림이라고 파악하고 신자
의 미래의 복락이 재림의 소망에 관련되어 있다고 보았다.

---

189) Ibid., 87.
190) Ibid., 94-95.
191) Ibid., 96.
192) W. B. Dawson, 『오는 소망』, 10-12.

신약성경 마지막 책의 제목은 처음부터 끝까지 그리스도의 재림 그것이다. 묵시록 첫 장에 다음과 같은 광고의 말씀으로 시작하엿다. 「볼지어다 그름을 타고 강림하시리니 각인의 눈이 반드시 보리라」. 이 묵시록의 중심되는 개선가는 「세상 나라이 우리 주와 그 그리스도의 나라이 되여 저가 세세에 왕노릇하시리로다」이다. (중략) 그런고로 전 신약성경을 통하야 보면 이 소망이 쟝차 나타날 큰 사건으로 우리 앞에 늘 보여줄 뿐 아니라 개인 신자의 모든 미래 복락도 다 이와 관련되여 잇는 것이다.[193]

도슨의 천년왕국론은 전천년설에 입각해 있다. 그는 천년왕국기에는 땅에 있는 모든 저주가 풀어져 비옥한 땅으로 회복되고, 인류는 평화를 누릴 것이며 이 모든 일들이 주께서 의로 다스릴 때 실현될 것이라며, 천년왕국 전에 재림이 먼저 있을 것이라고 확신했다.[194] 도슨은 귀인(貴人)의 비유틀 통해, 왕권을 얻으려고 먼 나라에 갔던 귀인을 신실하지 못한 사람들이 배척했지만 귀인이 돌아와서 징벌하는 광경은 곧 천년왕국 이전에 그리스도께서 임하는 혼상을 보여주는 것이라고 설명했다.[195] 후천년설에 대해서는, 세상의 점진적 개선을 기대하는 사람들이 흔히 겨자씨 비유와 누룩의 비유를 근거로 내세우려 하지만, 도리어 공중의 새는 악한 자를, 누룩은 악을 대표하는 것이기 때문에 전혀 타당하지 못한 변증이라고 비판했다.[196]

도슨의 천년왕국론에 있어서 무엇보다도 고무즈인 점이라면 세대주의적 전천년설이 아닌 역사적 전천년설을 논했다는 점이다. 당시의 종말론 관련 문헌들이 대체적으로 세대주의적 전천년설에 입각해 있었다는 점을 감안할 때, 역사적 전천년설을 취하는 도슨의 저서는 종말론 분야에서 독특한 위치를 점했다고 볼 수 있다. 도슨은 재림의 표적들을 논함에 있어 그 특징으로서 유대인과 그리스도인들을 무론하고 모두가 전쟁, 기근, 지진 그리고 거짓 그리스도의 핍박에 동참할 것이라고 이해함으로써 공중재림, 휴거 그리고 혼인연석 등으로 대변되는 세대주의적 전천년설을 따르지 않았다.

---

193) Ibid., 19–20. cf. 54.
194) Ibid., 22.
195) Ibid., 25–26.
196) Ibid., 28–29.

주께서 말슴하신 이 세대의 특증은 일반적으로 곤란한 시대로써 그 시대에는 전쟁, 기근, 지진이 늘 계속하여 이러날 것을 말슴하셧다. 거짓 그리스도가 이러나서 핍박하므로 또한 종교적 환난시기가 올 터이다. 예루살넴이 짓밟힐 터이오 유대인이나 그리스도인을 물론하고 모도 환난을 받는 때가 될 것이라 하셧다. 이 환난시기가 끝날 때는 그리스도의 재림이 확실할 것이다.[197]

천년왕국에 대해서는 그리스도가 시온에 앉아 열방을 유업으로 땅 끝까지 차지하여 왕권을 수행하실 것으로 보았으며[198], 평화는 소위 평화회의나 군비축소 등 인간의 노력에 의해서 이룰 수 있는 것이 아니라 오직 그리스도의 통치로서만 가능하다고 주장했다.[199] 길선주는 1921년 "平和의 曙"를 통해, 1차세계대전 이후 개최되었던 강대국들의 평화회의를 신뢰할 수 없다는 입장을 밝히고, 약한 자에게 세상의 평화는 주어지지 않을 것이라며 오직 하나님만을 의존할 것을 호소한 적이 있었는데[200], 고든의 견해와도 맥락을 같이 한다.

고든은 이 세상의 말세시기가 가까웠고 그리스도의 재림 또한 임박했다고 역설하면서도[201] 시기는 알 수 없다는 신중한 태도를 취했으며[202], 현세에서도 진실하고 의롭고 경건한 삶을 영위해야 한다[203]고 권계하여 현세와 내세를 일원론적으로 보았다.

2) 감리교단에서 소개한 종말론 관련 저서들
① 홍종숙의 『默示錄釋義』(1913년)
감리교의 종말론 관련 저서로서는 선교사 하디에 의해 『神學世界』에 연재된 소논문 형식의 『默示錄論文』과 『묵시록강의』 등도 있었지만, 이에 앞서 한국인에 의해 저술된 단행본 저서가 먼저 발행되었다는 것은 매우 의미 있는 일이 아닐 수 없

---

197) Ibid., 41. cf. 27.
198) Ibid., 23, 51.
199) Ibid., 51.
200) 길선주, "平和의 曙", 韓錫源 編, 『宗敎界諸名士講演集』(京城: 活文社書店, 1921), 39–42.
201) W. B. Dawson, 『오는 소망』, 48, 61, 62, 63, 64.
202) Ibid., 64.
203) Ibid., 55.

다. 홍종숙의 『默示錄釋義』는 앞서 살펴본 블랙스톤의 『예수의 지림』이 게일에 의
해 소개된 지 불과 3개월 후에 발행되었다.

　홍종숙은 계시록을 기록한 목적이 잔해 당하던 초대교회 당시의 교회와 신도들
로 하여금 장차 심판이 임했을 때 악인이 당할 일과 신자가 받게 될 영광을 알게 함
으로써 고난 중에도 신앙심을 견고하게 하고 간절한 소망을 품게 하려는 데 있었다
고 간파했다.

> 本錄의 主旨는 當時에 異端者와 反對黨이 蜂起ㅎ야 敎會와 信徒를 殘害홈으로 勢甚
> 危殆라 故로 主의셔 親現ㅎ샤 將次 世上이 屈服홀 것과 末日審判에 惡黨의 當홀 刑
> 罰이며 聖徒의 受홀 榮光의 如何홈을 요한으로 全敎會의게 告知ㅎ야 安慰ㅎ시고 諸
> 徒의 信仰心을 堅確케 ㅎ며 希望心을 深切케 홈이라[204]

　『默示錄釋義』는 약식 형태로 된 주석집의 성격을 지니며, 역시 세대주의적 전천
년설을 수용하여 계시록을 파악했다. 특히 그의 천년왕국론은 주께서 천 년간 왕으
로 행정하며 다스리심이 당연하고, 이로써 전 세계가 완전하게 굴복하리라는 승리
적 왕국으로 묘사되어 있다.[205] 또 독특하게 천년왕국에서의 '칠미'(七美) 즉 일곱
가지의 아름다움을 논하여 주님의 권세와 평화, 땅의 풍요로움, 경배 대상으로서의
유일신 사상 등을 부각시켰다. 이 중에서 오곡백과가 풍등(豐登)하다는 땅의 풍요
로움을 논한 대목은 길선주가 주장한 천년왕국에서의 비부활체 성도들의 가취생
산을 연상하게 해준다.

> 千年國時代의 形便
> 一, 魔鬼를 無底坑에 捉囚홈(世上을 迷惑치 못홈) 二, 主와 聖徒가 治世홈(公平됨)
> 三, 戰爭이 廢止됨 四, 人이 長壽를 享有홈(疾病과 苦難이 無홈) (사六五20 21) 五, 惡
> 獸와 毒虫이 絶無홈(道德의 隆化로 變化됨)(사六五24) 六, 五穀과 百菓가 豐登함(災
> 難과 年荒이 無홈)(욜三18 암九13) 七, 萬國人民이 예루살넴 聖殿에 會集ㅎ야 敬拜홈

---

204) 홍종숙, 『默示錄釋義』, '默示錄釋義例言'.
205) Ibid., 100.

(一神만 敬拜홈) (중략) 以上 七美가 具備호 安息世界라[206]

홍종숙에 의하면 신천신지는 현재의 천지와 만물이 변하여 거룩한 세계가 될 것이며 물이 변하여 육지가 될 것이라고 봄으로써, 길선주가 논한 우주개조론적 무궁안식세계 건설과 맥락을 같이 한다. 다만 차이가 있다면 육지의 생성과 관련하여 길선주는 천년왕국에서 지각변동에 의한 물의 융기가 있을 것으로 보았다는 점이다.

> (新天과 新地를 見호니 初天과 初地가 無) 罪로 因호야 受咀호 天地와 萬物이 變호야 聖世界가 됨이라(海도 또호 復有치 안터라) 現世界는 四分之三은 水로디 審判 後 溪川과 江河와 海洋이 變호야 陸地가 되고 居民이 煩盛(蕃盛의 오기인 듯ㅡ 본 연구자 주)호리라 [207]

② 하디의 『黙示錄論文』(1922년)과 『묵시록강의』(1924년)

감리교 선교사 하디는 1922년에는 『黙示錄論文』을, 이어서 1924년에는 『묵시록강의』를 『神學世界』에 연재하여, 앞서 1913년에 『黙示錄釋義』를 발표한 홍종숙과 더불어 감리교의 대표적인 종말론 관련 저서로 내놓았다.

하디는 계시록이 기록된 목적에 대해 속히 될 일을 고함으로써 성도들로 하여금 하나님의 뜻에 따라 거룩한 삶을 살게 하며, 환난 중에 인내하게 하며, 소망과 위안을 주려는 데 있다고 했다.

> 본셔의 목뎍은 속히 될 일을 고호려 홈이니 이 목뎍은 무움에 흥샹 긔억홀 것이지만은 쟝래일을 알게 홈은 신쟈들노 하느님의 뜻을 알아 뎌희의 싱활을 그 뜻에 합당호게 호려 홈이라 그 쟝래 될 일노 뎌희의 당홀 시험을 미리 알게 호심은 춤음으로 그 모든 시험을 이긔기를 준비케 홈이오 뎌희의 엇을 영광을 미리 말호심은 환란 즁에 셔라도 위안과 소망을 엇게 홈이니 (중략) 교회의 외부로 좃차오는 핍박시대와 니부에셔 싱기는 부패시긔에는 미혹밧기 쉬임으로 뎌희의게 쟝래일을 예고호야 용기 잇

---

206) Ibid., 100.
207) Ibid., 106.

는 소망과 거룩한 싱활노 인도홀 경고와 위안을 주랴 홈이니라[208]

눈여겨볼 점은 같은, 감리교 교단이었지만 홍종숙이 세대주의적 전천년설의 입장에 서 있다면, 하디는 전천년설과 후천년설 그리고 무천년설을 넘나들며 애매한 주장을 전개한다는 점이다. 길선주와 견주어 본다면 길선주는 병세치유론적 재림론과 우주정화론적 재림론의 성취에 의의를 두어 후천년설을 철저하게 배격하고 전천년설을 강조했다는 점에서 하디와는 분명히 노선을 달리한다. 다만 하디는 천년왕국론을 논함에 있어 완전하게 전천년설, 후천년설 혹은 무천년설 중의 어느 하나만으로 단정하지 않고, 세 가지의 천년왕국론이 지닌 특성을 두루 섭렵함으로써 포용적 혹은 유보적 입장을 취했다는 점에 유의해야 한다.

하디의 입장을 정리해 보면 다음과 같다.

첫째, 하디는 1922년에 『神學世界』에 연재한 소논문("默示錄論文")에서는 천년왕국론을 분명하게 언급했다. 그는 요한계시록 19:11로부터 22장에 이르는 해석 서두에서 "試驗者 사단은 一千年間 無底坑에 囚ᄒ니 此 期間은 卽 基督께셔 人生 中에 居ᄒ야 治理ᄒ시ᄂ 時라"[209] 하여 그리스도께서 친히 임재하여 천년 동안 치리하실 것이라는 전천년설을 주장했다.

둘째, 그러나 하디는 2004년에 『神學世界』에 연재한 소논문("묵시록강의")부터는 전천년설을 후천년설과 대비하여 조명하면서 전천년설에 대한 확정적인 주장을 보류하는 듯한 조심스런 입장을 취했다. 그는 전천년설과 후천년설이 서로 극단적으로 대립되는 주장들이라며, 주의 육체적 재림이 천 년 전이나 후에만 관계된 사실인지는 확실치 않다고 보았고[210], 천년의 기간에 대해서도 "일천년은 실상 그보다 더 긴 년한을 지시ᄒ는 표상 뿐이라"[211]는 새로운 의견을 내놓았다.

셋째, 천국과 재림의 점진성(漸進性)을 주장했다. 예수께서 죽으셨다가 부활하신 이후로 신령한 중대한 사변이 생길 때마다 천국은 계속적으로 발달해 간다고 보았

---

208) R. A. Hardie, "묵시록강의", 『神學世界』 9권 2호 (1924년 3월), 5. 저서에 기록된 성경의 장절은 생략했음. "默示錄論文"에서는 교회가 흥왕할 때나 박해를 받을 때에도 주의 재림을 기대하는 태도를 취할 것을 강조했다. R. A. Hardie, "默示錄論文", 『神學世界』 7권 2호 (1922년 3월), 8.
209) R. A. Hardie, "默示錄論文", 『神學世界』 7권 4호 (1922년 8월), 9.
210) R. A. Hardie, "묵시록강의", 『神學世界』 9권 2호 (1924년 3월), 19.
211) Ibid., 18.

으며, 오순절에는 성령으로, 예루살렘 멸망 시에는 심판으로 임하셨던 것처럼, 재림 역시 점진적(漸進的)인 성격을 지닌다고 이해했다.[212] 또한 주께서 승천한 때로부터 시작하여 하늘보좌로부터 인류 중에 천국을 건설하시고 천국으로 진보해 가지 못하도록 가로막는 모든 장애를 점점 제거해 가실 것이라고 낙관했다.[213] 이러한 견해는 그가 후천년설적인 입장을 염두에 두었음을 시사한다.

넷째, 일천 년 기한이 찬 후에 사탄이 잠시 동안 놓임을 받아 다시 백성들을 속일 것이며, 그 끝에 심판을 위한 주의 강림이 있으리라고 보았다.[214]

다섯째, 그리스도의 재림을 논함에 있어 신령적인 면과 육신적인 면 양자를 동시에 논했는데, 육신적인 면보다는 인류의 마음속에 강림하시는 신령적 재림에 더 큰 의미를 두었다.[215] 이는 하디가 무천년설적인 입장에도 상당히 매력을 느끼고 있었다는 점을 보여준다.

여섯째, 주의 재림이 있기까지 지상에는 교회의 전투적인 모습이 전개되겠지만 차츰 전투가 종결되고 재림이 이루어질 것으로 보았다. 하디가 말하는 싸움은 악한 짐승이 활동하는 시기이기 때문에 의인의 피 흘림과 여러 가지 거쳐야 할 환난뿐만 아니라 악한 사상, 악한 마음, 악한 정신과의 전투까지도 모두 포괄한다.[216]

이상의 주장들을 정리해 보면, 1922년의 소논문에서는 하디가 전천년설을 취했지만, 1924년의 소논문에서는 후천년설과 무천년설을 넘나드는 모호한 입장에 서 있었다고 평가할 수 있다.

3) 성결교단에서 소개한 종말론 관련 저서들

① 김상준의 『默示錄講義』(1918년)

김상준의 계시록 주석에 해당되는 『默示錄講義』는 감리교의 홍종숙의 저작 『默示錄釋義』(1913년)에 이어 종말론 관련 한국인의 두 번째 저작이자 성결교의 입장으로서는 최초의 저작이기도 하다. 본문 내용만 해도 무려 287면에 이를 정도로 당

---

212) Ibid., 19.
213) Ibid., 20.
214) Ibid., 20.
215) Ibid., 20.
216) Ibid., 21.

대에는 가장 방대한 분량이었다.

김상준은 계시록이 기록된 의의를 두 가지로 정리했는데, 신자들을 거스려 악을
행하는 자들을 벌하시고 신원해 주실 일과 재림의 소망을 위해 기록한 책이라 했다.

> 此 默示錄은 主쯰셔 當時의 迫害中에 在호 諸敎會信徒의게 迫害를 加호눈 諸僞惡者
> 等을 罰호샤 伸寃호여 주실 事와 밋 再臨의 榮望으로써 默默히 啓示호샤 勸慰호시며
> 獎勵호신 書니[217]

김상준은 계시록의 해석기법에 있어서 '古代의 師父들'(敎父- 본 연구자 주)과
'近世의 靈的 大家들'의 전례에 따라 미래즈 해석기법을 따르겠다고 전제함으로
써[218] 전천년설을 취했다.

우선 그가 전개하는 그리스도의 공중재림과 휴거, 지상재림의 윤곽은 분명하게
세대주의적 전천년설을 입증한다.

> 我等의 肉體까지 곳 皆復活호야 (중략) 日後 空中再臨時의 喇叭聲이 날 재에 地上에
> 諸聖徒들이 空中으로 들녀올ㄴ가게 호실 豫表니라 그런則 兄弟여 耳를 傾호고 日夜
> 此聲을 聽待홀지어다[219]

> 「千年間」예수쯰셔 此 地上에 再臨호샤 (중략) 此 全世界를 統治호시며 王노릇호실
> 一千年間 (중략) 安息을 享케 호시기 爲호샤 ㅣ今 結縛(마귀결박- 본 연구자 주)호
> 심이니라[220]

김상준은 공중재림과 관련하여 휴거될 유대인을 144,000명으로 보았으나, 이방
인 중에서는 공중재림 시에 헤아릴 수 없는 다중이 구원에 이를 것이며, 모든 성도
들이 영체로 변화할 것이라고 보았다.[221] 길선즈는 144,000명을 그리스도의 지상재

---

217) 김상준, 『默示錄講義』, 3.
218) Ibid., 7.
219) Ibid., 79.
220) Ibid., 243.
221) Ibid., 117, 176.

림 때 부활할 유대인들로 보았다는 점에서 김상준의 주장과는 차이가 있다.

김상준은 지상의 대환난에 대해서는 문자적 7년이 아니라 40년간 지속될 긴 기간으로 보았다.[222] 천년왕국론에 있어서는 이천 년의 '양심시대'와 이천 년의 '양심과 율법시대', 이천 년의 '양심과 율법과 복음시대'를 거쳐 천 년 동안의 '양심과 율법과 복음과 예수의 재림시대'라는 시대 구분을 통해 예수님의 재림과 더불어 지상왕국이 이루어지리라는 전천년설을 설파했다.[223] 따라서 그에 의하면 창조로부터 마지막 심판에 이르기까지 인류의 전 역사는 7,000년 기간 동안 전개되며 이 중 마지막 제 4기에 해당되는 천 년 기간이 바로 천년왕국기에 해당되는 셈이다. 김상준이 세대를 네 세대로 구분한 반면 길선주는 일곱 세대로 구분했다는 점에서도 역시 차이가 있다.

김상준은 천년왕국 이후에 도래할 신천신지의 성격에 대해서는 현 세상이 소멸되고 신세계로 체대(替代)되는 것이 아니라 일신변화(一新變化)이자 신천지로의 개벽이라고 보았다. 이 일신변화론은 길선주가 우주개조론적 재림론에 입각하여 무궁안식세계를 논증했던 동일한 지론에 해당된다.

> 別天別地 곳 新天地가 出來 彼后三〇十一十三 홈이니 此눈 곳 我等의 切望ᄒᆞ눈 바 新住所니라 (중략) 多說이 有ᄒᆞ니 (甲)은 彼等三后〇十一에 天이 쩌나가고 (중략) 舊天地눈 온젼히 消亡ᄒᆞ고 新天地가 替代出見ᄒᆞ리라 ᄒᆞ고 (乙)은 (중략) 神의 審判으로 因ᄒᆞ야 舊天地의 狀態가 一新 變化ᄒᆞ눈 거시라고도 ᄒᆞ눈딕 見今 靈的 註釋大家中에셔 만히 此(乙)說을 主唱ᄒᆞ눈 者 多ᄒᆞ니라 大槪 主끠셔 第 八日에 新天地의 主로써 復活ᄒᆞ심 ᄀᆞ치 七日 곳 七千年의 舊天地가 此 八日 곳 第 八千年에눈 新天地로써 開闢될지니라[224]

---

222) Ibid., 157. 이명직에 의하면 미국의 왓손 박사는 노아의 홍수를 말세의 그림자로 본 주님의 견해(누가복음 17:28)를 따라 하루를 일년으로 계산하여 40년으로 계산했다. 이명직, "大患難時代", 『活泉』 제 50호, 20.
223) 김상준, 『默示錄講義』, 246.
224) Ibid., 252-253.

② 이명직의 "審判" 외 소논문들(1925-27년)

이명직은 성결교의 기관지인 『活泉』제 47호로부터 52호까지 "審判", "그리스도 씌서 來臨하심", "携擧", "空中의 婚宴", "大患難時代", "顯現", "千年時代" 등의 소 논문들을 연재하여 발표했다.

이명직은 종말을 논함에 있어 세상에 속한 일과 하늘에 속한 일을 엄격하게 이분 법적으로 구분했다. 그는 금전, 명예, 부귀, 향락, 자녀의 성공 등을 희망하는 것은 세상과 흙과 육에 속한 일이라고 규정하고, 진정한 소망은 하늘과 위의 것과 영에 속한 것이라고 단언했다. 그리스도의 재림과 관련해서는 내림(來臨)이야말로 성도 들과 모든 피조물이 탄식하며 희망하는 바라 하여 계시록을 기록한 의의가 주의 재 림에 있다고 보았다.

> 이 世上 사람의 希望은 엇더케 하면 잘 살가? 엇지하면 잘 먹을가? 어찌하면 잘 닙
> 을가? 하야 오직 金錢이나 名譽나 富貴나 享樂이나 子女나 무삼 일에 成功을 希望하
> 나니 이는 다 世上에 屬한 것이며 土에 屬한 것이며 肉에 屬한 것이로다 그러나 우리
> 의 所望은 (중략) 오직 하날에 屬한 것이며 上에 屬한 것이며 靈에 屬한 高潔한 所望
> 이니 (중략) 그리스도씌서 來臨ㅎ심이니라 이것은 聖神의 처음 닉은 열매된 우리의
> 歎息하고 기다리는 바며 創造함을 밧은 萬物이 다 只今까지 歎息하고 기다리며 希
> 望하는 바라(로마 八〇二十二, 二十三) 아– 우리의 사랑하는 主씌셔 來臨하시도다[225]

이명직은 천년왕국론을 전개함에 있어 확고하게 세대주의적 전천년설을 확증했 다. 후천년설은 악이 성행할 것이라는 성경의 증거에 위배되기에 이단이라고 단정 했을 정도이다.[226] 그는 재림하시는 주의 자격을 신랑, 심판주, 만왕의 왕으로 묘사 하면서[227] 재림의 양상을 공중재림과 지상재림의 이막(二幕)으로 대별했으며, 교회 는 공중재림 시 휴거되어 지상의 칠년대환난을 피해 혼인연석에 참여하고, 지상재 림 후에는 정의의 왕국인 천년왕국이 임할 것이라고 보았다.

---

225) 이명직, "그리스도씌셔 來臨하심", 『活泉』47호, 3.
226) 이명직, "顯現", 『活泉』51호, 12.
227) 이명직, "그리스도씌셔 來臨하심", 5.

主의 來臨은 一 事件이라도 二幕에 分하나니 第 一幕은 空中까지 來臨하서서 敎會를 携擧하심과 第 一幕은 携擧된 敎會를 다리시고 地上에 來臨하심인대 (중략) 空中에 來臨하시면 자던 聖徒는 榮化하야 雲空에 들녀 羔羊의 婚宴에 參與하야 無限한 榮光을 밧을 터이나 地上形便은 大患難이 니러나서 (중략) 略 七年間 繼續한 後에 千萬天使와 聖徒를 다리시고 다시 地上에 나타나실 터인데 (중략) 正義의 王國을 建設하신즉 世界는 平和가 海水갓치 넘치게 되리니[228]

이명직은 대환난을 피할 수 있는 휴거와 관련하여 그 연월일시를 알 수 없다고 말하고[229], 대환난의 기한에 대해서는 약 칠 년이 될 것이라고 보면서도, "大患難의 年數가 萬一에 七年이라 하면 이는 甚히 짜른 期限이라 하나님ꒊ셔 그 擇하신 者들을 爲하야 其日을 減하심이니라"[230] 하여 칠 년이 선민들에게 은혜로 주어진 단축된 기간임을 중시했다.

그는 지상재림을 공중재림과 구분하여 '현현'(顯現)이라는 용어로 표현했는데, 현현의 장소를 사도행전 1:11의 "하늘로 가심을 본 그대로"에 근거하여 승천하셨던 감람산이 될 것이라고 했다.[231]

지상의 천년왕국과 관련하여 천년기간 중에는 토질의 회복(옥토), 식물성의 회복(아름답고 향기로움), 동물성의 회복(평화로움), 수명의 회복, 하나님에 대한 지식의 회복(전도자가 필요 없음)이 있을 것으로 보았으며[232], 이는 길선주의 병세치유론적 재림론과도 견주어 생각할 만한 내용이다. 또 창조로부터 종말에 이르기까지 기간에 있어서는 하루가 천 년 같고 천 년이 하루 같다는 베드로후서 3:8에 근거해서, 육 일간의 창조사역을 육천 년으로 계산하고 칠 일째의 안식은 천년왕국을 예표하는 것으로 간주하여, 천년왕국이 끝나기까지 모두 칠천 년의 기간이 경과할 것으로 보았다.[233]

---

228) Ibid., 6.
229) 이명직, "携擧", 「活泉」 48호, 15.
230) 이명직, "大患難時代", 「活泉」 50호, 20.
231) 이명직, "顯見", 13.
232) 이명직, "千年時代", 「活泉」, 52호, 13.
233) Ibid., 11.

4) 기타 종말론 관련 저서들

① 『묵시록주셕』(민준호 역, 1913년)

『묵시록주셕』의 표지 안쪽 면에는 *The Conference Commentary on the Book of Revelation*이라는 원저서의 서명이 있고 "Translated from the Chinese by C. H. Min"으로 되어 있어 민준호가 중국인 저자의 저서를 번역했다는 점만을 알 수 있을 뿐 그가 어느 교단에 속해 있었던 인물이었는지는 확인할 수 없다.

이 저서는 당시의 세대주의적 전천년설과는 달리 무천년설의 입장을 취하는 저서로 분류될 수 있다는 점에서 천년왕국론에서 만큼은 매우 독특한 위치를 점했다고 볼 수 있다. 아쉬운 점이라면, 저자는 계시록 1장부터 마지막 22장에 이르기까지 전체 내용을 장절별 순서로 주석했지만 너무 단조로운 해석만으로 일관하여 천년왕국론을 체계적으로 논하기가 어렵다는 점이다.

이 저서에는 세대주의적 전천년설자들이 주장하는 공중재림과 휴거, 지상의 칠환난, 공중혼인연석 등에 대한 입장이 표명되어 있지 않고, 다만 환난, 주의 재림, 신천신지의 도래 순으로 전개되어 있어, 전체적인 윤곽으로만 본다면 무천년설의 윤곽을 취했다고 볼 수 있다. 계시록 20:4에 기록된, 마귀가 천 년 동안 무저갱에 감금되는 장면도 "예수의셔 강림흐샤 마귀의 권세를 폐흐신지라 여긔 니르러는 텬ᄉᆞ를 보내여(우뎌항열쇠)를 잡아 잠가시니 이는 하ᄂᆞ님의셔 마귀의게 디흐야 지극히 공의로오시니라"[234]라고 했을 뿐 천 년의 기간에 대해서도 별다른 언급을 하지 않았다.

천년왕국에 대한 논의에 해당되는 계시록 20:4의 "그리스도로 더불어 천 년 동안 왕노릇하니"라는 구절도 진실한 성도가 하늘 위의 영광을 얻을 것과 그리스도로 더불어 영화를 함께 누릴 것이라는 의미 정도로 해석함으로써 무천년설의 입장을 취한 것으로 보인다.

> 이 말슴(계시록 20:4-6- 본 연구자 주)은 쥬의 신도가(그리스도로 더브러 왕노릇)흐는 뜻이 두 가지가 잇스니 첫재는 진실흔 신도가 하ᄂᆞᆯ 우에 영광을 몬져 엇음이오

둘재는 진실흔 신도가 무리의 부활흠을 기드리지 아니흐고 그리스도로 더브러 영화를 흠쐬 누림이라[235]

또 계시록 21:1의 신천신지에 대해서는 "(새 하눌과 새 짜)는 빗나고 새로워 처음 창조흔 텬디와 크게 서로 다른지라 뎌 텬디와 바다는 업서짐이라"[236] 함으로써 다른 저서들과는 달리 개조설이 아닌 교체설을 주장한 것으로 보인다.

② 『默示錄硏究綱目』(1930년)과 『默示錄硏究』(1933년)

이 두 저서는 안식교의 종말론 관련 저서이며, 이시화가 번역한 『默示錄硏究綱目』은 평안남도 평원에 소재했던 의명학교(義明學校) 신학과에서, 『默示錄硏究』는 안식교 선교사 웽거린이 저술하여 시조사(時兆社)에서 발행했다.

몇 가지 중요한 논점들을 정리하면 다음과 같다.

웽거린은 계시록 4장의 24장로에 대해서는 하늘성소에서 돕는 일을 수행하는 자들로 예수께서 부활하실 때에 같이 부활하고 승천하실 때 같이 승천한 자들일 것으로 보았다.[237] 계시록 14:1의 144,000명에 대해서는 이는 이스라엘의 혈통적 열두 지파를 의미하는 것이 아니라 영적 이스라엘 사람들을 의미하는 것으로 해석했다.[238] 천년기에 대해서는, 예수님께서 재림하셔서 의로운 자는 데려가시고 악한 자는 멸하신다 함으로써 재림 시점을 고려해 볼 때 전천년설에 해당된다고 볼 수 있지만, "예수 재림하신 후에는 이 세상이 황무하고 뷔어 쓸쓸한 광야와 가티 될 것"이라 하여 일반적인 전천년설과는 전혀 다른 성격의 천년기를 논했다. 또 사탄이 무저갱에 갇혔다는 대목에 대해서도 이는 문자적으로 결박을 뜻하는 것이 아니라 "혼돈하고 깁고 암담하고 황폐한 죽음의 상태를 표시하는 것"이라고 해석했다.[239] 그리고 종국에 이루어질 신천신지에 대해서는 "이 지구가 전연히 멸망되고 새로운 한 지구가 창조되는 것이 아니라 낡아진 만물이 새로워지는 것임을 알 수 잇다"[240]

---

235) Ibid., 165.
236) Ibid., 170.
237) T. S. Wangerin, 『默示錄硏究』, 57. cf. 『默示錄硏究綱目』, 175–176.
238) T. S. Wangerin, 『默示錄硏究』, 88.
239) T. S. Wangerin, 『默示錄硏究』, 216. cf. 『默示錄硏究綱目』, 312–313.
240) T. S. Wangerin, 『默示錄硏究』, 227.

하여 교체설이 아닌 개조설의 입장을 취했다.

특별히 이들 저서에는 안식교의 정체성을 확립하고 변증하려는 차원에서 천주교와 미국을 적그리스도의 세력으로 간주하려는 논조가 두드러진다. 웽거린은 로마 교황권과 종교회의들을 비판함에 있어 계시록 11:3의 1,260일에 대해서 교황권이 성경과 그 진리를 가리고 압박하는 시대를 가리키는 것으로 해석했으며[241], 이렇듯 교황이 지배하는 암흑시대에 천주교가 라틴어로 성경을 번역하여 그리스도를 전할 수 없게 되자 구약과 신약 두 성경이 그리스도를 전하려는 두 증인으로 나섰다는 독특한 주장을 폈다.[242] 또 로마교황에 대해서는 제 칠일 안식일을 파기하여 일요일을 지키게 한 자요, 하나님의 대리자로 자처하는 자이며, 배역하는 대제사장의 지위를 누리는 자로서 계시록 13장의 짐승은 바로 로마교황의 권세를 대표한다고 간주했을 정도이다.[243] 특히 안식일 문제와 관련하여 개신교의 주일성수에 대해 "日曜日을 守하는 것을 强要하면 教皇政治 곳 즘생을 敬拜하는 것을 强要하난 것이니라"[244] 하여 개신교 측에 대해서도 신랄한 비판을 가했다. 개신교 국가인 미국에 대해서는 계시록 13:11의 두 뿔을 가진 새끼 양에 적용하여, 미국이 비록 민주국이요 신교국이기는 하지만 "종차로 공민권과 신교 자유의 순진하고 온량한 양의 삭기 가튼 성질을 바리고 그 전 즘생 곳 법왕 「로마」와 가티 성도를 핍박할 것이다"[245] 함으로써 교황의 권세를 대신하여 장차 성도들을 핍박하게 될 위험한 세력으로 간주했다.

제5절 소결

이상, 길선주의 학문적 배경과 평양신학교어서 계시록을 강의했던 은사 스왈런과의 사제관계 그리고 그의 생존 시에 발표되었던 여러 종말론 관련 저서들을 살펴

---

241) T. S. Wangerin, 『默示錄研究』, 127-128, 157.
242) T. S. Wangerin, 『默示錄研究』, 128. cf. 『默示錄研究綱目』, 225.
243) T. S. Wangerin, 『默示錄研究』, 154-156. cf. 『默示錄研究綱目』, 237-240.
244) 『默示錄研究綱目』, 248-249.
245) T. S. Wangerin, 『默示錄研究』, 162. cf. 『默示錄研究綱目』, 241-244.

보았다.

　본 장의 독창적인 내용이라면, 길선주가 평양신학교에 재학하던 시절 신학교의 학문적 배경을 밝히고 그가 학년별로 수강했던 과목들과 담당 교수진을 소개한 점이며, 스왈런이 길선주에게 계시록을 강의한 스승이었다는 사실을 문서로 밝히고 두 사람의 종말론 관련 저서들을 비교 분석했다는 점이다. 또한 길선주가 생존하던 시대에 발표된 여러 종말론 관련 저서들을 고찰하여 그의 사상과 어떤 점에서 견해를 같이 하는지 그리고 교섭되는 논지들은 무엇이며 차이점은 무엇인지를 섭렵했다는 점이다.

논점 ①: 학문적 배경 및 스왈런의 저서들과의 비교

· 학문적 배경

　길선주가 1903년부터 1907년까지 5년간 평양신학교에 재학하던 당시 성경신학, 교회사, 교리 등 중요한 과목들은 교장 모펫을 비롯한 미북장로교 소속 매코믹신학교 출신들이 강의를 담당했다. 길선주는 모펫, 베어드, 스왈런, 리, 헌트, 번하이슬 등 매코믹신학교 출신 선교사들의 강의를 들으면서 전반적으로 매코믹신학교 학풍 일색의 신학적 소양을 갖출 수 있었다.

　그런데 이들 초기 선교사들의 종말론은 19세기 말 미국의 보수신학과 사경회 및 성경무오성과 접점을 이룬 세대주의적 전천년설에 입각해 있었으며, 평양신학교는 자연스럽게 이들의 종말론 학풍을 전수받았다는 점에 주목해야 한다. 길선주는 초기 선교사들로 구성된 교수진 가운데 특별히 스왈런으로부터는 4학년에 수학 중이던 1906년도에 계시록 과목을 수강했다. 스왈런의 종말론 사상 역시 자신의 종말론 관련 저서에서 보여준 것처럼 세대주의적 전천년설이었고, 따라서 그의 평양신학교에서의 계시록 강의는 길선주에게 세대주의적 전천년설이라는 학문적 틀을 형성해줄 수 있었다.

· 스왈런의 저서들과의 비교

　길선주의 『末世學』과 스왈런의 종말론 관련 저서들과의 비교에서 발견할 수 있는 중요한 논점들을 두 가지로 정리할 수 있는데, 첫째는 길선주의 말세학의 사상적 체계와 전체적인 윤곽은 근본적으로 스왈런의 가르침에 근거하고 있다는 점이며, 둘째는 세세한 내용에 있어서는 길선주 나름대로 새롭고 독특한 주장도 전개했다는 점이다.

첫째, 길선주가 스왈런의 사상적 체계를 전수받았다는 것은 그의 재림론이 '말세학의 중심으로서의 재림론', '세대주의적 전천년설', '임박한 재림론', '현세조명적 재림론', '사후 처소로서의 조상림보', '우주개조론적 재림론', '삼계지향적 재림론' 등의 논지가 스왈런의 사상과 맥락을 같이 한다는 점에서 이해할 수 있다. 물론 이 내용들 중에서도 '말세학의 중심으로서의 재림론', '임박한 재림론' 등은 굳이 스왈런의 가르침을 받지 않았더라도 당대의 종말론 사상의 일반적인 대세였다는 점을 감안한다면 보편적으로 누구나 쉽게 공유할 수 있는 논지들이었다고 간주할 수도 있겠지만, '사후 처소로서의 조상림보' '삼계지향적 재림론' 등은 매우 독특한 주장들이기 때문에 계시록을 강의한 스승이었던 스왈런이 직제자였던 길선주에게 사상적으로 영향을 미쳤다는 방증(傍證)이 될 수 있다.

둘째, 자세한 내용에 있어서는 스왈런에게서 발견할 수 없는 논지들도 많은데, 그리스도의 강림을 다섯 차례로 세분한 점, 그리스도의 강림과 부활을 유기적 관계로 설정한 점, 시한부종말론을 주장한 점, 천년왕국에서의 가취생산자들에 대한 설명, 천년왕국에서의 가취생산을 하는 신자들의 수명 및 인종번성과 관련된 내용들, 천년왕국 후 배교하는 무리에 대한 해석 등은 스왈런의 견해와는 다른 독특한 논지들이다.

논점 ②: 동시대 종말론 저서들의 주요 논점들

첫째, 대체적으로 요한계시록의 중심 주제를 최후 심판 후에 이루어질 영원세계로 보기보다는 그리스도의 재림으로 본다는 점이다. 정의화는 『默示錄의 大槪』에서 재림을 계시록에서뿐만 아니라 신약성경 중의 요긴한 문제라고 강조했을 정도이다.

둘째, 천년왕국론에 있어서는 일반적으로 공중자림과 휴거, 지상의 대환난, 지상재림과 심판, 천년왕국, 마귀의 해방과 최후의 심판, 영원의 세계 순서로 전개되는 세대주의적 전천년설이 주류였다. 블랙스톤의 『예수의 지림』, 홍종숙의 『默示錄釋

義」, 왕좌화의 『默示錄研究』, 김상준의 『默示錄講義』, 정의화의 『默示錄의 大概』,
부룩스의 『주지림론』, 스왈런의 『묵시록공부』와 『계시록대요』, 베어드의 "쥬의 지
림에 디한 성경의 교훈", 김정현의 『末世論』, 가옥명의 『末世論』, 이명직의 소논문
들이 여기에 속한다.

셋째, 모든 저서들이 세대주의적 전천년설만을 표방하고 있었던 것은 아니었다.
비록 소수이기는 하지만 역사적 전천년설을 취하는 도슨의 『오는 소망』, 전천년설
과 후천년설 그리고 무천년설을 넘나드는 하디의 『默示錄論文』과 『묵시록강의』, 무
천년설의 입장을 취하는 민준호 역의 『묵시록주석』(클락 등이 공역한 『묵시록주석』
과 같은 책)이 있다. 이 중 역사적 전천년설을 취하는 도슨의 『오는 소망』은 다른 문
헌들에 비해 비교적 늦은 시기인 1934년에야 발표되었다. 또 전천년설의 입장을
취하기는 하지만 지상의 천년기를 황량한 광야로 단정하며 특별히 안식교의 정체
성을 변증하는 일에 심혈을 기울인 이시화 번역의 『默示錄研究綱目』, 웽거린의 『默
示錄研究』 등도 있다.

넷째, 영원세계에 있어서는 지구 교체설이 아닌 개조설을 주장한다는 점이다. 다
만 민준호가 번역한 『묵시록주석』(클락 등이 공역한 『묵시록주석』과 같은 책)에서
는 교체설을 주장하는 것으로 보인다. 개조설을 주장하면서도 동시에 불현계의 새
예루살렘을 추가하여 삼계론을 논한 인물들로서는 길선주를 비롯하여 스왈런, 정
의화, 김정현 등이 있다.

논점 ③: 동시대 종말론 저서들과 길선주 사상과의 비교

길선주의 『末世學』과 동시대 종말론 관련 저서들을 비교해 볼 때, 길선주의 세대
주의적 전천년설의 윤곽은 앞서 살펴본 것처럼 그의 은사였던 스왈런의 사상체계
를 계승했다고 볼 수 있으며, 동시대에 발표된 세대주의적 전천년설의 입장을 취하
는 종말론 관련 저서들과도 전체적인 틀에서는 별반 차이가 없다. 그러나 길선주만
이 주장하는 독특한 내용들도 있다. 평양신학교에서의 수학과 다양한 종말론 관련
저서들로부터 얻은 지적 체계 위에 계시록 만독을 통해 체득한 자신만의 독특한 주
장들을 새롭게 가미함으로써 나름대로 자기 딴의 말세론을 전개했기 때문이다. 다
만 길선주가 삼일운동으로 인해 옥고를 치른 이후부터 본격적으로 말세론을 강조

하는 부흥집회를 전개했지만, 자신의 『末世學』을 『信仰生活』에 연재하여 공적으로
발표한 시점이 다른 저서들에 비해 상당히 늦은 1935년 7월부터였다는 점을 고려
하면, 다른 종말론 관련 저서들과 학문적으로 어느 정도로 상호 지적 교섭이 있었
는지, 또 어느 정도로 주도적인 위치에 있었는지는 정확하게 파악하기 어렵다.

　공중재림과 휴거, 지상의 대환난, 지상재림과 심판, 천년왕국, 마귀의 해방과 최
후의 심판 등 각론에 있어서는 다른 세대주의적 전천년설을 주장하는 저서들과 대
동소이하며, 그리스도의 재림을 계시록의 중심으로 본 점, 대환난전 공중재림, 신
자들의 휴거, 영원세계에 있어서 지구 교체설이 아닌 개조설을 주장한 점 등은 대
체적으로 논점들이 일치한다. 그러나 천년왕국에서의 비부활체 신자들의 가취생
산의 삶을 다룬 내용이라든가 다른 세대주의적 전천년설자들에게서 발견할 수 없
는 영원세계로서의 '삼계지향적 재림론' 등은 독특한 논지들이라고 볼 수 있다. 물
론 스왈런의 삼계론이 길선주의 삼계론의 이론적 토대를 제공해 주었고 중국인 정
의화 역시 『默示錄의 大概』에서 삼계론을 주장했기 때문에 길선주 만의 독창적인
사상이라고 간주할 수는 없지만, 누가 삼계에 거주할 것이며, 삼계 사이에는 어떤
왕래가 이루어질 것이며, 지상의 무궁세계에는 장차 어떤 일이 전개될 것인가에 대
한 설명들은 분명히 새로운 내용들이다. 또한 현세에서 발견할 수 있는 풍부한 내
증들과 외증들에 근거하여 '현세조명적 재림론'을 주장했다는 점, 그리스도의 다
섯 차례의 강림을 논한 점, 부활의 성격과 논증, 천년왕국에서의 가취생산자들의
수명과 인종번성에 대한 설명, 천년왕국 후 배교하는 무리에 대한 해석, 1939년과
2002년으로 재림연대를 계산해 낸 시한부종말론 등의 논지들 또한 길선주만의 독
특한 견해라고 평가할 수 있다.

 길선주의 제(諸) 신학에 내재된 말세론
-설교집 중심, 조직신학적 접근-

제1절 서론

종래 길선주의 말세론에 대한 연구는 일반적으로 그의 종말론 저서로 대변되는 『末世學』에만 초점을 맞춤으로써, 서론, 신론, 인간론, 기독론, 구원론, 교회론 등 조직신학의 다른 영역들과 연관 짓지 못하는 경우가 지배적이었다.

그러나 길선주의 조직신학적 신학 개요를 전반적으로 이해하는 과정 없이 획일적으로 『末世學』에만 제한하여 말세론을 고찰할 수만은 없다. 왜냐하면 조직신학 체계상으로 볼 때 종말론은 별도의 독립적인 분야가 아니라 여러 분야로 구성된 조직신학의 통일성 있는 한 축을 점유하기 때문이다. 벌코프(L. Berkhof)는 조직신학에 있어서 그 분류의 원리는 전 분야를 망라하되 각 부분은 자연적인 위치를 확보해야 하고, 구별된 부분들의 적절한 균형이 유지되어야 한다고 주장했다.[1] 박형룡은 조직신학을 분류하는 다양한 방법론들 중 찰머스(Chalmers)의 '종합적 방법론'(synthetic method)에 주목하여 조직신학이 하나님의 영원한 목적과 창조, 섭리, 구속, 최종 완성, 즉 종말까지의 시간적 행동들을 반영하는 체계가 되어야 한다고 보았으며, 이러한 논리에 기초하여 신론, 인죄론, 기독론, 구원론, 교회론, 내세론 등으로 대별할 수 있다고 보았다.

---

1) Louis Berkhof, 『뻘콥 組織神學(序論)』(고영민 역; 서울: 기독교문사, 1985), 113.

절대다수의 교의학자들은 찰머스(Chalmers)가 종합적 방법(synthetic method)이라고 칭한 바에 따라왔다. 그들은 성경에 계시된 하나님의 관념과 성질에서 출발하여 그의 영원한 목적과 창조, 섭리, 구속, 최종 완성에 이르기까지의 그의 시간적 행동들을 추적(追跡)한다. (중략) 이 방법은 원인에서 결과에로 진행하는 것이니 하겐 박의 말을 인용하면 최고 원리 즉 하나님에게서 출발하여 사람, 그리스도, 구속에로, 필경 만물의 종말에로 진행한다.[2]

이러한 견해들을 종합해 보면 결국 종말론은 홀로 설 수 있는 독립된 분야가 아니라 서론, 신론, 인간론, 기독론, 구원론, 교회론 등의 영역들과 서로 밀접한 관련을 맺고 있으며, 소위 ‘종합적 방법론’ 에 입각하여 통찰되어져야 할 영역이라는 점을 말해준다. 이런 차원에서 길선주의 말세론도 그의 다른 조직신학 영역들과도 연계하여 고찰할 필요성이 있다. 길선주 당대에 『講臺寶鑑』, 『吉善宙牧師說敎集』 등 일반 성도들을 대상으로 하여 평이하게 행하였던 그의 설교들만 분석해 보더라도 그의 신학체계들, 특히 성경관, 신관, 인간관, 구원관, 기독관, 교회관, 시간관 등이 그의 말세론과 어떤 관련을 맺으며, 어떤 특징적인 면들이 함축되어 있는지를 면밀하게 분석해 낼 수 있다.

본 장에서는 길선주의 설교 유작인 『講臺寶鑑』과 『吉善宙牧師說敎集』을 중심으로 그의 성경관, 신관, 인간관, 구원관과 기독관, 교회관, 시간관 등과 관련하여 말세론이 어떤 점에서 관련을 맺으며 전개되는지를 고찰해 보고자 한다.

제2절 성경관에 내재된 말세론

본 논문 4장 2절 3의 ‘길선주 재학 당시 평양신학교의 종말론 학풍’ 에서 충분하게 밝혔듯이 세대주의적 전천년설은 문자를 중시하는 신념과 매우 밀접한 관련을 맺는다. 길선주는 성경관에 있어서 축자영감론(逐字靈感論)에 입각한 보수신앙의

---

2) 박형룡, 『敎義神學: 序論』(서울: 韓國基督敎敎育硏究所, 1981), 107.

목회자였기 때문에 세대주의적 전천년설을 자연스럽게 수용할 수 있었다.

길선주의 문자를 중시하는 성경관 형성은 다음과 같은 행적 혹은 정황들을 통해 살펴볼 수 있다.

첫째, 그의 문자를 중시하는 유교의 학적 신념체계가 성경의 축자영감론과 쉽게 접목될 수 있었다. 길선주는 입신(入信)하기 이전, 7세 때부터 16세 때까지 한학에 정진했다.

> 先生은 어려서부터 英姿가 나타나서 家庭과 隣人의게 괴임을 받으면서 자라서 七歲로부터 十六歲까지 漢學者 鄭某의게 漢文을 修하새 先生이 어려서부터 思考力과 情緖가 빼여남이 잇섯다.[3]

조선 후기 유교에서는 교리에 어긋나는 언동으로 유교를 어지럽히는 자를 소위 '사문난적'(斯文亂賊)이라 하여, 특히 조선조가 정쟁에 휩쓸리던 무렵 중국에서 성행하던 육(陸)·왕(王)의 심학(心學)도 용납하지 않았을 정도로 문자적 소양을 중시했다. 이러한 사례는 사견으로 주자의 경의해석과는 다른 해석을 시도했던 윤백호(尹白湖)가 송우암(宋尤菴)에 의해 "鑴是斯文亂賊"이라는 평론을 받고 숙종 대에 "觝排經傳 移易章句"라는 죄목으로 사사(賜死)의 참화를 당한 데서도 유교의 문자적 엄격성이 어떠했는지를 알 수 있다.[4]

길선주는 유·소년기부터 한학에 정진함으로써 유학자로서 이미 문자의 중요성을 체득하고 있었고, 입신했을 때 그러한 유교의 교리적 심성 위에 선교사들의 축자영감론이 결합되면서 성경영감론이 더욱 견고해졌다고 볼 수 있다. 길선주가 입신하던 당시 개종한 식자층에서 주로 읽혀지고 한글성경 번역의 주요자료로 채택되었던 성경이 『文理譯聖書』(Wenli Bible)[5]였다는 점을 감안하면 한학에 능했던 길선주 역시 입신 초기에 이 한문 성경을 구입하여 읽었을 가능성이 높다.

---

3) 김인서, "靈溪先生小傳(上)", 『信仰生活』 13권 6호 (1931년 11월), 37.
4) 金能根, 『儒敎의 天思想』(서울: 崇實大學校出版部, 1988), 187.
5) 영국 개신교 선교사로 중국에 파송된 모리슨(Robert Morrison)은 13년간에 걸친 번역 작업 끝에 1819년에 『神天聖書』를 발행했으며, 이후 이 성경은 W. H. Medhurst를 중심으로 개역작업을 거쳐 『文理譯聖書』(Wenli Bible)로 빛을 보았다. 리진호, 『한국성서백년史』(서울: 대한기독교서회, 1996), 37, 45, 52.

그는 기독교에 입문하기 전 관성교나 선도에 심취했던 시절에도 평소 주문을 송독하고 암송하는 열정이 깊었으며, 그의 묵상과 송독은 가히 수도사의 고행을 방불하게 할 정도였다. 이렇듯 경전을 소중하게 여겨 문자 그대로 송독하고 암송했던 과정에서도 경전의 문자를 중시하는 소양이 깊어졌으리라 본다.

> 두 주문(九靈三精呪誦法과 三靈呪文 - 본 연구자 주)을 심산 유암에 가서 몇 십만 번을 송독하였고 몇 해 동안 육경신일(六庚申日)마다 잠을 자지 않고 밤을 새워 송독하였다. (중략) 기도라는 것은 묵상과 송독을 겸한 것으로서 그리 쉬운 일은 아니었다. 그야말로 고행이었다.[6]

> 仙道를 修鍊하기 始作하야 玉徑을 배우고 九靈三精呪文을 외우며 (중략) 十九歲로 二十九歲까지 자주 入山修鍊할새 大聖山頭陀寺와 祥山白雲菴과 慈山安國寺에서 年年 或 二十一日 或 四十九日 或 百日祈禱를 거듭하면서 밤을 새여 修鍊할 때에 초불로 손가락을 지저가면서 不寐不休로 精進하엿으니 先生의 學誠과 굿은 意志는 異宗敎修鍊時부터 남보담 뛰여낫다.[7]

그의 이러한 신념은 입신 이후 성경을 대하는 심성과 태도에도 동일하게 반영되었을 것이며, 화이팅(H. C. Whiting)으로부터 백내장 수술[8]을 받고 겨우 완전 맹인을 면할 수 있었던 그로서는 더욱 성경암송에 심혈을 기울일 수밖에 없었을 것이다. 주목할 만한 점으로서, 그에게도 신앙생활에 기사와 이적이 있었지만 각별히 묵시나 이상 같은 것은 후세에 전하기를 꺼려하여 정신(正信)에 입각한다는 자세로 묵시에 관한 기록들을 소화(消火)해 버린 점[9]은 단적으로 성문화된 문자를 절대시하고 중시하려는 자세에서 비롯되었다고 볼 수 있다. 이렇듯 문자를 중시하는 그의 사고는 말세론과 관련하여 세대주의적 전천년설을 자연스럽게 받아들이는 촉매제가 되었을 것이다.

---

6) 길진경, 『靈溪 吉善宙』(서울: 鐘路書籍, 1980), 30.
7) 김인서, "靈溪先生小傳(上)", 39.
8) 길진경, 『靈溪 吉善宙』, 110.
9) 김인서, "靈溪先生小傳", 『金麟瑞著作全集(第 5卷)』(서울: 信望愛社, 1976), 61.

둘째, 그의 성경 암송은 특히 대소선지서와 요한계시록 등 말세론에 관련된 분야에 치중해 있었다는 점에서 그가 얼마나 말세론에 깊은 관심을 가졌었는지를 알 수 있다. 길선주의 자제 길진경의 회고에 의하면 길선주는 입신하면서부터 1901년에 조사(助事)로 등용되기까지 신구약 성경 전권을 스무 번쯤 통독했고, 메시아이신 그리스도를 직접적으로 예시한 구약의 대소선지서, 시편, 복음서, 로마서, 요한서신 등은 개별적으로 오십 회쯤 독파하여 중요한 부분은 거의 다 외우다시피 했다.[10] 길선주의 성경연구는 사적으로 성경을 매일 한 시간씩 읽고 암송하는 일과 연구 및 집필하는 일에 하루 평균 세 시간을 할애했을 정도로 많은 시간을 투자한 데서도 그 열정이 얼마나 대단했었는지를 짐작할 수 있다.[11] 특별히 그의 계시록 일만 이백독(一萬二百讀)은 말세론에 심취한 특징적 성경관을 보여준다. 김인서는 길선주의 능력이 기도와 독경(讀經)에 있었다며 그의 성경통독에 대해 다음과 같이 기록했다.

> 先生의 讀經은 實로 놀낼만치 부즈런하섯다. 舊約全書 通讀이 三十回 以上이요 그 中에 創世記부터 에스더까지는 五百四十回 以上을 通讀하엿고 新約全書는 百回 以上 通讀하엿고 其中 요한 一書를 五百讀하엿고 默示錄은 一萬二百讀에 達하엿다. 先生보다 聖經을 더ㅡ 읽은 니는 적을 거시오 默示錄 萬讀者는 聖經이 記錄된 뒤에 先生이 唯一人일 것시다. 先生의 能力은 이 祈禱 이 讀經을 通하야 어든 거시엇다.[12]

셋째, 이단 사설을 엄금함으로써 문자화된 진리의 절대성과 권위를 수호하려 했던 신념과 태도에서 항존주의 성경관(恒存主義 聖經觀)[13]을 엿볼 수 있다. 길선주는 1930년에 행한 설교 "聖山의 靈啓"를 통해 성경을 하나님의 말씀으로 믿어야 한다

---

10) 길진경, 「靈溪 吉善宙」, 122-123.
11) Ibid., 181.
12) 김인서, "靈溪先生小傳 續一", 「信仰生活」 5권 1호 (1936년 1월), 28.
13) '恒存主義 聖經觀' 이란 성경의 진리는 불변하며 있는 그대로 영원히 존재한다는 뜻이며 이 표현은 본 연구자가 명명한 것이다. 본래 '恒存主義' 란 교육철학에서 사용되는 용어로 진리의 절대성과 불변성을 믿으며 이러한 원리를 플라톤, 아리스토텔레스 및 토마스 아퀴나스 등의 철학 가운데서 찾는다. 이 입장은 하늘 아래 새로운 것은 하나도 없다고 본다. 實在와 지식과 가치에 관한 기본적인 것은 고대와 중세에서 찾아볼 수 있으며, 여기에 되돌아감으로써 현대가 직면한 모든 문제를 해결할 수 있다는 태도를 취한다. 김영규, 「基督敎敎育學」(서울: 기독교문서선교회, 1989), 109.

며, 성경이 교회에서 과학만큼도 대우받지 못하며 경시 당하는 풍조를 통탄해 했다.

> 오호! 예수가 교인에게 푸대접을 받고 성경이 교회에서 괄시를 당하고 진실한 사람
> 이 버리우는 시대는 화 있을진저 형제자매들은 예수를 마땅히 하나님으로 높이고
> 성경을 마땅히 하나님의 말씀으로 믿어야 한다.[14]

길선주는 항존주의 성경관에 입각하여 각종 이단 사설에 대해서 민감하게 반응
했다. 그는 성경의 진리는 시공을 초월하여 불변한다는 항존주의 성경관에 입각하
여, '위조貨' 나 '人造金' 은 결코 '正貨' 나 '순금' 이 될 수 없듯이 성경은 순수하게
그 자체로서 진리의 속성을 지닌다고 보았다. 그는 설교, "信者의 三大本分"에서
당대는 비진리와 비복음 운동이 성행하여 가는 때라고 진단하고, 거짓 스승의 말과
비진리의 소설(所說)은 정복음(正福音)의 신앙보다도 더더욱 합리성을 갖추어 교회
의 분란을 초래할 것이라고 경계하며 성경 말씀에 입각하여 진리를 분변할 것을 촉
구했다.

> 似而非의 운동은 매양 羊의 양을 삼키고 교회를 어즈럽게 하는 것이다. 위조貨는 正
> 貨에 恰似하고 人造金은 순금에 방불한 거와 같이 거짓 스승의 말은 매양 정사의 교
> 훈보담 婉詞의 것이여서 신자가 미혹받기도 쉽고 非眞理의 所說은 正福音의 신앙보
> 담 더욱 合理性을 가추어 가진 時代的의 것이어서 교회를 惑亂하기 쉬운 것이다.
> (중략) 진리를 분변함에는 첫재 성경말씀을 자세히 상고하고[15]

그는 "信者의 三大本分"에 상응되는 설교, "敎役者의 三大要素"에서는 세조(世
潮)를 명찰하고 이단을 판단하며 성경을 숙독(熟讀)할 것을 권면했다.[16] 그의 설교,
"職分當行事"에서는 교회에 대하여 할 일로서 "異端을 絶對로 拒絶할 것"을 천명하
면서 반드시 금해야 할 이단들을 모두 일곱 가지로 나열했는데 그 중 첫 번째와 네

---

14) 길선주, "聖山의 靈啓", 崔仁化 編, 『吉善宙牧師說教集』(京城: 主校出版社, 1941), 22-23. '昭和五년'(1930
년)에 행한 설교, 21.
15) 길선주, "信者의 三大本分", 崔仁化 編, 『吉善宙牧師說教集』, 52-54.
16) 길선주, "敎役者의 三大要素", 『講臺寶鑑』(平壤: 東明書館, 1926), 136.

번째 항목에서 성경수호와 관련된 내용을 언급함으로써 성경의 권위에 대한 확고 부동한 신념을 보여주었다.

> 異端을 絶對로 拒絶할 것. 딤後二15요十二18 요一10-11 갈一89 딤前一18. 가. 聖經
> 反對者를. 벧後三15-17. 나. 三一神에 異論者를. 행二十八19 요일一6. 다. 無復活論
> 者를. 고前十12-19. 라. 聖經과 世知를 混雜케 하는 者를. 고後二17. 마. 迷信者를.
> 야고보五19 살後二12 딤前四1. 바. 律法主義者를. 빌三2. 사. 니골나黨 시二6, 15.[17]

길선주의 진리를 수호하기 위한 항존주의 성경관은 1935년 10월 평양노회석상 에서 아빙돈(Abingdon) 단권주석 발행으로 인해 초래될 이설(異說)들을 엄금하기 위해 성경고등비평을 단호하게 배격했던 노력에서도 분명하게 드러난다.

> 一九三五 十月 平壤老會 席上에서 先生은 아빙돈 註釋問題로 異說防止를 烈熱히 말
> 씀하시되 同意를 表하는 사람이 업슴을 보시고는 敎會를 將次 엇지할고 하면서 크
> 게 悲憤하섯다. (중략) 敎會가 眞理守護에 忠誠치 못함을 보고는 義憤을 참지 못하
> 는 거시엇다. (중략) 正統眞理를 爲하야 憤戰전하시든 거시 당신이 손소 組織한 朝
> 鮮總會와 平壤老會에 마지막으로 서신 거시엇다.[18]

당시 예수교 장로회 24회 총회는 감리교의 유형기 목사 외 51인이 번역한 아빙 돈 단권주석을 '異說註釋'으로 금서 조치했으며, 이설의 사유로서 김인서는 "예수 誕生에 對하야 私生子임을 暗示"한 점, "예수 復活에 대하야 實質的 復活을 疑問 부치엇다"는 점, 재림에 대해서는 "人心 中에 그리스도 坐定하시고 그리스도가 社 會組織 中에 君臨하시면"으로 해석하여 그리스도가 이미 재림한 것으로 본 점, "그 리스도의 피란 客觀的 條件이 中心되지 못하고 (중략) 救贖의 福音이 히미하다"는 점 등을 들었다.[19] 김인서는 아빙돈 단권주석에 대한 신학적 논평을 통해 이는 자기

---

17) 길선주, "職分當行事", 崔仁化 編 『吉善宙牧師說敎集』, 149.
18) 김인서, "靈溪先生小傳 續一", 30-31.
19) 김인서, "아빙돈 註釋問題", 『信仰生活』 4권 10호 (1935년 11월), 7-8.

본래의 학적 양심을 가리고 신신학설(新神學說)을 정통화하며 전통적 교리를 현대화하려는 이중신학(二重神學)이자 회색신학(灰色神學)이라고 질타했다.[20]

넷째, 길선주는 소위 '聖經 曰'의 재림신앙에 입각하여 성경에 근거된 말세론을 구체화하려는 태도를 일관되게 보여주었다는 점에서 그의 성경관과 말세론은 서로 분리될 수 없는 상호 밀접한 관계가 있다. 김인서는 길선주의 성경해석이 독창적이요 예언적이었다는 점을 강조했는데, 그 근거로서 길선주의 주재림론(主再臨論)은 '칼빈 曰', '某日某曰'이 필요 없었고, 오직 '예수 曰', '요한이 보니', '聖經에 曰', '吉善宙 曰'로 족했기 때문이라고 했다.

> 先生의 聖經解釋은 獨創이오 豫言이엇스니 칼빈 曰 고-데 曰 메이여 曰 等이 必要치 안엇다. 바울의 主再臨論인 데살로니가 前後書에 某 曰이 必要치 안엇고 使徒 요한의 主再臨論인 默示錄은 『예수 曰』 『요한이 보니』 外에 某日某曰이 必要치 안엇고 靈溪先生의 예수再臨論에 聖經에 曰 吉善宙 曰노 足하엿고 某日某著에 曰이 必要치 안엇다. 故로 先生의 예수再臨論은 末世에 豫言的 警告요 聖經의 豫言的 解釋이오 基督敎 史上에 獨步요[21]

제3절 신관에 내재된 말세론

길선주의 신관에 내재된 말세론은 '全能性-審判'의 도식, '永能性-新天新地 조성'의 도식, 그리고 종말을 준비하는 삼위일체 각 위(位)의 고유한 사역에서 고찰할 수 있다.

1. '全能性-審判'의 도식

길선주에 의하면 하나님의 속성으로서의 능력은 총체적으로는 '萬能'(만능)으로

표현된다. 그의 설교, "하나님의 萬能"에는 '全能'(전능), '無所不能'(무소불능), '永能'(영능), '獨能'(독능) 등의 독특한 표현들로 기술되어 있는데, 이러한 능력은 현세에서의 심판을 포함하여 최후의 심판을 집행하는 능력으로 조명된다는 점에서 '전능성–심판' 도식이 도출된다.

우선, 그가 말하는 '전능'은 만물의 기원을 주관하는 '心能'(심능), 섭리의 과정에서 인간의 마음과 우주에 충만하게 임하는 '行能'(행능), 그리고 마음을 찔러 해부하며 세상심판을 집행하는 '言能'(언능)까지를 모두 포괄한다.

一, 全能
一, 心能. 萬物이 하나님의 意匠中에서 나옴 창—
二, 言能. 1. 言能萬物創造 히十一0二 2. 言能人心刺剖 히四五0十二 3. 言能世上審判 히三0四
三, 行能. 1. 人心中에 微行 빌二0十三 2. 宇宙에 充滿大行 엡一0二十二 [22]

둘째, '무소불능'은 하나님의 선민(選民)을 대적하는 마귀의 세력들에 대한 심판뿐만 아니라 지상의 현세적 적대세력들에 대한 심판까지도 포함하며 적극적인 면에서는 선민을 보호하는 능력으로 묘사된다.

二, 無所不能
一, 人과 魔鬼를 能히 主掌하심. 1. 사람을 能救能罰 2. 魔鬼를 노키도 하고 滅하기도 하심.
二, 萬物을 能히 統御하심. (중략) 5. 風雨雷電를 能散能聚함 (중략) ㄷ. 삼우엘이 블네셋과 싸흘 때에 雷電으로 敵을 치심.
三, 萬事에 能심. ㄱ. 埃及軍隊를 紅海에 던짐 ㄴ. 聖城外에 十八萬五千의 앗술軍을 沒殺함 2. 選民을 保護함 ㄱ. 다니엘의 三友紅爐中에서 保護함 ㄴ. 베드로를 海中에서 救出함 ㄷ. 나사로를 무덤에서 살림 ㄹ. 罪中에서 救出함 ㅁ. 苦難中에서 保護 [23]

---

22) 길선주, "하나님의 萬能", 崔仁化 編 『吉善宙牧師說敎集』, 119.
23) Ibid., 119–120.

셋째, '독능'은 창세 이후 인류역사가 전개되고 진행되는 과정에서 마귀의 세력들에 대응하여 심판을 집행하시는 능력에 해당된다.

獨能

一, 天使가 하나님을 대적하다가 쫓겨남

二, 洪水後에 사람이 하나님을 대적하다가 흩어짐

三, 마귀가 하나님을 대적하야 예수를 十字架에 못밖았으나 十字架로 말미암아 마귀가 도로혀 敗함 [24]

길선주는 설교, "不可思議의 大主宰의 能力"에서는 하나님의 능력을 가리켜 '知慧의 能力', '知識의 能力', '判斷의 能力' 등으로 대별하면서 이 중 판단의 능력에 대해서는 이스라엘과 이방을 심판하시는 능력에 결부시켰다. [25]

2. '永能性—新天新地 조성'의 도식

길선주는 하나님의 영능은 창조사역과 마귀의 심판 및 선민을 위한 궁극적 신천신지의 조성에 관련된다고 봄으로써, 창조사역으로부터 창조사역의 궁극적 완성 단계라 할 수 있는 '永遠無窮의 나라'를 건설하기까지 적용되는 능력으로 표현했다. 독능이 인류역사의 진행과정에서 마귀를 심판하는 능력에 관련되어 있다면, 영능은 종말론적 최후의 심판까지도 포함함으로써 창조사역의 알파와 오메가를 포괄한다는 점에서 더욱 폭넓은 의미를 지니는 능력으로 볼 수 있다.

永能

一, 創世前에도 能하심. 모든 創造하신 거슬 보니

二, 只今도 能하심. 예수를 復活하시고 罪人을 救하심을 보니

三, 末世에까지 能하심 1. 天地萬物을 불로 滅하심 2. 新天地를 造成하심 3. 罪人을

地獄에 罰하심 4. 基督者에게 永遠無窮의 나라를 주심 [26]

3. 종말을 준비하는 삼위일체의 사역

길선주는 설교, "職分當行事"에서 "異端을 絕對로 拒絕할 것"을 천명하면서 '三
一神에 異論者'를 이단으로 분류했고, 구체적 사례로서 삼위일체론을 부인하는
'니골라당'(Nicolaitans)을 지목하여 이단이라고 규정했다. [27] 그는 설교, "敎役者의
三大要素"에서는 신의 명칭을 "참神의 父, 子, 聖神 三位一體"라고 기술함으로써
용어상으로도 명확하게 삼위일체를 주장했다. [28] 또한 설교, "恩惠要理"에서는 은혜
는 성부와 성자와 성령께로부터 오는 것이라 하여 [29] 삼위를 병행구로 배열함으로
써, 당대에 유행하던 일위삼명설(一位三名說)의 사벨리우스주의(Sabellianism)를
극복했다. 당시 김인서는 원산의 신비주의가 스웨덴보르그(E. Swedenborg)의 영
향으로 인해 일위삼명설을 취하여 성부수난설(聖父受難說)을 주장한다고 비판했으
며 [30], 박형룡 역시 "神이 오직 一位 舊約의 여호와 하나님이 게실 뿐"이라는 스웨덴
보르그의 사상을 삼위일체론에 반항한 것이라고 경계했을 정도로 [31], 1930년대 초
반은 반(反) 삼위일체론의 심각성이 두드러진 시기였다.

길선주의 논점에 있어서 종말을 준비하는 삼위일체 하나님의 고유한 사역은 다
음과 같이 정리할 수 있다.

첫째, 종말을 준비하는 성부의 사역과 관련해서는, 무궁세계에 이르기까지 자신
의 백성들을 사랑하시고 신자들로 하여금 그리스도의 재림을 사모하게 하시는 하
나님 자신의 노력이 부각되며, 동시에 지상의 인간 측에게는 경건한 생활과 선행을
촉구한다.

---

26) 길선주, "하나님의 萬能", 崔仁化 編 『吉善宙牧師說敎集』, 120.
27) 길선주, "職分當行事", 崔仁化 編 『吉善宙牧師說敎集』, 149. 출옥 후 설교. 길진경, 『靈溪 吉善宙』, 330. 이
    설교는 길선주 소천 1년 후쯤인 1936년, 『信仰生活』(제 5권 제 11호)에 게재됨.
28) 길선주, "敎役者의 三大要素", 『講臺寶鑑』, 135. 출옥 후 설교. 길진경, 『靈溪 吉善宙』, 330.
29) 길선주, "恩惠要理", 崔仁化 編 『吉善宙牧師說敎集』, 113. 이 설교는 길선주 사후 『信仰生活』 1937년 1월호
    에는 게재되어 있으나 1926년 발행된 『講臺寶鑑』에는 게재되어 있지 않은 점으로 미루어 1920년대 말 내
    지는 1930년대에 작성된 것으로 보인다. 이 당시는 박형룡, 김인서 등이 원산에 성행하던 신비주의 운동
    을 지목하여 스웨덴보르그(Emanuel Swedenborg)의 양태론(樣態論)을 경계하던 시기였다.
30) 김인서, "龍道敎會內幕調査發表(2)", 『信仰生活』(1934년 4월), 26.
31) 박형룡, "스웨덴붉과 新예루살넴敎會(續)", 『神學指南』(1934년 4월), 11-12.

江中에 魚族은 물노 말매암아 삶과 갓치 우리 人類는 하ᄂ님의 사랑으로 말매암아 사나니라. (중략) 그 사랑이 永久ᄒ다 1. 萬世前부터 至今까지 2. 只今으로 無窮世界 (新天新地를 의미- 본 연구자 주)까지 뭇노니 兄弟姉妹여 하ᄂ님의 사랑을 아나냐.[32]

十四節末(디도서 2장 14절- 본 연구자 주)에 『ᄒ려』 二字에서 하ᄂ님의 至情이 人生을 向ᄒ야 불살음 갓흠을 볼 수 잇다. (중략) 무어슬 爲ᄒ야 勞力ᄒ섯나 1. 敬虔ᄒ 生活 十二- 2. 主再臨을 思慕 十二- 3. 熱心으로 善을 行함을 十四- 4. 親百姓 됨을[33]

둘째, 종말을 준비하는 성자의 사역에 있어서는, 주의 재림에 대한 경고와 소망이라는 양면적 양상에 입각하여 임박한 재림론에 초점이 맞추어진다. 길선주는 현시는 격절엄정(激切嚴正)한 강도(講道)에는 돌이켜 악감을 품는 시대요, 진리의 복음에는 졸고 있는 시대라 하여 시기의 위급함과 재림의 긴박성을 논했다.

危殆ᄒ 날이 臨迫홈을 쑴밧게 生覺ᄒ니 危殆ᄒ 時代이다. (중략) 今世는 엇더ᄒ가. 一, 激切嚴正ᄒ 講道에는 도리켜 惡感을 품으며 二, 和平의 眞理의 福音에는 도리허 졸고 잇다.[34]

째라 하심 本(로마서- 본 연구자 주)十三0一-
1, 時期가 危急홈으로 (중략) 2. 救主再臨日이 急迫홈으로 야곱五0八-九-
3. 眞理의 道理가 臨ᄒ고로 (중략) 三, 光明ᄒ 甲옷을 닙으라 롬十三0十二- 1. 하ᄂ님의 全身甲冑를 닙으라 엡六0十一- 一, 사랑의 護心鏡 二, 所望의 甲冑 살견五0八- 三, 眞實의 腰帶 四, 平和ᄒ 福音의 신 엡六0十四-十五-
結, 우리는 이 急急ᄒ 廣告를 잘 들어야 홀 것이니라[35]

그러나 이러한 재림의 임박성에 대해 한편으로는 주의 재림이 만물의 소망을 이

---

32) 길선주, "上帝의 愛(二)", 『講臺寶鑑』, 29.
33) 길선주, "上帝의 勞力", 『講臺寶鑑』, 30.
34) 길선주, "救主의 嘆息", 『講臺寶鑑』, 59-60.
35) 길선주, "바울의 急急한 廣告", 『講臺寶鑑』, 148-150.

루는 시점이기 때문에 간절한 소망이 된다고 보았다. 즉 그의 임박한 재림론은 경고와 소망의 양면적인 양상을 담는다.

> 東園桃李는 三春陽氣를 希望ㅎ나 西庭黃菊은 九秋霜風(9월의 바람- 본 연구자 주)을 希望ㅎ나니 (중략) 萬物의 所望의 惟一点은 如左ㅎ니라(다음과 같음- 본 연구자 주). 무어슬 바래나. 答, 하ᄂ님의 뭇 아달된 우리가 나타나기를 1. 榮光으로 2. 永生으로 3. 權能으로 4. 迅速히 [36]

셋째, 종말을 준비하는 성령의 사역은 시대적으로 중생과 성화사역을 통해 현세를 주도해 간다는 점에 초점이 맞추어진다. 길선주는 현세에서의 성령의 사역을 논함에 있어, 성도들로 하여금 장차 도래할 천국을 지향하게 하며, 이들의 중생과 거룩한 변화를 주관하는 역할을 담당함으로써 거룩한 성에 입성할 것을 예비하시는 활동단계에 있는 것으로 보았다. 다음 인용문에서 '거륵ᄒ 城'은 결론부에서는 궁극적 세계인 '天國'으로 표현된다.

> 世上은 洗禮를 밧어야 ᄒ다. 노아時代에는 洪水로 더러운 世上이 씨슴을 밧엇다. 그러나 至今 우리가 밧을 洗禮는 聖神의 불노 밧을 것이다.
> 一. 洗禮의 關係. 1. 罪 씻는 表 一, 이스라엘 民族이 바다를 건넌 後에야 聖地에 들어가스니
> 二, 우리 信者도 죄를 씨슨 後에야 거륵ᄒ 城에 들어간다. (중략)
> 三, 必要ᄒ 洗禮. 聖神洗禮이니 四階가 잇다. 1. 引導ᄒ심 사三十0二十一一 六十三0十一 2. 感動식히심 살젼五0十九- 3. 重生케 ᄒ심 요三0三- 4. 充滿케 ᄒ심 수도二0四-
> 結, 主 갈아샤디 聖神으로 重生치 아니ᄒ면 決코 天國에 들어가지 못ᄒ리라 ᄒ섯ᄂ니라. [37]

---

36) 길선주, "萬物의 所望", 『講臺寶鑑』, 198.
37) 길선주, "貴重ᄒ 洗禮", 『講臺寶鑑』, 132-133. 길선주는 신자가 성결해져야 할 이유로서 하나님 나라에 들어갈 자이기 때문이라는 점을 강조한다. 길선주, "聖潔의 方法", 『講臺寶鑑』, 202.

성령세례와 관련된 '인도하심', '감동하심', '증생하심', '충만하심' 등의 의미는 그의 『末世學』에는 성신의 위화(爲化)의 네 계제(階梯)로 표현되어 있으며[38], 그리스도의 다섯 차례의 강림 중에서 '聖神으로 降臨'을 '新郞으로 降臨' 직전 단계에 위치시킴으로써 성령사역의 말세론적 의미를 부각시켰다. 즉 종말을 준비하시는 성령의 활동 시기는 오순절 성령강림으로부터 공중혼인연석이 이루어질 그리스도의 공중재림 때까지의 기간에 해당되는 셈이다.

> 그리스도쇠서 世上에 降臨하심이 凡五次이니
>
> (1) 人子로 降臨 누가福音 二章五十七節(律法時代末) (2) 聖神으로 降臨 使徒行傳二章——四節(敎會時代初) (3) 新郞으로 降臨 데살노니가前書 四章十六—十七節(敎會時代末) (4) 萬王의 王으로 降臨 馬太福音 二十四章二十九節—三十節又三十五章('25절'의 오기인 듯— 본 연구자 주)三十——四節(七年大患難時代末) (5) 審判主로 降臨 默示二十五章('20장'의 착오인 듯— 본 연구자 주) 十一—十三節(七年末魔鬼暫時釋放時代)[39]

길선주는 요엘 2장에 예언된 성령의 사역이 이미 자신의 당대에 확연하게 실현되어 가고 있다는 몇 가지의 실증들을 제시했다. 그는 자신이 제시한 실증들을 재림의 징조들로 인식함으로써 그리스도의 재림이 임박했다는 사실을 설명하고자 했다. 그는 1906년 웨일즈 지방에서 일어난 회가운동과 1907년 평양대부흥회에서 경험했던 회개의 역사를 그리스도의 공중재림이 임박한 말세의 징조들로 파악했다.

> 요엘 二章 二十八節—二十九節을 보면 이 後에 내가 聖神을 萬民의게 부으리니 너희 子女들이 將來일을 말할 것이오 (중략) 一九〇六年에 英國 월스地方敎會에서 이러난 聖神의 役事는 一年間 월스地方에서 十餘萬名이 悔改하고 主끠 도라와스니 (중략) 이 運動은 印度에 波及하고 다시 朝鮮敎會에 波及하야 基督敎史上에 特筆할 一九〇

---

38) 길선주, "末世學(예수再臨論)", 『信仰生活』 4권 8호 ('935년 8월 · 9월), 14. 다른 설교에서는 爲化와 階梯를 階段이라고 기록했다. 길선주, "聖神", 崔仁化 編 『吉善宙牧師說敎集』, 122.
39) 길선주, "末世學(예수再臨論)", 『信仰生活』 4권 8호 (1935년 8월 · 9월), 11.

七年 朝鮮敎會의 復興이 이러나고 朝鮮으로부터 다시 中國敎會와 全 世界敎會에 聖
神의 役事가 크게 波及하엿다. 이는 基督史上에 大事件인 同時에 末世에 聖神 부어
주겟다는 요엘의 預言한 째가 五旬節부터 더욱 갓가운 証據라 하겟다.[40]

제4절 인간관에 내재된 말세론

길선주의 인간관에 내재된 말세론은 내세를 바라보는 종교심, 그리고 자유의지
에 근거된 죄에 대한 최후심판의 도식으로 정리할 수 있다.

1. 내세를 바라보는 종교심

길선주의 말세론과 연계되는 인간관은 인간이 본성적으로 내세를 바라보는 종교
심을 지닌 존재로 파악된다는 데서, 그리고 그리스도를 심판주로 고백하는 원로신
자(元老信者) 단계로 고양(高揚)되어가는 존재라는 점에서 두드러진다.

1) 내세를 지향하는 마음
길선주는 신자와 불신자를 막론하고 모든 인간의 마음은 광대하다고 보았다. 그
는 인간의 마음은 본성적으로 천국과 지옥의 내세에까지 미친다고 봄으로써 인간
에게는 본래적으로 내세를 갈망하는 선천적 종교심이 내재되어 있다고 보았다.

잠四○二十三-마五○一一十二
引: 옥경(道敎의 仙道書- 본 연구자 주)에 닐ㅇ리를 不貴黃金貴赤心(황금이 귀한 것
이 아니라 거짓 없는 참된 마음이 귀함- 본 연구자 주)이라 ㅎ엿고 예수갈ㅇ사디 하
ㄴ님은 神이시니 神靈과 眞理로 禮拜ㅎ라 ㅎ엿고 (중략)
一, 마음은 廣大

---

40) 길선주, "末世學(예수再臨論)", 『信仰生活』 4권 10호 (1935년 11월), 20-21.

1. 우호로(위로- 본 연구자 주) 天堂과 別世界에 밋나니 一, 西遊記에 孫行者曰上天宮作亂이란 說은 곳 心界를 論解홈이오 二, 二億萬里外의 大星界를 論홈도 其心理에셔 남이다. 2. 아래로 地獄까지 밋나니 一, 地府의 十大王(불교에서 말하는 저승의 열 왕- 본 연구자 주)을 論홈도 다만 ᄆᆞᆷ 가운데셔 生함 3. 넓히 펴면 宇宙에도 容納치 못홈 [41]

2) 원로신자고양론(元老信者高揚論)[42]

길선주는 인간이 경험하는 화와 복에 있어서 마음의 고난과 형벌이 가장 괴로운 것이라고 고백했다. 그는 심중에 있는 죄의 심각성을 지적하면서 단심(丹心)을 지킬 것을 촉구했다. 그에 있어서 마음은 고난과 형벌을 심사숙고하는 좌소(座所)에 해당된다.

마음의 禍福이 甚大.
1. 苦難中에도 마음의 苦難이 가쟝 괴롭고 2. 刑罰中에도 마음 刑罰이 가쟝 두러우며 3. 玉經에는 『犯罪者, 上帝先斬其神』(범죄ᄌᆞᄂᆞᆫ 상제께서 먼저 그 마음을 벌함- 본 연구자 주)이라 ᄒᆞ엿다. (중략) 마음을 일허버리고 찻ᄂᆞᆫ 者 적으니 엇지 慒慒ᄒᆞ지 안을가. 丹心을 직히라. 삼가 丹心을 직히라. [43]

또한 이러한 고백은 고난과 형벌을 생각하는 단계에만 머무는 것이 아니라 이어서 그리스도를 심판주로 고백하는 원로신자의 신앙단계로 고양 승화되어 나타난다. 그에 있어서 원로신자의 단계는 견고한 교회공동체를 이루기 위한 기초가 된다. 결국 그의 이러한 논리체계는 천성적으로 내세를 지향하는 인간의 본성을 그리스도의 심판의 개념에 연결 짓는 구도를 보여준다.

요일二O十二−十四−

---

41) 길선주, "丹心萬能", 『講臺寶鑑』, 7.
42) '元老信者高揚論'은 그리스도를 심판주로 고백하는, 소위 원로신자의 신앙단계로 고양·승화된다는 뜻으로 본 연구자가 명명한 것이다.
43) 길선주, "丹心萬能", 『講臺寶鑑』, 10.

引, 녜로부터 지금까지 敎會에 此四種人은 업슬 수 업다. (중략) 元老 十三- 1. 審判
主를 아는 者 一, 前在ᄒ심을 二, 今在ᄒ심을 三, 永在ᄒ심을 四, 全聖의 性品 五, 全
能의 權能으로[44]

요일二○十三-十四-
元老의 形便 1. 經歷이 富 2. 智慧가 富 3. 鍊鍛이 富 (중략) 우리 敎會 元老와 靑年이
相愛合心ᄒ면 完全堅固ᄒ 敎會가 되리라.[45]

3) 인간상의 점진적 고양

먼저, 내세를 바라보는 인간의 본성과 관련하여 길선주가 간파하는 인간상은 천
국의 백성과 지옥의 자식, 두 부류로 나누어진다.

孔子는 有益三友요 損者三友라 ᄒ엿고 우리 俗談에 량반을 사괴면 죠흔찬을 밧고
상놈을 사괴면 辱을 먹는다 ᄒ엿고 쏘 한 親故를 보아 그 사람됨을 안다 ᄒ얏으니 우
리 信者가 엇지 홀가. 世上을 사괴면 地獄의 子息이 될 거시오 救主와 親近히 ᄒ면
天國의 子民이 될 거시다.[46]

둘째, 길선주가 지향하는 신자상은 투쟁적인 모습으로 나타난다. 그에 있어서 영
적 투쟁은 평생 자신과의 내적 싸움을 극복해 냄으로써 궁극적으로는 면류관을 얻
는 신자상을 지향하며, 그 전쟁터는 다름 아닌 인간 자신의 마음(人心中)이라고 지
적했다. 그가 설명하는 이 전쟁의 이해(利害)는 '永生'이냐 아니면 '永死'냐 라는
극단적 이분법의 형태를 띤다.

引, 戰爭의 原因과 始作
1. 埃田園(에덴- 본 연구자 주)에셔 이브가 사탄으로 交戰ᄒ다가 失敗홈. (중략) 一,

---

44) 길선주, "敎會의 四種人", 『講臺寶鑑』, 38-39. 길선주는 '敎會의 四種人'을 사죄함을 받은 初信者, 심판주
　　를 아는 元老, 흉악을 이기는 靑年, 天父를 아는 小兒로 나누었다.
45) 길선주, "敎會의 元老와 靑年은 하ᄂ님 집의 棟樑", 『講臺寶鑑』, 40.
46) 길선주, "救主의 親舊냐", 『講臺寶鑑』, 56-57.

戰爭場 人心中 二, 敵手 魔鬼와 情慾 三, 戰爭의 利害 이긔면 永生ᄒ고 지면 永死 (중략) 五, 우리는 언졔ᄭ지 할가. 이 몸이 맛츨 ᄲᅢᄭ지
結, 이긔라 이긔는 者는 榮光의 冕冠을 엇으리라.[47]

셋째, 길선주가 지향하는 인간상은 원로신자가 더욱 고양되어 내세를 향해 가는 성숙한 모습으로 나타난다. 그가 논하는 인간상의 점진적 고양은 십자가 · 부활 · 승천 · 재림의 형상을 마음에 찍는 신자상, 주의 재림과 천국보좌를 대망하는 바울과 같은 신자상, 시세를 파악하여 주의 재림이 가까움을 아는 성숙한 신자상을 반영한다.

엇더호 것을 寫眞ᄒᄂ뇨. 그리스도 예수의 形象 (중략) 그리스도의 참 寫眞을 직는다. 一, 十字架의 形象. 二, 復活昇天의 形象. 三, 再臨의 形象. 結, 兄弟姉妹여 우리는 바울과 갓치 神靈호 寫眞工이 되여스니 四海同胞의 마음속에 그리스도의 참 形像을 寫眞ᄒ쟈.[48]

聖徒의 懇切한 所願 (중략) 一, 붓그럼이 업기를 1. 企待리는 일에(主 降臨日) 2. 바라는 일에(天國寶座) 3. 萬事에(主事人事大小事) (중략) 이러한 所願은 主의 生覺과 符合ᄒ니 일우기 쉬우니라.[49]

苦樂興亡이 智愚에 關係이다. (중략) 智者는 時勢를 아나니라. 1. 安에 居ᄒ야 危를 不忘 2. 主의 날이 갓가움을 암[50]

2. '자유의자–심판'의 도식

길선주는 하나님의 공의로운 심판의 결과에 대한 모든 책임을 전적으로 인간에

---

47) 길선주, "天下의 大戰爭", 『講臺寶鑑』, 193-194.
48) 길선주, "神靈호 寫眞工", 『講臺寶鑑』, 21.
49) 길선주, "聖徒의 懇切한 所願", 『講臺寶鑑』, 224-225.
50) 길선주, "智者가 되라", 『講臺寶鑑』, 167-168.

게 돌리는데 그 근거로서 인간에게는 본래적으로 고유한 자유의지가 부여되어 있기 때문이라고 보았다.

1) 원죄와 자범죄의 문제

원죄와 자범죄의 문제는 길선주의 설교, "敎會의 四種人"에 나열된 내용들 중 제1종인 죄사함을 받은 초신자에게서 언급된다. 그는 죄를 '原罪'(원죄)와 '本罪'(본죄)로 나누고, 본죄는 다시 '前罪'(전죄), '今罪'(금죄), '來罪'(내죄) 등으로 세분하여 전통적 칼빈주의의 죄관을 수용했다.

> 요일二〇十二-十四-
> 리, 녜로부터 지금까지 敎會에 此四種人은 업슬 수 업다. 一, 初信者 十二-1. 罪赦홈을 엇은 者. 一, 原罪 二, 本罪 (1) 前罪 (2) 今罪 (3) 來罪 [51]

인간의 자유의지와 관련하여 칼빈은, 인간에게 주어진 하나님의 형상은 아담이 타락하기 이전에는 완전하고 탁월한 속성이었지만, 타락한 후에는 심히 손상되고 더럽혀져서 혼란스럽고 불완전하게 되고 부패한 것만이 남게 되었다고 보았다.[52] 따라서 이 원죄로 인해 타락한 인간은 아담을 포함하여 그의 모든 후손들까지도 유전적 부패의 과정을 거쳐 자유의지를 상실했다는 논리를 전개했다.[53] 그러나 길선주는 타락한 인간의 자유의지 문제에 대해 칼빈의 주장과는 다른 입장을 취했다. 계속해서 그의 '구원과 자유의지의 문제'를 고찰해 보자.

2) 구원과 자유의지의 문제

길선주의 설교, "恩惠要理"에 의하면 은혜란 행위와 공로가 없이 얻는 하나님의 선물이라 했으며, 은혜를 받을 방법에 있어서도 죄를 깨달을 것, 겸손할 것, 간구할

---

51) 길선주, "敎會의 四種人", 「講臺寶鑑」, 38-39.
52) John Calvin, *Institutes of the Christian Religion*(Vol. 1)(Translated by Ford L. Battles; Philadelphia: The Westminster Press, 1960), 15: 4
53) John Calvin, *Institutes of the Christian Religion*(Vol. 2)(Translated by Ford L. Battles; Philadelphia: The Westminster Press), 1: 6, 2: 8

것, 사모할 것, 기도할 것 등이라 하여 은혜수여의 주체자를 하나님으로 명시했다.

一, 恩惠가 如何한 것이뇨
1. 行함이 없이 得하는 것. 로마四0四—六 로마十一0六 2. 功이 없이 得한 것. 로마
三0二四 3. 하나님의 膳物. 엡二0八 (중략) 五, 恩惠받을 方法이 何뇨 1. 罪를 覺할
것. 로마五0二十 2. 謙遜할 것. 약四0六 벳前 五0一五 3. 하나님을 愛할 것. 출二十0
六 4. 懇求할 것. 七0四十六 前삼 一0一, 十二-八 5. 讚頌할 것. 골三0一六 6. 夫婦
가 和合할 것. 벳前三0六, 七 엡五0二三 그前七0三三, 三四 7. 大恩을 思慕할 것 前
고十二0三一 8. 衆人이 合心하야 祈禱할 것. 고後一0一一 9. 主를 愛하는 心을 變치
말 것. 엡六0二四 [54]

또한 그는 하나님의 절대능력에 비추어 볼 때 범죄한 인간은 영능을 잃어버린 무
력한 존재라고 했다. 이는 칼빈이 논한 인간상과도 일치한다. 칼빈은 타락한 인간
을 영적 능력을 상실해 버린 무능한 존재로, 그리고 무지, 허망, 궁핍, 무력함, 타
락, 부패 등 죄악의 대명사로 규정하고, 하나님의 영광 앞에서 전율할 수밖에 없는
존재라고 보았다.[55]

이 時代는 能力時代라고 자랑한다. 能히 (?)山移向하며 能히 掌電運物하며 能히 借
風飛行함이 能力이 아닌 바 아니다. 그러나 宇宙自然力에 比하면 一微塵을 擧함에
不過하거늘 어찌 하나님의 絶大能力에 比할 바리오. 그뿐 아니라 犯罪한 人間이매
靈能을 잃어버리여 罪를 이길 힘이 없고 義를 行할 힘은 全無한 不能無力者일 뿐이
오 하나님만이 無所不能한 이시니[56]

길선주는 인간이 의롭게 되는 것은 믿음에 의해서라고 주장했다. 그가 "寶貝
론 믿음의 功效"를 구원으로 본 점이나[57] "딋음은 救援 엇는 靈魂의 손"이라는

---

54) 길선주, "恩惠要理", 崔仁化 編, 『吉善宙牧師說教集』, 113-115.
55) John Calvin, Institutes of the Christian Religion(Vol. 1), 1:1, 1:3
56) 길선주, "하나님의 萬能", 崔仁化 編, 『吉善宙牧師說教集』, 118-119. '?'는 판독이 불가능한 한자임.
57) 길선주, "寶貝론 믿음", 『講臺寶鑑』, 103.

이해[58], "예수를 밋는 자"가 "永生을 엇을 者"라는 표현[59] 등은 칭의교리를 대변해주며 그의 설교, "밋음으로 된 義人"[60]은 칭의사상을 설파한다. 여기까지 보면 길선주의 인간관은 칼빈주의적 입장에 입각해 있는 것처럼 보인다.

그런데 길선주의 인간의 자유의지 문제와 관련하여 정성구와 길진경의 해석에 대해 주목할 필요가 있다. 정성구는 본 연구자가 앞서 인용한 "이 時代는 能力時代라고 자랑한다(이하 생략)"는 동일한 문장을 분석하면서, 길선주는 인간을 전적타락한 무능한 존재로 보았기에 신본주의(神本主義) 신앙을 지녔던 분이라고 단정했다.[61] 반면 길진경은 인간구원과 관련하여 선친의 자유의지관을 논함에 있어, 그의 사상에 나타난 '누구나 저를 믿으면'이라는 것은 부르심에 대한 화답을 의미하는 것으로서, 부르심에 화답하지 않을 수도 있다는 전제를 내포하고 있다고 해석하여[62], 선행적(先行的) 은혜와 이에 대한 응답의 차원에서 신인협동적 구원관에 입각해 있었다고 보았다. 따라서 정성구와 길진경이 이해하는 길선주의 자유의지관은 극명하게 대립된다. 다만 길진경은 구체적으로 1차자료를 분석하는 작업 없이 평소 선친이 지녔던 사상을 자신이 이해한 대로 신인협동적 구원관에 입각해 있었던 것으로 해석함으로써, 원자료를 논리적으로 고찰하지 않았다는 점에서 아쉬움이 남는다.

그렇다면 길선주의 자유의지관에 관한 문제는 어떻게 보아야 하는가. 앞서 살펴본 은혜의 개념이나 칭의사상, 하나님의 전능성 등에 대한 그의 이해를 참작한다면 그는 속죄의 은총에 대해 전혀 인간 측의 자유의지를 고려하지 않는 것처럼 보인다. 그러나 본 연구자는 다음 세 가지 사유에 근거하여 길선주의 이신득의 사상은 자유의지가 개입된 칭의관으로 판단한다.

첫째, 그는 아브라함의 이신득의(창세기 15:6)를 자유의지에 입각하여 해석했다. 다음 문장을 분석해 보면 그는 최후의 심판과 관련하여 먼저 하나님과 사람 사이에 전제되어 있는 사안들 중 타락 전 인간에게는 '自由의 能'과 '自由의 權'이 부여되

---

58) 길선주, "十字架上하에 救援 엇은 强盜", 『講臺寶鑑』, 163.
59) 길선주, "永生", 『講臺寶鑑』, 186.
60) 길선주, "밋음으로 된 義人", 『講臺寶鑑』, 219.
61) 정성구, "韓國敎會와 說敎運動-吉善宙, 金益斗, 李聖鳳을 中心하여-", 『神學指南』 51권 1, 2집 통권 201호 (1984년 봄 · 여름), 152.
62) 길진경, 『靈溪 吉善宙』, 143.

어 있었음을 전제했다. 그런데 문제는, 그는 아담이 타락하기 이전에 부여받았던 자유의지를 아담의 후손인 아브라함의 자유의지와 동일시했다는 데 있다. 그는 아브라함 역시 그 자유의지에 의해 하나님을 신앙하고 순종했다고 해석했다. 아래 문장 후반부에 언급된 '이 自由'(아브라함이 가진 자유의지)는 범죄 이전의 아담과 무흠하신 예수님의 자유의지까지를 언급함으로써 분명히 타락 이전에 가졌던 자유의지를 의미한다.

> 最後로 罪人을 審判하실 쌔에 無底坑에 가두엇든 魔鬼를 千年世界에 暫間釋放할 거시니 千年世界에서 出生한 者가 試驗바들 거시다. 하나님쯰서 처음사람을 創造하실 쌔에 自由의 能과 自由의 權을 주섯다(타락 전 자유의지- 본 연구자 주). 하나님쯰서는 自由意志로 敬拜하고 順從하는 者를 깃버하시나니 信仰으로 義롭다 함을 어든 아부라함(창세기 15:6- 본 연구자 주)이 信仰者의 模範이 된 것도 自由意志로 信從한 쌔문이다. 그런데 이 自由(아브라함이 가진 자유의지- 본 연구자 주)에는 試驗이 업지 못한 거시니 첫 아담도 試驗을 바덧고(創二16-170 둘재아담 예수도 試驗을 바드섯다(마태四1-11).[63]

둘째, 위에 인용한 문장을 분석해 보면 '千年世界에서 出生한 者', 즉 천년왕국 시기에 탄생한 비부활체 자녀들에 대한 언급이 나타나는데, 천년왕국 끝에 마귀가 잠시 놓임 받는 시기에 이들 또한 자유의지로 하나님을 신종(信從)할 것이라는 내용이 기술되어 있다. 그는 이 문제를 같은 소논문에서 좀 더 자세하게 다루었는데 최후의 심판과 관련하여 시험을 이기지 못한 자는 유황불에 들어갈 것이라고 부연했다.

> 千年世界에서 魔鬼를 暫間 노와줄 쌔에 魔鬼의 試驗을 이기지 못하야 산 그대로 硫黃불에 드러가는 審判을 바들거시오(默十九20).[34]

---

63) 길선주, "末世學(十三)", 『信仰生活』 5권 9호 (1936년 10월). 13.
64) Ibid., 14.

셋째, 길선주는 창세기 15:6에 기록된 "아브람이 여호와를 믿으니 여호와께서 이를 그의 의로 여기시고" 이 문장을 로마서 4:3에서도 발견하여 틀림없이 숙지했을 것이라는 점이다. 길진경에 의하면 길선주는 로마서를 쉰 번쯤 독파하여 중요한 부분은 거의 암송할 정도였다고 했다.[65] 바울은 로마서 4:3과 갈라디아서 3:6절에서 칭의교리를 설명할 때 창세기 15:6을 인용했다.

넷째, 이 인용문이 있는 소논문 "末世學(十三)"은 1936년 10월에 『信仰生活』에 게재되었던 것으로, 도합 14장으로 편성된 『末世學』은 길선주가 소천하기 두 주 전쯤까지도 손질해 가며 연재를 위한 준비에 심혈을 기울였던 작품이었다. 따라서 이러한 자유의지론은 그의 최종적인 사상으로 자리 잡고 있었다고 볼 수 있다.

> 末世學 修稿를 爲하야 나를 부르심으로 十一月 十二日(소천은 11월 26일- 본 연구자 주) 내가 病席에 모시어슬 째에는 매우 快差하야 末世學 後半部에 대한 全的 說明을 하섯고 今年 內에 全部 信仰誌에 連載하기를 命하고 連載를 마친 뒤에 곳 出版할 쯧을 말슴하시엇다.[66]

하나님이 인간에게 부여한 자유의지의 의의는 무엇인가. 길선주의 입장으로서는 기계적 피조물 상을 넘어서서 보다 향상과 발전을 추구하며 그리스도의 완전한 인간상을 구현하는 데 있었다. 따라서 그의 입장으로서는 인간에게 자유의지는 필연적으로 주어져야만 했다.

> 하나님은 죄짓지 않은 인간을 만들려면 만드실 수 있을 것이다. 그러나 복종을 식키여서 복종하는 인간이라면 기계적이요 무가치한 인간이다. 시게가 일정한 시간을 맛치는 것은 맛치도록 지음이요 닭이 새벽시간을 맛치는 것은 하나님이 그렇게 지은 까닭이다. (중략) 인간에게는 자유가 있음으로 향상도 있고 발전도 있다. 기계적 복종은 복종이 아니다. (중략) 아담은 실패하였으나 그 시험이 있기 까닭에 오늘날 우리는 하나님을 복종함으로 더 향상할 수 있으며 완전케 될 수 있다.[67]

---

65) 길진경, 『靈溪 吉善宙』, 123.
66) 김인서, "靈溪先生의 臨終과 葬儀", 『信仰生活』 5권 1호 (1936년 1월), 35.

그런데 길선주의 구원과 자유의지의 문제는 먼저 하나님 측에서 인간을 향한 선택의 개념이 선행(先行)된다는 양상을 띠므로 하나님 측의 선행적 선택과 인간 측의 자유의지의 문제를 별도로 논할 필요성이 있다. 계속해서 이 문제를 고찰해 보자.

3) 선택과 자유의지의 문제

길선주의 인간구원의 개념에는 하나님 측에서 먼저 선택하셨다는 선택의 개념이 분명하게 나타난다. 그의 선택론에는 인간 개개인에 대한 선택과 아울러 민족공동체를 선택하는 하나님의 섭리가 개입되어 있다.

> 하나님이 노아를 擇하심은 人類의 始祖를 삼고저 함이오 아부라함을 擇한 것은 萬民에게 福된 許諾을 주시고저 함이오 요셉을 擇한 것은 이스라엘 十二兄弟를 주시고저 함이오 (중략) 여호수아를 擇한 것은 選民을 가나안 福地에 引導하고저 하심이니 主께서 우리를 擇하신 目的은 무엇일가.[68]

그는 하나님께 헌신할 이유로써 택함을 입었기 때문이라 했으며[69] 그리스도의 사신(使臣)을 신자요 피택(被擇)된 자로[70], "矜휼ㅎ심을 밧은 者와 밧을 者"를 "擇홈 밧은 兄弟姉妹"라 하여[71] 예정론을 수용했다.

그렇다면 그에 있어서 하나님의 선택과 인간의 자유의지는 어떻게 조화될 수 있는가. 이 문제를 앞서 고찰한 바, 하나님의 선행적 은혜와 이에 대한 인간 측의 응답 차원의 자유의지를 연계해 보면 하나님이 인간 측의 자유의지를 고려하여 예지로 선택하셨다는 예지예정론으로 귀결 지을 수밖에 없다. 그는 예정론의 의의를 인간 측의 자유의지가 개입된, 소위 사람의 예견되어진 신앙(foreseen faith)에 의거한다는 아르미니우스주의(Arminianism)의 입장[72]을 수용한 셈이다.

---

67) 길선주, "善惡果試驗에 對하야", 崔仁化 編, 『吉善宙牧師說敎集』, 67–68. 출옥 후 순회부흥회 때 설교. 길진경, 『靈溪 吉善宙』, 332.
68) 길선주, "우리를 擇하신 目的", 崔仁化 編, 『吉善宙牧師說敎集』, 131–132.
69) 길선주, "하나님께 獻身하라", 崔仁化 編, 『吉善宙牧師說敎集』, 130.
70) 길선주, "그리스도의 使臣", 『講臺寶鑑』, 44.
71) 길선주, "無窮혼 慈悲", 『講臺寶鑑』, 69.
72) Louis Berkhof, *Systematic Theology*(Grand Rapids, Michigan: Wm. B. Eerdmans Publishing Co., 1981), 115.

4) 하나님의 심판의 당위성

길선주가 주장하는 하나님의 공의로운 심판은, 인간에게는 근본적으로 고유한 자유의지가 주어져 있으므로 죄에 대한 심판 또한 정당하다는 당위성을 지닌다. 다음 글은 하나님의 유기(遺棄)도 인간 측의 자유의지에 근거되어 있다는 논리를 살펴볼 수 있는 적절한 사례가 될 수 있다.

> 묵三0二十-二十一
> 引, 主씌셔 여러 가지로 罪人을 차즈신다.
> 一, 차즈시는 方法
> 1. 사람의게 오심 2. 門밧게서 기다리심 3. 門을 두다리심
> 二, 罪人이 할 것
> 1. 예수의 말삼을 드를 것 2. 門을 열 것 (중략)
> 結, 마음門을 열어 예수를 迎接지 아니ᄒ면 이후에 天門을 굿이 닫고 우리를 排斥ᄒ시리라.[73]
>
> 主씌셔 우리 마음에셔 기다리시나 열지 안으면 空然히 도라가실거시니라. 묵一0二十-[74]

위의 설교 "예수씌서 罪人을 차즈심"(계3:20)은 1907년 평양대부흥회가 시작되기 직전이었던 1906년 12월 말 "異常ᄒ 貴賓과 怪異한 主人"(계3:20)이라는 제목으로 설교했던 내용과도 흡사하다. 그는 이 설교에서 "全能ᄒ신 손으로 懇切히 두다리심이 이상"하며 또한 "굿게 닷은 房門을 열지 안음이 怪異"[75]하다 함으로써 인간 측의 자유의지를 존중했다. 그는 출옥한 후 1920년대로부터 소천하기까지 전국 교회를 순회하며 부흥회를 인도할 때도 역시 이 설교를 한 적이 있다.[76] 이는 자유의

---

73) 길선주, "예수씌서 罪人을 차즈심", 『講臺寶鑑』, 66.
74) 길선주, "謀事ᄂᆫ 在人이오 成事는 在天", 『講臺寶鑑』, 158.
75) 길선주, "異常ᄒ 貴賓과 怪異ᄒ 主人", 『講臺寶鑑』, 1. 길진경은 이 설교가 1906년 성탄절 직후 목요일에 행해졌다고 기록했다. 길진경, 『靈溪 吉善宙』, 185.
76) 길진경은 이 설교를 출옥 후 순회부흥회 때 행한 설교로도 분류했다. 길진경, 『靈溪 吉善宙』, 333.

지론에 관한 그의 입장이 입신 초기로부터 생애 마지막에 이르기까지 일관적이었다는 사실을 보여준다.

제5절 구원관과 기독관에 내재된 말세론

길선주의 구원관과 기독관은 말세론과 관련하여 몇 가지의 독특한 논점들을 지닌다. 그의 사상에 두드러진, '死後永生-참 종교'의 도식, '재림의 징조로서의 중보자의 양성 부인', '구원자=심판자'의 도식, '만민속죄-만민심판'의 도식, '소천당(小天堂)으로서의 개인구원' 등에는 그의 구원관에 내재된 말세론의 의미 있는 논제들이 함축되어 있다. 길선주의 말세론과 관련하여 구원관과 기독관은 별도로 구분하여 논하기에는 어려운 점이 많아 이를 통합하여 살펴보고자 한다.

1. '死後永生-참 종교'의 도식

길선주는 입신 전 유불선에 몸담아 이 세 종교에 대한 해박한 지식과 경륜을 쌓았다. 특히 도교에서는 불로장생(不老長生)을 추구하는 선술(仙術)을 익히며 옥경(玉經), 구령삼정(九靈三精)의 주문, 장량(張良)의 도인법(導引法)과 소강절정좌법(昭康節靜坐法), 신차력(神借力), 수차력(水借力), 약차력(藥借力) 등에 체험적 일가견이 있었던 만큼[77] 인간의 구원과 죽음의 개념을 깊이 생각하는 종교심이 깊었다. 길선주는 영생불사의 문제에 대해 고민하던 증 인생의 종말에 관한 해답을 최종적으로 기독교에서 찾았고, 이 해답은 그가 기독교만을 참 종교로 인정하는 절대적인 동인이 되었다. 그가 얻은 이 해답은 유불선을 떠나 기독교에 귀의한 결정적인 사유이기도 했다. 따라서 그의 구원관과 말세론과의 연계점은 '死後永生-참 종교'의 도식으로 정리할 수 있다. 그는 '儒釋道 三敎'는 사후의 세계를 논하지 않기에 참 종교가 될 수 없다고 단언했으며, 응당 사후의 영생을 논하는 기독교만이 참 종교

---

77) 본 논문 2장 4절, 2, 1) ④의 '사후영생을 고민하는 종교심'을 볼 것.

라고 고백할 수 있었다.

> 東洋에 儒釋道 三敎가 이스나 死後에 될 일을 가라친 것이 업섯다. 孔子는 人이 處世홈에 맛당흔 事實만 論ㅎ고 佛敎는 十殿閻王(불교에서 논하는 저승의 十大王- 본 연구자 주)과 輪世轉回(輪廻生死- 본 연구자 주)를 講홀 뿐이오 道敎는 死와 活의 問題를 전혀 論치 안엇다. 그러나 우리 主 예수 씌셔는 世上에 臨ㅎ야 死後永生의 道理를 明白히 가라치셧나니라.[78]

2. 재림의 징조로서의 중보자의 양성 부인

길선주는 주 재림의 징조로서 그리스도의 양성을 부인하는 이단들의 출현을 중요한 내증으로 들었다. 그는 주 재림의 징조에 관한 내증들 중 '거짓先知者로 証據'에서 예수 그리스도의 신성 혹은 인성을 부인한 '에벤라이쓰黨', '쏘스데黨', '에레안黨', '압흘로이안黨', '넷쓰또리아黨', '유대기연쓰黨' 등을 대표적인 이단들로 소개했다.[79]

길선주의 그리스도의 양성에 대한 고백은 단적으로 '神人의 眞理'[80]였다. 그는 중보자로서의 신성과 인성을 구원의 필수적인 속성으로 이해하여 그리스도의 양성을 강조했다.[81] 그리스도의 신성을 증거하는 대표적 설교로서 "예수 하나님의 아들 되신 참 證據"를 들 수 있는데 로마서 1:2 이하를 근거로 '諸先知者爲證', '諸使徒爲證', '天父爲證', '天使爲證', '萬物爲證', '權能爲證', '聖經爲證' 등 일곱 가지의 증거들을 제시했다.[82] 길선주의 말세론이 『末世學』이라는 소논문 형태로 『信仰生活』에 연재되기 수년 전, 박형룡은 이미 그리스도의 신성에 문제를 제기하는 이단자들의 '비우심의 교리'를 비판한 적이 있었다. 그가 "게노시스說이 로고스의

---

78) 길선주, "永生", 『講臺寶鑑』, 187. 길선주는 불교의 극락세계관에 대해 "佛家에셔는 阿彌陀佛觀世音菩薩을 불너 極樂世界에 가 살고져 ㅎ며"라는 말로 사후 세계를 논했으나 중보자의 속죄관이 없는 점을 들어 구원을 終乃成就하지 못한 것으로 보았다. 길선주, "唯一의 贖罪煮는 그리스도", 『講臺寶鑑』, 80-81.

79) 길선주, "末世學(예수再臨論)", 『信仰生活』 5권 1호 (1936년 1월), 15-16.

80) 길선주, "새 誡命의 光彩", 『講臺寶鑑』, 82.

81) 길선주는 중보자의 신성은 하나님의 형상으로 창조된 인간을 구하는 조건인 것으로, 인성은 사람이 사람을 구하기 위한 조건인 것으로 이해했다. 길선주, "唯一의 贖罪者는 그리스도", 『講臺寶鑑』, 80-81.

82) 길선주, "예수 하나님의 아들 되신 참 證據", 崔仁化 編, 『吉善宙牧師說敎集』, 121.

神格縮小이니 屬性抛棄니 하야 (중략) 事實上 神聖否認이거니와 (중략) 에비온波 소시너스派 유니테리안派 러설派보다 나을 것이 없는 異端이오"[83]라며 그리스도의 신성을 부인하는 신학설에 큰 우려를 표명했다는 점은 주목할 만한 사안이다. 기독론과 관련하여 당시의 이러한 심각한 신학사조는 길선주가 그리스도의 양성을 부인하는 오류를 주목할 만한 내증의 하나로 채택하여 다루었을 정도로 중차대한 문제였다.

3. '구원자=심판자'의 도식

길선주의 그리스도의 구원사역에 대한 이해는 그리스도가 인간을 위해 죽으신 희생자이자 동시에 인간을 심판하는 심판자로 나타나며, 이 희생자와 심판자라는 개념은 동전의 양면처럼 유기적인 양상을 띤다.

길선주는 예수를 '眞理의 길', '生命의 길'로 선언하면서 이 길을 찾을 수 있는 자는 '예수를 밋는 者'이자 '예수를 싸르는 者'라고 했다.[84] 그의 널리 알려진 설교인 "恩惠로 주신 그리스도"에서는 위험에 처한 아들을 포기하고 열차를 구하는 어느 철교지기의 비유를 들어 그리스도의 대속사역의 의미를 설명하고자 했다. 그런데 주지해야 할 내용은, 본문에서 그리스도를 희생자로 묘사할 때 "公義로 萬生심을 審判ㅎ실 獨生子이시나"라는 대전제가 이미 선행되어 있다는 점이다.

> 鐵橋를 직히던 한 사람(성부에 비유함 – 본 연주자 주)이 定혼 時間에 鐵橋를 열고 船舶을 通ㅎ계 홀 재에 其 사랑ㅎ난 아달(성자에 비유함 – 본 연구자 주)이 다리에 써러져 水中에 싸져 危急하난 境遇에 至ㅎ엿다. (중략) 이 재에 그는 사랑ㅎ는 아달을 버리고 幾百人의 生命을 爲ㅎ야 急히 鐵橋를 닷아 汽車가 無事히 通過홈을 싸라 그의 사랑ㅎ는 아달은 犧牲되고 幾百人의 生命은 安全하여졋다 혼다. 一, 하ᄂ님은 獨生子 예수 그리스도를 犧牲ㅎ야 萬民을 救ㅎ셧다. 1. 萬生을 創造ㅎ신 主宰시나 2. 公

---

83) 박형룡, "게노시스 基督論"(Kenotic Christology), 『神學指南』 15권 5호(1933년 9월), 25. 年前 日本으로부터 南鮮地方에 돌아온 어떤 無教會青年이 이 사상을 전파한다고 한 것으로 미루어, '비우심의 교리'가 심각성을 띤 것은 1930년대 초기로 볼 수 있다. 같은 쿤헌, 22.
84) 길선주, "예수는 길이다", 『講臺寶鑑』, 46–47.

義로 萬生을 審判ㅎ실 獨生子시나 (중략) 그리스도를 밋음으로 밧을 有益 永生 1. 영
혼 2. 肉身도 [85]

구원주와 심판주를 동전의 양면처럼 불가분리의 관계로 생각한 길선주의 논리
는, 결국 구원과 심판은 상호 분리하여 생각할 별개의 문제가 아니라 불가분리의
긴박한 관계를 형성해 주는 동전의 양면과도 같은 차원임을 의미한다.

4. '만민속죄—만민심판'의 도식

1) 만민속죄와 대사령(大赦令)

길선주의 만민속죄 사상은 그리스도가 누구를 대상으로 희생의 속죄를 치렀느
냐는 질문을 고찰함으로써 분석해 볼 수 있다. 이 질문에 대한 그의 입장은 전 인
류를 대상으로 희생을 치렀다는 논리로 일관하며 전혀 제한속죄(limited
atonement)의 개념은 나타나지 않는다. 그는 마가복음 15:34에 기록된 가상칠언
(架上七言)을 "全人類의 죄악을 代身ㅎ야 외치는 엘리 엘리 라마 사박다니"의 음성
으로 이해했다.

> 宇宙死亡을 걸머지시고 외치는 엘리 엘리의 소리는 하늘에 하늘에 사못칠 때 예수
> 의 피방울이 따우에 떠러짐이여 大地도 이것을 堪當치 못하야 地軸이 흔들리나니
> (중략) 全人類의 罪惡을 代身하야 외치는 라마사박다늬 소리는 宇宙를 흔듬이여[86]

이 외에도 길선주는, '贖罪의 大業'에 대해서는 '人類의 大罪'를 짊어지신 것이
라 했으며[87], 그리스도의 죽음을 '人類救援의 大道를 完成'한 것으로[88], 구주의 탄
식을 '天下를 救援'하는 것으로[89], 하나님의 사랑을 우주의 허다한 죄를 가리는 사

---

85) 길선주, "恩惠로 주신 그리스도", 『講臺寶鑑』, 117–119.
86) 길선주, "엘리 엘리 라마 사박다늬", 崔仁化 編 『吉善宙牧師說敎集』, 90.
87) 길선주, "내가 목마르다", 崔仁化 編 『吉善宙牧師說敎集』, 91.
88) 길선주, "다 일우웟다", 崔仁化 編 『吉善宙牧師說敎集』, 94.
89) 길선주, "救主의 嘆息", 『講臺寶鑑』, 58–59.

랑으로[90] 이해했다.

　그의 만민속죄사상은 만왕의 왕의 대사령 사상에서 두드러진다. 대사령은 초림 당시 사도를 통해 반포되었던 것이며, 그리스도의 왕국에 입적한 자만이 대사령에 참여할 수 있다고 보았는데, 그 대사령의 범위는 '天下人'에게 보편적으로 적용된다.

> 獄中罪囚는 大赦令을 孤待홈이 早民으로 甘雨를 企待홈 갓다. 罪惡中 束縛되여 地球에 拘禁 吾人이 엇지 萬王의 王에 大赦令을 渴望치 안을가. (중략) 오즉 예수로브터 主 降生時 하느님씌셔 使徒를 식혀 此를 頒布 (중략) 그리스도 王國에 大赦令에 魔鬼子息은 關係가 업다. 그리스도 王國어 入籍한 者라야 大赦에 參預홀 수 잇다. 三, 大赦令의 範圍와 效力. 1. 普天下人이 去洛홀 恩典 엡三〇八 막十六〇十五-[91]

2) '세상구원-세상심판'

　길선주의 심판론은 앞서 논한 만민속죄론과 밀접하게 조화로운 대비를 이룬다는 점에서 '세상구원-세상심판'의 도식으로 표현될 수 있다. 그에 의하면 하나님의 심판은 '전 세계 구원'을 전제한 가운데 '전 세계 심판'이라는 양면적 조화로운 대비를 이루는 양상으로 전개된다. 그가 논하는 '전 세계 심판'은 이스라엘과 이방, 즉 전 세계의 불신자들을 대상으로 하여 내려진다.

> 하느님의 踪跡과 能力을 뉘가 能히 차자 엇으리오. 그 能力은 弱혼 듯 호나 强호며 미련혼 듯 호나 智慧롭고 (중략) 判斷의 능력 1. 이스라엘 심판 2. 異邦을 심판[92]

> 神秘의 經綸이 엇더호가. (중략) 全世界를 審判호시며 全世界를 救援호심 (중략) 智慧로우심 一, 미련혼 듯 호시나 信者를 救援호시며 二, 弱혼 듯 호나 强혼 者를 審判호심[93]

---

90) 길선주, "사랑은 만혼 罪惡를 가리운다", 『講臺寶鑑』, 78.
91) 길선주, "萬王의 王 大赦令", 『講臺寶鑑』, 21-23.
92) 길선주, "不可思議의 大主宰의 能力", 『講臺寶鑑』, 221.
93) 길선주, "神秘의 經綸을 누구의게 啓示호엿나", 『講臺寶鑑』, 234-235.

5. 소천당(小天堂)으로서의 개인구원

길선주가 논하는 최상의 구원은 내세이며, 내세는 현세에 있는 동안 지고의 소망을 둔 미래지향적 처소이기도 하다. 그는 "死後俗界를 버서나 靈界에 우리 住宅이 업스면 엇더홀가"[94]라며 영계(靈界)를 예비하는 그리스도의 사역을 중시했다. 그는 내세의 영생과 재림을 기다리는 일을 최대의 소망이라고 했으며, 새 예루살렘을 궁극적 영화와 복락의 처소라고 했다.

> 十字架에서 新生한 前日의 强盜는 예수의게 일으되 『예수여— 당신의 나라이 臨』할 때에 나를 생각하소서』 하여 永遠한 所望을 일허버리지 아니하였다. 이는 來世의 永生과 예수의 再臨을 믿고 기다려 마지아니하는 最大의 所望이다.[95]

> 저 새예루살넴에는 일즉 예수를 篤實히 밋고 新婦가 되여 죽엇다가 復活한 信者들과 肉身으로 變化한 信者들이 居住할 곳이다. 새예루살넴의 榮光과 여기에 사는 聖徒들의 榮華와 福樂은 다— 말할 수 업는 거시다(默十.— 1–27).[96]

그러나 길선주가 논하는 개인구원은 내세뿐만 아니라 현세적 구원 양자를 모두 포괄함으로써, 현세적으로 이미 개인에게 임한 천국과 미래에 임할 천국을 단절로 보지 않고 양자 사이에 상호 연속성을 둔다는 점에서 특징이 있다.

그가 현세를 소천당으로 보는 근거는 무엇인가.

첫째, 심중에 평안을 누릴 수 있기 때문이다. 그가 말하는 평안이란 '孤中'(고중), '苦難中'(고난중), '危中'(위중), '哀中'(애중), '憂中'(우중)에 주께서 베풀어주시는 위로를 뜻한다.[97] 그에 의하면 내세인 천당은 안식세계로, 금세는 마음속에 평안을 누릴 수 있는 '소천당'(小天堂, 작은 천국)으로 묘사된다.

---

94) 길선주, "우리의 住宅", 『講臺寶鑑』, 189.
95) 길선주, "네가 반다시 나와 한 가지로 락원에 있으리라", 崔仁化 編 『吉善宙牧師說敎集』, 77.
96) 길선주, "末世學(十四)", 『信仰生活』 5권 10호 (1936년 11월), 11.
97) 길선주, "主씌셔 주시는 平安(一)", 『講臺寶鑑』, 53.

人類의 始祖가 한번 罪에 싸지매 世界人類가 다 苦難에 써러져스니 世上에 平安을 누리는 者 어데 이슬가. 이예 마음속에 懇切히 平安을 要求홈은 常情이로다. (중략) 天堂은 곳 安息世界이다. 예수씌 나오난 者는 今世에도 心中에 平安홈을 엇나니 이는 小天堂이다.[98]

둘째, 현세에서도 의로운 생을 영위할 수 있는 신분을 지녔기 때문이다. 그는 예수를 믿음으로써 현세와 내세에서 얻을 수 있는 유익에 대해, 현세에서는 의인의 신분으로 변화되었다는 점, 그리고 내세에서는 천국에서 누릴 복이라고 보았다.

우리 성도들은 아름다운 행실로써 그리스도의 향기를 들어내어야겠다. 어떤 형제는 말은 잘한다. 그러나 그 행실이 좋지 못다. 나에게 예수 믿어서 무슨 유익이 있느냐고 질문하는 형제들에게 나는 두 가지 유익이 있음을 가르친다. 「첫째로 이 세상에서 의인이 되고, 둘째로 내세에 천당 복을 받는다고」[99]

셋째, 현세에서도 모든 죄를 사면 받는 은총을 누릴 수 있기 때문이다. 그에 있어서 주님의 죄 사면은 죄인을 율법과 성경의 정죄로부터 해방시켰다는 점에서 소천당의 의미를 지닌다.

舊約律法과 모든 聖賢은 다못 罪를 指摘ᄒᆞᄂᆞᆫ 苛酷ᄒᆞᆫ 法官이다. 그러나 예수는 萬人의 罪를 赦ᄒᆞ시는 救主시니라. (중략) 二, 뉘 罪를 赦ᄒᆞ시나 自己 罪를 告ᄒᆞᄂᆞᆫ 자 三, 얼마나 赦ᄒᆞ시나 罪란 罪는 다[100]

넷째, 현세에 사죄를 받은 자는 미래의 영원한 나라를 받는다는 약속이 주어졌기 때문이다. 사죄의 개념은 '죄 사함을 받은 자=낙원을 얻은 자' 라는 도식에서 소천당의 의의를 지닌다. 그는 죄사함을 받은 자가 곧 낙원을 얻은 자라고 하여 현재적

---

98) 길선주, "主씌셔 주시는 平安(二)", 『講臺寶鑑』, 54.
99) 길선주, "성도 모범의 五大原素", 이성호 편, 『吉善宙牧師說敎』(서울: 惠文社, 1977), 62(전편).
100) 길선주, "罪赦ᄒᆞᄂᆞᆫ 그리스도", 『講臺寶鑑』, 79-80.

죄사함의 개념을 미래적 천국 소유의 개념과 동일시했다.

> 언제 赦ㅎ시나 罪를 告ㅎᄂ 時로 卽時 結, 樂園을 엇은 者 누구며 깃븐 마음을 엇은 者 누구뇨 罪赦홈을 엇은 者가 아니뇨.[101]

> 第一 닛기 쉬운 것은 自己의 面目과 恩惠이니 (중략) 主恩 밧을 者 우리 信者 1. 赦罪홈 2. 豊富케 됨 3. 永遠ᄒ 榮國을 밧음 (중략) 主의 恩惠를 헛되이 맛지 마라.[102]

따라서 길선주의 현세에서의 개인 구원관은 이처럼 '소천당' 즉 작은 천국이라는 의미를 지닌다. 그에 있어서 작은 천국이라는 개념은 향후 완성되어져야 할 완전한 천국이 여전히 남아 있다는 것을 의미한다. 그리스도를 영접한 순간부터 신자개개인의 심중에 천국이 임했지만 그것은 어디까지나 여전히 완전한 천국을 지향해야 할 '소천당' 이었다. 그에 의하면 완전한 천국은 지상의 '無窮安息世界' 와 '새예루살렘' 이었다. 여기에 이미와 아직 사이의 긴장이 나타난다. 즉 '소천당' 과 '無窮安息世界' 그리고 '새예루살렘' 사이에 '아직' 의 개념이 자리 잡는다.

길선주의 이미와 아직 사이의 개념을 정리하면 다음 [도 V-1]과 같다.

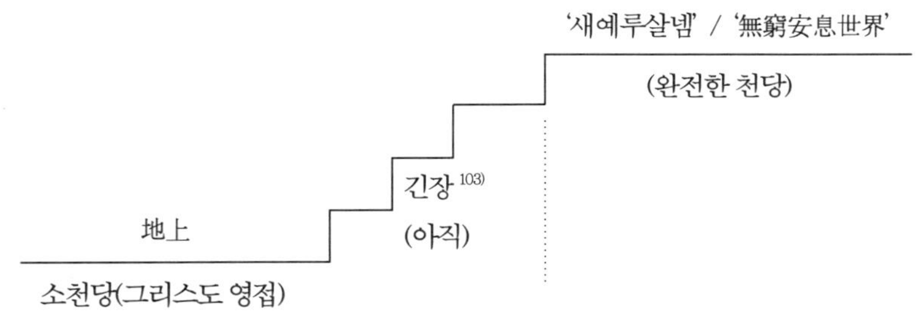

[도V-1] 길선주의 이미와 아직 사이의 구도

길선주가 내세의 문제를 개개인 신자의 생애에 적용하여 이미 소천당으로 임한, 그러나 아직 여전히 소망해야 할 긴장관계에 있는 천국으로 보았다면, 후대의 쿨만(O. Cullmann)은 이를 역사 진행의 파노라마에 적용하여 천국이 "이미 임했으나 아직 완성되지는 않은"('already fulfilled' and 'not yet completed') 긴장관계로 보았다[104]는 점에서 흥미로운 대조가 될 수 있을 것이다.

제6절 교회관에 내재된 말세론

길선주의 교회를 주제로 한 설교들 또는 교회에 권면하는 설교들을 통해서도 말세론을 고찰할 수 있다. 그의 교회관에 내재된 말세론은 말세교육의 장으로서의 교회상, 지상에서의 전투적 교회상, 내세 지향적 교회상으로 윤곽을 설정해 볼 수 있다.

1. 말세교육의 장으로서의 교회상

길선주는 하나님이 목회자들을 감독자로 삼고 교회를 양육하도록 하신 계획과 관련하여, 지상은 진리를 반대하는 악한 무리들이 많이 일어나는 장소이기 때문에 그리스도의 피로 얻은 성회(聖會)로서의 교회는 이들을 경계해야 한다고 했다.

수도二十〇二十八-三十一

引. 이 付託은 例事付託이 아니오 盟誓의 付託이다. (중략) 二, 付託ᄒ 理由 1. 職分이 貴重 二十八- 一, 聖神꾀셔 擇ᄒ심 二, 監督으르 세우심 2. 敎會가 重大 二十八 一, 上帝의 聖會가 됨 二, 그리스도의 피로 엇은 3. 惡ᄒ 者가 만히 니러남 二十九-三

---

101) Ibid., 80.
102) 길선주, "그리스도의 恩惠를 知歟? 不知歟?", 『講臺寶鑑』, 45-46.
103) 긴장의 의미는 개개인 신자들이 성취국에서 소명의식을 갖고 살아가야 하는 순례자적 삶의 행적으로 설명할 수 있다. 본 논문 3장 5절 『末世學』, 『憫惘論』, 『만ᄉ성취』의 관계'와 [도Ⅲ-6] 『憫惘論』, 『만ᄉ성취』, 『末世學』 사상의 연결', 5장 7절 2의 "순례자적 삶으로서의 지상생애'를 볼 것.
104) Oscar Cullmann, *Salvation in History*(London: SCM Press, 1967), 172.

十一 一, 온 무리를 妨害 二, 眞理를 反對

結, 聖神끠셔는 至今도 이 갓치 付託ㅎ나니라.[105]

그렇다면 현세에서 진리를 반대하는 악한 무리들은 누구인가. 길선주는 당시의 시대상을 진단하며 유물주의 사상, 기독교 공산주의, 타종교의 방해, 이단, 신신학 사조 등을 들었다. 그는 이러한 세력들은 이미 교역자가 직면하여 대응해야 할 신앙상의 난관으로 등장했다고 선언하고, 특히 유물론을 지목하며 이는 결코 사람을 구원할 수 없는 지식이라고 단언했다.

> 只今 그리스도의 일군 된 者들에게 苦難이 만치만 그 때문에 狼狽할 것이 아니라 恩惠가 豊盛할수록 苦難이 많은 것이니 엘리야 같이 하나님의 사명을 듯고 더욱 堅忍하고 더욱 勇敢히 하나님의 일을 할 것이다. 『그리스도와 함께 苦難을 받는 者는 또한 그리스도와 함께 榮光을 받나니라』 (중략) 現今 敎役者의 信仰上 難關 1. 唯物主義의 惡論思想이 盛行함 2. 基督敎 共産主義가 侵入함 3. 他宗敎의 妨害가 있음 4. 異端이 일어남 5. 新神學 思想이 盛行함 [106]

> 옛날의 학문은 근대의 지식이 되지 못하고 오늘의 유물론은 명일의 지식이 되지 못할 것이니 학문이 어찌 사람을 구원하랴! [107]

따라서 지상에 설립된 현세교회는 말세에 임할 시험을 대비하여 교육하는 장으로서의 사명을 지녔다고 판단했다. 길선주는, 교회는 신자들이 세상에 있는 동안 주(主)를 배우는 학교라고 했으며, 그 모델로서 '예수의 試驗'을 들었다. 그는 '安逸'(안일), '苦難'(고난), '貧窮'(빈궁), '危急'(위급)과 같은 시험들을 오히려 기회라고 역설하며, 이러한 시험들을 거쳐 연단의 과정을 통해 장래에 면류관을 얻을 것이라는 내세지향적 교회상까지를 제시했다.

---

105) 길선주, "바울의 特別付託", 『講臺寶鑑』, 145-146.
106) 길선주, "敎役者의 難關과 하나님의 命令", 崔仁化 編 『吉善宙牧師說敎集』, 98-99.
107) 길선주, "우리가 뉘게로 가오리까", 이성호 편, 『吉善宙牧師說敎』, 155(전편).

敎會는 信者가 世上에 處ᄒ야 主를 배호ᄂᆞᆫ 學校이다. 아담이 試驗을 이긔지 못홈으로 禍에 써러젓다. 우리는 예수의 試驗을 이겨야 ᄒ겟다. (중략) 試驗의 有益 1. 鍊鍛 2. 이긤으로 冕冠을 得 (중략) 試驗을 이긜 者 누구뇨. 主를 사랑ᄒᄂᆞᆫ 者와 그 榮光을 바래는 者가 아니뇨.[108]

試驗의 期會 1. 安逸할 째 埃田園에 아담 이브 2. 苦難을 當할 째 이스라엘 民族이 曠野에 이슬 째 3. 貧窮할 째 주ᄭᅴ셔 四十日間 禁食ᄒ실 째 4. 危急홀 째 主ᄭᅴ셔 잡힐 째의 베드로는 主를 모른다 홈 [109]

2. 전투적 교회상

길선주의 교회관이 가장 심도 있게 조명된 설고인 "上帝의 敎會"를 통해 전투적 교회상을 고찰할 수 있다. 그는 예수 그리스도를 사망을 이기신 승자이자 재림하여 세상을 심판하실 구주로 조명하면서, 예수께서 회장으로 계시는 교회가 현세에서 감당해야 할 일로서 백성을 환난 중에서 구원하고 마귀를 공멸(攻滅)하는 전투적 사명을 지녔다고 설파했다.

設立ᄒ 理由 1. 世上을 救援 2. 世上을 聖潔 3. 榮光을 現出 五, 會長은 누군가 예수 1. 博愛 2. 死亡을 이긤 3. 再臨ᄒ샤 世上을 審判ᄒ실 자 六, 이 會에서 무엇ᄒ나 1. 福音을 傳播 2. 하ᄂᆞ님 權能을 現出 3. 하ᄂᆞ님 榮光을 現出 4. 百姓을 患難中에서 救援 5. 魔鬼를 攻滅 6. 예수를 迎接 [110]

길선주의 전투적 교회상은 1907년 승동, 수구문, 상동 등의 제교회(諸敎會)에서 개최했던 부흥집회의 사례에서도 발견할 수 있는데, 그리스도의 승리를 기념하여 승동의 본래 이름이었던 '僧洞'을 '勝洞'으로 바꾸어 '승동교회'(勝同敎會)로 개칭

---

108) 길선주, "試驗을 이긔라(一)", 「講臺寶鑑」, 91-92.
109) 길선주, "試驗을 이긔라(二)", 「講臺寶鑑」, 93.
110) 길선주, "上帝의 敎會", 「講臺寶鑑」, 34-35.

한 일화도 있다.[111]

길선주의 전투적 교회상에 대한 묘사는 사탄의 세력과 전투하는 전사의 상, 영적 믿음의 전투, 직무를 감당하는 성도의 본분 등 세 가지로 정리할 수 있다.

우선, 전투적 교회상의 특징적인 모습은 붉은 용과 전투하는 교회상으로 묘사된다. 그는 교회가 핍박을 받는 것은 붉은 용 곧 사탄과의 전투에 해당되는 것으로, 신자와 교역자는 경성하여 진리를 분변해야 한다고 경고했다.

> 무시록 十二장에 붉은 용(赤龍)이 여인의 낳은 아이를 핍박한다 함은 사탄이 교회를 핍박할 것을 말슴함이다. 사탄은 교회를 핍박하는 것뿐 아니라 僞師를 자기의 사자로 일으켜 眞理를 混淆케 하는 것이 더욱 可恐한 일이다. 교회가 시대에 핍박을 받는 것은 붉은 용 곳 사탄의 일의 하나이오 거즛 스승으로써 진리를 착란케 하야 교인의 신앙을 문허트리는(무너뜨리는― 본 연구자 주) 것을 더욱 힘쓰는 것인즉 신자나 교역자는 정신을 차리고 깨여 있지 아니하면 아니된다. (중략) 진리를 분변함에는 첫재 성경말씀을 자세히 상고하고 둘재 진리를 명심하고 셋재 시대의 사상을 잘 살펴보아 자기도 신앙에 확실히 서고 또한 교우로 하여곰 그릇된 길에 미혹치 않토록 지도하여야 한다.[112]

둘째, 그의 전투적 교회상은 영적 믿음의 전투로 묘사된다. 그는 '寶貝론 밋음'은 "試驗中에 깃버ㅎ는 밋음"이요 "煉治에도 업서지지 안는 밋음"인 바, 신자는 마땅히 이 믿음으로 원수를 대적해야 한다고 촉구했으며[113], 믿음을 세상을 이기는 보검[114]에 비유했다. 그는 마귀를 대적하고 하나님을 가까이 하라 함으로써 전투의 성격이 영적 믿음의 싸움임을 강조했으며[115], 믿는 자는 비참한 세상, 괴로운 세상, 험악하고 사특한 세대를 극복해 내야 한다고 촉구했다.

---

111) 김인서, "靈溪先生小傳(中二)", 『神學指南』 14권 2호 (1932년 3월), 34-35.
112) 길선주, "信者의 三大本分", 崔仁化 編 『吉善宙牧師說教集』, 53-54.
113) 길선주, "寶貝론 밋음", 『講臺寶鑑』, 103-104.
114) 길선주, "信心을 恒守", 『講臺寶鑑』, 108.
115) 길선주, "辟邪近神", 『講臺寶鑑』, 163-164.

무어슬 이길가. 1. 世上 一, 슯은 世上 1. 悲慘. 요十一0三十四-五- 눅十三0三十四-
2. 苦勞. 롬八0十八-二十三-七0二十四- 二, 邪惡호 世代 1. 險惡 눅十0三十一 2. 邪
試스도二0四十一 (중략) 이길 方法 1. 밋음으로 一, 主의서 能力을 임의 주섯다. 1. 魔
鬼를 내여 좃게 ㅎ고 마十0-- 2. 모든 敵을 이긔게 ㅎ심. 눅十0十九-[116]

셋째, 그의 전투적 교회상은 성도들이 지상에 사는 동안 맡겨진 직무를 성실하게 감당하며 본분을 다하는 모습으로 묘사된다. 그는 신자들의 본분과 관련하여 지상에서 모든 환난을 감내할 것을 권면하면서, 정병의 위치에서는 마귀에 대항하여 선전(善戰)할 것을, 경주자의 위치에서는 죄악을 벗어버릴 것을, 농부의 위치에서는 세상의 악한 사상과 이단지설(異端之說)을 제거할 것을 역설했다.

試驗은 곳 어려운 일이다. 바울이 닐아기를 우리가 하ᄂ님 나라에 드러가랴면 모든 患難을 經驗ㅎ여야 혼다 ㅎ엿고 主와 同苦ㅎ면 함씌 王노릇ㅎ겟다 ㅎ엿고 주씌서 말삼ㅎ시기를 十字架를 지고 나를 짜르라 ㅎ여스니 이를 보면 밋는 우리가 世上에셔 試驗이 업슬 수 업슴을 알 거시다.[117]

바울 선생은 청년 디모데를 권하여 정병과 같이 싸우고 힘을 비교하는 자 곧 경주하듯 다투며 농부와 같이 부지런히 수고하라고 하였다. (중략) 정병의 직책. 적(敵)을 살필 것 (1) 깨어- 파수병과 같이 (2) 부지런히 3. 선전(善戰)할 것 (1) 세상과의 싸움에(요15:19) (2) 마귀와의 싸움에(엡6:1-11) (중략) 경주자의 직책. (중략) 죄악을 벗어버릴 것(히12:1) (중략) 농부의 직책. 김맬 것 (1) 잡초를 제하라- 세상 악 사상을 (2) 가라지를 살피라- 이단지설을 (중략) 정병은 개선(凱旋)의 훈공을 얻고 경주자는 승리의 월계관을 얻으며 농부는 곡식을 얻나니 우리도 직책을 다한 후에 주님께 상을 얻는다.[118]

---

116) 길선주, "信者無所不勝", 『講臺寶鑑』, 109-111.
117) 길선주, "試驗을 이긔라(二)", 『講臺寶鑑』, 92.
118) 길선주, "기독청년의 3대 직책", 이성호 편, 『吉善宙牧師說敎』, 37-38(전편).

3. 내세 지향적 교회상

길선주가 논하는 현세에서의 전투적 교회상은 그리스도의 재림, 그리고 최종적
으로는 내세를 지향하는 교회상으로 귀결된다.

먼저, 재림을 지향하는 전투적 교회상을 고찰해 보자. 그는 이 세상을 가리켜 '喜
悲'(희비), '憂樂'(우락), '逆境'(역경), '順境'(순경) 등 허다한 일을 당하는 세계라
했다.[119] 그의 전투적 교회가 지향하는 것은 이러한 고통스러운 현세를 거친 후 평
화로운 그리스도의 천년왕국이 이루어질 재림을 소망하는 데 있다. 그는 거짓 스승
에 대항하기 위한 전투적인 자세를 촉구하며 구원을 얻고 육신이 변화할 시간, 즉
구주의 재림을 소망할 것을 권면했다.

> 거즛 스승을 本밧지 마라 1. 十字架의 冤讐오 2. 口腹을 上帝보다 重히 녁이며 3. 辱
> 으로 榮光을 삼으며 4. 世上일만 生覺ᄒ나니라 三, 主를 苦待ᄒ라 1. 救援을 엇고 2.
> 肉身이 變化ᄒ다.[120]

> 엇지ᄒ야 勸勉ᄒ섯나(빌립보교회에- 본 연구자 주) 十字架의 冤讐가 만흠으로 五,
> 勸勉의 有益은 무엇인가 救援을 엇게 ᄒ다. 結, 이 勸勉을 밧고져 ᄒ는 者 누구뇨 榮
> 華로우신 몸으로 降臨ᄒ실 救主를 懇切히 바래는 者가 아니뇨.[121]

길선주가 교회의 위치를 논함에 있어 '空中宴席'[122]에 있다고 한 점이나 '敎會는
主 안에서 主의 榮光의 寶座에 안즈리라'[123]는 확신, 교회의 왕성함에 대해 '世上에
充滿' 뿐 아니라 동시에 '天上에 充滿'[124]하다고 한 언급도 그리스도의 공중재림과
더불어 이루어질 혼인연석 및 그 이후에 도래할 천년왕국과 밀접하게 연관되는 표
현들이다.

---

119) 길선주, "바울의 明哲ᄒ 知識", 『講臺寶鑑』, 153.
120) 길선주, "懇切한 勸勉", 『講臺寶鑑』, 146-147.
121) 길선주, "바울의 勸勉(一)", 『講臺寶鑑』, 147-148.
122) 길선주, "神靈한 敎會", 『講臺寶鑑』, 37.
123) 길선주, "참敎會", 『講臺寶鑑』, 36.
124) 길선주, "神靈한 敎會", 『講臺寶鑑』, 38.

둘째, 한 걸음 더 나아가 길선주의 전투적 교회상은 재림에 이어 궁극적으로는 천상의 상급과 내세의 도래까지를 지향한다. 그는 여호수아가 가나안에 진군하여 여리고 성을 점령했던 사례에 비유하여 믿음을 굳게 지켜 신앙의 전투를 수행하면 하늘의 상급이 주어질 것이라고 했다. 그는 하나님의 교회가 받을 복에 대해 주와 더불어 즐길 것이며, 하나님의 보좌에 함께 앉을 것이며, 세계를 심판하는 권세를 지닐 것이며, 영생을 향유할 것이라 함으로서 내세가 도래함으로써 전투적 교회상은 종료되고 왕국의 최종적 목적이 성취될 것이라고 보았다.

> 우리의 홀 일이 무엇인가.
> 一, 善戰 (중략) 二, 善徒(열심히 달음질 – 본 연구자 주) (중략) 三, 믿음을 堅守. 여호수아가 여리고城을 믿음으로 쳐엇엇다. 열 偵探과 갈넵, 여호수아의 例를 보라. 結, 이갓치 ᄒ면 하나님의 勳章과 冕冠을 엇으리라.[125]
>
> 設立者는 누구인가. 하나님 (중략) 얼마나 광대홀가. 1. 世上에 充滿 2. 天上에 充滿 九, 이 會가 밧을 福이 무엇인가. 1. 與主同樂 2. 하나님 寶座에 同坐 3. 世界를 審判ᄒ는 權 4. 永生 結, 이갓치 이 會는 至尊至重혼 것이다.[126]

이상, 길선주의 말세론과 관련하여 고찰한 말세교육의 장으로서의 교회관, 지상에서의 전투적 교회관, 내세 지향적 교회관은 그리스도의 심판 후에 임할 영원한 천국을 지고의 목표로 설정하여 현세에서 악한 세력과 영적 전투를 수행해야 하는 종말론적 교회상으로 일관되어 있다. 그의 이러한 교회관은 종말론적 개념으로서의 하나님의 왕국의 개념과도 일치한다. 왜냐하면 하나님의 왕국의 근본 개념은 벌코프가 말한 것처럼 비록 원리상으로는 구원의 복을 보증하며 중생케 하시는 성령의 영향력에 의해서 지상에서 죄인들의 마음에 설립되고 인식되지만, 그리스도의 가견적이며 영광스러운 재림 시에 비로소 절정에 이르게 되기 때문이다.[127]

125) 길선주, "참사람의 할 일", 『講臺寶鑑』, 122–123.
126) 길선주, "上帝의 敎會", 『講臺寶鑑』, 33–35.
127) Louis Berkhof, *Systematic Theology*, 568.

제7절 시간관에 내재된 말세론

길선주의 시간관에 내재된 말세론은 주된 관심영역(시간대), 순례자적 삶으로서의 지상생애, 두 왕국론, 그리고 내세의 상급신앙 등에서 두드러진다.

1. 주 관심 영역: 초림으로부터 종말까지

길선주는 시간관과 말세론과의 관계를 논함에 있어 구약의 시간대보다는 초림부터 종말에 이르기까지의 시간대에 더 큰 의미를 부여했다. 그는 설교, "하나님의 萬能"에서 영능을 설명함에 있어 '創世前에도 能하심'이라 했고, '全能'과 '永能'을 상당부분 창조사역에 관련지어 조명함으로써[128] 그의 시간관은 하나님의 창조사역 이전부터 의미 있게 적용되지만, 아무래도 주된 관심은 그리스도의 초림으로부터 종말까지의 기간에 둔다.[129] 계속해서 논하게 될 지상세계에서 전개되는 순례자의 삶, 개인 내면세계의 두 왕국, 지상의 두 왕국, 지상과 천상의 왕국, 임박한 재림론과 지상에서의 과제, 그리고 내세에서의 상급관 등이 바로 이 점을 시사해 준다.

길선주는 그리스도의 종말론적 구원사역을 논함에 있어 '大赦令 頒布期'를 두 단계로 나누어 고찰했는데, 초림으로부터 오늘(今日)까지, 그리고 오늘부터 세상 끝 날(末日)까지로 설정했다.

> 法學通論에 大赦令에는 各樣 犯罪者와 己決未決을 勿論ᄒ고 다 放免ᄒ다 ᄒ엿다. 이 갓치 우리 信徒는 萬王의 王의 大赦令에 赦罪홈을 닙엇다. 恩惠를 엇더케 測量홀 수 이슬가. 뉘가 能히 小尺으로 虛空을 度ᄒ며 小斗로 海水를 量ᄒ며 小秤으로 地球를 權홀가. 四, 大赦令頒布期 1. 一千九百二十四年前으로 今日까지. 2. 今日노 世上 末日까지.[130]

---

128) 길선주, "하나님의 萬能", 崔仁化 編 『吉善宙牧師說敎集』, 118–121.
129) 길선주는 이 시간대 중에서도 특히 그리스도의 재림 시점에 가장 큰 의미를 두었다. 그는 말세를 "예수 때부터 예수 地上再臨때까지"로 설정했는데, 이는 그리스도의 재림(천년왕국의 시작)과 더불어 말세는 종료된다는 것을 의미하며, 자신의 저서 명칭을 종말론 혹은 내세론이라는 용어 대신 『末世學』으로 채택한 이유도 여기에 있다. 본 논문 3장 2절 1의 '구조와 내용: 종말론으로서의 『末世學』'을 볼 것.
130) 길선주, "萬王의 王 大赦令", 『講臺寶鑑』, 24.

이러한 '大赦令 頒布期' 의 이분법적 구분은 다음 두 가지 면에서 의미가 있다.

첫째, 그의 시간관은 모든 개개인의 신자가 항상 현재라는 시점을 기점으로 하여 종말을 지향한다는 점이다.

둘째, 그리스도의 속죄사역(초림)으로부터 최후의 심판(재림)에 이르기까지 그리스도의 말세론적 사역에 초점이 맞추어진다는 점이다.

2. 순례자적 삶으로서의 지상생애

길선주가 언급하는 성도들의 지상생애는 그의 초기 저작인 『懈惰論』(1904년)이나 『만스성취』(1916년)를 통해 순례자로서의 역정(歷程)이라는 차원에서 별도로 고찰해 볼 수 있는데, 이 점에 대해서는 이미 본 논문 3장 5절의 『末世學』, 『懈惰論』, 『만스성취』의 관계' 에서 상세하게 논한 바 있다.

길선주의 설교에 묘사되는 순례자적 삶으로서의 지상생애는 흔히 수난을 감당하는 양상으로 나타나며, 소명의식에 입각하여 주어진 임무를 성실하게 수행하는 인간상, 내면세계의 각성과 개혁을 수행해 가는 인간상, 지상과제로서의 전도사역을 감당하는 인간상에 그 초점이 맞추어진다.

첫째, 그가 논하는 순례자적 삶은 대체적으로 영광스러운 모습보다는 지상에서 고난을 당하는 생의 양태로 전개된다는 점이 고두적이다. 그는 평소, 하나님의 나라에 들어가려는 자에게 환난을 이겨내야 한다는 사실을 깨우쳐 주어야 한다[131]는 것이 성도를 심방하는 목회자의 기본자세라고 강조했을 정도로, 성도들이 겪는 수난의 생애를 당연지사(當然之事)로 여겼다. 그러면 왜 길선주는 성도들의 삶에는 고난이 동반된다고 보았는가. 일면, 길선주의 당대가 일제치하의 피압박 식민통치 시기였고, 더군다나 교회상이 '寒心' (한심), '俗化' (속화), '薄弱' (신앙의 박약– 본연구자 주), 열심과 능력을 잃은 모습으로 묘사될 정도로 교회마저 부패한 시기였기에[132], 교회 갱신을 위하여 선구자로서의 고난을 자처하는 교회상이 반영되었다

---

131) 길선주, "교역자의 힘쓸 심방", 이성호 편, 『吉善宙牧師說敎』, 198(후편).
132) 길선주, "監督의 責任", 崔仁化 編, 『吉善宙牧師說敎集』, 27. 1932년 제 21회 총회 개회식 설교(제하에 기록되어 있음).

고 볼 수도 있을 것이다.

그의 설교를 분석해 보면, 수난을 당연한 일로 여기려는 신앙고백적 배경이 수난으로 일관된 그리스도의 발자취에서 비롯되었음을 알 수 있다. 그의 신앙에 있어서 '이미타티오 크리스티'(Imitatio Christi)의 주제는 바로 수난이었다.

> 수란(受難)하실 그리스도를 배울 것. 예수께서 성산(聖山)에서 변화하신 것은 분명히 앞에 림박한 십자가의 수란을 준비하시는 일이오 또 제자들에게 준비시키시는 일이다. 예수께서 우리를 위하야 주리시고 거처도 없으시고 곤고하시고 필경은 골고다에서 쓴 잔을 마시었다. 신자된 우리도 마땅히 예수의 발자취를 따라가는 길에 핍박과 곤난이 있을 것이다.[133]

수난으로 대변되는 그리스도의 족적(足跡)은 설교 "예수의 七步跡"에 일곱 자취로 기술되어 있는데, '屈踏'(굴답), '愼重'(신중), '疲困'(피곤), '堅固'(견고), '勇進'(용진), '悲痛'(비통), '苦難'(고난) 등 고생과 희생의 역정이 소개되어 있다. 길선주는 이러한 순례의 과정을 거친 이후에 '冕冠'(면관)을 받을 것이라는 미래적 약속이 주어져 있다고 결론지었다.

> 主 갈아샤더 내가 곳 길이요 眞理요 生命이니 나로 말매암지 아니하면 아바지쁴로 올 사람이 업스리라 하여스니 主의 자최를 짜르지 안코는 決斷코 天國에 들어갈 수 업다. 一, 屈踏의 跡 1. 天堂과 地獄을 밧곰 2. 賤地에 居홈 3. 奴僕이 됨 二, 愼重의 跡 (중략) 三, 疲困의 跡 1. 飢渴 2. 困勞 四, 堅固의 跡 1. 魔鬼의 試驗에 싸지지 안음 2. 人試에 不撓 3. 人情에 不引 五, 勇進의 跡 1. 平安홀 時 2. 危殆홀 時 六, 悲痛의 跡 1. 弟子를 爲하야 2. 世上을 爲하야 3. 自己를 爲하야 七, 苦難의 跡 1. 誕生時 2. 傳道時 3. 行路時 4. 臨終時 結, 主의 行하시든 길을 다 가면 冕冠을 엇으리라.[134]

둘째, 길선주에 있어서 순례자적 삶은 소명의식에 입각하여 주어진 임무를 성실

---

133) 길선주, "聖山의 靈啓", 崔仁化 編 『吉善宙牧師說敎集』, 17. '昭和5년'(1930년)에 행한 설교, 21.
134) 길선주, "예수의 七步跡", 『講臺寶鑑』, 47–49. 원문에 있는 성경의 장절 표기는 생략했음.

하게 수행하는 데 의미가 있다. 그는 생의 목적과 방향을 분명하게 설정하고 하나
님께서 귀천 없이 주시는 은사를 잘 감당함으로써 재림 시에 약속된 상을 얻을 것
이라고 강조했다. 그의 순례자적 삶에서의 두드러진 강조점은 소명의식이며, 일개
필부(匹夫)라 할지라도 하나님의 소명을 받은 자라고 피력했다.

> 우리 信者도 目的과 方向이 업시 空然奔汨ᄒᄂᆫ 者 엇지 智慧롭다 ᄒ리오 勞苦는 만
> 흘지나 水泡로 도라갈 지니라. (중략) 이갓치 競走ᄒ면 世上의 마지막 날 義의 冕旒
> 冠을 엇으리라.[135]

> 낮은 지체(肢體)일지라도 자기 임무를 다하면 모두 귀(貴)한 것이고 아무리 목사(牧
> 師), 장로(長老)의 지위(地位)에 있더라도 성령을 힘입어 그 임무를 다하지 못하면 죄
> 를 면치 못할 것이다. (중략) 일개 필부(匹夫)로서 하나님의 소명(召命)을 받지 않았
> 던가? 직위(職位)가 없는 사람에게는 하나님의 놀라운 부르심과 성령의 특은(特恩)
> 이 없다고 누가 무시(無視)할 수 있으랴![136]

셋째, 길선주가 말하는 순례자적 삶은 임박한 재림론과 맞물려 인간의 내면적 모
습을 각성하고 개혁해 가는 데 의미가 있다. 그는 남은 때가 촉박하다며 주의 재림
을 기다리는 동안 악한 세상을 본받지 말라고 경고하면서 귀중한 시간을 허송하지
말 것을 촉구했다.

> 光陰은 萬事萬物을 産出ᄒᄂᆫ 母이다. 千萬事가 時日노 말매암아 成生ᄒ기를 사람이
> 財貨는 愛惜ᄒ되 光陰을 愛惜ᄒ지 못홈은 可惜ᄒ 일이 아닌가? (중략) 一, 光陰을 愛惜
> 홀 理由 (중략) 3. 남은 재가 만치 안타. 고젼七0二十九—一, 個人으게 만치 아느며 二,
> 뭇사람의게 만치 안타(主再臨이 不遠) (중략) 2. 惡ᄒ 世上을 本밧지 마라. 淫亂, 放
> 蕩, 醉주, 宴樂, 憂愁, 思(?), 猜忌, 怨望, 虛慾, 爭鬪, 等 事로 貴重ᄒ 光陰을 虛送ᄒᄂᆫ
> 者 만타.[137]

---

135) 길선주, "靈步를 前進홀 것", 『講臺寶鑑』, 203-204.
136) 길선주, "성령의 은사를 옳게 분별하라", 이성호 편, 『吉善宙牧師說教』, 81-82(전편).
137) 길선주, "愛惜光陰", 『講臺寶鑑』, 14-17. '?'는 판독0 불가능한 한자임.

넷째, 순례자의 삶에는 지상과제로서의 전도사역이 동반되어져야 한다고 강조했다. 길선주는 주의 재림을 준비하는 지상과제로서 특별히 전도사역을 중시했다. 현세와 재림 사이의 긴장관계 속에서 그가 중시한 것은 바로 구령사역이었다. 그는, 신자는 하나님의 사신(使臣)으로서 마땅히 '傳命'의 책임이 있다고 주장하면서[138], "전에는 수백 명 모이던 교회가 오늘은 말할 수 없는 상태에 빠진 것"을 본다며 그 원인을 전도하지 않은 데 있다고 진단했다.[139] 그는 임박한 재림에 비추어 현시 교회가 재림을 몽외시(夢外視)하며 전도나 기도는 등한시하는 세대로 전락했다고 질타했다.

> 이 성경만 보더라도 예수는 더듸 오실 것이 아니니 그의 신자는 항상 예비하고 기다려야 한다. 그러하거늘 현대의 교인은 재림신앙이 심히 희미하다는 것보다도 재림을 몽외시(夢外視)하는 신자가 많다. 오늘의 교회는 지혜로운 처녀인가? 미련한 처녀인가? (중략) 전도도 아니하고 기도도 아니한다. 아니 전도나 기도는 도로혀 신사교인(紳士敎人)들에게 천시를 받는 중이다. 이것이 예수의 재림을 신앙하는 교회의 상태인가.[140]

1907년 독노회가 설립되던 당시 길선주는 전도회위원의 자격으로 제주도에 선교사를 파송할 것을 노회에 건의했고, 노회는 그의 제안을 받아들여 이기풍(李基豐) 목사를 선교사로 파송한 바 있다.[141] 특별히 길선주는 외국에 거주하는 동포들을 배려하여 러시아와 만주 지역에까지도 선교사들을 파송하는 일에 각고의 노력을 경주했다. 그의 이러한 노력도 그의 말세론과 연결하여 생각해 볼 수 있는 의미 있는 논제가 될 수 있을 것이다.

---

138) 길선주, "그리스도의 使臣", 『講臺寶鑑』, 44-45.
139) 길선주, "그리스도의 香氣", 崔仁化 編, 『吉善宙牧師說敎集』, 58. 1934년 11월 승동교회 부흥회 설교(에세이 형식). 소천 두 달 전인 1935년 9월에 『聖火』에 게재됨(에세이 형식). 『聖火』 1권 7·8호 (1935년 8월·9월), 8-10. 『講臺寶鑑』에는 대지 형식으로 기록되어 있으며 내용은 다소 차이가 있다. 『講臺寶鑑』, 41-42.
140) 길선주, "聖山의 靈啓", 崔仁化 編, 『吉善宙牧師說敎集』, 17-18.
141) "전도회 위원 길선쥬씨가 보고홈이 여좌ᄒᆞ니 (중략) 제쥬 션교ᄉᆞ는 리긔풍씨로 전도인 훈두 사름과 동반ᄒᆞ야 파송홀 일 (중략) 회중이 동의ᄒᆞ야 가로 결뎡ᄒᆞ다." 『대한예수교장로회로회회록(데 일회)』, 1908, 16-17.

3. 두 왕국론

길선주의 말세론에 나타나는 두 왕국론은 다양성을 띠는데 인간 개인의 내면에
존재하는 두 왕국, 지상에서의 두 왕국, 그리고 지상과 천국의 두 왕국이라는 도식
으로 정리해 볼 수 있다.

1) 개인 내면세계의 두 왕국

길선주가 논하는 개인 내면의 세계는 '肉身의 思想'과 '聖神의 思想'의 양자로
대립되어 영적 고투와 갈등을 겪는 상호 배타적 두 왕국의 세계로 조명된다. 이러
한 개인 내면의 세계에서 일어나는 영적 싸움은 영원한 생명이냐 아니면 영원한 죽
음이냐를 판가름하는 전투에 해당된다.

> 思想에는 好惡 兩者가 잇셔 好思想은 良好혼 事業을 일우고 惡思想은 敗亡을 自取ㅎ
> 느니 (중략) 天使가 혼번 惡思想을 품음으로 永福을 失ㅎ고 塵界에 墮落ㅎ야 永死홀
> 지니라. 一, 肉身의 思想 1. 世情 롯의 妻 2. 慾望 이스라엘 民族이 曠野에셔 모세를
> 怨亡홈 3. 猜忌 미리함 (중략) 二, 聖神의 思想 1. 立志 모세 2. 祈禱 나다나엘 3. 默想
> 요한의 默示 밧음 4. 信仰 베드로의 信仰 結, 肉身의 思想은 死亡이오 聖神의 思想은
> 사는 것과 平安홈이니라.[142]

2) 지상의 두 왕국

길선주의 지상에서의 두 왕국의 개념은 비유컨대 종점에 이르기까지 단절되지
않는 '線路'라는 독특한 용어를 구사하는 데서 그 특징을 발견할 수 있는데 두 왕
국은 아담의 선로와 예수의 선로로 나누어진다. 이 선로의 개념은 세 가지 차원에
서 그 의미를 조명해 볼 수 있으며, 첫째, 예수 안에 있는지의 여부, 둘째, 생명 구원
의 결정 여부, 셋째, 최종적인 방향과 종점을 결정한다는 의미를 함축한다.

---

142) 길선주, "思想", 『講臺寶鑑』, 182-183.

이제 그리스도 예수 안에 있는 者는 罪와 死의 軌道에서는 버서나고 生命과 聖神의 法으로 나려오고 예수는 生命과 聖神의 法으로 오시였으니 누구든지 아담에게서 난 자는 아담의 線路로 突進하는 者이나 예수 안에 있는 者는 예수의 線路로 나갈 것이다. 이 生命의 聖神의 線路는 그 方向이 하늘에 있고 그 終點이 無窮安息世界에까지 이다.[143]

길선주의 지상에서의 두 왕국론은 두 가지 관점에서 독특한 성격을 지닌다. 먼저, 두 왕국이 지상과 내세의 경계에서 이분법적으로 단절되는 것이 아니라 그 의미가 '無窮安息世界'까지 연속된다는 점이며, 둘째, 두 왕국론이 인간 개개인의 생애에 적용된다는 점이다.

어거스틴은 5세기 초 고트족(Goths)이 침입할 당시 생애 마지막 저서였던 *The City of God*를 통해 지상에서의 두 왕국론을 전개했다. 그러나 길선주의 지상 두 왕국론과는 적용상의 차원에 있어서 분명한 차이가 있다. 어거스틴이 두 왕국의 개념을, 지상에서는 공존하지만 최후심판의 단계에서는 영원히 분리된다고 봄으로써[144], 두 왕국의 영속성을 시사했던 점에서만큼은 길선주의 견해와 일치한다고 볼 수 있다. 그러나 어거스틴이 두 왕국론을 기독교를 변증하려는 차원에서 인류 역사(시대)에 적용한 반면[145], 길선주는 이를 각 개개인의 생애에 적용하려 했다는 점에서 적용상의 지평에 분명한 차이가 있다.

3) 지상과 천상의 왕국

본 연구자는 앞서 '소천당'으로서의 개인구원을 통해 신자 개개인에게 이미 작은 천국이 임했지만 아직 완성되지는 않은, 긴장관계에 있는 구원의 성격을 논한 바 있다. 길선주는 현세에서 신자 개개인이 누리는 심중의 평안, 의로운 삶, 죄의 사면, 그리고 약속된 영원한 나라가 있다는 점 등을 들어 이미 개개인에게 소천당

---

143) 길선주, "그리스도 안에 있는 者의 三大 幸福", 崔仁化 編, 「吉善宙牧師說教集」, 40.
144) Augustine, *The City of God*(Translated by G. G. Walsh S. J.; New York: a division of double day & Company, Inc., 1958), XX('Separation of the Two Cities in the Last Judgment').
145) 어거스틴은 신국 15권으로부터 17권까지는 구약을 중심으로 가인과 아벨로부터 시작된 두 왕국론을 전개 했으며 18권에서는 신약과 초대교회의 박해 역사까지를 포괄했다. Augustine, *The City of God*, XV-XVIII.

으로서의 구원이 임했다는 점에 주목하지만, 현세에서의 구원은 여전히 불완전한 것이며 완전한 구원은 궁극적인 내세가 도래함으로써 비로소 완성될 수 있다고 보았다. 따라서 그에게는 지상과 천상의 왕국은 긴장관계 속에서 상호 대조되는 구조를 형성한다.

그는 이 세상을 '苦海' 와 '將亡城' 으로 묘사하며 '神靈흔 新世界' 를 소망해야 할 곳이라고 했다.

> 今世는 苦海오 患難世界며 將亡城임으로 고난이 만타.[146]

> 命令은 등불이라. 잠六○二十三—
> 一, 命令하신 者 1. 權能의 主(秋毫도 失手가 업다) 2. 親愛의 主(잘 指導ㅎ심) (중략)
> 건너갈 곳 1. 苦海를 건너서(이 世上을 써날 것) 2. 從容흔 더 便으로(神靈흔 新世界)
> 結, 우리들은 밋음의 배를 豫備ㅎ야 主의 命令을 苦待ㅎ자.[147]

그의 지상과 천상에 존재하는 두 왕국은 어떤 양태로 대조되는가.

우선, 그의 지상과 천상의 두 왕국론은 궁극적 영생의 처소의 성격이 어떠한지를 논하는 데서 대조된다. 길선주는 신자들이 영생할 곳은 '無窮世界' 와 '새예루살넴' 이라고 했다. 이미 밝혔듯이 그는 『末世學』의 종반부에서 삼계론을 전개하면서 삼계 중 '無窮世界' 는 비부활체 의인들이 지상에서 거주할 처소이고, '새예루살넴' 은 부활체 의인들이 천상에서 거주할 궁극적 처소에 해당된다고 보았다.[148]

> 一, 永生 1. 心의 重生 요三○三— 2. 肉身의 復活 요五○二十九— (중략) 四, 永生할 곳
> 1. 無窮世界 2. 天堂 새예루살넴[149]

둘째, '苦海' 로 대변되는 지상과 '천당 복' 과 '영광' 으로 대변되는 천상의 두 왕

---

146) 길선주, "今世의 苦難과 將來의 榮光", 『講臺寶鑑』, 95.
147) 길선주, "건너가라고 命하심", 『講臺寶鑑』, 207-208.
148) 길선주, "末世學(十四)", 11. 본 논문 3장 3절 7의 '삼계지향적 재림론' 을 볼 것.
149) 길선주, "永生", 『講臺寶鑑』, 186.

국은 영육 간의 완전한 구원과 최후의 심판을 논하는 데서 대조된다.

> 우리 信者는 이 苦海에서 天堂福을 바라고 企待리며 主를 向ᄒ는 마음을 굿게 ᄒ는
> 데셔 將來의 榮光이 올 것이다. (중략) 將來의 榮光 1. 靈魂이 榮光 2. 肉身이 榮光의
> 復活을 엇음 3. 世界를 審判홀 것 一, 이스라엘 十二支派 二, 列邦의 君王 三, 모든
> 罪人 4. 天使들을 [150]

셋째, 지상과 천상의 두 왕국은 선(善)의 유무를 논하는 데서 대조된다. 그는 이
지상의 왕국은 사특(邪忒)한 곳이며, 그러므로 영혼이 구원을 얻어 내세에서 살아
야 한다고 주장했다.

> 世上의 普通勸勉은 事物에 對ᄒ 利害關係로 因홈이 頗多ᄒ지만 이 勸勉은 우리 生命
> 의 死活問題가 잇나니라. 一, 엇더케 勸勉ᄒ엿나 1. 世上은 邪忒ᄒ다 홈 一, 詭譎富
> 貴, 榮華 二, 不久 物質, 生命 三, 邪惡, 萬物, 人類 2. 스사로 힘쓰라고 홈 (중략) 3.
> 救援홈을 밧으라 홈 一, 肉身이 今生 二, 靈魂이 來生 三, 心神이 永遠 [151]

4. 상급신앙: '현세의 삶-내세상급'의 도식

길선주의 설교집에 나타난 상급신앙은 현세에서의 상급보다는 주로 내세의 상급
을 깊이 있게 조명한다는 점에서 특징이 있다. 앞서 '소천당(小天堂)으로서의 개인
구원'에서 보여주었듯이, 현세에 주어지는 심중의 평안, 의로운 삶, 죄의 사면, 약
속된 영원한 나라에 대한 소망 등도 실상은 신자들의 내면적인 복을 조명하는 차원
이라는 점을 고려해 보면, 현세에 주어지는 복도 내세에 주어질 복의 전조이자 축
소판 형식이라고 의미를 부여할 수 있다. 즉 길선주는 현세에 주어질 복과 내세에
주어질 복을 불연속적인 단절로 보지 않고 일원론적으로 연속선상에서 파악함으
로써, 내세에 주어질 복을 현세에 주어질 복의 완전한 형태로서 연장선상에 둔 셈

---

150) 길선주, "今世의 苦難과 將來의 榮光", 『講臺寶鑑』, 196-197.
151) 길선주, "切實한 勸勉", 『講臺寶鑑』, 222.

이다. 그가 '主恩을 밧을 者'를 논할 때도 '赦罪홈', '豊富케 됨'이라는 현실적 은혜에 가치를 부여하며, '永遠호 永國을 밧음'이라는[152] 내세 차원의 은혜를 병행구로 나열한 것도 바로 이러한 점을 시사해 준다. 그는 내세에서 누릴 상급에 관해 영생, 하나님나라에 입성함, 왕노릇, 면류관, 훈장(勳章), 부활체, 하나님의 우편에 좌정함, 무궁세계, 천당, 새 예루살렘 등의 일관성 있는 문구들을 구사했다.

그런데 내세에서 주어질 상급을 언급할 떠마다 항상 현세의 삶이 어떠해야 하는지를 긴 문장으로 상술해 주었는데, 그의 상급신앙을 '현세의 삶-내세상급'이라는 도식으로 설정할 수 있다.

첫째, 내세상급은 현세에서 감당해야 할 고난의 신자상과 관련되어 있다. 그는 신자가 가진 최대의 소망은 내세에서 누릴 영생과 예수의 재림이며, 고통 중에 고백할 수 있는 신앙이야말로 값진 믿음이라고 했다.[153] 그는 교역자들이 이교도들의 도전과 박해, 순교, 배도, 유물사상, 신신학, 인간관계에서 겪는 갈등(對人難) 등 현세에서 당하는 난관들을 나열하면서도 동시에 장차 그리스도와 함께 누리게 될 영광을 바라보았으며[154], 하나님의 나라에 입성하여 왕 노릇하려면 마땅히 현세에서 주와 함께 고난을 받으며 십자가를 지는 생애를 살아야 한다고 강조했다.[155]

둘째, 내세상급은 현세에서 감당해야 할 전투적 신자상과 관련되어 있다. 그는, 현세는 십자가의 원수가 많다는 점을 경계하면서[156], 구복(口腹), 욕(辱), 세상일만 추구하는 거짓 스승을 대적함으로써 구원을 얻고 육신이 변화될 날을 고대할 것을 촉구했다.[157] 그는 믿음의 전투를 통해 하나님의 훈장(勳章)과 면관(冕冠)을 얻을 수 있다며, 이러한 권면을 받고자 하는 자가 영화로운 몸, 즉 부활체로 재림하실 구주를 소망하는 자라고 했다.[158]

셋째, 내세상급은 현세에서의 성실한 임무수행과 관련되어 있다. 그는 소명의식에 입각하여 받은 은사를 바르게 수행하고 신자의 직무를 담당하는 자에게 하늘의

---

152) 길선주, "그리스도의 恩惠를 知歟? 不知歟?", 『講臺寶鑑』, 46.
153) 길선주, "네가 반다시 나와 한가지로 락원에 있으리라", 崔仁化 編, 『吉善宙牧師說教集』, 77.
154) 길선주, "教役者의 難關과 하나님의 命令", 崔仁化 編, 『吉善宙牧師說教集』, 98-101.
155) 길선주, "試驗을 이귀라(二)", 『講臺寶鑑』, 92.
156) 길선주, "바울의 勸勉", 『講臺寶鑑』, 147.
157) 길선주, "懇切한 勸勉", 『講臺寶鑑』, 146-147.
158) 길선주, "참 사람의 할 일", 『講臺寶鑑』, 123.

상급이 주어질 것이며[159], 탐심, 세속 등의 구애(拘碍)를 벗어나 신앙생활을 경주함으로써 "主로 더브러 하ᄂ님 右便에 안즐 것"이라 했다.[160] 또한 세상의 마지막 날의의 면류관을 받게 될 소망은 인생의 목적과 방향을 바르게 설정하고 부지런히 전진함으로써 실현될 수 있다고 했다.[161]

넷째, 내세상급은 그리스도의 공중재림으로부터 궁극적 내세에 이르기 전까지의 광범위한 시간대에 주어지는 상급과 관련되어 있다. 내세에서 받게 될 복에 관한 표현들로서는 앞서 언급한 내용들 외에도 '하ᄂ님 寶座에 同坐'[162], '主의 榮光의 寶座'[163], '永遠혼 榮國'[164], '無窮世界'와 '天堂 새예루살넴'[165] 등 천년왕국 이후에 받게 될 내용들로 서술되지만, 주목할 만한 점으로서 천년왕국 이전 공중재림의 시기에 누릴 영화 또한 내세에서 누리게 될 궁극적인 복의 전조로 묘사된다는 점이다. 그는 그리스도의 공중재림 시 지상에서의 칠년 환난을 면하고 연석에 참여할 교회의 다양한 등급의 복을 논함으로써[166], 내세상급의 범주를 실질적인 내세가 임하기 이전인 공중재림으로부터 보았다.

제8절 소결

본 장에서는 길선주의 설교집인 『講臺寶鑑』과 『吉善宙牧師說敎集』을 중심으로 그의 성경관, 신관, 인간관, 구원관과 기독관, 교회관, 시간관 등에 내재된 말세론이 어떤 양상으로 전개되어 나타났는지를 고찰해 보았다.

길선주의 말세론 연구는 『末世學』뿐만 아니라 『講臺寶鑑』과 『吉善宙牧師說敎集』

---

159) 길선주, "성령의 은사를 옳게 분별하라", 이성호 편, 『吉善宙牧師說敎』, 81-82(전편).
160) 길선주, "잘 다름박질 ᄒ자", 『講臺寶鑑』, 88-89.
161) 길선주, "靈步를 前進홀 것", 『講臺寶鑑』, 203-204.
162) 길선주, "上帝의 敎會", 『講臺寶鑑』, 35.
163) 길선주, "참 敎會", 『講臺寶鑑』, 36.
164) 길선주, "그리스도의 恩惠를 知歟? 不知歟?", 『講臺寶鑑』, 46.
165) 길선주, "永生", 『講臺寶鑑』, 186.
166) 길선주는 『末世學』에서는 공중혼인연석에서 베풀어질 상급을 고린도전서 3:12 이하에 근거하여 다양하게 정리했는데 누구든지 진리 그대로 전도한 사람이라면 '썩지 아니할 冕旒冠', 혹은 '榮光의 冕旒冠', 혹은 '義의 冕旒冠', 혹은 '生命의 冕旒冠'을 받을 것이지만 세상과 업(業)과 자기주의(自己主義)를 위하여 전도한 사람은 불에서 구원을 얻은 것 같이 부끄러운 구원을 얻을 것이라고 하여 상급의 차등을 논했다. 길선주, "末世學(七)", 『信仰生活』 5권 3호 (1936년 3월), 23.

같은 설교집을 통해서도 깊이 있게 논할 수 있음에도 불구하고 종래의 연구는 주로 『末世學』에만 치중해 왔던 만큼 자료를 폭넓게 활용하지 못한 한계점이 있었다. 또한 '종합적 방법론'에 입각하여 조직신학적인 접근을 시도하지 않아, 그의 성경관, 신관, 인간관, 구원관, 기독관, 교회관, 시간관 등의 제 신학(諸神學)이 말세론과 어떤 연관을 갖는지도 살펴보지 못했다. 본 연구에서는 이러한 한계점들을 극복하고 그의 조직신학적 제 신학에 내재된 말세론을 고찰했다는 점에서 의의가 있다. 따라서 다른 연구에서 다루어지지 않았던 논점들을 다양하게 고찰할 수 있었으며, 그 대표적인 예로서 문자를 중시하는 유교적 소양, 항존주의적 성경관, 하나님의 전능성과 종말을 준비하는 삼위일체의 사역, 인간의 선천적 종교심과 자유의지에 대한 이해, 원로신자고양론, 소천당으로서의 개인구원 사상, 종말론적 교회관, 순례자적 삶으로서의 지상생애, 두 왕국론, 상급신앙 등을 들 수 있다. 이 외에도 '全能性-審判', '永能性-新天新地 조성', '자유의지-심판', '死後永生-참 종교', '구원자=심판자', '만민속죄-만민심판' 등의 다양한 도식들도 새롭게 정리된 내용들이다.

본 장에서 고찰한 길선주의 제 신학과 말세론과의 연계점을 정리해 보면 다음과 같다.

첫째, 성경관에 내재된 말세론은 문자를 중시하는 유교의 학적 신념체계가 성경의 축자영감론과 쉽게 접목됨으로써 세대주의적 전천년설을 용이하게 수용할 수 있었다는 점에서 의미를 부여할 수 있다. 길선주의 성경관은 문자를 중시하는 유교적 소양과 이러한 소양을 바탕으로 자연스럽게 받아들인 축자영감론, 입신 이전부터 수도자적인 고행을 통해 경전을 암송했던 구도심, 말세론에 관련될 만한 성경을 암송하는 일에 심혈을 기울였던 점, 성경의 권위에 도전하는 이단 사설들을 엄금하려는 항존주의적 성경관, '聖經 曰'의 재림신앙 등으로 정리할 수 있다. 그의 문자를 중시하는 소양은 그로 하여금 다양한 천년왕국설들 중에서도 성경의 역사적 내용들, 교리적 자료들, 도덕적 영적 내용들을 문자적으로 취급하려는 세대주의적 전천년설의 입장을 용이하게 채택할 수 있었던 시금석으로 작용했다.

둘째, 신관에 내재된 말세론은 하나님의 전능성과 종말을 준비하는 삼위일체 각 위(位)의 고유한 사역에서 찾아볼 수 있다. 길선주의 신관에 나타난 '全能性-審判'의 도식과 '永能性-新天新地 조성'의 도식에 의하면 길선주는 하나님의 전능하심과 관련하여 궁극적으로 현세적 심판과 내세적 심판 양자를 포괄하는 의미로서의

‘全能性–審判’의 도식을 전개했으며, 심판의 중심에는 선민을 보호하고 구원하려는 하나님의 적극적 의지가 개입되어 있다. 그리고 영능의 개념 속에는 영원한 세계를 건설하는 ‘永能性–新天新地 조성’의 도식이 함축되어 있다. 한편, 종말을 준비하는 삼위일체 각 위의 사역은 신자들로 하여금 그리스도의 재림을 사모하게 하며 지상에서 거룩한 생을 살도록 독려하시는 성부의 사역, 경고와 소망의 양면적 양상에서 임박한 재림론에 초점이 맞추어지는 성자의 사역, 그리고 오순절 성령강림으로부터 그리스도의 공중재림에 이르기까지 교회시대에 속한 성도들의 중생과 성화사역을 감당하시며 천년왕국이 임박한 현세를 주도해 가는 성령의 활동으로 나타난다.

셋째, 인간관에 내재된 말세론은 인간의 선천적 종교심과 자유의지에 대한 이해에서 살펴볼 수 있다. 길선주의 종교심과 말세론과의 연계점은 우선 인간에게는 내세를 갈망하는 선천적 종교심과 고난과 형벌을 숙고하는 죄소로서의 마음이 있다는 점을 파악한 데 그 단서가 있다. 그는 그 다음 단계로서 그리스도를 심판주로 고백하는 원로신자의 신앙단계로 고양되어가는 인간상을 논했다. 진일보 그의 원로신자상은 자신과의 내적 투쟁과정을 거쳐 내세를 지향함으로써 궁극적으로는 면류관을 얻는 승리적 신자상으로 귀결된다. 길선주의 자유의지론과 말세론과의 연계점은, 비록 그가 칼빈주의의 죄관을 수용하고 있음에도 불구하고, 자유의지론이 개입된 예지예정론에 입각하여 칭의사상을 주장했다는 점에서 그 특징적 논점을 찾아볼 수 있다. 즉 인간은 자유의지를 지녔고 따라서 범죄한 인간에 대한 하나님의 심판은 정당할 수밖에 없다는 논리로 심판의 당위성을 이해함으로써 인간의 자유의지와 하나님의 최후의 심판을 조화시켰다.

넷째, 구원관과 기독관에 내재된 말세론은 사후영생에 대한 숙고와 중보자에 대한 이해, 만민심판론, 소천당으로서의 개인구원 사상 등을 주요 논지들로 들 수 있다. 길선주의 구원관과 말세론과의 연계점은 기독교가 타종교와는 달리 사후영생의 도리를 논하는 유일한 참 종교라고 단정하는 그의 확신에서 발견할 수 있다. 그는 중보자(구원자)의 양성을 부인하는 사상을 재림의 한 징조로 설파했으며, 중보자인 그리스도를 ‘구원자=심판자’라는 동일 등식선상에서 이해했다. 또한 만민심판론이 만민속죄론과 대사령에 기초되어 있기에 그 정당성을 인정해야 한다는 주장도 의미 있는 논지다. 신자의 개인구원에 있어서는 아직 궁극적 천국이 완성된 것은 아니지만 개개인이 누리는 심중의 평안, 의로운 삶, 죄의 사면, 약속된 영원한 나라가 있다는 점 등을 들어 천국이 이미 개개인에게 '소천당'으로 도래했다고 이해했다.

다섯째, 교회관에 내재된 말세론은 종말론적 교회관으로서의 특징을 지닌다. 말세교육의 장으로서의 교회관, 지상에서의 전투적 교회관, 내세 지향적 교회관으로 정리되는 길선주의 교회관은 최후의 심판 후에 도래할 영원한 내세를 바라보며 지상에서 악한 세력과 지속적으로 값진 전투를 수행해 나가야 할 일관된 종말론적 교회상으로 나타난다.

끝으로, 시간관에 내재된 말세론은 순례자적 삶으로서의 지상생애, 두 왕국론, 그리고 상급신앙 등에 나타난다. 그의 시간관은 항상 과거와 미래를 구분 짓는 현재라는 분기점을 기점으로 출발하여 종말을 지향하며 초림으로부터 재림에 이르는 범주에서 그리스도의 말세론적 사역에 초점이 맞추어진다. 그가 논하는 순례자적 삶은 영화로운 면보다는 소명의식에 입각하여 줄곧 그리스도의 수난의 발자취를 따르는 양상으로 묘사되며 또한 동시에 인간 내면세계의 각성과 개혁을 동반한다. 그리고 특별히 지상과업으로서의 전도사역이 강조된다. 한편 그의 두 왕국론은 영생 혹은 영사(永死)를 결정짓기 위해 영적 고투를 감당하는 개인 내면세계의 두 왕국, 인간사에서 '無窮安息世界'를 맞기까지 지상에 존재하는 두 왕국, 긴장관계에 있는 지상과 천상의 두 왕국 등 다양한 관점에서 조명해 볼 수 있다. 그의 상급신앙은 현세에서의 삶의 질이 어떠한가에 따라 상급이 결정된다는 점에서 '현세의 삶-내세상급'이라는 도식을 지니며 이와 관련된 중요한 개념들로서 현세에서의 고난의 신자상, 전투적 신자상, 지상에서의 임무수행, 내세 상급의 전조로서의 혼인연석 등을 들 수 있다.

제6장　이원론을 극복한 동인으로서의 민족개량 정신 -내면적 신앙운동을 통한 민족개량 정신을 중심으로-

제1절 서론: 이원론의 문제

길선주의 말세론이 배태된 시점과 관련하여 이종성, 김수진, 심일섭, 이만열, 김기대, 허호익 등은 길선주의 신앙이 말세론으로 전향될 수밖에 없었던 배경을 삼일운동, 혹은 장자 길진형의 죽음과 관련된 105인사건 등으로 분석했으며, 대체적으로는 삼일운동을 분기점으로 본다.[1] 길선주의 신앙 양태에 있어 삼일운동이 일어난 1919년을 전환점으로 말세론이 더욱 강조되고 체계화된 것은 분명한 사실이다. 그는 삼일운동으로 인해 약 2년 간 옥고를 치르는 과정에서 말세론을 체계화했다. 1926년경에는, 30년간 시무하던 장대현교회에서 배척을 받자 위임목사직을 사임하고 원로목사의 직위만 둔 채, 이후 10년간 부흥사로서 전국 교회를 순회하며 부흥운동에 치중했으며, 300여 회의 부흥회를 인도하는 동안 선포한 메시지의 중심 주제는 말세론이었다.

그런데 삼일운동 이후의 길선주의 말세론을 현세와 내세의 불연속적 이원론으로 보아야 하는지, 아니면 연속적 일원론으로 간주해야 하는지에 대한 논점은 그의 후기 목회사역이 민족개량 운동과 관련하여 어떤 양상으로 전개되었는지를 규명해 볼 수 있다는 차원에서 중요하다. 이러한 논점은 지금까지 연구된 단편적인 사례들

---

1) 본 논문 1장 5절 8의 '말세론의 배태 시점에 관한 문제'를 볼 것.

을 분석해 본다면 두 가지 관점에서 첨예하게 대립되어 있다.

먼저, 길선주의 말세론을 현세와 내세의 불연속적 이원론으로 볼 수 있는 가능성을 제시한 학자들로서는 이종성, 김철손, 박응규를 들 수 있고, 아예 불연속적 이원론으로 간주한 학자들로서는 이만열과 김기대를 들 수 있다.

이종성은 구한국이 망해가는 상황 속에서 의지할 수 있었던 것이 하나님의 구원뿐이라고 생각했기 때문에 부흥운동과 말세사상이 같은 심리에서 비롯되었을 것으로 보았으며, 길선주의 메시지는 삼일운동에 가담한 후 완전히 내세지향적 메시지로 변질되었다고 비판했다.[2] 김철손은 길선주가 현실세계에서 지나치게 천년왕국의 안식을 찾는 일에 조바심을 냄으로써 일부 추종자들 중에는 당대에 재림 날짜를 예언한 무리들도 있었을 정도로 문제점을 내포하고 있었다고 지적했다.[3] 박응규는 삼일운동 이후 일제치하 한국장로교회의 천년왕국 사상이 내세화 및 타계화되어갔다는 점을 주시하고, 길선주의 종말관의 변천은 이러한 흐름을 상징적으로 보여주었다고 평가했다.[4]

한편 이만열은 이들보다 매우 냉정한 입장을 취했다. 그는 삼일운동 이후 그리스도인들 세계에는 현세의 일에 무관심한 채 내세를 지향하는 신앙양태가 조성되었고, 재림사상과 말세론이 기독교계의 전반적인 분위기를 반영했으나, 이는 민족과 사회가 처한 현실을 보는 기독교 지성의 몸부림이 될 수 없었다고 질타했으며, 그 중심에 길선주를 위치시켰다.

> 당시 기독교계의 큰 물줄기는 3·1운동을 소극적으로 평가하면서 교회가 민족운동에 뛰어들기 때문에 일제의 핍박이 가중되었다고 생각하기도 하고 그리스도인들은 이 세상의 일에 무관심해야 하며 우리의 소망을 이 세상 아닌 저 세상에 두어야 한다고 생각하기도 하였으며 (중략) 길선주와 김익두의 부흥회는 재림주와 저 나라에 대한 소망을 강조함으로 3·1운동 이후 그리스도인들의 불안과 좌절을 종교적으로 해소시키려 하였으며 (중략) 길선주의 「말세론」(1927)이 창문사에서 간행되었고 (중

---

2) "默示文學과 韓國敎會", 「神學思想」 (1980년 가을), 548.
3) 김철손, "默示文學", 「基督敎思想」 (1971년 6월), 160
4) 박응규, "일제하 한국교회의 종말론 형성에 관한 연구", 「역사신학 논총 2집」(서울: 이레서원, 2000), 188.

략) 재림사상과 말세론 거기에 상응하는 기도와 전도, 이것들은 3·1운동 이후의 기독교계의 전반적인 분위기를 반영하는 것이었으나 당시 민족과 사회가 처한 현실을 보는 기독교 지성의 몸부림일 수는 없었다.[5]

김기대는 길선주의 부흥운동을 말세론적 종파운동이라고 간주할 정도로 혹평했다. 그는 삼일운동 이후의 길선주에 대해 반지성적이며 극단적 말세주의자라고 단정했으며, 피안적 신앙양태로 인해 현실을 회피함으로써 민족문제를 희석시켰고, 그의 말세론의 주체는 슬픔을 당한 민족이 아니라 기독교인이었을 뿐이었다고 분석했다.

> 말세론은 식민지 현실을 극복할 수 있는 하나의 대안으로 나타났지만 극복이 아니라 회피로 결론지어졌다. (중략) 게다가 물질적 욕구를 중시하면서도 그 성취과정에서 인간 주체가 소외되는 반지성적 신앙을 가져왔다. 현세에서의 모든 가능성이 실패로 돌아갔을 때 현세 밖에서 도피구를 찾았던 것이다. 길선주는 그러한 신앙형태가 당시 사회의 유일한 대응 양식일 수밖에 없다는 점을 인식하면서 말세론 운동을 구체화시켰고 (중략) 결국 최종적인 구원을 위해 교인들은 신의 처분만을 기다리는 피안적 신앙을 갖게 되었으며 민족문제는 희석되었다.[6]

> 그의 말세론의 내용은 현재를 고난의 상황으로 보고 그 속에서 천년왕국의 소망을 잃지 않는 것이지만 그 주체는 기독교인이었지 나라를 잃은 민족이 아니었던 것이다.[7]

반면 길선주의 말세론을 현실도피주의로 볼 수 없다는 견해를 취하는 학자들로서는 이덕주, 김인수, 허호익, 민경배 등을 들 수 있다. 이덕주는, 길선주의 '변화무

---

5) 이만열, 『韓國基督敎文化運動史』(서울: 大韓基督敎出版社, 1992), 339–340. 이만열은 길선주의 『末世論』이 1927년 창문사(彰文社)에서 간행되었다고 했으나 창문사에서 간행된 것은 길선주의 말세론의 영향을 받았던 김정현의 저서로 발행 연대는 '昭和 3年'(1928년)이었다.
6) 김기대, 『日帝下 改新敎 宗派運動 硏究』(城南: 韓國精神文化硏究院 韓國學大學院 博士學位論文, 1996), 114.
7) Ibid., 110.

궁세계'는 지상에 실현되는 것이었고 피안이 아닌 차안에서 이루어질 낙원에 대한 꿈이었다는 점에서, 그의 신앙을 현실 도피적 신앙으로 볼 수 없다는 견해를 취했다.[8] 김인수는 길선주의 애국심에 초점을 맞추어, 그의 토착문화보존, 교육, 절제운동, 해외선교, 독립운동 등을 통한 나라사랑 정신 등을 들어 그가 현실참여나 사회정의에 대해 결코 무관심하지 않았다는 논지를 전개했다.[9] 허호익은 길선주의 영성을 조명하면서, 그의 말세론이 신자 개개인의 영적 투쟁을 통해 암울한 역사적 위기에서도 소망을 잃지 않고 하나님과의 깊은 교제를 나누는 동시에, 순결한 신앙의 지조를 지킬 수 있는 종말론적 영성의 길을 제시했다고 이해했다.[10] 민경배는 길선주의 신앙을 은둔과 피안성에서 파악할 것이 아니라 겨레와의 동행에서 증언되고 역사 속에서 선교도 되는 성육신적 사건으로 보아야 한다고 강조했다.[11] 이러한 주장들은 한결같이 길선주의 말세론을 논함에 있어 현세와 내세를 이원론적 단절로 보지 않고 일원론적으로 연계해서 조망해 볼 수 있는 가능성을 제시해 주었다는 점에서 의미가 있다.

그러나 이들은 길선주의 말세론이 일원론적이었다는 근거를 충분하게 논증해 주지는 못했다. 이덕주의 경우에는 '변화무궁세계'의 소망에 초점을 두어 장차 이루어질 피안적 세계의 이미지만을 조명함으로써 '혼재 여기에서'의 개념을 적용하지 못했다는 점을 지적할 수 있다. 김인수의 경우에는 주로 길선주의 가시적 업적들만을 부각시켜 그의 내면적 신앙운동에는 접근하지 못했고, 더군다나 주로 삼일운동 이전에 보여준 사역들을 고찰하는 일에 치중했을 뿐 삼일운동 이후의 사역이 어떠했는지에 대해서는 깊이 있게 분석하지 못했다는 점에서 역시 부족한 면이 드러난다. 일반적으로 길선주를 이원론자로 보려는 학자들은 삼일운동 이전의 행적이 아닌, 그 이후의 행보를 문제 삼는다. 허호익이나 민경배는 이원론을 극복한 구체적인 사례들을 제시해 주지 않음으로써 후학들에게 연구 과제로 남겨두었다. 이외에도 나동광이 길선주의 민족운동은 종교적 심성과 자유에 바탕을 둔 기독교적 민족

---

8) 이덕주, "영계 길선주 목사의 말세 신앙(II)", 『살림』 (1987년 3월), 73.
9) 김인수, "길선주 목사의 '나라사랑' 정신에 대한 소고-그의 신학사상에 대한 재해석의 한 시도-", 『敎會와 神學』 24집 (1992년), 212-229.
10) 허호익, "영계(靈溪) 길선주 목사의 영성신학", 『청풍』 1호 (1998년), 82-83.
11) 민경배, 『韓國基督敎會史』(서울: 延世大學校出版部, 2000), 397.

운동이었다[12]고 분석한 연구도 고무적이기는 하지만 단지 삼일운동 이전의 민족운동만을 조명했을 뿐 그 이후의 민족운동이 어떠했는지에 대해서는 밝혀주지 못한 아쉬움이 있다.

길선주의 말세론을 현세로부터 도피와 체념의 일환(一環)으로 간주하려는 학자들의 평가는, 일반적으로 길선주의 신앙을 단지 현실을 부정하고 내세만을 지향하는 부흥회 중심의 양태로만 규정지으려는 일관된 태도에서 비롯되었다. 만일 길선주의 말세론을 내세지향적 메시지 전파 차원에서만 규명한다거나 그를 민족의 현실적 고민을 외면한 채 민족문제를 희석시킨 부흥사로, 반지성적·극단적·말세론적 종파운동가로서의 타계신앙 양태를 취한 목회자로만 평가한다면, 그의 민족개량운동에 대한 관점은 설명할 수 없을 것이다.

본 연구자는 민족개량운동은 단지 가시적이며 외면적인 업적만으로 표출되는 것이 아니라 동시에 내면적 신앙운동 차원에서도 그 파급효과를 통해 효과적으로 전개될 수 있다는 점을 지적하고자 한다. 길선주 소천 당시 동아일보 사장 송진우가 조사(弔辭)를 통해 그의 교직자 생활 중 일만 칠천 회에 달했던 강도(講道)를 언급하며 각별히 '社會民衆敎導'에 미친 공헌을 부각시켰던 점도 길선주의 내면적 신앙운동의 파장이 어떠했는지 그 단면을 보여주는 적절한 증언이 될 수 있을 것이다.

> 故吉善宙牧師께서는 四十年間의 敎職生活中에 講道가 一萬七千回에 達하야 聽講者가 三百八十萬人이 잇고 敎會를 設立하기 六十處이엇으며 그 손으로 洗禮 준 사람이 三千名이엇읍니다. 이것은 다만 敎會內部의 일로만 볼 것이 아니고 社會民衆敎導에 얼마나 큰 貢獻을 하섯는가를 알 수 잇는 것이니 우리는 社會人으로서 先生의 큰 攻績을 讚揚하지 아니할 수 없는 바 임니다. 吉牧師는 지금 가서도 당신이 우리 社會에 남긴 공뇌는 길게 길게 빛날 것입니다. 우리는 이 자리에서 눈물을 거두고 先生의 奮鬪의 一生을 追億하면서 그 模範에 배우고저 합니다.[13]

이러한 논지와 관련하여 박정신과 노치준의 견해에 주목할 필요가 있다. 박정신

---

12) 나동광, "길선주의 생애와 민족운동", 『文化傳統論輯』 9집 (2001년 12월).
13) 송진우, "弔辭", 『信仰生活』 5권 1호 (1936년 1월), 39.

은 내면화된 신앙운동을 몰현세적이라는 부정적 차원에서만 평가하려는 종래의 획일적인 태도를 비판하고, 내면화된 신앙운동이 사회에 미치는 파급효과를 조명함으로써 새로운 평가를 시도하고자 했다. 그는 내면적 운동 또한 역사적 정황에서 무언의 혁명이라는 가치를 부여할 수 있다는 입장을 취했다. 그는 구체적인 예증으로 조선말 선교 초기와 일제 식민통치 초기 기독교의 종말론적 내세주의 신학이 지녔던 사회적 파급효과를 강조함으로써, 이러한 신앙운동을 단지 현실도피주의로 단정 지으려는 견해들을 일축하고, 역사적 컨텍스트에서 조명해 볼 때 이러한 종말론적 내세주의 신앙운동이 암울한 식민지 상황에서 해방을 바라보는 '희망의 신학'으로 기능했다는 점에서 긍정적으로 평가해야 한다는 소신을 보여주었다.[14] 그는 종말론적 내세주의 신학이 문자적으로는 종교적 현실도피주의 사상인 것처럼 보이지만, 내세의 소망을 가진 기독교인들이 삼일운동 당시 민족 독립운동에 더욱 전투적으로 참여했다는 점을 들어 반일의식이 종교적 사명감으로 고양되었던 것이라고 반증했다.[15] 노치준은 기독교신앙의 결실로서 생겨난 여러 덕목들이 시민의식이나 민족의식의 밑거름이 되어 민족운동과 연결될 수 있다는 점, 복음주의 신앙의 내적 구조의 특성, 예컨대 신앙에 충실함으로써 신앙에 대한 가치와 합리적 태도가 민족운동과 연결될 수 있다는 점, 복음주의적 신앙을 가진 사람이 민족문제를 신앙의 차원에서 간파하여 민족구원의 방편을 신앙에서 찾는다는 점, 재림과 천년왕국에 대한 믿음이 일제에 대한 부정의 논리를 제공함으로서 민족운동과 결합될 수 있다는 점 등을 들어 내면적 신앙을 통해 민족문제를 해결할 수 있다는 입장을 취했다.[16] 한편 민경배는 '내연(內燃)-외연(外延)'의 원리를 들어, 일제치하에서 죄의 참회, 영적 번민을 거친 회개가 기독교신앙의 형태로 내연됨으로써 그것이 무르익어 외연되었을 때에 일제의 불의에 도전하는 동력으로 투입되고 표출될 수 있었다고 보았다.[17]

　본 연구자는 길선주의 내면화된 신앙운동 역시 현실도피라는 말세론이 지니는 일반적 특징으로 폄하해서는 안되며, 오히려 그의 민족개량 운동은 내면적 신앙이

---

14) 박정신, 『근대한국과 기독교』(서울: 민영사, 1997), 39.
15) Ibid., 56, 59.
16) 노치준, 『日帝下 韓國基督教 民族運動 研究』(서울: 韓國基督教歷史研究所, 1995), 139-147.
17) 민경배, 『敎會와 民族』(서울: 大韓基督敎出版社, 1981), 117.

외적으로 파급되는 양태로 구형(構形)된다는 점에서 재평가가 시도되어져야 한다고 본다.

본 장에서는 길선주가 이원론을 극복할 수 있었던 동인으로서의 민족의 위치를 조명함으로써 '신앙과 민족언약사관'[18]을 살펴볼 것이며, 그가 삼일운동 이후 내면적 신앙운동으로 전향하게 된 동인들이 무엇이었는지에 대해서도 밝힐 것이다. 또한 설교집을 중심으로 삼일운동 이후에 행해진 그의 설교문들을 별도로 분류하여 분석함으로써, 출옥 이후 1920년대와 1930년대에 그가 전개했던 내면적 신앙운동으로서의 민족개량 정신이 구체적으로 어떻게 구현되었는지를 고찰할 것이다. 이러한 논점들과 방법론은 길선주 관련 선행 연구에서 지금까지 시도되지 않았다.

제2절 신앙과 민족언약사관(民族言約史觀)
-이원론을 극복한 동인으로서의 민족-

길선주의 민족애는 1935년 11월 26일 만 66세를 일기로 소천하기까지 한결같았다. 그는 마지막 자리에 눕는 순간까지도 남만주와 북만주에 흩어져 살던 디아스포라와 같은 동포들의 사정을 토로하며 염려했을 정도로 민족애가 두터웠다.[19] 그의 민족애는 철저하게 신앙에 기초되어 있어 민족애와 신앙의 두 개념은 마치 동전의 양면처럼 불가분리의 관계를 형성한다. 그는 신앙에 기초한 민족애의 프리즘을 통하여 차안의 역사의 현장에 서있는 민족을 바라보았기 때문에, 현세와 내세를 이원론적으로 보려는 불연속성을 타파해 낼 수 있었다.

첫째, 길선주의 민족애는 신앙으로 확고하게 구형되어 있다는 점에서 정신, 혹은 신념 이상의 의미를 지닌다. 그는 "愛國心은 民族의 本性이요 愛主心은 聖徒의 本分이니라"[20]라고 표현했을 정도로 애국심을 신앙에 견주어 조명했으며, 그리스도

---

18) '民族言約史觀'이란 하나님께서 이스라엘 민족을 애굽의 고통에서 구원하셨듯이 한국민족을 일제 식민치하의 고통에서 현실적으로 구원하시고 영원한 소망을 주실 것을 믿는 언약사관을 의미하며 본 연구자가 명명한 것이다.
19) 김인서, "靈溪先生의 臨終과 葬儀", 「信仰生活」 5권 1호 (1936년 1월), 36.
20) 길선주, "靈溪格言", 「眞生」 2권 3호 (1926년 11월), 24.

께서 이 땅에 오신 비하(卑下)의 의미를 되새기며 동포들이 하나님께로 전향할 것을 촉구했다.

사랑하는 나의 동포 여러분! 우리는 다 하나님 아버지를 배반했고 그를 멀리 떠나 패역한 자식이 되었어도 우리를 찾으시려고 우리의 구주 예수께서 천당의 영광을 내어 놓으시고 이 세상에 오셔서 낮고 천한 사람의 몸을 입으시고 우리를 애절하게 도 찾고 계신 것이다. 돌아오기를 기다리시는 주 하나님 앞으로 돌아가자.[21]

길선주는 민족애를 논할 때면 종종 구약에서는 모세를, 신약에서는 바울을 모델로 삼았다. 그는 특별한 믿음이 있는 사람은 응당 동족을 위한 열심이 있으며, 신앙에 입각하여 민족과 더불어 고난을 감수하는 삶을 살아야 한다고 호소했다.

特別훈 밋음이 잇눈 者의게는 特別훈 熱心이 잇나니라. 一, 主를 爲하야 熱心함 뒴후 四0六- 二, 同族을 爲하야 熱心함 롬九0三- 마음의 불꼿은 同族의 冷을 살오나니라 (중략) 이러훈 熱은 世界를 能히 더웁게 ㅎ나니라.[22]

모셰와 이스라엘 民族. 一, 모셰가 取할 兩條路 1. 左便路 埃及公主의 養子대로 잇슴 一, 富貴 二, 安樂 三, 名譽 四, 文明國의 指導者 五, 世上의 博士 2. 右便路 하느님 百姓으로 同苦 一, 財物을 일흠 二, 受苦 三, 受辱 四, 奴의 首領 二, 엇지ㅎ야 모셰가 이러케 作定ㅎ엿나 1. 世上樂은 瞬間的임을 앎 2. 하느님 百姓은 마지막 榮華롭게 될 줄 밋음[23]

둘째, 당대에 그의 심중에 각인된 일제치하에서의 민족의 형상은 고난과 질고 그 자체였다. 그의 민족을 염두에 둔 설교의 중심 주제는 주로 고난에 관련된 내용들로 점철되어 있다. 따라서 그의 눈에 비친 민족상은 식민치하에서의 압제당하는 민

---

21) 길선주, "아버지가 사랑하는 아들을 찾음", 길진경 편, 『길선주 목사 예화모음』(서울: 기독교문사, 1994), 17.
22) 길선주, "바울의 熱心", 『講臺寶鑑』(平壤: 東明書舘, 1926), 154.
23) 길선주, "모셰의 作定", 『講臺寶鑑』, 189-190.

족상, 위기에 직면한 민족상으로 특징지어진다. 그러나 그의 고난당하는 민족상은 하나님께 귀의하여 소망을 품을 것을 권면하는 데서 소망을 가진 민족상으로 새롭게 정립된다.

> 죽고져 ᄒᆞᄂᆞᆫ 理由. (중략) 壓制가 甚홈. 이스라엘 民族. 二, 落心마라. 1. 所望을 품고 2. 하ᄂᆞ님끠셔 홈께 ᄒᆞ심을 ᄁᆡ달으라 三, 살 方策. 1. 하ᄂᆞ님 말삼을 들음 2. 悔改 3. 罪에서 ᄶᅥ남 4. 하ᄂᆞ님끠 도라옴 5. 心神을 새롭게 홈 [24]

> 이스라엘 民族의 當ᄒᆞᆫ 情況. 一, 두려워마라. 1. 하ᄂᆞ님을 依支ᄒᆞ야 (중략) 四, 보라. 1. 너를 救ᄒᆞ심을 2. 敵을 滅ᄒᆞ심을 結, 우리 信者는 모세의 밋음을 가져 큰 試驗을 맛날 ᄳᅢ에 하ᄂᆞ님의 큰 힘을 依支홀지니라. [25]

셋째, 길선주는 '지금' 그리고 '여기에' 위치한 민족을 바라보려는 사관을 견지했다. 길선주의 민족관을 고찰함에 있어 유의해야 할 점으로서 그는 민족의 소망을 단지 당장에라도 임하게 될 피안적 내세에만 두려고 하지 않았다는 점이다. 일제는 이미 민족을 속박하여 통치하고 있었고, 따라서 그의 눈에 비친 민족은 당대의 현세(現世)와 현지(現地)에 존재하는 민족이었다. 즉 그는 역사 밖의 민족이 아니라 역사 안에서의 실존적 민족을 바라본 것이다. 민족과 역사를 통합하려는 진수가 여기에 있었다. 바로 이 사관에 그의 이원론적 사고를 극복한 위대한 결단이 분명하게 드러난다. 만일 그가 현세와 내세를 극단적으로 이원화하여 단지 피안적 내세만을 동경했다면, 현세를 도피하고 역사 안에서 고통당하는 차안적 민족을 외면하는 절망론자로 전락하고 말았을 것이다.

그의 내세를 열망하는 대표적 설교로서 "我國은 在天"을 들 수 있는데, 그의 '我國在天' 사상은 문자적으로 보아서는 언뜻 내세만을 지향하는 것처럼 인식될 수도 있겠지만 현세의 지상국을 전제한 가운데 내세를 소망하는 체계를 함축한다. 이 설교문은 그가 천상의 세계를 논할 때 현세의 지상세계에도 깊은 관심을 반영했다는

---

24) 길선주, "웨 죽고져 ᄒᆞ나냐", 『講臺寶鑑』, 98-99.
25) 길선주, "밋음의 勸勉", 『講臺寶鑑』, 214-215.

증거를 방증할 수 있는 적절한 자료가 될 수 있을 것이다. 제목은 "我國은 在天"이지만 실제 내용은 '在天'을 지향한 '이 나라'(現世, 現地의 백성)에서의 삶이라는 메시지를 담았다.

> 我國은 在天(빌3:20-)
>
> 魚族의 나라는 水澤에 잇고 鳥獸의 집은 山林에 잇고 人生의 나라는 世上에 이스나 聖(?)의 나라는 하날에 잇나니라.
>
> 一. 이 나라의 王 그리스도 예수
>
> 二. 이 나라의 律法 新舊約 聖書
>
> 三. 이 나라의 國旗 十字架旗號
>
> 四, 이 나라의 方言 眞理의 말삼. 萬人을 感化시키고 萬民을 救援함.
>
> 五, 이 나라 百姓을 엇더케 알가 衣冠을 보아 能히 分別홀지니[26]

넷째, 그는 동족불애(同族不愛)를 죄로 단정했다. 그는 불애죄(不愛罪)를 세 가지로 나열하고, 신자가 사랑해야 할 대상으로서 가정, 교우, 동족임을 천명했으며, 동족을 사랑하지 않는 죄를 별도로 '同族不愛罪'라고 명명했을 정도다.

> 罪란 무엇인가. 1. 凡事에 믿지 않고 行함이 罪. 로十四0二十三 2. 不法이 罪. 요일三0四 3. 不義가 罪. 요일五0十七 4. 知善不信이 罪. 야고보四0十七 二, 不愛罪. 요일二0七一十一 1. 家庭不愛罪 전五0八 2. 敎友不愛罪. 태二十五0四一一四五 갈六0十 3. 同族不愛罪 누가十0三十一~三十七[27]

다섯째, 그의 민족애에서 두드러진 일면은 신앙공동체 의식이다. 그는 모세가 이스라엘 민족을 이끌어 가나안으로 인도했던 사역을 조명하면서, 모든 가족, 모든 성도들, 그리고 모든 동포들이 신앙의 경주에 동참해야 한다는 신앙공동체로서의

---

26) 길선주, "我國은 在天", 『講臺寶鑑』, 188-189. 원문 각 대지 안에 기록된 소대지들은 생략했음. '?'는 판독이 불가능한 한자임.

27) 길선주, "罪", 崔仁化 編 『吉善宙牧師說敎集』(京城: 三校出版社, 1941), 123. 출옥 후 순회부흥회 때의 설교(제목: "罪에 대하여"). 길진경, 『靈溪 吉善宙』(서울: 鐘路書籍, 1980), 334.

민족관을 조망했다. 즉 그의 신앙공동체 의식은 민족복음화의 소망을 반영한다.

> 잘 다름질할 者. 1. 우리니 우리는 單數가 아니오 複數라 녜전에 모셰는 法老(파라
> 오— 본 연구자 주)의 毒手를 버서나 가나안 福地에 들어간 것도 自己 一身만 가지
> 안코 其 民族中 一人도 쎄놋치 안코 甚至 六畜까지 쓰을고 나아가스니 우리도 이와
> 갓치 惟獨히 나 한 사람만 競走홀 것이 아니라 온 家族과 온 敎會兄弟와 온 나라 同
> 胞를 다 다리고 잘 다름질홀 것이다.[28]

여섯째, 길선주의 민족관이 지니는 큰 가치는 그가 '민족언약사관'에 입각하여
장래 현실세계에서 이루어질 민족구원의 섭리를 확신했다는 점에 있다. 그는 1932
년에 행한 설교, "罪를 自服하고 祈禱하라"에서 다니엘 9장을 통해 망국지변(亡國
之變)을 당하여 고난 중에 있던 이스라엘 백성들의 처지를 조명하면서, 비록 이스
라엘 민족이 비참한 정황에 처해 있었지만 하나님께서 이들에게 보여주셨던 섭리
와 희망을 강조했다.

> 다니엘 九장에는 다니엘이 自己죄와 이스라엘 民族의 죄를 위하야 哀慟하며 기도하
> 되『主여 내 죄와 이 백성의 죄를 赦하시옵소서』하는 同時에 主께서 응답하시사 장
> 내 이스라엘 백성에게 대한 모든 섭리와 모든 희망을 계시하시었다.[29]

그런데 중요한 점은 그가 민족구원의 개념을 논함에 있어 고난이라는 일정한 배
경을 전제하고, 한국 민족과 이스라엘 민족 양자를 동일지평에 올려두고서 조망해
보는 '민족언약사관'을 정립했다는 점이다. 그는 '민족의 고난', '신앙', 그리고
'하나님의 구원'을 세 정점으로 설정하고, 과거 이스라엘 민족을 구원하신 하나님
께서 또한 주님을 신앙하는 당대의 한국 민족을 저버리지 않으실 것이며, 장차 현
실적으로도 불의한 세력으로부터 구원해 내실 것이라고 확신했다. 전술했듯이 길

---

28) 길선주, "잘 다름질ᄒ자", 『講臺寶鑑』, 87-88. 출옥 후 순회부흥회 때의 설교(제목: "生命의 競走"). 길진경,
    『靈溪 吉善宙』, 332.
29) 길선주, "罪를 自服하고 祈禱하라", 崔仁化 編 『吉善宙牧師說教集』, 42.

선주의 민족애는 신앙에 입각한 모세의 동족사랑으로 소화되어, 민족의 울분과 고뇌를 하나님의 구원의 섭리에 접목시켜 해결하고자 하는 시도였음을 간과해서는 안 된다. 그는 한국 민족을 하나님의 은총에 의해 회복될 언약공동체로 보았기 때문에 현세와 내세의 이원론을 극복하고 '소천당'으로서의 현세에 충실할 수 있었다.

다음 설교 내용은 "모세가 이스라엘 民族을 爲ㅎ야 하ᄂ님 榮光을 봄"이라는 제목으로 『講臺寶鑑』에 게재되어 있는데, 그의 민족관을 언약사상 안에서 깊이 생각해 볼 수 있는 단서를 지녔다. 그는 압박 중에도 더욱 번성해 가는 백성들의 모습을 강조했으며, 바로에게 내려졌던 십재앙이 당대의 교회를 해치려는 세력에게도 내려질 것이라 했다. 또한 모세의 하나님은 곧 우리 신자의 하나님이시며, 이스라엘 민족을 구원하신 하나님께서 또한 우리 민족을 구원하실 것이라 확신했다.

> 三. 이스라엘과 敎會形便 比較
> 1. 荊棘에 火焚홈은 이스라엘 百姓의 苦難을 가라침이니 敎會에도 불갓흔 苦難이 臨ㅎ며 2. 荊棘이 붓허도 살화지지 안음은 이스라엘 百姓이 壓迫中에도 더욱 蕃盛홈을 가라침이니 敎會도 世上에셔 對敵이 强홀스록 振興ㅎ며 3. 荊棘이 붓흘 째에 榮光이 照曜함은 이스라엘 百姓이 苦難中에 神의 榮光을 나타냄을 가라침이니 敎會도 逼迫을 밧을 째에 더욱 榮光이 날 거시며 4. 荊棘이 가시가 이서서 꺽고져 ㅎᄂ 者를 찌름은 이스라엘 百姓에게 하ᄂ님의 保護ㅎ시ᄂ 干戈이 이서서 害ㅎ려는 法老의게 十災의 가시로 찌름을 가라침이니 敎會도 그러ㅎ야 害코져 ㅎᄂ 世上은 도로혀 滅亡홀 것이다.
> 結. 모세의 上帝가 예수의 上帝오 예수의 上帝가 이스라엘 百姓의 上帝오 이스라엘 百姓의 上帝가 우리 信者의 上帝니 모세으게 즈신 權能을 우리게도 주실 터이오 예수의게 베푸신 사랑을 우리의게도 베풀 거시오 이스라엘 民族을 救援ㅎ셔스니 또흔 우리를 救援ㅎ시리로다.[30]

위의 글에서 '우리'는 누구를 의미하느냐에 대해서 신자만을 뜻한다고 해석할

---

30) 길선주, "모세가 이스라엘 民族을 爲ㅎ야 하ᄂ님 榮光을 봄", 『講臺寶鑑』, 191-192.

수도 있겠으나 차라리 '우리 百姓'을 칭하는 것으로 보는 것이 타당할 것 같다. 왜
냐하면 문장 중의 '이스라엘 百姓'이라는 표현은 의미상으로는 '우리'보다는 '우리
百姓'이라는 표현과 병행되는 것이 더 자연스러울 것이며, 그의 눈에 비친 우리 백성
은 마땅히 신앙공동체가 되어야 할 염원을 담는 대상이었기 때문이다. 그리고 '혼코
져 ᄒᄂᆫ 世上'이 내심 일본을 암시할 수도 있는 것은, '우리 信者의 上帝니'는 일제
의 압제를 의식한 '우리 百姓의 上帝니'의 완곡어법이라고 볼 수도 있기 때문이다.

김기대는 다니엘서가 민족적이라면 요한계시록은 교회적이라고 전제하고, 길선
주는 이 중에서 요한계시록에만 집착했다고 분석했다. 따라서 길선주는 민족보다
는 교인을 부각시켜 우선시함으로써 그의 사상에서의 초월성이 지니는 한계점이
발견된다고 이해했다.[31] 그러나 이러한 판단은 길선주의 신앙과 '민족언약사관'을
상호 접목시켜 고찰하지 못한 데서 비롯된 오해이다. 또 길선주가 요한계시록에만
집착했다고 주장했지만 실제로 그는 다니엘서에도 각별한 관심을 가졌었고, 성도
들을 교육하기 위해 "但以理書査經案"[32]을 별도의 교안으로 작성하여 강론하기도
했다는 점을 간과해서는 안 된다. 앞서 설명했던 것처럼 그는 다니엘 9장을 통해
분명하게 '민족언약사관'을 보여주기도 했다.

제3절 내면적 신앙운동으로의 전향

이미 고찰한 것처럼 길선주의 말세신앙을 연구하는 학자들은 일반적으로 삼일운
동 당시를 그의 말세론이 배태된 시기로 보거나 갑작스럽게 말세론자로 전향한 시
점으로 간주한다. 심지어 이종성, 김철손, 이만열, 김기대 등의 주장은 길선주의 말
세론을 현세와 내세의 불연속적 이원론으로 생각해 볼 수 있는 이론적 배경까지도
제시해 주었다. 그러나 길선주는 입신 이전 청년기에도 사후의 세계를 갈구하며 말
세론에 입각한 종교심에 심취해 있었고, 신학 입문 후 을사늑약 일 년 전에 발행되
었던 『懺悔論』(1904년)이나 삼일운동 발발 삼년 전에 발표된 『만ᄉ셩취』(1916년)에

---

31) 김기대, 『日帝下 改新敎 宗派運動 硏究』, 110.
32) 길선주, "但以理書査經案", 이성호 편, 『吉善宙牧師說敎』(서울: 惠文社, 1977), 227-245(후편).

도 말세론이 원시적으로 정립되어 있었다. 따라서 그의 말세사상은 이미 입신 이전부터 배태되어 있었다고 보아야 한다. 그의 말세론은 신학에 입문한 후 점차 기독교 신앙에 입각하여 세련되고 체계화되는 양상을 띠었다.[33] 또한 그의 말세론을 논함에 있어 현세와 내세 문제에 있어서도 이 양자를 분리시켜 이원론으로 간주할 것이 아니라 '이미와 아직 사이의' 긴장관계의 연속선상에서 이해해야만 한다. 물론 그가 삼일운동 직후 2년 가까이 옥고를 치르면서 옥중에서 말세신학을 체계화하고 발전시켰으며, 1926년 장대현교회 분규 이후에 십년간의 순회 부흥집회들을 통해 말세론을 주요 메시지로 선포했다는 점에서 삼일운동이 그의 말세론을 강화한 배경이 되었다는 사실은 의심의 여지가 없다.

그런데 중요한 논점으로서 그의 말세론이 철저하게 내면적 신앙운동을 통해 민족개량 정신의 차원에서 전개되었다는 데 그 정곡(正鵠)이 있다. 길선주의 신앙을 연구한 대다수의 학자들은 삼일운동 이후 그가 전개했던 신앙운동을 한결 같이 말세론 운동이라고 명명함으로써, 초역사적 위기상황의 도피처라는 차원에서 묵시문학적 색채를 반영하려는 경향을 취하려고 한다. 그러나 그의 말세론 운동은 동기에 있어서만큼은 묵시문학적 배경을 지니고 있지만, 그 의도에 있어서는 오히려 적극적으로 현실에 참여함으로써 내면적 신앙운동을 통한 민족개량 정신이라는 비전을 반영한다. 이 점에 대해서는 다음 4절의 '내면적 신앙운동의 전개(민족개량 정신을 중심으로)'에서 심도 있게 논할 것이다.

그렇다면 그가 옥고를 치르고 나서 내면적 신앙운동을 전개하게 된 동인은 무엇이었는가.

첫째, 외형적 카리스마를 추구하는 신앙에서 사랑을 추구하는 신앙으로의 전향이었다. 길선주는 삼일운동으로 인해 투옥되어 있던 당시 30년간 꾸준히 감당해 왔던 목회사역의 행보를 회고하며 자성했다. 그는 성령의 권능을 추구하며 이적과 기사에 관심을 두었던 종래 자신의 태도를 반성하며, 이후로는 가정과 민족과 동포

---

33) 길선주의 말세사상은 입신하기 이전에도 소년시절로부터 청년기의 선도 수련에 심취하기까지 '천부적인 종교가적 심성', '부조리한 윤리상에 대한 개혁의식', '수난과 사업 실패', '사후영생(死後永生)을 고민하는 종교심', '「텬로력뎡」에의 심취'라는 독특한 개인적 배경들을 통해 형성되었다. 그러나 그는 29세에 기독교로 개종하기 전 십년 동안에 걸쳐 영생불사의 진리를 터득하기 위해 선도에 정진했지만 진리를 발견하지 못한 채 회의감만이 증폭되어 염세관에 사로잡혔다. 이 점에 대해서는 본 논문 2장 4절 2. 1)의 '입신 이전 말세론 형성 배경'에서 논했다.

를 사랑하는 성품을 갖추게 해달라고 간구했다. 그는 모세가 지녔던 외형적 카리스마보다는 내면적 사랑의 성품이 더욱 진정한 능력이 될 수 있다는 점을 뼈저리게 각성했던 것이다. 다음 글은 그가 소천하기 10개월 전인 1935년 1월 『宗敎時報』에 게재되었던 내용이다.

> 몇 해 전에 나는 감옥에 수三년 동안 있었다. 그때에 내가 三十년 교역한 것을 곰곰 생각하였다. 이전에 내가 기도하기는 성신권능 달라고 하여서 과연 권능도 받고 행하였다. 다시 생각하니 권능은 다른 사람을 위하는 것이오 권능이 나를 수양한 것은 없었다. 모세가 권능으로 이스라엘 백성을 인도하며 이적과 기사를 행하였지마는 하느님이 모세를 가나안에 드러가기를 허락하지 아니하셨으니 이적 기사가 자기에게 무슨 덕이 되였는가? (중략) 지금은 내가 기도하기를 이렇게 한다. 주여 주의 사랑하는 성격을 나의게 일우워주옵소서. 나의 가정을 사랑케 하시며 나의 민족을 사랑케 하시며 나의 동포를 사랑케 하시사 사랑의 성격을 일우워주옵소서. (중략) 다만 사랑이 있어야 이것이 내게 능력이 되는 동시에 다른 사람을 구할 수 잇는 것이다.[34]

둘째, 1차세계대전의 비참한 결말을 지켜보며 물질문명에 의해서는 결코 이상촌을 건설할 수 없다는 확신을 가졌기 때문이다. 그는 서양의 근대문물이 초래한 역사적 비극의 산물인 1차세계대전에 관한 소식을 접했으며, 이러한 경험은 그가 재림 전의 지상낙원을 논하는 후천년설을 배격하는 이론적 기초가 될 수 있었다.[35] 따라서 그의 민족개량의 개념은 눈에 드러나는 사회개량에 의해 물질문명의 이상세계를 건설하는 차원이 아니라 신앙에 의해 인간 개개인, 그리고 더 나아가 민족공동체를 갱신하려는 차원을 의미했다.

> 현대교인들도 예수의 재림의 영화롭은 천국을 믿는 것보담 사회개량에 의하야 문화세계(文化世界)를 건설할 것으로 왈지상천국(曰地上天國)이라 하야 교회가 문화운

---

34) 길선주, "聖徒의 五大要綱", 『宗敎時報』 4권 1호 (1935년 1월), 13.
35) 길선주, "末世學(一)", 『信仰生活』 4권 7호 (1935년 7월), 14.

동에 급급하니 이는 크룻됨이 크다. (중략) 서양인들이 근대에 물질문명에 성공하야 육적 형락의 리상촌을 세우고 이를 지상천국이라고 자랑하더니 쎄비아 ― 청년의 권총 소리에 형락의 꿈은 깨여지고 二千만의 유혈참극을 일우지 아니하였는가.[36]

셋째, 인간의 내면적 변화와 각성을 중시하는 신앙으로의 전향이었다. 그는 삼일운동이 발발하기 전, 외형적으로는 건장해 보였지만 내적으로는 중병에 시달리던 중 내장의 농즙(濃汁)을 제거하는 대 수술을 받은 경험이 있었다. 그는 이 각별한 체험을 통해서 '통회'와 '자복', '기도', '성령의 수술'로 조명되는 인간의 내면세계를 깊이 있게 헤아려 볼 수 있었다. 다음 설교는 1932년 5월 18일에 장대현교회에서 행했던 것으로, 삼일운동과 그의 옥중 생활을 고려하면 수술은 출옥 직후에 있었다고 추측할 수 있다.

우리는 죄에 대하여 깊은 수술(手術)을 받도톤 해야겠다. 외부의 종기(腫氣: 腫物)는 고치기 쉬우나 숨은 종기는 고치기가 어렵다. 10여 년 전 내가 심장마비로 고통을 당했던 사실은 여러 부모 형제도 다 아시지만 그 때 보통의사는 다 알지 못했다. 서울 있던 커틀러 의사가 진찰하여 보고 「내장(內臟)에 농즙(濃汁)이 들었으니 불가불 급히 수술(手術)하여야겠다」고 하여 급히 기독병원에 입원하여 네 의사가 붙들고 수술해서 내부(內腑)에서 농(濃)이 많이 나왔다. 그 수술 전에 다른 사람은 나의 극(極)한 고통을 몰랐다. 외인이 보기에는 그리 심한 중병(重病)같지 않았으나 나는 견딜 수 없는 극한 고통을 당했었다. 그 때 그 수술을 받지 않았더라면 나의 생명은 위태(危殆)했으리라. 우리는 죄에 대한 성령의 깊은 수술을 받도록 하자. 통회자복하고 기도하여 성령의 깊은 수술을 받자.[37]

넷째, 화평의 복음으로의 전향이었다. 길선주의 신앙체계에는 일체 무력(武力)의 개념이 배제된다. 그는 동시대의 국제연맹, 노동동맹회, 군비축소회와 같은 제도적

---

36) 길선주, "聖山의 靈啓", 崔仁化 編, 『吉善宙牧師說教集』, 21-22. '昭和5년'(1930년)의 설교.
37) 길선주, "죄를 자복(自服)하고 기도하라", 이성호 편, 『吉善宙牧師說教』, 172(전편). 1932년 5월 18일 장대현교회 설교.

장치로서는 평화를 이룰 수 없으며, 다만 복음을 전파하는 성도들에게 진정한 평화의 책무가 주어져 있다고 소리를 높였다. 그의 설교, "平和의 世界를 建設할 者"는 그 내용을 분석해 볼 때 국제연맹이 설립되었던 1920년 이후로부터 『講臺寶鑑』이 발행된 1926년 이전에 행해진 것이며, 따라서 출옥 이후의 설교에 해당된다.

> 現代의 攻城砲, 飛行機, 潛水艇을 製造ᄒ며 殺人光線을 發明홈이 모다 戰爭을 일으키는 禍物이다. 이러케 어지러운(본 연구자 의역) 世上을 和平케 홀 者 누구뇨. 國際聯盟會냐. 軍備縮少會냐. 勞働同盟會냐. 아니다. 이것들노는 和平케 홀 수가 업는 것이다. 兄弟姉妹들이여 世界를 平和롭게 홀 者 우리가 아니뇨. 平和의 福音을 傳ᄒ는 우리가 아니뇨.[38]

길선주의 이러한 정신은 그가 정치운동과 결별하고 복음에만 진력하려 했던 입신 초기의 결단에도 잠재적으로 자리 잡고 있었는데, 김인서는 이를 '偉大한 宗敎家的 決心'이라고 칭송했다.

> 先生은 傳道일가? 政治運動일가? 하는 煩悶을 하지 안을 수 업섯다만은 그리스도의 召命을 어기지 못하야 先生은 傳道者의 좁은 길에 드러서고 島山은 그대로 政治運動으로 나아갓다. 先生이 萬一 傳道의 길을 바리고 政治運動에 기우러젓든들 敎會는 不幸하엿을 것이다. 國家多事의 秋에 愛國者인 先生이 큰 運動에서 손을 떼고 當時에는 微弱한 敎會에 獻身하는 것은 偉大한 宗敎家的 決心을 要하는 바이지만[39]

다섯째, 하나님 의존적 신앙으로의 전향이었다. 길선주의 이 자세는 그가 1921년

---

38) 길선주, "平和의 世界를 建設할 者", 『講臺寶鑑』, 236. 출옥 후 순회부흥회 때의 설교(제목: "세계에 평화의 낙원을 건설할 자 누구냐?"). 길진경, 『靈溪 吉善宙』, 332.
39) 김인서, 『靈溪先生小傳(中)』, 『神學指南』 14권 1호 (1932년 1월), 43. 길선주는 수세 2년 후쯤인 1899년 안창호 등 17인의 발기로 '獨立協會'를 조직하고, 경성독립협회에 연락하여 경성독립협회 평양지회로 인준을 받아 발족시켰고, 독립협회 사법부장의 책임을 맡았다. 길진경, 『靈溪 吉善宙』, 95, 325.
40) 대표적인 사례로 1921년 11월 워싱턴에서 열강들이 군비감축회의를 개최하고 만주를 비롯한 遠東問題를 의제로 거론할 것이라는 사실이 보도되자 대한민국 임시정부와 歐美委員部에서는 이승만, 서재필, 정한경 등을 대표위원으로 선정하여 워싱턴 군비감축회의에 한국독립청원서를 제출한 일이 있다. 獨立有功者功勳錄編纂委員會, 『獨立有功者功勳錄(第13卷)』(서울: 國家報勳處, 1996), 304.

"平和의 曙"를 통해, 1차세계대전 이후 개최되었던 강대국들의 평화회의[40] 회동을 부정적으로 평가한 데서 확연하게 드러난다. 그는, 영국이 과거에 식민지정책을 통해 약소국가들을 침탈하여 식민속국으로 영입했던 역사에 대해 '강도질'이라고 비판함으로써 대전 후 정의를 부르짖는 영국의 태도에 극도로 회의감을 표했으며, 승전국들의 평화회의에 대해서도 신뢰할 수 없다는 단호한 입장을 보여주었다.

> 『英吉利』가 平和會議라 定義란 훌늉흔 말을 흐지마는 世界의 表面에 『英吉利』의 領土에는 太陽이 지는 짜가 업다홀만침 領土를 擴張흔 것은 엇더케 흔 것임닛가? 남의 나라를 억지로 쎄아슨 것이 안임닛가? 強盜질을 흐야 나라를 크게 擴張흐고서 이번 싸흠에만 定義를 부르지젓습니다. (중략) 漸漸 平和會義가 열넛다 흐는 찌에 蘇秦 張儀와 곳치 말잘흐는 사름들이 모혀서 自己의 領地를 조곰이라도 더 擴張흐랴는 것이 될가? 나는 밋지를 못홉니다.[41]

이처럼 길선주는 평화회의에 대해서조차 강대국들의 이권다툼에 불과할지도 모른다는 견해를 취하면서 약한 자에게 결코 세상의 평화는 주어지지 않을 것이라는 회의적인 입장을 취했다. 1935년 12월에 발표된 『末世學』의 "예수再臨論"에서도 1920년에 설립된 국제연맹을 계시록 17장에 기록된 열 뿔의 그림자로 간주했을 정도로 그는 국제사회의 평화를 위한 노력에 기대하지 않았다.

> 여러 곳에 聖經을 보면 열뿔을 많이 가라첫으니 이는 末世에 반다시 열 나라가 이러나서 온 世上을 쥬장할 쯧을 가라침이다. 一九二〇年 四月 二十四日에 열 나라 代表들이 모혀서 國際聯盟會를 開催하고 猶太國을 英國에 保護國으로 承認하엿으니 이는 열 뿔에 그림자가 될 것이다.[42]

결국 그의 이러한 인식은 그로 하여금 하나님 의존적 신앙이라는 돌파구를 찾게 했고, 기도와 회개에 기초된 영적 전투를 강조하는 내면적 신앙운동을 정립해 가는

---

41) 길선주, "平和의 曙", 韓錫源 編 『宗教界諸名士講演集』(京城: 活文社書店, 1921), 39–40.
42) 길선주, "末世學(예수再臨論)", 『信仰生活』 4권 8호 (1935년 12월), 11.

근간으로 작용했다.

아모리도 世界의 平和는 弱흔 者의게 업는 것임니다. 諸君은 그와 叉흔 딕에 動心을 흐지 말고 오날 以後로는 「義는 平和가 입을 맛춘다」 흐는 말은 記憶흐야 定義의 基礎 우에 서셔 싸홈홀 者가 될 것 叉흐면 定義의 舞臺에서 平和의 幕이 열니도록 「우후로부터 손을 펴샤 支配흐소셔 흐고 祈禱홀 것임니다. 그런데 우리 一個人으로는 罪를 犯홀지라도 悔改흐지 안니면 우리 무음에 平和가 오지 안는 것임니다.[43]

여섯째, 동기론적 윤리관이 깊이 개입되었다. 길선주의 윤리관은 마음의 심연(深淵)을 강조하는 동기론적 윤리관을 형성한다. 그가 심중의 죄는 용서받을 길이 없다며 단심(丹心)을 지켜야 한다고 촉구한 점이나[44], 사진판을 신자의 양심에 비유하여 그리스도의 형상을 새길 것을 강조한 점[45], 영적 전쟁터를 '人心中'으로 본 점[46] 등은 단적으로 윤리의 좌소(坐所)를 마음으로 간주하려는 동기론적 윤리관에 입각해 있었음을 보여준다. 또한 그의 이러한 윤리관은 민족애와 결부되어 모든 동포들의 마음속에 그리스도의 참 형상이 새겨져야 한다는 고백으로 적용되어 나타나기도 한다.[47]

그는 마음의 죽음에 대해서 슬퍼하지 않는 세태를 한탄하며, 마음은 신앙생활의 기본이자 생명의 근원이라고 주장했다. 이러한 동기론적 윤리관은 그로 하여금 더욱 내면적 신앙운동을 지향하게 해 주는 심적 체계가 될 수 있었다.

天下人類가 罪로 因흐야 肉身이 죽을 뿐 아니라 靈魂도 죽고 마음도 죽엇나니라. (중략) 世人이 몸의 죽음은 슯허흐나 마음의 죽음을 슯허흐는 者 업고 몸의 삶을 깃버흐는 者 만흐나 마음의 삶을 깃버흐는 者 적다.[48]

---

43) 길선주, "平和의 曙", 42.
44) 길선주, "丹心萬能", 「講臺寶鑑」, 9.
45) 길선주, "神靈흔 寫眞", 「講臺寶鑑」, 18.
46) 길선주, "天下의 大戰爭", 「講臺寶鑑」, 194.
47) 길선주, "神靈흔 寫眞工", 「講臺寶鑑」, 21.
48) 길선주, "心의 復活", 「講臺寶鑑」, 123-124.

『마음을 다하고 性品을 다하고 뜻을 다하야 主 너희 하나님을 사랑하고 이웃 사랑하기를 네 몸과 같이 하라 하였으니 마음은 信仰生活의 基本이오 마음은 生命의 根源이니라.[49]

제4절 내면적 신앙운동의 전개
−민족개량 정신을 중심으로−

1. 민족개량과 종교

길선주의 유·소년기 당시 조선의 정황은 종교적, 정치적, 외교적으로 위기상황에 직면해 있었다. 고전 역사에서 전성기를 누려왔던 전통적 유불선 삼교는 종교적 역할이 정체되어 영적으로는 진공기 상태였다. 정치적으로는 일본의 명치유신(明治維新), 흥선대원군의 실권과 명성황후 척족의 득세, 개국을 강요하는 청의 내정간섭, 개화파와 위정척사파(衛正斥邪派) 간의 첨예한 대립, 급진적 개화파의 갑신정변(1884년) 등이 발발했던 혼란기였다. 또한 점진적 개국과정에서 체결된 강화도조약(1876년), 한미수호조약(1882년), 한불수호조약(1886년) 등에서는 불평등 조항들이 삽입되어 점차 국가의 자주권이 상실되어가는 처지였다.

이러한 종교적, 정치적, 외교적 위기의 상황에서 청년 길선주는 모든 총체적 폐단이 조선인이 인간다움을 상실한 데서 비롯되었다고 진단했다. 그는 이러한 폐단을 극복하기 위한 방안으로써 인간성 회복운동을 대 과업으로 설정했던 것이며, 정치적 출사보다는 종교의 고유한 기능을 통한 민족개량 쪽을 선택했던 것이다.[50] 그

---

49) 길선주, "마음의 奧妙", 崔仁化 編, 『吉善宙牧師說敎集』, 104-105.
50) 길진경, 『靈溪 吉善宙』, 49.
51) 기독교 세력의 민족운동과 관련하여 1920년대 중반 경 기독교 세력은 흥업구락부와 수양동우회로 분화되었다. 흥업구락부 계열의 민족운동은 외교운동과 농촌운동 분야에서 전개되었고, 수양동우회 계열은 정치·시사에 간섭하지 않는 수양단체로 개인의 인격함양과 단결훈련, 도덕적 수양, 자본주의적 근대화를 꾀했다. 김권정, 『1920·30年代 韓國基督敎人의 民族運動 硏究』(서울: 崇實大學校 大學院, 博士學位論文, 2000), 69-74. 길선주의 민족개량 정신은 일면 수양동우회 계열과 맥락을 같이 한다고 볼 수 있다. 그러나 그의 모토는 내면적 신앙운동을 통한 민족개량의 차원이었지 수양동우회 계열처럼 산업부문을 포함한 자본주의적 근대화를 표방한 것은 아니었으며, 그의 민족개량 운동은 특정 기관과 연대 없이 순수하게 목회사역에서 전개되었다.

가 기독교에 입문한 이후 독립협회의 정치운동과 결별하고 복음사역에만 정진했던 것도 이러한 고민과 맥락을 같이 한다고 볼 수 있다.[51] 그의 민족개량에 대한 원대한 포부는 기독교에 입문하기 전, 관성교와 선도에 심취했던 청년 시절부터 이미 종교적 신념으로 깊이 있게 배태되어 있었다.[52] 박형룡은 길선주 목사 기념 설교에서 "先生이 일즉 靑年時節에 仙道에 投身하야 仙術과 修法에 造詣가 깁퍼 그것으로써 治國平天下의 方便을 삼우려 하엿다"[53]고 함으로써 그가 선도에 입문했던 동기가 민족공동체의 개량을 염두에 둔 차원이었음을 언급했다. 길진경 역시 선친 길선주가 기독교에 관심을 갖게 된 동기에 대해서도 민족개량 정신을 목적했던 것으로 간파했다.

> 민족과 장래를 슬퍼하신 선생은 밤을 새워 눈물 흘리신 때가 한두 번이 아니었다. 흩어진 민족정기가 재생되고 쇠폐한 민족의 재흥은 민족 속에서 생성되는 종교에 있다고 보았고 종교의 핵심인 윤리를 기초로 한 시대적 교육으로 민족개량이 이룩되지 않고서는 달리 기대할 수 없다고 느꼈다. 그러기에 종교는 그 민족의 상징인 동시에 인류의 궁극적인 목적이 내포되어야 하므로 참된 종교를 찾아내어야겠다고 하여 최대의 노력을 기울였다.[54]

2. 민족개량 정신

길선주의 민족개량 정신은 그의 설교집 『講臺寶鑑』과 『吉善宙牧師說敎集』을 중심으로 고찰해 볼 때, 인간성 회복, 청년양육, 교회갱신 그리고 가정·사회 윤리 정립 등으로 그 윤곽을 설정해 볼 수 있다.

그의 민족개량 정신에 대한 연구를 진행함에 있어 본 연구자는 다음 세 가지의 사안을 전제해 두고자 한다.

첫째, 길선주의 민족개량 정신은 삼일운동 이전에도 목회사역에 표방되었을 것이

---

52) 길진경은, 길선주가 關聖敎나 仙道에 심취했던 동기를 당대의 시대상이 인간다움을 상실한 삶의 모습과 무질서, 사회의 부패상 등에 기인했기 때문이었다고 보았다. 길진경, 『靈溪 吉善宙』, 29-30.
53) 박형룡, "使徒生涯의 再演出", 『信仰生活』 5권 1호 (1936년 1월), 23.
54) 길진경, 『靈溪 吉善宙』, 41.

며, 출옥 이후에도 지속적으로 설교와 교육을 통해 적용되었을 것이라는 전제이다.

둘째, 앞서 3절의 '내면적 신앙운동으로의 전향'에서 논했지만 삼일운동 이후 내면적 신앙 양태가 두드러진다는 경향을 고려하여 가능한 한 출옥 이후에 행했던 설교들을 별도로 모아 분석함으로써 민족개량 정신이 어떻게 표방되었는지를 고찰하는 작업이 필요하다는 전제이다. 이 작업을 위하여 본 연구자는 길진경의 『靈溪 吉善宙』의 부록편에 있는 '길선주 목사의 전국 교회 순회 역정 일람'[55]을 주요자료로 참고했다. 가령, 비망록에 기록된 설교제목들(성경본문들 포함)을 『講臺寶鑑』 혹은 『吉善宙牧師說敎集』에 게재된 설교제목들(성경본문들 포함)과 일일이 대조 확인하는 작업을 거쳐 출옥 이후에 행한 설교들을 분류해 냈다. 이 외에도 설교가 게재되었던 저널의 출처를 밝혀 준 이성호 편의 『吉善宙牧師說敎』, 기타 사적으로 저널에서 수집한 자료들에 근거하여 출옥 이후의 설교를 분류하는 작업을 시도했다. 설교제목들을 분류하여 출옥 이후 행해졌던 설교들로 확인된 경우 별도로 그 시점을 각주로 처리하여 설명했다.

셋째, 그의 설교집 『講臺寶鑑』이 길선주의 생존시기였던 1926년에 발행된 저서라는 점을 고려하면, 주로 목사로 임직한 이후부터 1920년대 중반까지 행해진 설교들로 볼 수 있으며, 『吉善宙牧師說敎集』은 그의 사후 1941년에 발행된 저서라는 점, 『講臺寶鑑』에 수록된 설교들과는 대부분 다른 내용이라는 점, 『講臺寶鑑』이 대지 형식의 기록인데 반해 『吉善宙牧師說敎集』은 세련된 에세이 형식을 취한다는 점 등을 감안하면, 대체적으로 1920년대 중반 이후에 행해진 설교들로 간주할 수 있을 것이다.

1) 인간성 회복 촉구

우선, 길선주의 인간성 회복 촉구는 먼저 그가 인간 개개인에 대해 어떻게 이해를 하고 있었는지를 간파함으로써 그 의의를 살펴볼 수 있다. 그의 인간 이해는 한 인간이 범 세계에 이를 수 있다는 원심적 인간관을 기초로 한다. 그는 "내가 업스면 世界도 업다"며 한 개인이 있은 이후에 처자도, 친구도, 국가도, 세계도 존재할 수

---

55) Ibid., 335. '비망록'이라고도 이름 붙여진 이 순회 역정 일람은 길선주가 출감한 후에 순회부흥운동에 전무(專務)한 때부터 비치한 것이다.

있다는 입장을 취했으며, 세계의 홍망성쇄 역시 한 개인에게 달려있다고 보았다. 그의 이러한 인간관은 한 개인의 세계를 향한 책임이 얼마나 막중한지를 보여주며, 거대한 공동체 안에서 자칫 희석되기 쉬운 개개인의 위상과 역할 및 정체성을 부각시켜주었다는 점에서 큰 의미가 있다.

> 내가 업스면 世界도 업다. (중략) ○내가 이슨 後에야 妻子가 잇고 ○내가 이슨 後에야 親舊가 잇고 ○내가 이슨 後에야 國家가 잇고 ○내가 이슨 後에야 世界가 잇나니 (중략) 세계에 墳興이 我一人에 在ᄒ다. ○世界를 敗亡케 흔 者도 아담 나 一人이요 ○世界를 救援혼 者도 예수 나 一人이요 ○同族을 失敗케 흔 者도 아간 나 一人이요 ○同族을 救出혼 者도 모세 나 一人이요 ○治國平天下가 나의게 歸結되고 (중략) ○사롬을 救援홀 者도 나 한사롬이다. 2. 世界에 對혼 나의 責任 (중략) 바울은 世界의 使命을 自任ᄒ여스며 主ᄭᅥ셔 天下福音傳ᄒ는 責任을 信者 各 個人의게 맛기셧다.[56]

둘째, 그는 당대의 타락한 인간상을 심각하게 진단하고 그리스도의 성품을 이상적인 모델로 제시함으로써 인간성 회복을 촉구했다. 그는 당대의 인간상이 죄를 죄로 알지 못하며, 형벌을 형벌로 알지 못하는 시대이며, 심지어 신자들마저도 위기를 깨닫지 못할 정도로 냉랭한 시대가 되었다고 비판했다.

> 今世는 엇던가. 一, 人類들이 밧그로 極혼 苦難과 危險이 臨迫ᄒ엿고 마음속에는 魔鬼의 壓迫中에 잇지만은 自覺치 못ᄒ야 罪를 罪로 알지 못ᄒ고 刑罰을 刑罰노 알지 못ᄒᄂ 時代요 二, 信者까지도 危機를 깨닫지 못ᄒ니 겨으름을 깨닫지 못ᄒ며 제 허물을 알지 못ᄒ며 찬 마음을 알지 못ᄒ며[57]

---

56) 길선주, "廣大흔 宇宙間에 唯我一人", 『講臺寶鑑』, 12–13. 이 설교는 출옥 후 순회부흥회 때 행해진 내용으로 분류되어 있다. 그의 비망록에는 "구원 얻을 자는 오직 나 한 사람"(『靈溪 吉善宙』, 331.), "我에 대하여"(『靈溪 吉善宙』, 332), "宇宙間에 唯我一人"(『靈溪 吉善宙』, 333.), "宇宙間에 生命있는 唯我一人"(『靈溪 吉善宙』, 333.) 등의 설교제목이 있으나 본문은 모두 "廣大흔 宇宙間에 唯我一人"의 대지와 같으며 본문도 갈라디아서 6: 4 이하로 동일하다.

57) 길선주, "救主의 嘆息", 『講臺寶鑑』, 59.

58) 길선주, "信者의 三大本分", 崔仁化 編 『吉善宙牧師說教集』, 51. 출옥 후 순회부흥회 때의 설교(제목: "성도의 三大義務"). 길진경, 『靈溪 吉善宙』, 332.

그는 여러 설교문을 통해 인간의 내면적 브패상이 얼마나 심각한지를 지적하는 일에 심혈을 기울였다. 그는 설교, "信者의 三大本分"에서는 '시기'와 '교만'을[58], "丹心萬能"에서는 '心中의 罪'와 '마음刑罰'을[59], "罪"에서는 사역자도 범하는 죄로서 '驕慢'(교만), '妬忌'(투기), '貪名'(탐명), '不睦'(불목), '淫亂'(음란)을[60], "愛惜光陰"에서는 '淫亂'(음란), '放蕩'(방탕), '醉酒'(취주), '宴樂'(연락), '憂愁'(우수), '猜忌'(시기), '慾望'(욕망), '虛慾'(허욕), '爭鬪'(쟁투)를[61], "敎會의 四種人"에서는 '情慾'(정욕), '虛榮'(허영), '名譽'(명예), '財利'(재리)를[62], "이 무리를 赦하여 주옵소서"에서는 '近來敎人'이 취하는 '結怨'(결원) 등을 들어[63] 인간 내면의 심각한 타락상을 고발했다.

길선주는 참된 인간상을 정립하기 위한 모델로서 그리스도의 고결한 인품을 제시하면서, 그리스도의 형상을 본받는 신자상을 사진법에 비유하여 설명했다. 그는 심상에 그리스도의 인격을 이루기 위해서는 마땅히 그리스도를 따라야 할 것이며, 그리스도의 의로써 인생의 미로(迷路)를 개척할 수 있다고 보았다.

왕하二0全. 引. 엘니사의 偉大호 人格을 일움은 엘니아를 짜를 째에 山을 넘고 江을 건너 千辛萬苦를 經驗홈에 잇스니 우리 信者도 그리스도의 人格을 일우고저 ᄒ면 그리스도를 그갓치 썰너야 홀 거시다. (중략) 우리도 그리스도를 대신ᄒ야 世上사람의 스승이 될 것. 三, 開拓의 業을 始作 十九-二十二- 1. 요단河를 中分. 十四-(예수의 義로 人生의 迷路를 開拓호 것)[64]

바울의 神靈호 寫眞法의 熟達홈은 聖神의 權能 째문이다. 고젼二0四 (중략) 엇더한 것을 寫眞ᄒᄂ뇨. 그리스도 예수의 形像.[65]

---

59) 길선주, "丹心萬能", 『講臺寶鑑』, 9-10. 출옥 후 순회쿠흥호 때의 설교. 길진경, 『靈溪 吉善宙』, 331.
60) 길선주, "罪", 崔仁化 編 『吉善宙牧師說敎集』, 124-125. 츨옥 후 순회부흥회 때의 설교(제목: "罪에 대하여"). 길진경, 『靈溪 吉善宙』, 334.
61) 길선주, "愛惜光陰", 『講臺寶鑑』, 17. 출옥 후 순회부흥회 때의 설교. 길진경, 『靈溪 吉善宙』, 333.
62) 길선주, "敎會의 四種人", 『講臺寶鑑』, 39.
63) 길선주, "이 무리를 赦하여 주옵소서", 崔仁化 編, 『吉善宙牧師說敎集』, 72. 출옥 후 순회부흥회 때의 설교. 길진경, 『靈溪 吉善宙』, 329.
64) 길선주, "偉人엘니사", 『講臺寶鑑』, 105-106.
65) 길선주, "神靈호 寫眞工", 『講臺寶鑑』, 20-21.

그리스도의 인품을 모델로 삼아 추구해야 할 바람직한 인간상이 그의 설교 "八福"에 대변적으로 기술되어 있다. 이 설교는 대지로 기록한 형식의 설교문으로서는 비교적 장문에 해당되는데, 인간의 내면적 모습이 어떠해야 하는지 여덟 가지의 복들을 제시한 후에 다시 각 소대지로 세분하여 설명해 주었으며, 관련될 만한 성경구절들을 풍부하게 게재했다. 설교 전문의 대지와 소대지만을 정리해 보면 다음과 같다.

> 一, 心貧者有福 1. 福音은 貧者의 福音 2. 萬物은 貧者의 萬物 二, 哀痛者有福 1. 하나님은 哀痛者의 눈물을 悅納하시다. 2. 哭變爲笑 三, 溫柔者有福 1. 예수의 溫柔를 배우라. 2. 得土의 福 四, 慕義者有福 1. 義의 能力 五, 慈悲者有福 1. 擧世悲觀 2. 行한대로 報償 六, 心情者有福 1. 淸心之法 2. 淸心의 有益 七, 和平者有福 1. 言語를 삼갈 것 2. 自己意見을 희생함으로(敎會史中 칼빈의 例) 八, 爲義受迫害者有福 1. 逼迫의 情況 2. 逼迫의 福 [66]

셋째, 길선주의 인간성 회복에 대한 메시지는 그리스도의 형상으로 회복된 심성을 삶 속에서도 적용할 것을 촉구하는 단계로 나아간다. 그는 설교, "主 갈아샤대 와보라"에서 주의 '偉大흔 品格'을 통해 '高大흔 人格'을 이룬 제자들을 동거하는 자로, 친구로, 증인으로 묘사함으로써 회복된 인격체로서 소명을 이루어가야 할 '高弟'의 사역을 설파했다.

> 예수씌셔 뭇사람의게 今世來世의 일을 指示홈이 만치만은 其中에 自己를 指示ㅎ심이 第一 必要ㅎ다. (중략) 엇지ㅎ야. 人格化식히려고 1. 信仰을 指示 2. 眞理를 敎授 3. 基督敎團体를 組織 四, 來觀者 무엇을 엇을가. 高弟에 地位 1. 동거로 2. 親故로 3. 證人으로 結, 사람은 오래 相從할사록 허물이 나타나 情誼가 점차 소홀지라도(본 연구자 의역) 主의게는 偉大흔 品格이 게시매 오래 交際할사록 薰陶는 尤深ㅎ야 高大흔 人格을 일우어 더브러 結合ㅎ느니라.[67]

---

66) 길선주, "八福", 崔仁化 編 『吉善宙牧師說敎集』, 150-151. 출옥 후 순회부흥회 때의 설교. 길진경, 『靈溪 吉善宙』, 330.
67) 길선주, "主갈아샤대 와보라", 『講臺寶鑑』, 51-52.

그의 설교, "恩惠要理"에서 은혜 받은 자의 할 일로서 '聖潔한 行實'과 '言語의 德'을 논한 점이나[68] "主를 分明히 아는 者"에서 '主를 아는 者의 義務'를 논한 점[69], "聖徒의 五大要綱"에서 '行實'과 '聖潔'을 논한 점[70], "聖靈의 恩惠를 옳게 分辨하라"에서 소명의식에 입각하여 최선을 다하는 삶을 살 것을 논한 점도[71] 그리스도의 형상으로 회복된 심성을 삶의 현장에서 실천해 나갈 것을 권면하는 메시지에 해당된다.

2) 청년양육 촉구

길선주의 교인들을 양육하기 위한 노력은 성경교육을 체계적으로 실시하고 이에 해당될 만한 교육프로그램을 운영한 열정에서 찾아볼 수 있다. 그는 장대현교회에 부임한 이후 교회 내에 주일학교의 전신이 되는 '성경연구반'을 조직했으며, 주일 오전 예배 전에는 '오전성경연구반'을 운영하여 교인들에게 성경연구의 중요성을 인식시켜 주었다.[72] 또한 가정 성경공부, 개인 성경공부, 개 교회의 사경회, 조사 구역에서의 사경회, 한 고을 사경회, 부인사경회, 성경학교, 대사경회, 남녀별 중사경회, 개 교회별 소사경회 등 다양한 강좌를 개설하여 사경회 중심의 집회와 연구를 솔선했다.[73]

이러한 길선주의 노력의 일환으로 설립된 대표적인 교육기관으로서 1898년 영수로 취임한 해 판동(板洞)과 보통문내(普通門內)에 설립했던 사숙(私塾) 숭덕학교(崇德學校)를 들 수 있다.[74] 1907년 1월 초 평양대부흥회의 태동 역시 장대현교회의 평안남도 도사경회(道查經會) 개최에서 발단되었으며, 선교사 리(G. Lee, 李吉咸)

---

68) 길선주, "恩惠要理", 崔仁化 編 『吉善宙牧師說教集』, 115. 출옥 후 순회부흥회 때의 설교. 길진경, 『靈溪 吉善宙』, 330. 『信仰生活』 6권 1호(1937년)에 게재됨.
69) 길선주, "主를 分明히 아는 者", 『講臺寶鑑』, 61.
70) 길선주, "聖徒의 五大要綱", 12-13. 이 설교는 『講臺寶鑑』에는 "信者의 本이 되라"는 제하에 간단한 대지 형식으로 기록되어 있다. 『講臺寶鑑』, 137.
71) 길선주, "聖靈의 恩惠를 옳게 分辨하라", 崔仁化 編, 『吉善宙牧師說教集』, 35-36. 출옥 후 순회부흥회 때의 설교(제목: "성신의 능력을 옳게 분별하라"). 길진경, 『靈溪 吉善宙』, 332.
72) 길진경, 『靈溪 吉善宙』, 222-224.
73) Ibid., 234. 길선주는 목회자로 부임하기 이전, 영수로 취임한 후에도 문맹퇴치 사역의 일환으로 성경야학과 계절사경회 등을 계획했으며, 1898년에는 널다리골교회(장대현교회 전신) 내에 '예수學堂'을 설치하여 학생들을 교육했다. Ibid., 101-102.
74) 김인서, "靈溪先生小傳 中", 『信學指南』 14권 1호 (1932년 1월), 42. 김인서는 길선주 사후 그의 교육활동을 '崇德 崇賢 兩敎創立', '聖經夜學創始', '民衆指導'로 정리했다. 김인서, "靈溪先生小傳 續一", 『信仰生活』 5권 1호 (1936년 1월), 27.

가 평안북도 도사경회를 인도하기 위해 떠난 후 한 달 간 지속된 길선주의 사경회에서 비롯되었다.[75]

동시대 성결교의 이명직(李明稙)은 길선주 사후에 추모의 글을 통해 그의 인재양성에 끼친 공헌을 다음과 같이 기술했다.

> 今日敎界와 敎育界 棟梁과 같은 人材를 養成하던 良工의 勞와 다른 사람이 아지 못하는 달고 쓴 母性愛의 經驗은 사람이 쓰지 아니하여도 벌서 天使의 손을 거쳐 하느님 寶座에 上達되었으리라.[76]

길선주의 교인양육과 관련된 설교들을 분석해 보면 특별히 그가 청년층의 교육에 대해 얼마나 지대한 비전을 품고 있었는지를 고찰해 볼 수 있다. 그는 청년양성을 위한 교회의 제도적 장치로서, 유·소년기 단계부터 체계적인 학습을 시행하기 위하여 주일학교를 설립했다.

첫째, 길선주의 교회교육관에는 '야만인과 문명인', '외면적 인간과 내면적 인간'이라는 양자적 구도에서 후자인 문명인과 내면적 인간을 양육하려는 취지가 뚜렷하게 나타나는데, 그가 체계적인 주일학교 교육을 중시했던 것도 바로 이러한 연유에서였다.

그는 문명인과 야만인의 구별은 교육여부에 달려 있다며. 하나님의 말씀에 의한 인간교육의 당위성을 강조했다.

> 우리의 신혼(身魂)을 주일학교 위해 하나님께 헌신하면 성도(聖徒) 곧 성현(聖賢)이 되는 것이다. 또 사람은 교육에 따라 문명인과 야만인의 차별이 생기는 것으로 하나님의 말씀으로써 사람을 교육하면 특히 어린이들을 가르치면 그 선한 결과는 위대한 것이다. 성경 교육의 가치가 숭고하니 만큼 대회원(大會員) 여러분의 사명 또한 귀중한 것이니[77]

---

75) 김인서, "靈溪先生小傳 中二", 『神學指南』 14권 2호 (1932년 3월), 34.
76) 이명직, "靈溪先生吉善宙牧師追慕함", 『活泉』 158호 (1936년 1월), 4.
77) 길선주, "주일학교 위해 하나님께 헌신하라", 이성호 편, 『吉善宙牧師說敎』, 174(전편). 이 설교는 제 2회 주

또한 길선주는 일반 사회학교와 주일학교의 곡적을 비교하면서, 사회학교는 외면적 인간을 양성하지만, 주일학교는 '그리스도의 精神', '神靈흔 마음', '靈界의 偉大흔 人物'을 교육함으로써 '內面的 人間'을 양성하는 책무를 감당해야 한다고 했다. 그는 교육의 진정한 의의는 인간 내면세계의 교화에 있다고 보았다.

世上學文은 外體的 인물을 造成ㅎ지만 主日學校는 內面的 人間을 造成ㅎ나니라.[78]

學生이 敎會學校에 入學케 됨이 尋常흔 일이 아니다. 모셰와 바울도 學識을 豫備식혓다. 1. 모든 學問을 그리스도의 精神에 精化식힐 것. 山海珍味라도 消化가 不良ㅎ면 胃痛을 니르킨다. 2. 學生時代에 이서셔도 神靈흔 마음을 準備ㅎ라. 將來의 成功을 空想ㅎ고 現在의 修養을 疎忽ㅎ게 ㅎ는 者 만타. (중략) 靈界의 偉大흔 人物을 일우라.[79]

그가 설교, "職分當行事"에서 '自己에 對하야 할 일'로써 기도, 성경공부, 함양(涵養)할 일 등을 논하면서 함양할 일들 중에 '肉身修養'과 '心身修養'을 들었던 점이나[80] "眞理로 기르며", "靈訓으로 가라치라"[81]는 지침들도 내면적 인간 양육이라는 맥락에서 이해할 수 있는 내용들이다.

둘째, 길선주는 청년들을 격려하며 청년들의 책임과 사명을 일깨우는 메시지를 전하는 일에 힘썼다. 비록 원전이 전해오지는 않지만 "독일 청년의 역사"[82], "그리스도 교회의 모범청년"(딤전4:12), "그리스도 靑年의 三大責任"(딤후2:1-6)[83], "少年英雄"(딤후3)[84], "靑年아 일어나라"(딤후2:15, 딤전1:18, 4:12), "靑年의 三大義務"[85] 등

일학교 대회를 개최할 때 설교였으나 출옥 후 순회부흥회 때 행한 설교로도 분류되어 있다. 길진경, 『靈溪 吉善宙』, 334.

78) 길선주, "主日學校", 『講臺寶鑑』, 141.

79) 길선주, "예수敎會學校에셔 工夫ㅎ는 學生은 傳道에 從事함이 可흠", 『講臺寶鑑』, 143-144.

80) 길선주, "職分當行事", 崔仁化 編, 『吉善宙牧師說敎集』, 147-148. 출옥 후 순회부흥회 때의 설교. 길진경, 『靈溪 吉善宙』, 330. 이 설교는 길선주 소천 1년 후쯤인 1936년, 『信仰生活』(5권 11호)에도 게재됨.

81) 길선주, "三要問答", 『講臺寶鑑』, 6. 출옥 후 순회부흥회 때의 설교. 길진경, 『靈溪 吉善宙』, 330.

82) 출옥 후 순회부흥회 때의 설교. 길진경, 『靈溪 吉善宙』, 330.

83) 출옥 후 순회부흥회 때의 설교. 길진경, 『靈溪 吉善宙』, 331.

84) 출옥 후 순회부흥회 때의 설교. 길진경, 『靈溪 吉善宙』, 332.

85) 출옥 후 순회부흥회 때의 설교. 길진경, 『靈溪 吉善宙』, 334.

의 설교는 제목만 살펴보더라도 그가 청년층 교육에 얼마나 깊은 열정을 품었는지를 짐작할 수 있다. 제목으로 미루어 이러한 설교들의 원문에는 청년이 가져야 할 의무와 사명을 촉구하는 내용들이 기술되어 있었을 것으로 생각된다.

그가 이처럼 청년층을 양성하기 위해 노력을 기울였던 것은 청년이야말로 '하ᄂ님 집의 棟樑'이자 '堅固ᄒ 敎會'[86]라고 보았기 때문이었다. 그는 설교, "소망 중에 즐거워하라"에서 청년층의 장래에 가정과 교회의 미래가 달려 있다며 이들에 대한 소망이 절실하다고 했다.

> 청년을 위하여 소망을 가질 것이다. 가정에도 청년자제가 있어야 그 부모의 소망이 크고 교회에도 청년이 많이 있어야 그 교회의 장래가 소망이 있는 것으로 이 청년들에 대하여 절대의 소망을 두어야 할 것이다.[87]

셋째, 길선주는 청년의 사상이 내면적으로 바르게 정립되어야 한다는 점을 강조했다. 그는 청년의 사상을 교회의 활동력을 좌우하는 '柁'(타)로 묘사했을 정도로 큰 의미를 부여하면서, 청년은 '貪心'(탐심), '驕心'(교심), '傲心'(오심) 등의 '浮虛의 思想'을 버리고 하나님에 대한 묵상과 경외, 구주 사모, 동포애, 구제하는 마음 등의 '眞實ᄒ 思想'을 가져야 한다고 촉구했다.

> 實果와 禾穀이 種子가 업스면 發生ᄒ 수 업고 船에 柁가 업스면 航行ᄒ 수 업슴갓치 敎會에 靑年의 사상이 업스면 活動力이 업나니라. 一, 浮虛의 思想. 靑年의 思想은 아니다. 1. 貪心으로 幸運을 企ᄒ 2. 驕心으로 分外의 位를 엇고져 ᄒ 3. 傲心으로 無禮히 自由코져 ᄒ 二, 眞實ᄒ 思想. 靑年의 思想이다. 1. 참는 마음으로 하ᄂ님을 默想ᄒ 2. 敬虔ᄒ 마음으로 하ᄂ님을 敬畏ᄒ 3. 誠心으로 救主를 思慕ᄒ 4. 熱心으로 同胞를 사랑ᄒ 5. 懇切ᄒ 마음으로 他人을 도와줌 結, 種豆得豆ᄒ고 種苽得苽ᄒᄂ니 靑年諸君이여 무엇을 심으랴는가.[88]

---

86) 길선주, "敎會의 元老와 靑年은 하ᄂ님 집의 棟樑", 「講臺寶鑑」, 40.
87) 길선주, "소망 중에 즐거워하라", 「吉善宙牧師說敎」, 176(후편). 「講臺寶鑑」에 기록된 동일한 설교에는 이 내용이 "靑年을 爲ᄒ야"로 짧게 대지만이 기록되어 있다. 「講臺寶鑑」, 210–211.
88) 길선주, "靑年의 思想", 「講臺寶鑑」, 184–185. 본 연구자가 대지와 소대지만을 정리했음.

3) 교회갱신 촉구

1920년대 중반부터 한국교회의 교세는 침체 일로에 있었다. 수적으로는 1923년 이후 5, 6년간 교세가 현저하게 감소했으며, 이로 인해 미국 선교본부로부터 질책을 받을 정도였다. 당시의 교세를 살펴보면 1928년 58,000명의 교세였던 감리교회는 1929년대 2천명, 1930년에는 3천명이 감소하여 1931년에는 53,000명에 불과했으며, 장로교는 1929년 들어 증가 추세로 들어섰다.[89] 당시의 교회상과 관련하여 신학잡지나 일반 계몽잡지에는 강도 높은 비판 사설들이 연이어 게재되고 있었다. 이대위는 물질주의로 인한 '宗敎破産論'을, 최승만은 교회의 의식적, 미신적, 분립적, 이기적인 현상을, 김인서는 추문(醜聞)과 분쟁(紛爭)의 교회사를, 최태용은 도덕의 무력과 종교의 부패를 비판했으며, 천도교의 기관지였던 『開闢』에서는 회칠한 무덤과도 같은 예루살렘의 조선이라고 혹평했을 정도였다.[90]

길선주의 눈에 비친 부조리한 교회상은 전도의 침체, 비진리의 성행, 믿음과 사랑이 식어진 성도들의 양육 문제, 교회의 영성 상실, 배금사상 등의 문제로 집약된다.

첫째, 그는 당대의 교회가 전도의 열을 잃었다고 토로했다. 그의 전도에 관한 애정은 제도적으로 전도사역자를 파송하는 일 이외에도 목회 생활에서 '個人傳道', '團體로 傳道', '文書로 傳道' 등을 강조한 데서도 엿볼 수 있다.[91] 전 국민이 그리스도를 영접함으로써 그리스도 안에서 소망을 품을 것을 바라던 그로서는 전도의 열성을 상실해 버린 교회의 어두운 면을 심각하게 바라보지 않을 수 없었다.

> 전도함으로 운동을 시킬 것이다. 삼십년 전(1904년– 본 연구자 주)에 성신의 불이 떠러젓을 때에 나는 열광적으로 전도하는 많은 사람을 보았다. 그 때에는 차 안에서나 거리에서나 상관없이 전도하였던 것이다. 오늘은 정 반대이다. 그래서 교회왕성을 원하고 있다. 그래서 전에는 수백 명 도이던 교회가 오늘은 말할 수 없는 상태에 빠진 것을 보는 것이다. 이 원인은 전도하지 안는 대에 있는 것이다. 우리도 전도 받음으로 구원받은 것이 아닌가.[92]

---

89) 김인서, "朝鮮敎會의 새 動向", 『信仰生活』 (1933년 3월), 5.
90) 본 논문 2장 4절 2. 2) ⑦의 '교회의 부패상에 대한 경고'를 볼 것.
91) 길선주, "職分當行事", 崔仁化 編, 『吉善宙牧師說敎集』, 147-148. 출옥 후 순회부흥회 때의 설교. 길진경, 『靈溪 吉善宙』, 330. 이 설교는 길선주 소천 1년 후쯤인 1936년, 『信仰生活』(5권 11호)에 게재됨.
92) 길선주, "그리스도의 香氣", 崔仁化 編, 『吉善宙牧師說敎集』, 58. 1934년 11월 승동교회 부흥회 설교(에세

둘째, 당대의 비진리와 비복음운동을 우려하며, 진리를 분변하고 수호함으로써 신자의 본분을 지킬 것을 촉구했다. 그가 당대를 비진리의 역사와 비복음운동이 활발하게 전개되는 시대라고 진단한 것으로 보아, 자유주의 신학계통에서 신학을 전공한 유학파들이 속속 귀국하면서 차츰 신신학이 소개되기 시작한 1930년대 초 내지는 아빙돈 단권주석 사건으로 파문이 일었던 1930년대 중반쯤으로 생각해 볼 수 있다.

> 란신적자 하대무지(亂臣賊子―何代無之)란 말과 같이 양의랑심(羊衣狼心)의 위사가도(僞師假徒)가 또한 어느 시대엔들 없으리오, (중략) 오순절이 갓가운 초대에도 진리분변의 필요가 존재하였다면 오순절을 지난지 근 二千년 되는 현대에 처하야 진리수호의 필요는 더욱 큰 것이다. 나의 잘 아는 바로는 비진리의 역사와 비복음운동이 성하여가는 금일인가 한다. (중략) 혹시는 내부의 문란을 일으키고 어떤 때는 악정치가의 검은 손에 리용되어 무참한 피를 흘리기가 몇 번이었는가 眞理를 分辨치 못하는 폐해는 실로 막대한 것이다.[93]

셋째, 성도들을 신앙과 사랑으로 양육할 것을 호소했다. 그는 1932년 제 21회 장로회총회 개회 설교에서 당대를 규칙과 경위를 앞세워 신앙과 사랑이 각박해진 시대라고 진단하고, 조선교회의 3분의 2 이상을 점하는 장로교의 위상을 상기시키면서 삼가 믿음과 사랑으로써 교회를 양육할 것을 강조했다.

> 今日의 敎役者나 平敎人이나 上會下會를 勿論하고 經緯와 規則으로 일을 하자니 刻薄하기만 하여가는 것이다. 속살은 亡한는데 外面으로 規則이나 찾고 사랑의 內容이 없이 決議나 하여 놓으면 무슨 效力이 있겠오. (중략) 사랑은 規則과 經緯 이상이다. 우리 長老會는 三十萬 敎人을 包容한 朝鮮敎會 三分二 以上을 當하는 中心 敎會

이 형식). 소천 두 달 전인 1935년 9월에 『聖火』에 게재됨(에세이 형식). 『聖火』 1권 7·8호 (1935년 8월·9월호), 8-10. 『講臺寶鑑』에는 대지 형식으로 기록되어 있으며 내용에는 다소 차이가 있다. 『講臺寶鑑』, 41-42.
93) 길선주, "信者의 三大本分", 崔仁化 編, 『吉善宙牧師說敎集』, 52-54. 출옥 후 순회부흥회 때의 설교(제목: "信徒의 三大本分"). 길진경, 『靈溪 吉善宙』, 332.

이다. (중략) 삼가 신앙과 사랑으로써 敎會를 먹이고 引導하되 오히려 自身을 爲하야 삼가고 敎中을 爲하야 삼가고 主의 敎會를 爲하야 삼가사이다.[94]

길선주는 이로부터 2년 후 1934년 12월 승동교회에서 부흥집회를 인도하면서도 한 결 같이 사랑의 유익에 대해 설교하면서 반도강산을 사랑의 지상낙원으로 실현해야 한다고 역설했다. 이처럼 그가 1930년대 초·중반의 시기에 들어서 유난히 사랑을 회복할 것을 강조했던 것은 동시대에 1931년 최승만이 "現代 우리 基督敎會가 (중략) 그러케도 彼此에 사랑이 업스며"라고 통탄했던 점과 1933년 김인서가 "醜聞과 紛爭으로 記錄되는 不名譽의 敎會史"를 비판했던 점[95]과도 맥락을 같이 한다.

금일의 교회가 사랑이 없어서 서로 분쟁한다. 헌법이니 규측이니 하야 사람의 허물만 찾어낸다. (중략) 사회도 그렇다. 형제 사이에 서로 싸움만 하고 권리다툼으로 유혈의 참극을 연출하야 하로도 평화가 없다. 아— 오직 이 교회 이 사회에 예수와 같은 사랑 바울의 사랑 스데반의 사랑이 있으면 우리 반도강산에 고흔 사랑의 꽃이 만발하야 지상낙원을 일울 것이다.[96]

그는 평남 강서군 소재 고창교회에서 생애 마지막으로 평서노회 부흥회를 인도할 때도 개인의 구원과 교회의 장래가 서로 사랑하는 데 있다고 권고하며 사랑의 서신인 요한일서를 강론했을 정도로 그리스도인들의 형제 사랑을 강조했다.[97]

넷째, 길선주는 1930년대 교회의 영성 상실에 대해 심각한 우려를 표명했다. 그의 이러한 우려는 교역자들과 성도들 모두가 안고 있는 문제점들을 구체적으로 조목조목 열거하며 지적해 냈을 정도로 심각했다.

우선 1930년의 설교, "聖山의 靈啓"를 분석해 보면 성도들이 명예, 행세, 사업을

---

94) 길선주, "監督의 責任", 崔仁化 編, 『吉善宙牧師說敎集』, 31. 1932년 제 21회 총회 개회식 설교(설교제목 밑에 기록되어 있음).
95) 본 논문 2장 4절 2, 2), ⑦의 '교회의 부패상에 대한 경고'를 볼 것.
96) 길선주, "愛는 樂園의 花種", 崔仁化 編, 『吉善宙牧師說敎集』, 63-64. 1934년 12월 21일 승동교회 부흥회 설교.
97) "오호 길선주목사", 『宗敎時報』 5권 1호 (1936년 1월), 4. 그는 이 평서노회 부흥회에서 새벽기도회를 인도하던 중 갑자기 쓰러져 소천했다(1935년 11월 26일 오전 9시 30분).

담보로 기복신앙(祈福信仰)을 추구하고 작은 환난에도 쉽사리 배교하는 행태를 지적하면서, 평양 교회는 기도, 열심, 영열(靈熱)이 식었다고 통분해 했다.

> 오늘날 기독교인 중에는 그러치 아니한 자(예수의 고난의 발자취를 따르지 않는 자— 본 연구자 주)가 많어 자기의 명예나 행세나 사업에 편하면 교회에 출입하되 조그만 환난이 이르면 실망 락담하고 물러가는 자가 많다. 우리는 마땅히 이런 비겁한 자리를 떠나서 예수를 따라 십자가를 직면(直面)하고 나아가야 할 것이다.[98]

> 성직을 맡은 여러분들! 형제자매들! 이러틋한 열심이 잇소, 기도가 잇소, 과연 이제 불수레에 실리워 있는 것입니까. 평양에는 지금(昭和 五년— 1930년, 본 연구자 주) 장로교인 만 명 그 외 다른 교파에 五千 명가량 합하야 一만 오천 인의 신자가 잇다 하나 식었다. 식었다. 영의 열(靈의 熱)은 식었다. 그리스도의 편지가 못되는 교인은 너머진다. 식어진 교회는 망하는 것이다. 평양교회여 어디로 가는가? 이를 장차 어찌하자는 말인가?[99]

또한 그는 성도들이 교역자들의 '靈的力量'은 무시한 채 인물, 학식, 간판, 수완만을 중시하려는 풍조와 입신하여 사업에 성공하면 교만에 빠져 이웃을 돌아보지 않는 작태를 힐문했다.

> 여러분! 여기에 학 박사와 신령한 목사가 한 자리에 있다면 여러분은 누구에게 머리를 숙이는가. 오늘날 교회에서 상당한 자격 있는 교역자를 요구한다는 큰 소리를 들어보면 소위 자격자란 말은 그 내용이 영적역량(靈的力量)을 의미함이 아니오 인물야(人物也)와 학식야(學識也) 간판야(看板也)와 수완야(手腕也)를 의미하는 것이다. (중략) 근래에 교우들 중에는 예수교에 들어와서 살님살이도 펴워지고 지위도 높어지면 전일에 고생하든 것도 다 잊어버리고 예수의 교훈도 잊어버리고 도로혀 자만하여저서 남을 멸시하고 불상한 사람에게 동정할 줄 몰으는 것도 반성하여야 한

---

98) 길선주, "聖山의 靈啓", 崔仁化 編 『吉善宙牧師說教集』, 17. 1930년 설교.
99) Ibid., 21.

다.[100]

길선주는 1932년 제 21회 장로회총회 개회식에서 당대의 교회상이 질적으로 후패했다는 점에 역점을 두어 설교했다. 그는 한국교회상을 한심, 속화, 신앙의 박약, 열심과 능력의 상실이라고 진단했다.

今日의 敎會는 어떠한가. 量으로 보아서 그러케 減少하여지지 아니하였드라도 質로 보아서는 寒心한 일이 많다. 敎會는 날로 俗化하여가는 途中에 있다. 信仰은 薄弱하고 사랑은 아주 식어저 熱心과 能力을 잃어버린 形便이다. 諸位는 今日의 敎會를 어떻게 봅니까. 나는 樂觀을 許하지 아니하는 點이 한두 가지가 아니오 근심할 바 적지 아니합니다.[101]

그는 이러한 부조리한 현상들이 생겨난 원인들로서 주일을 성수하지 않는 일, 가정예배를 등한시하는 일, 정신상의 과실, 교역자로서의 소명의식의 부재 등 네 가지에 있다고 지적했으며 이를 '敎職者의 可愼處' 라 했다.

敎職者의 可愼處.
첫재 今日 敎人들이 主日을 잘 직히지 아니하는 불경건한 弊風은 날로 심하여 간다. (중략) 둘재는 家庭禮拜를 等閑視하는 것이다. 家庭은 祭壇이다. (중략) 셋재 精神上過失이다. 牧者가 하나님의 能力을 依支하지 아니하고 自己의 技巧대로 하는 것과 自己보다 나흔 일군 猜忌하는 것과 名譽를 貪하는 것들이 精神上過失이다. (중략) 넷재 就職運動은 牧師의 犯하기 쉬운 過失이다. 우리는 生計를 爲하야 敎會일을 한다면 그 얼마나 痛嘆할 일인가.[102]

다섯째, 교회 내에서도 재력을 지닌 유력인사들만을 대접하고 존중하는 세태를

---

100) Ibid., 22-23.
101) 길선주, "監督의 責任", 崔仁化 編 『吉善宙牧師說敎集』, 27. 1932년 제 21회 총회 개회식 설교(제하에 기록되어 있음).
102) Ibid., 28-29.

배금사상(拜金思想)이나 다를 바 없다고 탄식했다. 이대위가 소위 교회 내에서 성행하는 물질주의를 비판하며 금전이 있는 자가 대접을 받는 것이 현시 교회의 사정이라고[103] 지적했던 것과도 맥을 같이 하는 대목이다.

> 금세의 교인은 예수를 발명가 에듸손만치도 대접치 아니함을 볼 수 있다. 아니 에듸손은 고사하고 돈 있는 사람만치도 대접하지 아니하는가 십다. 신앙은 어찌되였든지 돈만 내면 돌비를 각가 세우고 사람이야 어찌되였든지 돈만 있으면 고단(高壇)에 올려 안치고 숭배하는 것이다. 현대교회는 금송아지를 섬기는 시대에 떨어지지 아니하는가.[104]

여섯째, 길선주는 교회의 본질을 상실해 가는 1930년대 교회의 어두운 면들을 조명하면서 당대의 교회의 부진이 회개하지 않은 데 있다고 진단했다. 그는 오늘날 죄를 바르게 경고하는 자가 있으면 과거에 선지자들이 당했던 핍박을 그대로 받아야만 할 것이라고 강도 높게 비판했을 정도로 무감각해진 죄의 만연을 지적했다. 그는 이러한 암울한 시대상을 직시하면서 당시의 교인들이 결코 바리새인보다 나을 수 없다며 자성을 촉구했다.

> 오늘날에도 교회와 교직(敎職)과 교인의 죄를 바로 경고하는 자 있으면 그도 선지자(先知者)들의 받던 해(害)를 면치 못할 것이다. (중략) 회개하고 자복하라. 회개하고 기도하라. (중략) 모든 사람이 우리 교회의 부진(不進)을 말하지 않는가? 계시록 2장에 회개치 아니하면 촛대(등대 燈台)를 그곳에서 옮기리라고 하지 않았는가? 우리 교회는 회개치 않아도 그 자리에 두어 둘 줄 아는가? (중략) 그이들(고라신, 벳세다, 가버나움 등─ 본 연구자 주)보다 내가 나은가? 회개 아니하고 다른 형제를 원망하며 다른 형제의 죄를 용서치 아니하는 죄도 있지 아니한가? 오늘의 교인은 바리새교인보다 얼마나 나은가?[105]

103) 이대위, "民衆化할 今日과 合作運動의 實現", 7.
104) 길선주, "聖山의 靈啓", 崔仁化 編, 「吉善宙牧師說敎集」, 22. 1930년 설교.
105) 길선주, "죄를 자복(自服)하고 기도하라", 이성호 편, 「吉善宙牧師說敎」, 169–171(전편). 1932년 5월 18일 章台峴敎會(章臺峴敎會) 설교.

4) 가정 · 사회 윤리 정립 촉구

길선주의 가정에 대한 관심은 '인가귀도'(人家歸道)를 주장한 데서 그 본질적인 성격을 파악할 수 있다.[106] 그는 가정의 복음화를 기반으로 하여 부부윤리, 결혼윤리, 가정의 질서, 그리고 효의 실천을 가르치고자 했다. 한 걸음 더 나아가 이 인가귀도 정신에 입각하여 신자의 사회에 대한 임무까지도 일깨워 주었으며 부조리한 폐습들을 개혁해 나가야 한다고 했다.

첫째, 길선주는 부부윤리를 정립해야 한다며 특히 부부화합을 강조하여 이를 은혜를 받는 방편으로 생각했다.[107] 그는 부부가 서로 화합함으로써 아름다운 가정을 이룰 뿐만 아니라 국가와 신령한 교회를 건설할 수 있다고 보았는데, 이는 윤리를 실현함에 있어 가정의 최소 단위인 부부관계로부터 시작하여 원심적으로 가정, 교회, 사회에로의 확산을 염두에 두었음을 시사한다.

夫婦가 和合ᄒ면 美好ᄒ 家庭과 强大ᄒ 國家와 神靈ᄒ 敎會를 造出ᄒᄂ니라. 聖賢君子와 英雄烈士가 이에셔 나나니 이 道가 人倫上에 큰 道이라. 故로 하ᄂ님끠셔 天地萬物을 創造ᄒ시고 人類를 造成ᄒ신 後에 夫婦의 道를 먼져 定ᄒ셧으며 儒書에 君子之道는 造端乎夫婦라 ᄒ엿ᄂ니라.[108]

길선주는 부인의 위치를 '家庭의 總督'으로 호칭하여 용어구사에 있어서도 기존의 유교적 사고를 극복하려는 노력을 보여주었으며, 부인은 아내 된 도리, 어머니의 도리, 며느리의 도리, 손님 대접의 도리, 집을 다스리는 도리를 수행함으로써 집안의 총독직을 감당할 수 있다고 했다. 특히 그는 '親愛'(친애), '信依'(신의), '順服'(순복), '助給'(조급) 등 부부의 도리를 언급함에 있어 '互相'(상호)의 의미를 부각시킴으로써 부부관계의 동등성을 강조했다.

---

106) 길진경, 『靈溪 吉善宙』, 116. '人家歸道'란 온 가정이 예수님을 믿는 가정으로 변화되는 것 즉 온 가정의 복음화를 의미한다.
107) 길선주, "어떻게 하면 은혜 받을 수 있을까?", 이성흐 편, 『吉善宙牧師說敎』, 210(후편).
108) 길선주, "夫婦의 道", 『講臺寶鑑』, 126. 출옥 후 순화부흥회 때의 설교(제목: "夫婦의 관계"). 길진경, 『靈溪 吉善宙』, 331.

夫人은 家庭의 總督 一, 婦된 道理 1. 愛 2. 順 사라와 갓치. 벳젼三0五-六- 二, 母의 道理 1. 慈 2. 敎 3. 養 노이스와 갓치. 딤후一0五- 三, 媤된 道理 1. 孝 2. 供 룻과 갓치 룻記全 四, 待客의 道理 1. 禮儀 2. 親切 수넴 女子갓치. 왕하四0八-十六- 五, 治家의 道理 1. 飮食 2. 衣服 3. 淸潔 4. 整齊 5. 和睦 [109]

夫婦된 後에 할 일 1. 互相親愛홀 것. 엡五0二十六- 벳젼四0八- 2. 互相信依홀 것 3. 互相順服홀 것. 本五0二十一-二十四- 4. 互相助給홀 것. 갈六0二- 結, 人生의 禍福이 이에 잇스니 삼가라. [110]

둘째, 길선주는 결혼윤리에도 깊은 관심을 가졌다. 그는 결혼의 도를 논함에 있어 미성년자의 결혼, 불신자와의 결혼, 재물을 목적으로 하는 결혼, 부모 자식의 주장이 반영되지 않는 결혼, 상처(喪妻)한 후의 급속한 결혼 등을 유의할 점으로 꼽았다.

結婚時 一, 未成者는 不可. 마十九0五- 二, 不信者와는 不可. 고후六0十四-十八- 三, 財로 婚姻홈이 不可 四, 父母만 主掌홈이 不可 五, 當者만 主掌홈이 不可 六, 媒者가 主掌홈이 不可 七, 喪配後에 急速結婚홈이 不可 八, 擇婚時에 德心으로 他人을 도아주기 爲ᄒ야 홀 거시오 自己 慾望만 爲ᄒ야 홈이 不可 [111]

셋째, 길선주는 가정의 질서를 정립함으로써 가도(家道)를 세울 것을 경계했다. 그는 아내에 대한 사랑, 부모에 대한 효, 자녀교육, 가정정화, 가정예배 등을 가정에서 실현해야 할 기본적인 도리들이라고 훈시함으로써 가정 구성원들 간의 인간관계와 신앙교육을 중시했다.

家道를 잘 할 것. 1. 안해를 愛護할 것. 벳前三7 前고七33 2. 父母에게 孝誠竭力할 것. 엡六1-2 눅二51 출二十12 二十一17 막七11-13 신二十七10 3. 子女를 善히 敎訓

---

109) 길선주, "婦人의 責任", 『講臺寶鑑』, 128-129.
110) 길선주, "夫婦의 道", 『講臺寶鑑』, 128. 출옥 후 순회부흥회 때의 설교(제목: "夫婦의 관계"). 길진경, 『靈溪 吉善宙』, 331.
111) Ibid., 127.

할 것. 딤前三45 4. 家庭淨化. 딤前四12 5. 家庭禮拜에 致誠할 것. 행十1-14 6. 家庭에서 즐거워할 것. 빌四4 [112]

특별히 그의 설교 중 가정의 질서 문제와 관련하여 주목할 만한 내용으로서 이삭이 야곱보다는 에서를 편애함으로써 가정의 질서가 무너지고 가정불화가 일어났었다는 점을 지적하며 이를 편애(偏愛)의 죄라고 밝힌 적도 있다.[113] 비록 원문이 전해오지는 않지만 "愛의 家庭을 建設하라"(벧전3:6-7; 엡5:22)[114]는 설교도 본문의 흐름으로 미루어 남편과 아내가 상호 실천해야 할 사랑의 도리를 밝혀줌으로써 가정의 질서를 세울 것을 권면하는 내용이었을 것으로 생각된다.

넷째, 길선주는 당대의 교인들 중 서구화의 영향으로 남녀 간 사랑은 중시하면서도 부모를 경시하여 불효하는 청년들이 있음을 주시했다. 그는 기독교의 효는 하나님에 대한 사랑을 전제하고 이에 입각하여 효를 실천하는 것이기 때문에, 유교에서 논하는 효의 개념보다 우월하다고 보았다. 그는 만일 성도로서 효를 실천하지 않는다면 그러한 사람을 그리스도인으로 간주할 수 없다고 단언했다.

儒敎 又는 人間道德은 孝로써 本을 삼으나 예수敎의 十戒는 第一·二·三·四에 하나님을 敬事함으로써 首誡를 삼고 第五에서부터 人道를 敎示하야 人道의 始에서 孝를 命하였다. 그럼으로 世所謂道德에 孝부터 說함은 本을 失한 者이오 하나님을 奉仕하고 父母에게 효행하는 基督敎 倫理는 本末을 全한 者이다. 그러면 하나님을 사랑하는 基督敎人으로 효행치 아니할 자 없고 孝行치 아니하는 者를 그리스도인이라 하기 어렵다. (중략) 이와 같이 孝行은 吾敎의 所重한 바이어늘 近代 靑年敎人들 中에는 西洋人을 本받어 男女愛를 高調하면서 父母를 사랑치 아니하야 不孝의 罪를 敢行하는 者가 往往히 있음은 그릇된 中에 큰 것이다.[115]

---

112) 길선주, "職分當行事", 崔仁化 編 『吉善宙牧師說敎集』, 149-150. 출옥 후 순회부흥회 때의 설교. 길진경, 『靈溪 吉善宙』, 330. 이 설교는 길선주 소천 1년 후쯤인 1936년, 『信仰生活』(5권 11호)에 게재됨.
113) 길선주, "죄를 갚으시는 하나님", 이성호 편, 『吉善宙牧師說敎』, 218(후편).
114) 출옥 후 순회부흥회 때의 설교. 길진경, 『靈溪 吉善宙』, 333.
115) 길선주, "女人이여 보시옵소서", 崔仁化 編 『吉善宙牧師說敎集』, 82. 출옥 후 순회부흥회 때의 설교. 길진경, 『靈溪 吉善宙』, 329.

길선주는 인가귀도의 원리에 입각하여 진정한 효의 실천은 부모의 신앙을 선도 (善導)하는 데 있다고 보았다. 그는 십자가상의 그리스도께서 모친 마리아를 친 자녀들이 아닌 제자 요한에게 부탁했던 사례를 들어 진정한 효의 발원이 신앙에 있음을 역설했다.

> 대개 孝養이라 함은 肉體를 養함에만 있는 것이 아니라 첫재는 心神을 安樂케 함에 있다는 것은 孔子도 이른 바어니와 그리스도의 聖意는 母親 마리아의 信仰을 善導함에 있는 것이다. 이 때에 主의 同生들이 이 場所(골고다— 본 연구자 주)에 오지도 아니하였고 또한 왔다 할지라도 아직 福音信仰에 入하지 아니한 때이었다. 道—不同한지라 肉體를 養할 수 있을는지 모르거니와 精神의 安全을 줄 수도 없고 더욱 信仰에 損함이 있을지언정 益함이 없을 것이다. 그럼으로 예수께서 그 母親의 奉養을 그 愛弟 요한에게 부탁하야 보라 네 어머니시니라.[116]

다섯째, 길선주는 기독교인들이 가정과 교회의 범주를 벗어나 사회에 진출해서도 마땅히 사회인으로서의 소임을 바르게 감당해야 한다는 확산의 원리를 설파했다.

그는 그리스도인을 소금, 빛, 포도가지, 향기 등에 비유하여 그 공효(功效)를 논함으로써 사회에서도 사명을 다하는 그리스도인이 되어야 한다고 촉구했다. 그는 그리스도인의 사회를 향한 공효와 관련하여 복음전파, 신자의 언행을 통한 감화, 더러운 세상을 청결케 하는 사명의식 등을 고취시켰다.

> 信者의 特別 代名詞가 多호니 卽 世鹽, 世光, 葡萄枝, 그리스도의 香氣 等이니라. (중략) 香의 功效. 1. 顯出. 主씌셔 말삼호시기를 너희는 山 우에 城 2. 傳道. 안드레 빌닙 사마리아 女人 바울 等 皆速傳 (중략) 6. 感化力이 잇음. 信者의 言行이 他人을 感動 7. 引導力이 잇음 花香이 蝶을 引홈 갓치 8. 淸潔케 홈. 花香이 더러운 氣運을 消除홈 갓치 信者는 더러운 世上을 馥郁케 홈 [117]

---

116) Ibid., 81.
117) 길선주, "그리스도의 香氣", 『講臺寶鑑』, 41-42. 1934년 11월 승동교회 부흥회 설교(崔仁化 編 『吉善宙牧師說教集』, 59. 에세이 형식). 소천 두 달 전인 1935년 9월에 『聖火』에 게재됨(에세이 형식). 『聖火』 1권 7·8호 (1935년 8월·9월), 8-10. 『講臺寶鑑』에는 대지 형식으로 기록되어 있으며 내용은 다소 차이가 있다.

또한 길선주는 가정을 작은 단위의 교회로 보고 가정을 부흥시키는 방편으로서 사회와의 밀접한 관계를 설정했는데 대중을 향한 구제사역, 손 대접하는 일, 그리고 이웃과의 화목을 권했다. 또한 사회에 대한 책무를 논하는 대목에서는 그 실천사안으로서 그리스도인으로서의 모범, 긍휼을 베푸는 일, 공익 추구 등을 제시했다.

> 소도十○一一末一 家庭은 小敎會니라. 一, 復興의 方策 1. 家庭의 禮拜 一, 時間을 作定 홀 것. 三一 二, 온 집안이 會集홀 것. 二一 三, 敬虔히 홀 것. 二一七一 2. 家庭救濟 一, 하ᄂ님쯰 上達ᄒ도록. 四一 二, 뭇 사람의게 普及ᄒ도록. 二一 3. 家庭의 接賓 一, 尊貴 히 待接홀 것. 七一八一 二, 謙遜히 待接홀 것. 二十五一 4. 家庭의 和睦 一, 家族이 和 睦홀 것. 二十四一 二, 隣里(이웃一 본 연구자 주)가 和睦홀 것. 二十四一 [118]

> 社會에 對하야 할 것. 1. 그리스도인으로 나타날 것. 행十一26 고後二14-18 2. 世人 을 愛恤할 것. 딈前三2 태十九19 3. 公益을 求ᄒᆯ 것. 고前十29 [119]

여섯째, 길선주는 악습을 타파할 것을 계몽했으며 몸소 제도적 장치를 통해서도 이 운동을 효율적으로 전개했다. 그의 악습철폐 운동은 부지런한 인간상의 정립, 허례허식의 타파, 금주금연, 그리고 무속타파 등을 선도한 데서 두드러진다.

이러한 노력의 일환으로, 1923년 물산장려회가 설립되었을 때 생필품 자가생산과 국산품 애용을 독려했으며 길쌈, 유휴지 개간, 가축치기, 잡곡재배 등을 권장했다.[120] 그는 일찍이 신학입문 초기에는 『懈惰論』(1904년)을 저술하여 게으름을 경계하며 부지런한 인간상을 정립할 것을 계몽한 바 있다.

> 녯적 동양에 엇던 지혜 잇는 사람이 말하기를 한갈갓치 부즈런한 사람의게는 천하 에 어려온 일이 업다 하엿스니 일노 볼진대 만사를 성취하는 거슨 부즈런한 대 잇고 천 가지에 해로온 거슨 게으른 대 잇는지라 그런고로 이 해타론을 일천구백일년 오

---

118) 길선주, "家庭復興", 『講臺寶鑑』, 124-125. 출옥 후 순회부흥회 때의 설교. 길진경, 『靈溪 吉善宙』, 330.

119) 길선주, "職分當行事", 崔仁化 編, 『吉善宙牧師說教集』, 150. 출옥 후 순회부흥회 때의 설교. 길진경, 『靈溪 吉善宙』, 330. 이 설교는 길선주 소천 1년 후쯤인 1936년, 『信仰生活』(5권 11호)에 게재됨.

120) 길진경, 『靈溪 吉善宙』, 250-251.

월에 지엿스니 실상은 업는 일이나 그 뜻인즉 잇는 거시니 원컨대 첨 군자는 그 뜻을 깁히 생각하여 보시오.[121]

그는 허례허식을 근절시키기 위한 일환으로써 장례문화를 개혁하고, 제사의식을 고인에 대한 기념예배로 대체했으며[122], 성혼시(成婚時) 재정을 낭비하지 말 것과 송채시(送綵時)나 연례시(宴禮時)에는 자기 재산을 고려하여 적당한 예산을 세울 것을 권고했다.

成婚時. 一, 하ᄂ님 압헤 誓約成婚홀 재 (1) 寡婦나 鰥夫(홀아비- 본 연구자 주) 二, 財政을 過度히 浪費홈이 不可 (1) 送綵時 (2) 宴禮時 自己 財産에 適當케 홀 것.[123]

길선주가 악습타파의 일환으로 강조했던 운동 중 금주금연운동은 각별한 관심사였다. 이 문제는 1907년 『예수교신보』에서도 기사화했을 정도로 비중 있는 사회문제였는데, 당시 기사는 "一은 근육(筋肉)을 손샹케 ᄒ야 활동ᄒᄂ 강력을 감ᄒ게 ᄒᄂ 거시오 二ᄂ 총신경을 격동ᄒ야 마시ᄂ 성질을 권ᄒ니"[124] 혹은 "담비와 아편연 먹ᄂ 풍쇽이 여러 나라헤 퍼젓ᄂ디 졂은이들이 더욱 됴화ᄒᄂ지라 (중략) 뇌에 드러가면 그 성질이 총신경을 격동ᄒ야 정신을 어즈럽게 ᄒ야"[125]라며 그 심각한 폐해를 논한 바 있다. 길선주 역시 초기 저서인 『懺悔論』(1904년)과 『만ᄉ셩취』(1916년)에서 음주와 흡연의 폐해를 논한 바 있다. 그는, 술은 '성취국'을 잊게 하고 스스로 망하게 하는 것이요[126], 담배는 게으름의 대명사이자 생명을 잃게 하는 것이며[127], 뇌수에 박혀 정신을 흐리게 하고 경제를 해치는 것이라고 했다.[128] 특히 그가 1930년 8월 개천장로교(介川長老敎) 예배당에서 행한 금주설교는 다수의 주류 판매업자와

---

121) 길선주, 『懺悔論』(京城: 大韓聖敎書會, 1904), 1.
122) 길진경, 『靈溪 吉善宙』, 122.
123) 길선주, "夫婦의 道", 『講臺寶鑑』, 128. 출옥 후 순회부흥회 때의 설교(제목: "夫婦의 관계"). 길진경, 『靈溪 吉善宙』, 331.
124) "가정학, 뎨 이졀 술", 『예수교신보』, 1907년 11월 27일.
125) "가정학, 담비와 아편", 『예수교신보』, 1907년 12월 11일.
126) 길선주, 『懺悔論』, 6. 길선주, 『만ᄉ셩취』(平壤: 光文社, 1916), 7-8.
127) 길선주, 『懺悔論』, 8-9, 13.
128) 길선주, 『만ᄉ셩취』, 23-24.

음식점 영업자들도 청강했을 정도였으며, 1930년 8월 11일 『매일신보』에 기사화되었을 정도로 일반 대중에게 큰 영향을 미친 강연이었다.[129] 강연 내용이 전해 내려오지는 않지만 강연의 제목이 "飮酒吸煙은 敗亡之本"(잠23:19-末)[130]이었던 점으로 미루어 주초의 폐해와 심각성을 논했을 것으로 보인다.

길선주가 이처럼 음주흡연의 폐해를 중대사토 주목했던 것은 이 문제가 1930년 당시 교회의 교역자 세계에서도 공공연하게 전개되었을 정도로 심각성을 띠고 있었기 때문이었다. 그는 교역자와 중직자 세계에서조차 자행되는 무속신앙, 마작, 음주, 흡연의 문제를 강도 높게 비판했다.

> 지금은 어떠한가. 판수된 사람에게 전도한즉 교회에 아무개 아무개도 내게 와서 점치여 가는데 나는 굿이나 점술(占術)을 버리고 입교할 필요가 없다고 하니 지금 교인 중에 도로 우상 섬기는 자가 생개는 것이 아니가. 이제 주객이 도로혀 장로에게 권주(勸酒)하고 장로가 손님에게 담배를 컬하고 마작을 례사로 한 일이 있지 아니하는가. 여보 목사 장로 집사 학생 교인- 이러고서야 어찌 그리스도의 편지가 되며 어찌 불신자에게 계명이 될 수 있는가.[131]

제5절 소결

본 장의 '이원론을 극복한 동인으로서의 민족개량 정신' 에 대한 연구는 다음 세 가지 면에서 의의를 지닌다. 이는 연구 내용이나 연구방법론에 있어서 선행연구에서 다루어주지 못했던 사안들이다.

첫째, 길선주가 현세와 내세를 불연속적인 단절로 보지 않고 연속적인 관계에 있는 것으로 이해하여 이원론을 극복할 수 있었던 동인이 무엇이었는지를 고찰했다는 점이다. 그 동인은 그의 생존 당시 일제 식민치하에서 고난 받는 민족이었으며,

---

129) 길진경, 『靈溪 吉善宙』, 312. 1930년 8월 10일 강연
130) Ibid., 333.
131) 길선주, "聖山의 靈啓", 崔仁化 編 『吉善宙牧師說教集』, 19-20. 1930년 설교.

그는 하나님의 구원의 섭리를 한국 민족공동체에 적용함으로써 현세적인 구원과 동시에 차안적인 구원까지를 소망하는 '민족언약사관'을 정립할 수 있었다.

둘째, 삼일운동 이후에 길선주가 남긴 신앙고백적 성격을 지닌 글들을 분석해 냄으로써 그가 내면적 신앙운동으로 전향한 동인들이 무엇이었는지를 밝혔다는 점이다. 또한 일반적으로 길선주의 민족관련 신앙운동과 관련된 종래의 선행연구들은 주로 외적으로 드러난 가시적인 업적들만을 중점적으로 살펴보려는 경향을 취했지만 본 연구에서는 그의 내면적 신앙운동을 조명했다는 점에서 의의가 있다.

셋째, 그의 설교집에서 출옥 이후의 설교원고들을 별도로 선별하고 일일이 분석하는 과정을 거쳐 삼일운동 이후에 민족개량 정신이 어떻게 반영되어 나타났는지를 살펴보았다는 점이다. 길선주의 민족운동과 관련된 선행연구들은 일반적으로 삼일운동 이전의 활동에만 초점이 맞추어져 있으며, 출옥 이후의 설교원고들을 따로 분석하여 민족개량 정신을 조명한 사례도 없다.

이상, 고찰한 내용을 통해 내면적 신앙으로 승화된 길선주의 민족개량 정신은 다음 네 가지의 내용으로 정리해 볼 수 있다.

첫째, 길선주의 민족개량의 원리는 하나님의 현세적 구원을 믿는 '민족언약사관'을 기초로 출발했고, 그것은 민족운명의 공동체 의식을 반영한다. 그의 민족애는 기독교신앙으로 구현됨으로써 신념 이상의 강인한 내적 신앙체계로 승화되어 있다는 점이 고무적이다. 그는 당대의 민족상이 고난 일변도로 각인되어져 있었음에도 불구하고 내면적 신앙체계 안에서 현세적인 구원과 동시에 차안적인 구원까지를 바라볼 수 있었고, 오히려 소망에 찬 민족상을 정립할 수 있었다. 그는 당대의 민족을 '지금' 그리고 '여기에서'의 시각으로 바라보았으며 현실 세계에서 고난 받는 민족을 결코 포기할 수 없었다. 그는 내면적 신앙체계를 바탕으로, 민족을 사랑하지 않는 죄를 '동족불애죄'라고 단정했으며 그의 민족애는 민족복음화라는 신앙공동체 의식으로 고양되어 나타난다. 무엇보다도 신앙으로 구형된 길선주의 민족애는 그가 '민족언약사관'에 입각함으로써 장래에 실현될 하나님의 현세적 민족구원의 섭리를 논했다는 점에서 큰 의미를 부여할 수 있다. 그가 현세와 내세를 단절로 보지 않고 두 세계를 연속선상에서 일원적으로 바라볼 수 있었던 것은 바로 현세의 지상에 위치한 민족이 있었기 때문이었다. 고난당하던 민족의 위치는 그로 하여금 현세와 내세의 이원론을 극복하게 해 주는 절대적인 동인으로 작용했다. 특히 그의 '민족언약사관'은 이스라엘 민족 구원사관과 한국민족 구원사관을 한 지평에서 통합하고 이해한 산 신앙의 결실이라 할 수 있다.

둘째, 길선주가 삼일운동을 기점으로 내면적 신앙운동을 강화시켜간 동인들은 무엇인가. 우선 삼일운동으로 인해 옥고를 치르던 중 과거 삼십 년의 목회사역을 자성함으로써 외형적 카리스마와 권능을 추구하는 신앙에서 사랑을 추구하는 신앙으로 전향해 갈 수 있었다. 그리고 1차세계대전의 결말을 지켜보면서 물질문명에 의해서는 결코 이상촌을 건설할 수 없다는 확신을 갖게 되었으며, 오히려 인간의 내면세계의 변화와 각성을 중시하는 가치관을 형성해 갈 수 있었다. 그는 중병을 앓고 치료하는 과정을 통해서도 '통회'와 '자복', '기도', '성령의 수술'로 조명되는 인간의 내면적인 모습을 깊이 각성할 수 있었다. 또한 일체의 무력의 개념을 배제하고 화평의 복음으로 전향하려는 결단, 강대국들이 추진하는 허울 좋은 명분의 평화회의를 신뢰하기보다는 하나님 의존적 신앙으로의 전향, 그리고 마음의 심연을 조명하며 단심을 지키려는 동기론적 윤리관의 심화를 통해 내면적 신앙운동에 보다 더 큰 가치를 두게 되었다. 그의 이러한 내면적 신앙운동으로의 전향은 한 순간의 갑작스러운 결단에 의해 이루어진 것이 아니라 신앙적 사색과 영적 고투가 오랜 기간 목회 현장에서의 체험을 통해 소명의식 안에서 용해되어 나타난 결정체라 할 수 있다.

셋째, 길선주의 민족개량 정신은 인간성 회복, 청년양육, 교회갱신 그리고 가정·사회 윤리 정립 등으로 그 윤곽이 드러난다. 특히 그는 1930년대 들어 민족개량에 투철하지 못했던 교회의 안일한 모습을 질타했으며, 이러한 비판들은 주로 교회갱신 및 폐습타파와 관련하여 집중적으로 나타난다. 길선주의 인간성 회복 촉구는 원심적 인간관을 기초로 하여 공동체 안에서의 한 인간의 위상과 역할을 부각시키는 데서 출발한다. 그는 당대의 타락한 인간상을 심각하게 진단하고 그리스도의 성품을 모델로 제시하여 인간성을 회복할 것을 권고했으며, 나아가 그리스도의 형상으로 회복된 심성을 삶 속에 반영함으로써 그리스도인다운 소임을 감당해야 한다고 강조했다. 그는 교인교육과 관련하여 특별히 청년층에 큰 비전을 두었으며, 이들을 양성하기 위한 체계적인 학습과정을 갖추기 위해 주일학교를 설립했으며, 이에 걸 맞는 다양한 프로그램들을 개발했다. 그는 교회교육이 야만인과 문명인, 외면적 인간과 내면적 인간을 구분 짓는다며, 체계적인 주일학교 교육을 중시했던

것도 바로 이러한 이유에서였다. 그는 청년들을 격려하여 청년들의 책임과 사명의
식을 일깨워주었고, 특히 청년들의 사상이 내면적으로 바르게 정립되어야 한다는
점을 중시했다. 그의 교회갱신 촉구는 1920년대 중반부터 침체일로에 들어선 한국
교회에 대해 한 결 같이 비판적인 양상을 띤다. 그는 교회의 전도열 상실, 비진리와
비복음운동의 성행, 신앙과 사랑을 심어주지 못하는 교인교육과 관련하여 교계의
각성을 촉구했다. 또한 1930년대 교회의 영성 상실에 대해 심각한 우려를 표명하
며, 기도, 열심, 영열(靈熱), 교역자들의 영적역량(靈的力量), 주일성수, 가정예배,
교역자의 소명의식 등을 피력했다. 그의 가정 · 사회 윤리 정립 촉구는 우선 가정의
최소단위인 부부관계의 윤리를 믿음에 입각하여 바르게 정립함으로써 진일보 신
령한 가정과 국가와 교회도 건설할 수 있다는 확산의 원리를 견지했다. 그는 인가
귀도의 원칙에 입각하여 결혼윤리의 정립, 아내에 대한 사랑, 부모에 대한 효, 자녀
교육, 가정정화, 가정예배 등의 가정질서를 중시했으며, 사회를 향한 복음전파, 신
자의 언행을 통한 감화, 사회개혁, 사회의 공익 추구에 대한 책임을 강조했다. 특히
그는 게으름, 허례허식, 주초, 무속신앙, 마작행위 등에 대해 우려를 표명하고 이러
한 악습들을 타파할 것을 계몽했다.

길선주의 민족개량 정신은 현 기독교계에 어떤 지침을 주는가.

첫째, 인간성 회복과 청년교육, 교회갱신, 그리고 가정과 사회 윤리 정립이라는
과업이 거시적인 범주에서 민족개량과 불가분리의 유기적 관계에 있음을 보여준
다. 그는 이러한 과업을 단지 기독교세계라는 현상적인 범주 안에서 논의될 수 있는
성질의 것으로만 국한하지 않았다. 그래서 기독교와 민족의 운명을 동일한 지평에
서 이해하고 상합(相合)했으며, 민족개량을 위한 실천적 지상(至上) 국면으로서 인
간성 회복과 청년교육, 교회갱신, 그리고 가정과 사회윤리 정립을 설정했던 것이다.

둘째, 그의 메시지는 당대로부터 현금(現今)에 이르기까지 기독교계가 깊이 자성
하고 개혁해 나가야 할 만성적인 과제들을 확연하게 조명해 주는 통시성(通時性)을
지녔다. 이는 한국교회가 시대를 초월하여 항상 공통적인 개혁과제를 안고 있었다
는 의미가 된다. 현 기독교계는 성도들의 기복신앙과 정체된 성화(聖化) 문제, 교회
의 급성장을 지상과제로 삼는 물량주의와 개교회주의, 직분의 계급의식과 교회 내
계층 간의 충돌, 영성보다는 직무수행 능력을 중시하는 조직화 작업, 교역자의 소
명의식 부재, 인재양성의 안일한 자세, 지역 사회 · 민족 · 국가 · 세계를 향한 관심

부족 등 여러 면에서 개혁되어져야 할 과제들을 지녔다.

셋째, 상기 내용과 관련하여 길선주의 민족가량 정신은 기독교계가 변화되지 않는 한 결코 '교인으로부터 민족'이라는 확산의 원리를 적용할 수 없다는 철칙을 고수한다. 그의 이러한 사고는 민족개량을 실천함에 있어 신자 개개인과 기독교가 원심적 동력으로 작용해야 한다는 점을 말해 준다. 그가 인간성 회복과 교회갱신을 지상과제로 삼은 것은 먼저 자기반성과 개혁 그리고 교회의 체질개선을 시행하는 내면적 변혁이 없고서는 결코 사회와 민족과 나라를 향한 외적 개혁으로서의 파급과 확산이 불가능하다는 지침을 제시해 주기 위한 것이었다.

지금까지 고찰한 길선주의 민족개량 정신에 나타난 인간성 회복운동과 청년 양육, 교회갱신운동, 가정과 사회윤리 정립은 단순하게 당대의 현장에만 적용되던 한시적인 과제만은 아니었다. 한국교회가 영욕(榮辱)의 역사를 진행해 오는 동안 길선주의 메시지는 시대를 초월하여 여러 선각자들이 다양한 채널을 통해 끊임없이 외쳐온 호소이기도 했으며, 오늘날의 교회 형편 또한 동일한 메시지에 노출되어 있다.

 근·현대 종말론의 유형들과 길선주의 말세론과의 접점

근대와 현대에 제기된 종말론의 다양한 유형들을 고찰함으로써 길선주의 말세론이 어떤 유형의 종말론과 맥락을 같이 하는지 비교하여 견주어 볼 수 있다. 시대적으로 길선주보다 후대에 나타난 종말론의 유형들까지도 길선주의 말세론과 직접적으로 접목시키는 일은 무리이겠지만 다만 이론적인 면에서는 비교가 가능할 것이다.

본 장에서는 근대와 현대의 다양한 종말론의 유형들을 분석하여 길선주의 『末世學』과 어떤 면에서 상호 접점이 있는지, 그리고 차이점이 무엇인지를 살펴 근·현대 종말론의 사상적 흐름에서 길선주의 말세론의 위치를 조명하고자 한다.

제1절 근대와 현대의 종말론의 유형들

벌코프(L. Berkhof)는 종말론을 제외한 조직신학의 다른 분야들은 각기 특별한 발전의 시기가 있었지만 종말론만큼은 결코 기독교 사상의 중심으로 자리 잡았던 기간이 없었다고 간파했다. 그는 종말론 사상을 세 시대로 대별했는데, 사도시대로부터 5세기 초까지는 죽음, 재림, 부활, 심판 등 종말론과 관련된 요소들이 의식되고 있었으나 교의학적으로는 해석되지 않았던 시기로, 5세기 초부터 종교개혁기까지는 교회의 관심이 미래로부터 현재로 지향되고, 정치적 교회가 왕국과 동일시됨으로써 천년왕국론이 잊혀진 시기로 보았다. 그 이후의 종말론은 종교개혁 사상가들에 의해 주로 구원의 적용관점에 초점이 맞츠어지거나 신자들의 영화를 다루는 구원론의 부가물(adjunct) 정도로 연구되어졌그, 근대에는 예수의 종말론적인 교훈을 무시한 채 윤리적 교훈들만을 강조하는 자유주의 신학까지 대두되었다고 파악했다.[1] 보스(G. Vos) 역시 종교개혁시대에는 하나님 앞에서 의를 얻는 칭의문제가 중심이 되어 종말론적 희망을 후퇴시켰으며, 합리주의는 본래적으로 역사적인 것을 무시했기 때문에 전통과 과거를 경시할 수밖에 없었고, 미래 또한 거의 등한시함으로써 종말론이 침몰할 지경에 이르렀다고 보았다.[2]

그러나 근대에 들어 1892년 종교사학파 바이스(J. Weiss)의 *Jesus' Preaching on the Kingdom of God*를 필두로 예수의 종말론적 가르침과 왕국에 대해 차츰 관심이 고조되기 시작했으며 계속해서 슈바이처(A. Schweitzer) 등이 그의 노력을 계승하여 종말론 연구에 심혈을 기울였다. 근대와 현대의 종말론 연구의 유형은 그 내용에 다음과 같이 정리해 볼 수 있다.

우선, '일관된 종말론'(consistent eschatology) 혹은 '철저한 종말론'(thoroughgoing eschatology)의 노선에 서 있는 학자들로서 종교사학파의 바이스와 슈바이처를 대표적인 인물들로 들 수 있다. 바이스는 자신의 저서 *Jesus' Preaching on the Kingdom of God*를 통해, 자유주의자들이 일반적으로 하나님의 왕국을 본질상 윤리적으로 파악할 뿐 장래 어느 때 파국적으로 임하게 될 왕국으로 간주하지 않으려는 태도와 견해를 달리했다.[3] 리델보스(H. Ridderbos)는 바이스를 천국의 일반적인 요지에 대한 연구 운동의 조상으로 간주하면서, 그가 하나님 나라를 단순히 복음의 사랑의 법을 실천하는 윤리—종교적 공동체로 이해했던 리츨(A. Ritschl)의 견해를 비판했던 점을 강조했다.[4] 바이스는 예수의 가르침을 전혀 다른 관점에서 파악했는데, 예수는 윤리적 왕국에 대해 말했던 것이 아니라 철저하게 종말론적인, 혹은 묵시적이고 미래적인 전망을 가졌으며, 그 왕국은 시간을

---

1) Louis Berkhof, *Systematic Theology*(Grand Rapids, Michigan: Wm. B. Eerdmans Publishing Co., 1981), 662–664.
2) Geerhardus Vos, *The Pauline Eschatology*(Grand Rapids, Michigan: Baker Book House, 1982), 'preface'.
3) Millard J. Erickson, *A Basic Guide to Eschatology*(Grand Rapids, Michigan: Baker Books, 1999), 21–22.
4) Hermann Ridderbos, *The Coming of the Kingdom*(Translated by H. de Jongste; Philadelphia: Presbyterian and Reformed Pub. Co., 1962), Introduction, xi.

통해 인간의 마음속에 점차 확장되는 하나님의 윤리적 통치가 아니라 미래에 극적으로 임하게 될 왕국이라고 봄으로써 '일관된 종말론', 혹은 '철저한 종말론'의 입장을 취했다.[5] 그러나 바이스의 견해는, 예수가 가르친 윤리는 임박한 하나님의 나라를 준비하기 위한 회개촉구로서의 '일시적인 윤리'였다고 봄으로써, 그리스도의 속죄관을 설명하지 못하고 여전히 윤리적 관점에 머물렀다는 데서 비판을 받는다.[6] 한편 슈바이처는 바이스의 견해를 일층 강화하여 '철저한 종말론'을 더욱 깊이 있게 발전시켰다. 슈바이처는 예수의 죽음과 재림을 구분지어 죽음과 재림 사이에 일정한 시간적인 간격을 둠으로써 재림신앙을 논하려는 태도를 부정했으며, 예수는 자신의 죽음을 하나님 나라의 종말론적 도래와 인과적 관계성 속에서 이해하려 했었다는 논지를 폈다. 그에 의하면 예수는 자신이 인자임을 자각하고서 세계의 바퀴를 모든 역사를 종결할 마지막 혁명으로 움직여가도록 놓았지만 역사의 바퀴가 움직이기를 거부하자 자신을 바퀴에 던져 짓눌려졌으며 끝내 종말론적 상황을 불러오지 못한 실패자로 규정된다.[7] 그는 이 논지와 관련하여 *Out of My life and Thought*에서, 예수는 초자연적인 하나님의 나라가 곧 출현할 것이라고 예고했지만 그 나라는 결국 도래하지 않았기 때문에, 역사적 예수는 과오를 범할 수 있다고 주장한 자신의 견해에 많은 사람들이 충격을 받았다고 회고했다.[8]

도드(C. H. Dodd)의 '실현된 종말론'(realized eschatology)은 예수의 가르침과 관련하여 예수는 아직 성취되지 않은, 미래에 일어날 사건들을 말했던 것이 아니라고 보았다. 바이스나 슈바이처가 전개한 '철저한 종말론'이 예수가 예견했던 사건들이 결코 일어나지 않았던 것으로 간주한 반면 도드는 이 사건들이 이미 그의 공생애 기간 동안에 일어났다고 간파함으로써 바이스와 슈바이처의 '철저한 종말론'에 이의를 제기했다. 도드의 실현된 종말론 사상은 그의 저서 *The Apostolic Preaching and Its Development*에 잘 나타나 있는데, 그는 최후의 것이 역사 안에 들어왔으며 감추어진 하나님의 지배가 계시되었으므로 원시 그리스도의 복음

---

5) Millard J. Erickson, A Basic Guide to Eschatology, 22.
6) Harvie M. Conn, 『新約學序說』(서울: 總神大學出版部, 1987), 64–65.
7) Albert Schweitzer, *The Quest of the Historical Jesus: A Critical Study of Its Progress from Reimarus to Wrede*(Translated by W. Montgomery; London: Black, 1954), 368–369.
8) Albert Schweitzer, *Out of My life and Thought*(Translated by C. T. Campion; New York: The New American Library, 1963), 49. cf. 95.

은 당연히 '실현된 종말론'의 복음이라고 단언했다. 이에 대해 그가 제시한 다섯 가지의 논증은 마가복음과 갈라디아서에 기록된 "때가 찼다"는 선언, 초자연적인 것이 역사 안에 들어옴으로써 그리스도의 공생애는 실현된 묵시록으로 간주된다는 점, 악의 세력을 굴복시키는 하나님의 능력 임재(요12:31), 그리스도의 죽음을 통해 이 세상에 내려진 심판, 그리스도의 부활을 통해 오는 세대의 생명이 경험 가운데 실현되었다는 점 등으로 집약된다.[9] 그는 특히 초자연적인 것이 이미 역사 안에 들어왔다는 구체적인 증거들을 *The Parables of the Kingdom*에 상세하게 기술했는데, 모든 악한 세력들에 대해 대적하고 신성한 통치를 보여주는 하나님의 왕국을 설명한 후 소경, 앉은뱅이, 나병인, 귀머거리의 치유, 죽은 자가 소생된 기적 그리고 복음이 가난한 자에게 전파되는 예수의 가르침에서 그의 지상사역은 실현된 종말론을 나타낸다고 보았다.[10] 이러한 관점에서 그의 '실현된 종말론'이 종종 '과거주의'로 일컬어지는 것은 타당하다고 볼 수 있다.[11] 그러나 도드는 자신의 후기 저술에서는 하나님 나라가 이미 도래했다는 차원보다는 시작되었다는 점에, 그리고 실현되었다기보다는 역시 시작되었다는 점에 차츰 관심을 보여주었다.[12] 도드의 '실현된 종말론'에 대해 예레미아스(J. Jeremias)는, 도드가 하나님 나라의 현재적 침입을 강조함으로써 해석사에 커다란 발전을 일구어냈지만 종말론적인 국면을 약화시켰다고 비판을 가하고, '실현된 종말론' 대신에 '실현의 과정에 있는 종말론'(eschatology in process of realization)을 제시했으나 실제적으로 차이점을 발견하기는 어렵다.[13]

로빈슨(J. A. T. Robinson)은 1957년, *Jesus and His Coming*을 통해 도드의 실현된 종말론과 유사한 견해를 취하면서도 실현된 종말론이 아닌 '시작된 종말론'(inaugurated eschatology)을 주장했다. 그는 예수의 십자가 사건을 통해 모든 것이 시작되었다고 보았는데, 십자가 사건 이후 모든 사람들은 종말적 사건

---

9) Charles H. Dodd, *The apostolic preaching and its developments*(Chicago: Willett and Clark, 1937), 147–149.

10) Charles H. Dodd, *The Parables of the Kingdom*(New York: Charles Scribner's Sons, 1961), 35.

11) Millard J. Erickson, *A Basic Guide to Eschatology*, 30.

12) Ibid., 34. Charles H. Dodd, *Gospel and Law: The Relation of Faith and Ethics in Early Christianity*(New York: Columbia University, 1951), 26–27.

13) George Eldon Ladd, *A Theology of the New Testament*(Grand Rapids, Michigan: Wm. B. Eerdmans Publishing Co., 1983), 59–60.

(eschatological event)을 사는 것이며 종말적 공동체(eschatological community)에서 살고 있다는 논지를 폈다.[14] 또한 하나님의 최후의 심판도 예수의 사역을 통해서 성취되었으며, 부활 승천 이후 예루살렘이 함락됨으로써 더욱 완전하게 성취되었다는 입장을 취했다.[15] 그러나 그는 예수의 재림사상과 관련해서는 다른 논지를 전개했는데, 예수 자신은 현 세계 질서의 종국과 최후의 심판, 부활 등은 기대했지만 결코 재림을 소망했던 것은 아니었다고 보았다. 그는 파루시아의 개념은 단지 신약과 초대교회에서 고안하여 가르쳤던 사상이었으며 예수의 의지와는 전혀 상관없이 초대교회 당시에 재림교리가 창출되었다고 주장했다.[16]

불트만(R. Bultmann)의 종말론은 이른 바 '실존적 종말론'(existential eschatology)으로 특징지어진다. 불트만은 예수의 메시지를 양식비평을 통해 비신화함으로써 메시아의 자의식, 내세, 지옥, 주의 재림, 그리고 최후의 심판 등을 일체 부인했으며, 종말론의 미래적인 면을 부정하고 소위 본래적 핵심을 찾는 작업을 거쳐 철저하게 현재적이며 실존적인 사관을 형성했다. 그는 예수 그리스도를 종말론적인 사건으로 정의하고, 이는 단지 과거의 한 사실로서가 아니라 항상 선포에 의해서 '여기에 지금' 임재한다는 의미로서의 종말론적 사건이라고 보았으며, 역사의 의미는 항상 현재에 있고 이 현재가 기독교 신앙에 의해서 종말론적 현재로서 파악될 때 역사의 의미는 실현되는 것이라고 강조했다.[17] 그는 도래하고 있는 하나님의 통치에 직면하여 인간이 할 수 있는 모든 것은 오직 각오하는 것, 또는 준비하는 것뿐이라고 보았다. 따라서 지금이 결단의 때(the time of decision)요, 예수의 부르심은 결단으로의 부르심(the call to decision)이라고 강조함으로써 개개인의 실존적이며 현재적 차원의 결단을 강조했다.[18] 또한 '종말론적 사건으로서의 신앙'을 논하는 과정에서는, 믿음이란 선포된 말에 대한 응답으로서 종말론적 사건에 포함된다고 보았으며, 개인의 신앙적 결단에서 신앙의 가능성이 구체적으로 실현되는 것 자체를 종말론적인 사건이라고 간주했다. 한 걸음 더 나아가 그는 인간의 결

---

14) John A. T. Robinson, *Jesus and His Coming*(London: SCM Press, 1979), 101.
15) Ibid., 59-82.
16) Ibid., 36-39.
17) Rudolf Bultmann, 『歷史와 終末論』(徐南同 譯; 서울: 大韓基督敎書會, 1998), 192, 195.
18) Rudolf Bultmann, *Theology of the New Testament*(Vol. 1)(Translated by Kendrick Grobel; London: SCM Press Ltd., 1988), 9.

단 밖에서 하나님에 의해 작용된 신앙은 명백하거 순수한 순종이 될 수 없다며, 선행하는 은혜에 의해 인간이 결단하고 그 결단의 성격을 잃지 않을 때 하나님의 선물로 이해할 수 있다는 논지를 폈다.[19] 또한 불트만에게서 나타나는 '탈세계화'(unworldliness)에 대한 이해 역시 실존적 인간의 본래적 영역으로 되돌아가는 개념으로 간주할 수 있다. 그는, 탈세계화는 금욕적인 것이 아니라 하나님의 요구에 대한 순수한 준비라고 보았으며, 자신의 실존을 회복하는 결단으로서 하나님과 그의 통치를 원하는가, 아니면 이 세상과 재물을 원하는가라는 질문을 던지면서 사람들은 예외 없이 이 결단 앞에 직면해 있다고 단정했다.[20] 따라서 그의 종말론은 철저하게 현재적이자 개인적이며 실존적 의미를 지닌 종말론으로 규정할 수 있다.

쿨만(O. Cullmann)의 구속사적 종말론 이해는 미래적 종말론을 지향하는 '철저한 종말론'과 미래적 종말론을 무시하고 현재적 종말론만을 강조하는 불트만의 '실존적 종말론' 양자를 극복한 시도였다는 점에서 의미를 부여할 수 있을 것이다. 즉 '철저한 종말론'의 '아직은 아니고'(not yet)와 '실존적 종말론'의 '지금 이미'(now already)를 선적(線的) 시간 개념을 토대로 극복한 시도였다는 점에서 높게 평가할 수 있을 것이다. 쿨만은 *Salvation in History*에서 예수와 신약의 종말관이 현재의 성취와 미래에 이루어질 완성 사이의 긴장이라는 특징을 지닌 것으로 파악하고 이를 '이미 성취됨'(already fulfilled)과 '아직 완성되지 않음'(not yet completed) 사이의 긴장(tension)이라는 논지를 폈다.[21] 또 *Christ and Time*에서는, 선적(線的) 시간 개념에 기초하여 현재의 단계는 이미 종말의 때이지만 이미 발생한 결정적인 전투와 아직 종말이 아닌 승리의 날 사이의 중간시대라고 볼 수 있으며, 이미와 아직 사이의 긴장관계에 있다는 의미를 부여했다.[22] 쿨만은 선적 시간 개념에 입각하여 그리스도를 구속사의 주관자로, 그의 죽으심과 부활을 구속사의 중심점으로 제시하고, 시간의 중심인 그리스도로부터 출발하여 하나님의 과거, 현재, 미래의 구원계획에 대한 자신의 이해를 전개했다. 그는, 하나님의 계획은 선적

---

19) Ibid., 329–330.
20) Ibid., 9–10.
21) Oscar Cullmann, *Salvation in History*(London: SCM Press, 1967), 172.
22) Oscar Cullmann, *Christ and Time*(Translated by Floyd V. Filson; London: SCM Press, 1971), 145.

시간선상에서 완성을 향해 전진해 나갈 수 있다고 선언하고, 그리스도의 사역이 뒤에 놓여 있는 전체과정과 앞에 놓여 있는 전체과정의 이정표(guidepost)로서의 위치를 견고하게 할 수 있다고 보았다.[23] 그는 이 저서 제 2부에서 구속사의 유일성을 논하는 과정에서 그리스도를 구속사의 중심점에 위치시키고 구속사의 과거성, 미래성, 그리고 현재성을 논했다. 그는 그리스도의 단회적 구속사역의 특징은 구속사의 맥락을 구성하고 있는 과거, 현재, 미래의 모든 시점에 부여되는 의미를 지닌다고 강조하고, 구속사의 중심점 그 자체에서 일어난 그리스도 사역의 유일성을 논했다.[24] 그는 이러한 논리를 개인에게도 적용하여 '구속사와 개인' 이라는 주제로 논했는데, 개인과 구속사의 과거단계는 '믿음과 선택' 으로, 현재단계는 '성령의 은사와 계명' 으로, 미래단계는 '부활의 신앙과 부활의 소망' 으로 정리했다.[25] 그러나 쿨만은 예수의 메시아 자의식과 관련하여, 예수는 유대인들의 정치적 메시아관을 거부했다는 정당한 해석을 기하면서도 고난과 죽으심으로 자신의 임무를 완수해야 한다는 확고한 자각을 아마도 수세 이후에('probably since his baptism') 갖게 되었을 것이라는 견해를 취함으로써 메시아로서의 자의식을 가진 시점에 대해 문제를 제기했다.[26]

개혁신학적 입장에서 종말론을 논한 대표적 학자들로서는 리델보스와 후크마 (A. A. Hoekema)를 들 수 있다. 리델보스는 구속사적 관점에서 하나님 나라를 바라봄으로써 하나님 중심의 하나님 나라, 메시아 중심의 하나님 나라, 미래적이며 현재적인 나라, 복음, 부활과 파루시아 등을 논했으며, 전체적으로 균형 잡힌 왕국의 개념을 논했다는 점에서 의미를 부여할 수 있다. 그는 하나님 나라의 현재성과 미래성을 논함에 있어 도드의 실현된 종말론과는 견해를 달리하여 예수는 반복적으로 하나님 나라의 미래성에 대해서 언급했으며, 미래성은 모든 것의 극치와 충만의 성격을 말해준다고 했다. 그는 하나님 나라의 현재성에 대한 예수의 가르침 안에는 천국과 메시아가 현재 임했다는 주장이 내포되어 있으나 아직 절정의 시기는

---

23) Ibid., 53-54.
24) Ibid., 121-123.
25) Ibid., 217-242.
26) Oscar Cullmann, *The Christology of the New Testament*(Translated by Shirley C. Guthrie & Charles A. M. Hall; London: SCM Press, 1983), 122-123.

도래하지 않았으며, 따라서 예수가 선포한 하나님의 나라의 도래는 불완전성과 임시적인 성격을 지닌다고 보았다.[27] 또한 그는 바울의 종말론을 논함에 있어서도 바울의 종말론은 전적으로 그리스도 안에서 '실현되어진'(realized), 그리고 '앞으로도 여전히 계속해서 실현되어질'(still-to-be-realized) 하나님의 구속사역에 의해 결정되어진 것으로 이해했다.[28] 후크마는 *The Bible and the Future* 제 1부에서는 '시작된 종말론'(inaugurated eschatology)을 다루어 구약과 신약에 나타난 종말론을 개관하고, 이미와 아직 사이의 긴장을 논했다. 제 2부에서는 '미래종말론'(future eschatology)으로 명명하여 육체의 죽음, 영혼불멸, 중간상태, 재림에 대한 기대, 시대의 징조들, 천년왕국론, 부활, 최후의 심판, 새 땅 등을 고찰하여 조직신학적인 체계를 갖추어 정리했다. 그는 이미와 아직 사이에 놓여 있는 긴장과 관련하여, 신자는 이미 구약 선지자들이 예언한 종말론적 기대 안에 살고 있지만 아직 최종적인 상태에 도달한 것은 아니며, 신자들은 이미 성령의 내주를 경험하고 있지만 여전히 부활체로 일어날 것을 기다리고 있으며, 마지막 날들 가운데 살고 있으나 아직도 마지막 날이 도래하지 않았다고 설명했다.[29] 그의 공헌이라면 현실을 도피하고 내세지향적인 종말사상만을 강조한다거나 내세를 경시하고 현세적 지상생애에만 가치를 부여하려는 종말사상을 극복하고, 개혁신학적 입장에서 현세와 내세의 이원론을 극복하는 일원적 역사관을 정립해 주었다는 점에서 높이 평가할 수 있다.

몰트만(J. Moltmann)은 1964년, *Theology of Hope*를 통해 종말론을 부각시키면서 종말론을 모든 신학을 전개해 나가는 하나의 틀로 보려는 입장을 취했는데, 저서의 서론에서 종말론적 전망은 실제적으로 단지 기독교 교리의 한 부분일 수가 없고, 오히려 모든 기독교적 설교와 모든 기독교적 실존 및 모든 교회의 특징이라고 강조했다.[30] 전통적으로 종말론은 조직신학의 한 분야에 불과한 것으로 다루어

---

27) Hermann Ridderbos, *The Coming of the Kingdom*, 104-106.
28) Hermann Ridderbos, *PAUL- An Outline of His Theology*(Translated by John Richard de Witt; Grand Rapids, Michigan: Wm. B. Eerdmans Publishing Co., 1982), 51.
29) Anthony A. Hoekema, *The Bible and the Future*(Grand Rapids, Michigan: Wm. B. Eerdmans Publishing Co., 1989), 68.
30) Jürgen Moltmann, *Theology of Hope*(Translated by James W. Leitch; Minneapolis: Fortress Press, 1993), 16.

져 왔지만, 그는 종말론을 모든 신학을 전개할 때 가져야 할 하나의 정신(a spirit), 하나의 전망(an outlook), 하나의 틀(a framework)로 간주했던 것이다.[31] 몰트만은 그의 종말론 관련 저서인 *The Coming of God*에서 '오시는 하나님'으로서의 종말론을 *Theology of Hope*에 따른 것이라고 소개했다.[32] 그는 하나님의 존재는 되어감 속에 있는 것이 아니라 오심 가운데 있으며, 희망의 하나님은 자신 스스로 오시는 하나님이라고 전제하면서 그의 나라가 임함으로써 더 이상 지나가지 않는 시간, 영원한 생명과 영원한 시간이 도래할 것이라고 이해했다. 그는 오시는 하나님에 대한 희망으로 인해, 기대되는 미래는 시간의 경험 속에서 현재와 과거에 비할 수 없는 무한한 부가된 가치(added value)를 갖게 되며, 시간은 한낱 크로노스(Chronos)와 같은 허무한 힘으로 체험되지 않을 것이라고 주장했다. 한 걸음 더 나아가 하나님의 오심과 새로운 인간존재의 생성을 상호 유기적으로 파악한 하나님의 종말론은 새로운 인간됨, 즉 회개하는 인간상으로서의 역사를 창출한다는 의미를 부여했다.[33] 하나님의 나라와 관련하여 몰트만의 신관은 철저하게 희망의 하나님이자 자유를 부여하시는 분으로 이해된다. 그는 하나님을 우리 위에 계신 하나님, 존재의 깊이('the depths of being')에 계신 하나님, 우리 앞에 계신 하나님, 역사적으로 우리 앞에서 나아가시는 하나님, 희망의 하나님으로 묘사했다.[34] 또한 창조와 해방과 영광의 역사 속에서 자신의 영광의 나라를 실현하며, 인간의 자유를 원하고 확립하며, 쉬지 않고 인간을 자유에로 해방시키는 삼위일체 하나님으로 설명했다.[35] 몰트만은 부활신앙과 관련하여 십자가에 달린 예수는 하나님의 미래로 부활된 것이라고 이해했다. 그는, 예수는 이 미래의 현재적 대표자로, 자유롭고 새로운 인간과 새 창조의 현재적 대표자로 보여지고 신앙된다고 보았으며, 케리그마와 신앙 양자는 장차 올 것에 대한 약속과 희망으로서 종말론적으로 이해된다고 주장했다.[36] 후크마는 몰트만의 종말론의 중심점은 예수 그리스도의 미래와 하나님

---

31) Millard J. Erickson, *A Basic Guide to Eschatology*, 47.

32) Jürgen Moltmann, *The Coming of God*(Translated by Margaret Kohl; Minneapolis: Fortress Press, 1996), 22.

33) Ibid., 23-24.

34) Jürgen Moltmann, *The Crucified God*(Translated by R. A. Wilson and John Bowden; Minneapolis: Fortress Press, 1993), 256.

35) Jürgen Moltmann, *The Trinity and the Kingdom*(Translated by Margaret Kohl; Minneapolis: Fortress Press, 1993), 218.

의 미래에 대한 기대라는 점에서 '미래적 종말론'(futuristic eschatology)으로 명명할 수 있다고 보았다.[37]

덤브렐(W. J. Dumbrell)은 언약신학적인 관점에서 종말론을 고찰함으로써 종말론을 성경 전체를 통해 파악하려고 시도했다. 그에 의하면 성경의 범위는 창조로부터 시작하여 구속을 통해 새로운 창조까지를 포함하는 만큼 하나님의 목적과 이와 관련된 종말론이라는 주제가 창세기로부터 계시록에 이르기까지 성경신학적 기초 위에서 어떻게 발전되어가는 지를 살펴보아야 한다고 주장했다.[38] 덤브렐은 바울 서신에 대해 각별한 의미를 부여했는데, '이미와 아직 사이'라는 도식을 통하여 종말이 유대인의 메시아 예수 안에서 이미 현재에로 앞당겨졌다고 본 사도들의 견해를 중요한 논점으로 보았다.[39] 덤브렐의 접근 방법은 종말론을 고찰함에 있어 선지서나 계시록 같은 묵시관련 중심의 성경에 치중하기보다는 구속사적 언약신학의 관점에서 신구약의 모든 성경을 순차적으로 고루 접했다는 점에서 의미를 부여할 수 있을 것이다. 그러나 그의 저작은 지나치게 종말론적 관점만을 중심주제로 성경 각권을 고찰함으로써 모든 성경이 종말론이라는 프리즘에 의해 편향된 성격으로 조명될 수도 있다는 점은 문제시 될 수 있다.

끝으로, 유대교적 사고에 있어 메시아적 사고의 재활을 들 수 있다. 1차세계대전이 발발하여 전쟁의 여파로 파멸이 심각해지자 독일에 거주하고 있던 유대인들 중에서 유대교적 메시아니즘으로 돌아오는 학자들이 있었는데, 이들은 계몽주의의 유럽문화에 대한 기대를 거절하고 메시아적 희망의 유대교적 원천을 재발견하고자 했던 사람들이었다. 이들은 도덕적 완전성을 지향한 인류의 교육에 대한 생각과 역사의 완성에 대한 신념을 포기했으며 자신들의 고유한 종교인 유대교에서 구원에 대한 이념을 발견하고자 했다. 1차세계대전의 기독교적 휴머니즘의 재앙을 통해 일어난 이러한 메시아적 사고는 에른스트 블로흐(E. Bloch), 프란츠 로젠츠바이크(F. Rosenzweig), 게르솜 숄렘(G. Scholem), 발터 벤야민(W. Benjamin) 등에 의해 재활되었으며 2차세계대전 이후에는 칼 뢰비트(K. Löwith)와 야콥 타우베스

---

36) Jürgen Moltmann, *The Crucified God*, 168.
37) Anthony A. Hoekema, *The Bible and the Future*, 315.
38) William J. Dumbrell, *The Search for Order*(Grand Rapids, Michigan: Baker Books, 1994), 9.
39) Ibid., 12.

(J. Taubes) 등을 통해 빛을 보았다.[40]

제2절 길선주의 말세론과의 접점

길선주는 해방 이전 한국장로교회사에서 철저하게 보수신앙을 수호한 목회자였다는 점을 고려할 때, 그의 말세론을 서구의 자유주의 신학자들이 펼쳐놓은 종말론과 쉽게 비견할 수는 없다. 또한 그의 말세론의 전반적인 구도나 체제가 어느 특정한 형태의 종말론 유형과 정확하게 일치한다고 간주하기도 어렵다.

바이스와 슈바이처의 '철저한 종말론'은 적어도 미래에 극적으로 임하게 될 왕국을 주창했다는 점에 있어서 길선주의 말세론과의 접점을 논할 수는 있을 것이다. 그러나 예수님이 가르친 윤리를 종말이 도래하기 전 회개를 촉구하는 일시적인 윤리로 단정했던 점이나 종말의 현세적 측면을 무시하고 미래적 왕국만을 조명한 점, 예수님의 죽음과 종말을 시간적, 인과적으로 연관 지어 예수님을 종말도래의 실패자로 간주한 슈바이처의 예수 이해는 길선주의 재림사관과는 결코 교류될 수 없다. 길선주는 미래에 역사적으로 임할 임박한 재림에 대한 확고한 비전을 가졌으나 세대를 나누어 초림과 재림 사이의 긴 시간 간격을 분명하게 설정했다. 또한 그가 재림의 징조들로 제시했던 현실적인 다양한 내증들과 외증들은 재림의 전조들로서 임박한 종말을 예고하는 동시에 차안적 말세론을 고취하는 성격을 지니며, 그의 인간의 타락상에 대한 신랄한 고발은 일시적인 윤리가 아니라 지속적으로 추구되어져야 할 본래적 인간성 회복을 함축한다.

이런 점에서 길선주의 말세론은 '철저한 종말론'이 지닌 편향된 미래지향적 종말사상의 한계점을 극복하는 강점이 있으며, 일면 도드의 '실현된 종말론'이 지닌 취지와도 상당부분 상합(相合)된다고 볼 수 있을 것이다. 그러나 길선주의 말세론은 도드의 종말론이 예수님 당대에 일어났던 종말론적인 사건들에 근거하여 과거주의로 간주된다는 주장과는 거리가 멀다. 왜냐하면 길선주의 시간관에 내재된 말

---

40) Jürgen Moltmann, *The Coming of God*, 29–46.

세론은, '순례자적 삶으로서의 지상생애'와 '두 왕국론'의 개념에서 보여주듯이 현세와 내세를 분명하게 구분 지었으며, 내세는 향후 미래에 도래할 아직 실현되지 않은 세계라고 보기 때문이다. 그는 말세론의 중심을 그리스도의 재림으로 봄으로써 말세론의 중심적인 의미를 천년왕국 직전에 실현될 지상재림에 둔다.

오히려 길선주의 말세론은, 도드의 '실현된 종말론'과 견해를 같이 하면서도 자신의 종말론을 '시작된 종말론'으로 규정하여 모든 사람들이 종말적 사건과 종말적 공동체에서 살고 있는 것으로 주장했던 로빈손의 견해와 상통하는 면이 더 많다고 볼 수 있을 것이다. 그러나 로빈손이 재림사상은 순수하게 예수님에게서 의도되었던 것이 아니라 초대교회에서 고안하여 편집한 사상이라고 본 반면, 길선주는 재림사상이 분명히 예수님의 자의식 속에 내재되었다고 확신했다는 점에서 엄격한 차이가 있다. 길선주는 요한복음 14:3에 기록된 "내가 다시 와서 너희를 나의게로 迎接하야 내 잇는 곳에 너희도 잇게 하리니"를 "예수의 親히 하신 말씀"이라고 고백했다.[41]

불트만의 '실존적 종말론'은 길선주의 말세론과는 전혀 비견될 수 없는 다른 차원의 성격을 지녔다. 불트만은 하이데거(M. Heidegger)의 실존철학을 도입하여 양식비평을 통한 비신화화의 작업을 거쳐 그리스도의 실존에 대한 이해를 추구하고, 미래적 종말론을 부정하여 현재를 종말론적 현재로 파악함으로써 역사 안에서의 개인의 실존을 밝히고자 했다. 그의 이러한 지적 작업은 자연스럽게 메시아의 자의식, 내세, 지옥, 재림, 최후의 심판 등을 부인하는 사상으로 귀결되었다. 이러한 그의 실존적 종말사관은 그리스도의 완전한 양성과 기사들을 고백하는 길선주의 신앙[42]과 미래에 궁극적으로 실현될 그리스도의 역사적 재림을 말세학의 중심으로 보려는 길선주의 말세론에 정면으로 배치된다. 오히려 길선주의 인간실존의 개념이라면 '민족개량정신'의 '인간성 회복 촉구'[43]에서 고려해 볼 수 있는 문제라고 생각된다.

몰트만의 종말론은 하나님의 나라와 관련하여 희망의 하나님, 약속, 그리고 자유

---

41) 길선주, "末世學(一)", 『信仰生活』 4권 7호 (1935년 7월), 14.
42) 길선주, "唯一의 贖罪者는 그리스도", 『講臺寶鑑』(平壤: 東明書館, 1926), 81.
43) 본 논문 6장 4절 2. 1)을 볼 것.

를 갈망하는 희망의 신학 양태로 정리된다. 그러나 그리스도인이 추구할 미래를 현재에 실현하며 인류구원에 동참하는 행위 차원에서 교회가 상황에 따라서는 정치적인 힘을 발휘하여 현 사회를 개조해 나가야 한다며, 정치신학을 전개한 점은 길선주의 정교분리의 신앙노선[44]에 비추어 전혀 접맥이 이루어질 수 없는 영역이다.

길선주의 말세론은 쿨만의 구속사적 종말론, 리델보스와 후크마의 개혁신학적 입장 그리고 덤브렐의 언약신학적 관점에 가깝다. 특히 시간선상에서 이미와 아직 사이로 규정되는 쿨만의 과도기적 하나님 나라의 성격, 리델보스의 미래적이며 동시에 현재적인 나라로서의 왕국의 개념, 시작된 종말론과 미래종말론을 포괄하여 현세와 내세의 이원론을 극복한 후크마의 사관, 창세기로부터 요한계시록에 이르기까지 하나님의 통일된 언약을 통찰해 가며 이미와 아직 사이를 논한 덤브렐의 언약신학적 관점은 현세와 미래 사이를 긴장관계로 파악하면서도 내세를 현세의 연장선상에 둠으로써 이원론을 극복한 길선주의 시간관과 같은 맥락을 형성한다. 언약신학적 관점과 관련하여 덤브렐이 개혁신학의 전통적 언약신학에 입각하여 종말론을 조망했다면, 길선주는 일제가 한국을 강점한 특수한 시대적 현실을 직시하여 '민족언약사관'(民族言約史觀)[45]을 전개했다는 점에서 묵시문학적인 독특한 안목을 보여준다.

그러나 길선주의 말세론이 비록 개혁신학적 입장과 언약신학적 관점에 가깝다 할지라도 세대주의적 전천년설에 기초되어 있으며 시한부 종말론, 삼계론, 조선림보 교리, 그리스도의 강림과 부활의 문제 등 칼빈주의에서 수용하기 어려운 여러 난제들을 안고 있다는 점[46]은 별도로 논의되어져야 할 과제로 남는다.

---

44) 김인서, "靈溪先生小傳(中)", 「神學指南」 14권 1호 (1932년 1월), 41-43. 소전의 '三, 敎育과 政治運動'을 참고할 것.
45) 본 논문 6장 2절을 볼 것.
46) 본 논문 3장 4절 '칼빈주의와 상이한 점(相異點)'을 볼 것.

제8장 결론

  길선주는 1920년대로부터 1935년에 소천하기까지 전국 교회 순회부흥운동을 통해 말세론을 전파함으로써 일제 식민치하에 있던 성도들에게 주의 재림을 소망하게 해 주었던 부흥사였다는 점에서, 말세론적인 관점에서 그의 신앙과 신학을 조명해 보았다. 그는 1926년경 평양 장대현교회를 사임하고 나서 1935년에 소천하기까지 여생을 순회부흥사로서 활동했으며, 메시지의 중심은 말세론이었고, 그가 남긴 여러 저서들 가운데 가장 공들인 역작은 단연 『末世學』이었다.

  본 논문에서의 공헌은 다음 몇 가지로 정리할 수 있다. 이는 선행연구를 고찰해 볼 때 아직까지 방법론에서 적용되지 않았거나 내용면에서 다루어지지 않은 사안들이다.

  첫째, 『末世學』(1935-36년)과 관련하여 이 저서를 구조와 내용상으로는 조직신학에서의 종말론으로 분류할 수 있지만, 저술 동기에 있어서만큼은 묵시문학적인 위치를 점한다는 점을 논했으며, 묵시문학적 말세론이 형성될 수 있었던 시대적 개인적 배경과 그 과정을 살펴보았다. 또한 『末世學』뿐 아니라 말세론적 성향을 지닌 『懈惰論』(1904년)과 『만스성취』(1916년)까지도 통시적으로 조명했다.

  둘째, 길선주가 비록 해방 전 장로교회사에서 보수신학의 정체성을 확립했던 인물로 추앙받는 분이기는 하지만 그의 신학체계, 특히 말세론에는 칼빈주의 입장에서 수용하기 어려운 점들이 있다는 점을 밝혔다. 본 논문에서는 이러한 난제들을 정리하여 개혁주의 입장에서 비판했다.

  셋째, 길선주의 학문적 배경을 고찰하여 학년별 수강과목들과 담당교수진을 당시의 문서들을 통해 확인했다. 특별히 그가 평양신학교에 재학하던 당시 그에게 요한계시록을 가르친 스승이 스왈런(W. L. Swallen)이었다는 점을 선교사들의 연례 모임 보고서를 통해 확증하고, 그의 말세론과 스왈런의 종말론 관련 저서들을 비교 분석했다. 또한 동시대에 교단별로 발표된 다양한 종말론 관련 문헌들과도 대조하여 논증함으로써 그의 논지가 어떤 점에서 상호 교섭하며 견해를 달리하는지를 밝혔다.

넷째, 길선주의 설교집을 중심으로 조직신학적 연구방법을 통해 그의 조직신학의 각론에 용해되어 있는 말세론을 살펴봄으로써 성경관에 내재된 말세론, 신관에 내재된 말세론, 인간관에 내재된 말세론, 구원관과 기독관에 내재된 말세론, 교회관에 내재된 말세론, 시간관에 내재된 말세론 등을 분석했다.

다섯째, 현세와 내세를 단절로 보지 않고 이원론을 극복할 수 있었던 동인으로서의 민족개량 정신을 고찰했다. 이 작업을 통해 그가 현세와 내세를 일원론에 입각해서 볼 수 있었던 동인이 민족언약사관(民族言約史觀)에 입각한 민족개량정신에 있었다는 점을 밝혀 삼일운동 이후 그의 신앙이 결코 현세를 무시한 채 타계지향적으로 변질되지 않았다는 점을 증명했다. 특별히 출옥한 이후에 행해진 설교들만을 선별하는 별도의 작업을 거쳐 1920년대와 1930년대에 전개된 그의 말세운동과 관련하여 내면적 신앙운동이 구체적으로 어떤 양태로 전개되었는지 그리고 그 의의는 무엇이었는지를 조명했다.

여섯째, 근대와 현대에 발표된 서구의 다양한 종말론의 유형들과 비교해 봄으로써 길선주의 말세론이 어떤 점에서 서로 접점을 이루며 차이가 있는지를 살펴보았다.

일곱째, 이외에도 재림론과 관련하여 '病世治癒論的 再臨論', '宇宙淨化論的 再臨論', '現世照明的 再臨論', '宇宙改造論的 再臨論' 등의 용어라든가, '元老信者 高揚論', '民族言約史觀', '원심적 세계관', '확산의 원리' 등의 용어들, 그리고 조직신학적 분석에서의 '全能性-審判', '永能性-新天新地 조성', '자유의지-심판', '死後永生-참 종교', '구원자=심판자', '만민속죄-만민심판', '현세의 삶-내세상급' 등의 도식은 본 연구를 통해 처음으로 정립된 논지들이다.

이상, 본 논문에서 연구한 내용들을 정리하면 다음과 같다.
첫째, 묵시문학적 배경과 길선주의 말세론 형성은 밀접한 관계가 있으며, 그의

말세론의 양태는 묵시문학적 배경 하에 기독교에 귀의한 입신시점을 기준으로 두 가지의 양태로 전개되는 양상을 보여주었다.

길선주가 활동했던 시기는 조선의 개국과정이라는 과도기적 단계였다. 굴욕적인 협정과 열강의 침탈, 그리고 국권피탈에 이어 일제 식민통치를 받는 정황이었다는 점에서 종교적으로 묵시문학적 심성이 발흥할 수 있는 시대였다. 그리고 그의 말세론이 유대묵시문학에 나타나는 메시아니즘, 부활, 심판 등의 개념들을 기독교적 신앙으로 승화시켜 포용한다는 점, 현실과 내세를 단절로 보았는지 아니면 연속선상에서 파악했는지에 대한 단초를 제공해 준다는 점, 그리고 피압박 민족이라는 독특한 처지에서 형성된 논리였다는 점 등에서 사상적으로 묵시문학이 지니는 특징들과 연관되어 나타난다.

길선주의 말세론 형성은 기독교에 귀의한 입신 시점을 분기점으로 그 이전과 이후의 두 단계로 대별할 수 있는데, 소년시절부터 선도에 몸담아 수련하기까지 배태되었던 천부적인 종교가적 심성, 조선의 부조리한 윤리상에 대한 개혁의식, 수난과 사업 실패, 사후영생을 고민하는 종교심, 기독교를 접하는 과정에서의 『텬로력뎡』에의 심취라는 일련의 과정들을 거쳤고, 이 시기에는 자신이 추구하던 종교에서 영생불사의 진리를 발견하지 못한 채 종교적 만족감 없이 비관적 염세관만이 증폭되어가는 특징을 보여주었다. 그러나 그가 어거스틴과 헤르만 프란케의 회심에 비견할 수 있는 인격적 회개를 체험하면서 그의 말세론의 양태는 그리스도의 재림론으로 승화될 수 있었고, 종교적 만족감을 찾을 수 없었던 선도의 굴레에서 완전하게 벗어날 수 있었다. 개종 이후에는 새롭게 입신과 수난, 105인 사건과 장자 진형의 사망, 투병생활, 삼일운동과 영어(囹圄)의 생활, 만보산사건(萬寶山事件), 장대현교회에서의 배척, 교회의 부패상에 대한 경고라는 험난한 시대적 질곡(桎梏)을 거치면서 자신의 말세론을 성경에 입각하여 체계성 있는 학문적 차원으로 정립해 갈 수 있었다. 특히 삼일운동과 이로 인한 영어의 생활은 그의 요한계시록 만독(萬讀)과 더불어 말세론을 학적으로 체계화시켜 갈 수 있었던 카이로스의 시간이 될 수 있었으며, 특히 그의 시야에 비친 1930년대의 교회의 영적 침체와 부패상은 임박한 재림사상을 각인시켜주는 의미 있는 배경으로 작용했다.

둘째, 길선주의 종말론 관련 대표적 저서인 「末世學」은 세대주의적 전천년설에 입각해 있으면서도 다른 세대주의 저서들과는 구별되는 독특한 논지들을 담고 있으며, 칼빈주의적 시각으로 보았을 때 비판받을 만한 소지들도 다분하다. 또한 그의 「末世學」은 반드시 「懈怠論」, 「만수성취」와 더불어 통시적으로 분석해 보아야 할 저서이다.

「末世學」의 주요 논점들은 모두 여섯 가지로 정리할 수 있다. 첫째, 길선주는 성도들이 현실세계에서 믿음에 바로 설 수 있는 동인을 재림신앙으로 보았다는 점이며, 주의 재림의 목적이 세상을 정화하는 데 있다고 보아 후천년설을 배격하고 병세치유론적 재림론과 우주정화론적 재림론의 성취를 강조했다는 점이다. 둘째, 그의 천년왕국론의 전체적인 윤곽은 공중재림과 공중혼인연석, 지상의 대환난, 지상재림을 관철하는 전형적인 세대주의적 전천년설의 구조를 따른다는 점이다. 셋째, 천년왕국에는 공중재림 시 혼인연석에 참여했던 부활체 성도들과 대환난기간 중 순교하여 부활한 성도들, 부활한 유대인 144,000명뿐만 아니라 대환난기간의 숨은 교인들, 즉 비부활체의 신자들이 혼재하여 거주하며 천년 기간 동안 비부활체 성도들은 가취생산(嫁娶生産)을 한다는 점이다. 넷째, 현실적인 다양한 내증들과 외증들을 성경에 접목시켜 재림의 임박성을 주장하고, 특히 재림시기와 관련해서는 이방기약에 근거하여 1939년 재림설을, 희년제도에 근거하여 2002년 재림설을 제시했다는 점이다. 다섯째, 길선주는 자신의 재림론을 당대의 시대적 여러 정황들과 관련지어 현세조명적 재림론을 강론함으로써 부흥집회를 통해 대중에게 설득력 있는 메시지를 전할 수 있었다는 점이다. 여섯째, 최후 심판 후의 영원세계를 논함에 있어 우주개조론적 재림론과 삼계지향적 재림론을 주장했으며, 독특한 논지로서 지구개조설에 근거된 '무궁안식세계', 불현계의 '새예루살렘' 그리고 '유황불지옥'의 삼계론을 담는다는 점이다.

칼빈주의와 상이한 점이라면 첫째, 비록 그가 언약신학에 입각해 있고 율법시대와 은혜시대, 이스라엘과 교회를 구분하지 않는다는 점, 칭의론(以信得義)을 신구약의 동일한 원리로 보았다는 점, 이스라엘과 신약 교회와의 관계를 유기적인 관계성 속에서 파악했다는 점 등에서 전형적인 세대주의자들과는 견해를 달리하지만 일단 하나님의 계획을 여러 개의 분명한 세대들로 나누는 세대구분 방식을 그대로 답습했다는 점은 문제시 될 수 있다. 둘째, 칠년대환난과 관련하여 역사적 전천년설과는 달리 그리스도의 재림을 공중재림과 지상재림으로 구분하여 칠년대환난기에 교회가 환난을 면할 수 있다고 본 점이다. 셋째, 복음서에 기록된 무화과나무의 비유와 열 처녀의 비유, 노아의 때 등을 근거로 재림의 일자는 모르지만 기한만큼은 알 수 있다는 논리를 펴서 시한부 종말론을 주장했다는 점이다. 넷째, 최후심판 이후의 영원세계를 논함에 있어 천국과 지옥의 두 처소가 아닌 삼계론을 주장했다는 점이다. 이 외에도, 베드로전서 3:19-20을 해석함에 있어 조선림보 교리를 논한 점, 그리스도의 강림을 모두 다섯 차례로 이해한 점, 다섯 차례 강림할 때마다 부활 또한 다섯 차례가 있다고 본 점, 성경을 지나치게 상징적(우화적)으로 해석한 점, 내증과 외증이 정당한가의 문제, 칭의 문제를 다룸에 있어 인간 측의 자유의지를 개입시킨 점 등도 논란의 불씨가 될 수 있다.

『末世學』, 『懺悔論』, 『만ᄉ셩취』의 관계에 있어서는 『末世學』에 나타난 현세조명적 재림론, 지상재림론, 지상의 천년왕국, 우주개조론적 재림론, 개조될 지상으로서의 '지상무궁안식세계' 등의 논지들이 차안의 세계를 조명했던 것처럼 『懺悔論』과 『만ᄉ셩취』 역시 지상에서의 순례자적 삶을 강조함으로써 차안의 세계를 중시했다는 점에서 논리적으로 일맥선상에 있다. 거시적인 안목에서 『懺悔論』과 『만ᄉ셩취』가 지상의 순례자적 삶을 강조하는 '이미와 아직 사이'로서의 진행형의 의미를 지녔다면, 『末世學』은 그 완료형에 해당되는 영월한 안식세계를 지향하여 조망한 저서였다고 볼 수 있다.

셋째, 길선주의 말세론의 학문적 배경은 세대주의적 전천년설을 수용한 미북장로교 소속 초기 선교사들의 영향 아래 있었으며, 세대주의적 전천년설을 견지한 스왈런으로부터 계시록을 수강했다. 따라서 그의 말세론에는 스왈런의 사상적 영향이 두드러지게 나타난다. 그리고 대부분 세대주의적 전천년설을 따르는 동시대 종말론 관련 저서들과 비교해 볼 때 전체적인 윤곽에서는 큰 차이점이 없지만 세부적인 내용에서는 길선주만이 주장하는 독특한 논점들도 발견된다.

첫째, 학문적 배경으로서 길선주는 1903년부터 1907년까지 평양신학교에 재학 중이던 당시 성경신학, 교회사, 조직신학 등 중요한 과목들을 교장 모펫(S. A.

Moffett)을 비롯하여 베어드(W. M. Baird), 스왈런, 헌트(W. B. Hunt), 번하이슬
(C. F. Bernheisel) 등 매코믹신학교 출신 선교사들로부터 배움으로써 전반적으로
는 매코믹 신학풍의 신학적 소양을 갖추었다. 그런데 스왈런을 비롯하여 당시 초기
선교사들은 천년왕국론과 관련하여 19세기 말 미국의 보수신학과 사경회 및 성경
무오성과 접점을 이룬 세대주의적 전천년설에 입각해 있었다. 그는 4학년에 재학
중이던 1906년에 스왈런으로부터 요한계시록을 수강했으며 이를 계기로 자연스럽
게 세대주의적 전천년설의 이론적 틀을 답습할 수 있었다.

둘째, 길선주의 『末世學』과 스왈런의 계시록 관련 저서들을 비교 분석함으로써
발견할 수 있는 중요한 논점으로서, 길선주의 『末世學』의 사상적 체계와 전체적인
틀이 기본적으로는 스왈런의 가르침에 근거되어 있지만 세세한 내용에 있어서는
길선주 나름대로의 새롭고 독특한 주장들도 있다는 점이다. 길선주가 스왈런의 사
상적 체계를 전수받았다는 근거로서는 말세학의 중심으로서의 재림론, 세대주의
적 전천년설, 임박한 재림론, 현세조명적 재림론, 사후 처소로서의 조상림보, 우주
개조론적 재림론, 삼계지향적 재림론 등의 논지에서 발견할 수 있다. 그러나 스왈
런에게서 발견할 수 없는 특이한 논점들도 많은데 그리스도의 강림을 모두 다섯 차
례로 세분한 점, 그리스도의 강림과 부활을 유기적 관계로 설정한 점, 시한부종말
론을 주장한 점, 천년왕국에서의 가취생산자들에 대한 견해, 천년왕국에서의 가취
생산을 하는 신자들의 수명 및 인종번성과 관련된 내용들, 천년왕국 후 배교하는
무리에 대한 소신 등은 스왈런의 입장과는 다른 독특한 주장들이다.

셋째, 동시대에 발표된 종말론 관련 저서들의 주요 논점들로서는 계시록의 중심
주제를 영원세계로 보기보다는 그리스도의 재림으로 본다는 점, 천년왕국론에 있
어서 일반적으로 공중재림과 휴거, 지상의 대환난, 지상재림과 심판, 천년왕국, 마
귀의 해방과 최후의 심판, 영원의 세계 순서로 전개되는 세대주의적 전천년설이 주
류를 이룬다는 점 등을 들 수 있다. 대표적인 문헌들로서는 『예수의 지림』, 『默示錄
釋義』, 『默示錄研究』, 『默示錄講義』, 『默示錄의 大槪』, 『주지림론』, 『묵시록공부』,
『계시록대요』, "쥬의 지림에 디한 성경의 교훈", 『末世論』, 기타 이명직의 소논문들
을 들 수 있다. 그러나 당대의 모든 저서들이 세대주의적 전천년설만을 표방하고
있었던 것은 아니며 비록 소수이기는 해도 역사적 전천년설의 입장(『오는 소망』),
전천년설과 후천년설 그리고 무천년설을 두루 섭렵하는 입장(하디의 『默示錄論文

과 『묵시록강의』), 무천년설의 입장(『묵시록주석』), 안식교의 정체성을 변증하는 입장(『默示錄研究綱目』, 『默示錄研究』)도 있었다. 영원세계에 있어서는 지구교체설을 주장하는 견해도 있지만(『묵시록주석』) 대부분 지구 교체설이 아닌 개조설을 주장했다.

넷째, 길선주의 『末世學』과 동시대 종말론 관련 저서들을 비교해 볼 때 동시대에 발표된 세대주의적 전천년설의 입장을 취하는 종말론 관련 저서들과 큰 틀에서는 별반 차이가 없다. 그러나 세부적인 내용들에 있어서는 독특한 점들이 발견된다. 그는 평양신학교에서의 맥코믹신학교 학풍의 신학 이수와 스왈런의 영향, 계시록 만독(萬讀), 시대적, 개인적 정황, 당대 여러 종달론 관련 저서들로부터 체득한 일정한 지적 자산 위에 자신만의 독특한 주장들을 첨부하여 『末世學』을 구성함으로써 독창성 있는 내용들을 논증했다. 가령, 현세에서 발견할 수 있는 풍부한 내증들과 외증들에 근거하여 현세조명적 재림론을 주장한 점, 그리스도의 다섯 차례의 강림을 논한 점, 부활의 성격과 논증, 천년왕국에 거주하는 가취생산자들의 수명과 인종번성에 대한 설명, 천년왕국 후 배교하는 무리에 대한 해석, 1939년과 2002년으로 재림연대를 계산한 시한부종말론, 천년왕국에서의 비부활체 신자들의 가취생산의 삶을 다룬 내용, 삼계지향적 재림론 등을 들 수 있다. 물론 삼계론에 있어서는 기본적으로 스왈런의 삼계론이 길선주의 삼계론의 윤곽을 형성해 주었고 정의화 역시 『默示錄의 大槪』에서 삼계론을 주장했기 때문에 삼계론이 길선주만의 독창적인 사상이라고 간주할 수는 없지만, 구체적으로 누가 삼계에 거주할 것이며 삼계 사이에는 장차 어떤 왕래가 이루어질 것인가 등에 대한 세세한 설명은 길선주만의 독특한 논지들을 담는다.

넷째, 길선주의 제(諸) 신학에 내재된 말세론은 조직신학적 접근방법을 통해 신관, 인간관, 구원관, 기독관, 교회관, 시간관 등에서도 고찰해 볼 수 있다.

첫째, 성경관에 내재된 말세론은 입신 전부터 유교적 체질과 수도자적 고행의 과정을 통해 경전을 수없이 암송했던 구도심으로 문자를 중시하는 소양이 깊었다는 데서 그 의미를 발견할 수 있다. 그는 입신 후에도 말세론에 관련된 성경을 집중적으로 암송했으며, 항존주의(恒存主義) 성경관. '聖經 曰'의 재림신앙 등으로 다져진 축자영감(逐字靈感)의 성경관은 세대주의적 전천년설을 자연스럽게 수용하는 동인이 될 수 있었다.

둘째, 신관에 내재된 말세론은 하나님의 전능성과 종말을 준비하는 성삼위 하나님의 사역에서 발견할 수 있는데, 현세적 심판과 내세적 심판 양자를 포괄하는 의미로서의 '全能性-審判'의 도식, 영능(永能)으로 영원한 세계를 건설하는 '永能性-新天新地 조성'의 도식에서 분명하게 드러난다. 종말을 준비하는 삼위일체의 사역은 재림을 기대하게 하며 지상에서 성결한 삶을 살도록 격려하는 성부의 사역, 경고와 소망의 양면적 차원에서 임박한 재림론에 초점이 맞춰지는 성자의 사역, 오순절 성령강림으로부터 공중재림에 이르기까지 교회시대에 속한 성도들의 중생과 성화사역을 감당하고 천년왕국이 임하기 전까지의 현세를 주도해 가는 성령의 사역으로 묘사된다.

셋째, 인간관에 내재된 말세론은 먼저 인간의 선천적 종교심과 자유의지에 대한 이해에서 살펴볼 수 있는데, 인간에게 부여된 내세를 갈망하는 선천적 종교심, 고난과 형벌을 숙고하는 좌소(坐所)로서의 마음을 논한 데 그 기초가 있다. 그는 다음 단계로서 원로신자(元老信者)의 신앙단계를 논했고, 이에 그치지 않고 한 걸음 더 나아가 자신과의 내적 투쟁과정을 거쳐 내세를 지향함으로써 최후에 면류관을 받는 승리적 신자상을 논했다. 그의 자유의지론과 말세론과의 연계점이라면 비록 그가 칼빈주의의 죄관을 수용하고 있음에도 불구하고 아르미니우스적인 예지예정론의 입장에서 칭의론을 받아들인다는 점이다. 그는 인간은 자유의지를 지녔고 따라서 자유의지로 범죄한 인간에게 내려지는 하나님의 심판은 정당성을 지닌다는 심판당위론을 천명했다.

넷째, 구원관과 기독관에 내재된 말세론은 사후영생에 대한 고민과 중보자에 대한 이해, 만민심판론, 현재적 의미로서 이미 심중에 은총과 평안을 누리는 소천당(小天堂) 사상 등을 들 수 있다. 그는 기독교가 타종교와는 달리 사후영생의 도리를 논하는 종교이기 때문에 유일한 참 종교라는 대명제를 정립했다. 또한 중보자의 양성을 부인하는 이단사조가 성행하는 것을 재림의 한 징조로 설파했으며, '구원주=심판주'라는 도식을 통해 중보자의 위치를 양면적으로 이해했다. 특히 만민심판론이 만민속죄론과 대사령(大赦令)에 기초되어 있기에 그 정당성을 인정해야 한다는 논리도 주목할 만한 내용이다.

다섯째, 말세교육의 장으로서의 교회관, 지상에서의 전투적 교회관, 내세 지향적 교회관으로 정리되는 그의 교회관은 최후의 심판 후에 도래할 영원한 내세를 대망하며 지상에서 전투적 교회로서의 소임을 감당하는 종말론적 교회상으로 일관되어 있다.

여섯째, 길선주의 시간관은 항상 현재라는 시점에서 출발하여 종말을 지향하며, 초림으로부터 최후의 심판이 임하는 시간대에서 그리스도의 말세론적 사역에 초점이 맞추어진다. 그는 이 시간관을 통해 소명의식에 입각하여 그리스도의 수난의 자취를 따르는 순례자적 삶으로서의 지상생애와 두 왕국론, 그리고 상급신앙을 강조했다. 그의 두 왕국론은 영적 고투를 치러가는 개인 내면세계에서의 두 왕국, 무궁안식세계를 맞기까지 지상에 존재하는 두 왕국, 그리고 긴장관계에 있는 지상과 천상의 왕국 등 다양한 면에서 접근할 수 있다.

다섯째, 길선주는 임박한 시한부 재림론 등을 주장했음에도 불구하고 현대의 다미선교회와는 달리 지상의 삶에 충실할 것을 강조함으로써 현세와 내세의 이원론을 극복했는데 그가 이원론을 극복할 수 있었던 절대적 동인은 '민족개량 정신' 이었다.

첫째, 길선주의 민족개량의 원리는 장래에 실현될 차안적 현세적 민족구원의 섭리를 믿는 민족언약사관에서 출발하며 철저하게 민족 운명공동체 의식을 반영했다. 당대의 민족상이 피압박 민족으로 각인되어 있었음에도 불구하고 그가 현세와 내세를 결코 단절로 보지 않고 두 세계를 시간적 연속선상에서 일원적으로 바라볼 수 있었던 것은 바로 식민치하에서 현세적 구원을 기다리는 운명공동체로서의 민족이 있었기 때문이었다. 따라서 민족은 그로 하여금 현세와 내세의 이원론을 극복하게 해 주는 절대적인 동인이 될 수 있었다.

둘째, 삼일운동으로 인해 옥고를 치르는 동안 자신이 감당해 왔던 30년 목회사역을 깊이 자성하면서 외형적 카리스마와 권능을 추구해 오던 외면적 신앙양태에서 차츰 사랑을 추구하는 내면적 신앙양태로 전향해 갈 수 있었다. 그는 1차세계대전의 비참한 결말을 지켜보면서 물질문명에 의해서는 결코 평화로운 이상촌을 건설할 수 없다고 판단했으며, 이로 인해 인간의 내면세계의 변화와 각성을 중시하는 새로운 가치관을 형성해 갈 수 있었다. 사적인 체험으로서 그는 자신의 중병을 치유하면서 통회, 자복, 기도, 성령의 수술로 조명되는 인간의 내적인 모습까지도 숙고할 수 있었다. 또한 일체 투쟁적 무력의 개념을 배제하고 화평의 복음으로 전향해야 한다는 결단, 강대국들이 이권을 노리며 추진하는 명목상의 평화회의를 신뢰하기보다는 오직 하나님만을 의존하려는 신 의존적 신앙, 마음의 심연을 조명하는 동기론적 윤리관의 심화를 통해 내면적 신앙운동에 보다 더 가치를 두었다.

셋째, 길선주의 민족개량 정신은 실천적인 면에서 인간성 회복, 청년양육, 교회갱신, 그리고 가정·사회 윤리 정립 등으로 그 틀이 설정된다. 그는 민족개량에 투철하지 못했던 1930년대 교회의 무기력한 모습을 비판하면서 교회갱신, 폐습타파, 청년층 양성, 교회의 전도열 상실, 비진리와 비복음운동의 성행, 신앙과 사랑을 심어주지 못하는 교인 교육, 기도, 열심, 영열(靈熱), 교역자들의 영적역량(靈的力量), 주일성수, 가정예배, 교역자의 소명의식, 인가귀도(人家歸道)의 원칙에 입각한 결혼윤리의 정립, 가정윤리로서의 아내에 대한 사랑, 부모에 대한 효, 자녀교육, 가정정화, 가정예배, 사회를 향한 복음전파, 신자의 언행을 통한 감화, 사회개혁, 사회의 공익 추구에 대한 책임, 게으름, 허례허식, 주초, 무속신앙, 마작행위 등을 심도 있게 논했다. 길선주의 민족개량에 관한 메시지는 그의 당대로부터 현금(現今)에 이르기까지 기독교계가 자성하고 개혁해 나가야 할 만성적인 과제들을 지적해 주는 통시성(通時性)을 지녔으며 그의 민족개량 정신은 현 기독교계가 먼저 변화되지 않고서는 결코 '교인으로부터 민족'이라는 '확산의 원리'를 적용할 수 없다는 교훈을 준다.

여섯째, 근·현대 종말론의 유형들과 길선주의 말세론은 서로 교섭되는 내용들도 많지만 전반적으로는 개혁주의를 표방하는 종말론의 유형들에 가깝다.

본 연구자의 소견으로는 길선주의 말세론은, 메시아 자의식의 문제만 결부시키지 않는다면, 바이스와 슈바이처의 '일관된 종말론'(consistent eschatology) 혹은 '철저한 종말론'(throughgoing eschatology)에, 그리고 '실존적 종말론'(existential eschatology)을 극복한 쿨만(O. Cullmann)의 구속사적 종말론에 견주어 볼 수 있으리라 본다. 쿨만이 그리스도 사건을 시간의 중심에 두고 현재의 단계를 이미와 아직 사이의 긴장관계에 놓여 있는 시기라는 점을 주안점으로 논한 반면, 길선주는 주로 신자 개개인의 생애와 관련하여 이미와 아직 사이의 긴장관계를 논함으로써 적용상에서 관점의 차이를 보여준다.

길선주의 말세론은 개혁신학적 기초 위에서 구속사적 관점에 입각하여 하나님나라의 현재성과 미래성을 논한 리델보스(H. Ridderbos)의 입장이나 '시작된 종말론'(inaugurated eschatology)과 '미래종말른'(future eschatology)을 논함으로써 현세와 내세의 불연속적 이원론을 극복한 후크마(A. A. Hoekema)의 견해, 그리고 언약신약의 관점에서 종말론을 전개한 덤브렐(W. J. Dumbrell)의 견해에 가깝다. 그러나 그의 세대주의적 전천년설이라든가 시한부 종말론, 삼계론, 조선림보 교리, 그리스도의 강림과 부활의 문제 등은 여전히 칼빈주의 신학의 입장에서는 수용할 수 없는 난제들로 남는다.

【역사적 의의】

길선주는 1907년의 평양대부흥운동을 주도한 인물이었으며 같은 해 평양신학교를 첫 회로 졸업하여 한국장로교의 초대 일곱 목사들 중 한 분으로 장립을 받음으로써 한국 장로교회사의 자치(自治)의 역사에 큰 획을 그은 인물이다.

1907년부터 1926년까지 한국장로교의 중심지라 할 수 있는 서북지역의 평양 장대현교회에서 담임목사로 시무했고, 독노회 부노회장, 창립총회 부총회장, 총회전도국장, 숭덕 숭현 남녀학교 학회장을 역임하는 등 해방 전 장로교회의 대표적인 목회자로, 교계의 중직 임원으로, 선교사역 후원자로서의 굵직한 사역을 감당했다. 삼일운동 당시에는 민족대표 33인 중의 한 분으로 서명하여 옥고를 치르는 등 독립운동에도 공헌했으며, 민족개조론을 표방하여 기독교 정신에 입각한 도덕적, 윤리적 갱신을 추구했다. 교계뿐만 아니라 물산장려와 금주·금연 운동, 여성 인력의 활성화, 허례허식 타파 등 계몽운동을 전개함으로써 일반 사회영역에도 지대한 업적을 남겼다. 또한 청소년층에 지대한 비전을 품고 이들을 대상으로 한 교육사역에도 진력하여 숭덕학교와 숭현학교를 설립했으며, 다양한 사경회를 개최하여 성경을 가르치고, 『懈惰論』, 『만ㅅ성취』, 『講臺寶鑑』, 『末世學』 등의 주목할 만한 저서들을 남겨 후학의 신앙교육에도 크게 이바지했다.

그러나 무엇보다도 길선주가 1907년 평양대부흥운동을 이끈 인물이었고, 1920

년대와 1930년대를 주도했던 부흥강사로 활동했다는 점에서 그의 사역에 큰 의미를 부여해야만 한다. 특히 그가 옥고를 치른 후 1920년대와 1930년대에 전국을 순회하며 전파했던 메시지는 말세론이 중심이었고 이로 인해 길선주의 신학과 신앙은 자연스럽게 말세론으로 대변될 수 있었다.

그의 말세론은 한국교회사에서 어떤 의의를 지니는가.

먼저 고무적인 면을 여섯 가지로 정리해 본다.

첫째, 고난당하는 민족에게 민족언약사관을 통해 소망을 주었다는 점이다. 길선주의 말세론은 세대주의적 전천년설의 입장을 천명하여 주의 공중재림과 지상재림, 천년왕국, 그리고 궁극적으로는 영원무궁세계를 소망함으로써 청일전쟁, 을미사변, 러일전쟁, 을사늑약, 고문정치와 차관정치, 한일합방, 무단통치와 문화정치로 이어지는 암울한 시대적 정황에서 민족으로 하여금 소망을 갖게 해 주었다는 점에서 큰 의미를 부여할 수 있다.

둘째, 길선주의 말세론은 대중화의 성격을 지님으로써 파급효과가 컸다는 점이다. 그의 『末世學』은 동시대에 발표된 다른 저서군(著書群)과는 달리 신학적 소양을 갖춘 신학생들만을 대상으로 하거나 혹은 제한적으로 신학교 강단에서 활용되었던 저서가 아니라 순회부흥회에서의 메시지를 통해 일반 대중에게도 폭 넓게 보급되었다는 점에서 대중성의 의미를 부여할 수 있다.

셋째, 한국인들은 위기의 상황이 도래할 때마다 묵시문학적 관점에서 메시아니즘으로서의 미륵불사상과 무극대도사상, 역성혁명사상, 풍수도참사상, 후천개벽사상 등에 입각하여 다가올 새로운 미래를 소망했으나, 길선주의 말세론은 성경에 입각한 종말론의 입장을 전개함으로써 타종교나 민간신앙에서의 메시아니즘을 기독교의 재림신앙으로 대체시켰다는 데 의미가 있다.

넷째, 길선주의 말세론은 현세와 내세를 단절로 보지 않고 이원론을 극복했다는 점이다. 그는 현세를 '이미와 아직 사이'에 있는 과도기적 천국으로 간주하여 현세와 내세의 이원론을 극복해 냈다. 비록 그는 시한부 종말론적 재림론을 주장했지만 결코 현세를 포기하지 않고 오히려 이 지상에서 성실한 삶을 살 것을 권면했다. 특히 그의 시간관이 보여주는 소명의식과 순례자적 삶으로서의 지상생애, 그리스도의 수난의 자취를 따르는 삶, 두 왕국론, 상급신앙, 소천당의 신앙 등에서 이러한 노력이 크게 부각되어 나타난다.

다섯째, 그의 내면적 신앙운동은 나 자신으로부터 시작하여 세계를 향한다는 원심적 세계관과 아울러 '교인으로부터 민족'이라는 '확산의 원리'를 견지한다. 그가 강조했던 성도 개개인의 인간성 회복이라든가 교회 공동체의 갱신, 가정과 사회 윤리의 정립을 위한 다양한 실천 항목들은 확산의 원리에 입각해 있어 교인으로부터 출발하여 궁극적으로는 온 민족이 변화되어야 한다는 거시적인 비전을 지녔다.

여섯째, 그는 피안적 종말론의 영역에서만 말세론의 의미를 부여하지 않고, 성경관, 신관, 인간관, 구원관과 기독관, 교회관, 시간관 등과도 연계하여 말세론의 의미를 통찰해 볼 수 있는 신학적 안목을 보여주었다. 그는 말세론을 형이상학적, 미래적 종말론에서만 논할 것이 아니라 성경관, 신관, 인간관, 구원관과 기독관, 교회관, 시간관 등 가시적이며 현상적인 영역에서도 이해할 수 있게 해 줌으로써 삶의 정황에서 직접 체험할 수 있는 말세론을 전개해 나갈 수 있었다.

그러나 길선주의 말세론이 전적으로 고무적인 면만을 지닌 것은 아니었다. 다음 세 가지 면에서 문제점들을 지적할 수 있다.

첫째, 그의 말세론에 드러난 논지들 중에는 칼빈주의 입장에서 수용하기 어려운 신학적인 난제들이 있다. 그는 언약신학을 견지하고 있었음에도 불구하고 세대주의 신학에서처럼 인류역사를 일곱 세대로 세분한 점, 역사적 전천년설이 아닌 세대주의적 천년설을 채택했다는 점, 1939년 재림설과 2002년 재림설을 주장함으로써 시한부종말론을 주장했다는 점, 사후 세계를 삼계로 논한 점, 조선림보교리, 그리스도의 강림과 부활에 대한 이해, 성경의 지나친 우화적 해석, 재림의 징조로서의 내증과 외증의 문제, 이신득의 사상에 있어서 자유의지의 개입 문제 등은 칼빈주의 신학에서 용납할 수 없는 사안들이다.

둘째, 길선주 당대의 입장에서 보면 그의 지나친 현세조명적 재림론은 재림의 징조를 근시안적으로 판단하게 해 주는 불합리한 원인이 되었다는 점을 지적할 수 있다. 실제로 그의 임박한 재림과 심판에 관한 설교를 들었던 서북지역의 일부 교인들 중에서는 이남지역으로 이동하는 무리가 있었을 정도로 그의 메시지는 근시안적 현세조명적 재림론의 특성을 지녔다.

셋째, 길선주의 세대주의적 전천년설로 인해 칼빈주의 입장에서 지지받는 역사적 전천년설이나 무천년설이 이후 오랜 기간 자리를 잡을 수 없었다는 점이다. 길선주의 세대주의적 전천년설 문제에 있어서는 역사적 전천년설자이자 당대의 석

학이었던 박형룡마저도 일체 비판하지 않고 침묵을 지켰을 정도였다. 길선주 당시
에도 클락(C. A. Clark)과 민준호 등에 의해 소개된 무천년설 입장의 『묵시록주석』
이 있었고, 도슨이 저작한 역사적 전천년설 입장의 『오는 소망』이 있었지만 세대주
의적 전천년설의 대세를 거스를 수는 없었던 것으로 보인다. 더군다나 길선주의
『末世學』은 일반 성도들을 대상으로 하는 부흥집회를 통해 선포된 메시지로서 대
중성을 지녔다는 점에서 다른 어느 종말론 계통의 저서보다도 파급효과가 클 수밖
에 없었다.

【제언: 향후 연구과제】

길선주의 말세론 연구를 마무리하면서 향후 연구과제가 될 만한 제언을 다음 세
가지로 정리해 본다.

첫째, 1907년 평양대부흥회와 말세론과의 접점을 생각해 볼 수 있다. 이는 연구
해 볼만한 가치가 있는 영역이지만 본 연구자는 길선주의 말세론을 연구하면서 평
양대부흥회를 말세론과 관련지을 만한 논거를 찾지는 못했다. 왜냐하면 평양대부
흥회는 기독교계의 정교분리관이 확립되고 특히 도덕적, 윤리적 갱신을 통한 삶의
개혁운동이었다는 차원에서 이해하는 입장이기 때문이다. 또한 주목할 만한 역사
적 증거들도 포착할 수 없었다. 평양대부흥회의 성격을 고찰함에 있어서 가장 큰
난제라면 당시 길선주가 전한 메시지를 분석해 볼 수 있는 1차자료, 즉 설교원고를
구할 수 없기 때문에 주로 2차자료(주로 길진경의 『靈溪 吉善宙』나 당시의 평양대
부흥회 관련 문헌들)에 의존할 수밖에 없다는 점이다. 만일 그의 설교원고들을 확
보할 수만 있다면, 그리고 말세론과 관련지을만한 당시의 역사적 현상들을 확보할
수만 있다면, 부흥회의 성격을 말세론적인 관점에서 분석해 볼 수도 있을 것이다.
평양대부흥회를 말세론적인 관점에서 연구한 유일한 연구라면 이필찬의 소논문
"1907년 평양대부흥운동과 세대주의 종말론적 성경해석"을 들 수 있다(이 소논문
은 본 연구자의 논문이 인준된 지 5개월 후쯤인 2007년 5월에 발표되었음). 그러나
아쉽게도 이필찬은 길선주의 설교자료들을 분석한다거나 당대의 증거가 될 만한
역사적 현상들을 확인하는 작업을 거치지 않았다. 그는 주로 '말세론' 혹은 '재림
신앙'이 '회개'를 촉구하는 동인이 될 수도 있다는 논리에 의지하여 당시의 부흥운
동을 인위적으로 종말론에 연계시킴으로써 연구의 한계점을 드러냈다.

둘째, 본 논문의 4장 '길선주의 학문적 배경과 동시대 종말론 관련 저서들 고찰'
은 이 내용만으로도 한편의 독립된 논문으로 다루어 볼 수 있는 의미 있는 주제가
될 수 있다. 특히 세대주의적 전천년설에 관련지을만한 몇 가지의 특징적인 테마들
을 설정하여 동시대의 종말론 관련 저서들과 깊이 있게 비교 분석한다면 일치점과
차이점들을 보다 더 세밀하게 밝혀낼 수 있을 것이다.

셋째, 길선주의 말세론에 신학적 혹은 신앙적으로 영향을 받은 주요 인사들의 계
보를 고찰하는 작업도 가치가 있다. 본 논문의 결론부에서는 길선주의 말세론이 한
국교회사에서 어떤 의의를 지니는가 라는 관점에서 고무적인 면과 문제점으로 구
분하여 논평하는 선에서 간략하게 조명했다. 그렇지만 후대로 이어지는 신학적 혹
은 신앙적 계보까지도 면밀(綿密)하게 살펴본다던 그의 말세론이 지니는 교회사적
위치를 더 깊이 있게 조망할 수 있을 것이다.

참고문헌

1. 1차자료

길선주, 『講臺寶鑑』(平壤: 東明書館, 1926).

______, 『만人셩취』(平壤: 光文社, 1916).

______, "末世學"(소논문): 김인서 주필의 『信仰生活』에 연재됨.
　　　　1935年 / 7月(14-16), 8·9月(10-17), 10月(11-15), 11月(15-21), 12月(8-12).
　　　　1936年 / 1月(13-20), 2月(14-19), 3月(15-23), 4月(13-18), 5月(10-15), 6月(15-21), 7月
　　　　　　(13-15), 8·9月(10-15), 10月(13-14), 11月 (8-12).

______, "聖徒의 五大要綱", 『宗敎時報』 4권 1호 (1935년 1월), 12-13.

______, "靈溪格言", 『眞生』 2권 3호 (1926년 11월), 23.

______, "平和의 曙", 韓錫源 編, 『宗敎界諸名士講演集』(京城: 活文社書店, 1921), 28-42.

______, 『懈惰論』(京城: 大韓聖敎書會, 1904).

길진경 편, 『길선주목사 예화모음』(서울: 기독교문사, 1994).

이성호 편, 『吉善宙牧師說敎(略傳集·講臺寶鑑·但以理查經案)』(서울: 惠文社, 1977).

崔仁化 編, 『吉善宙牧師說敎集』(京城: 主校出版社, 1941).

2. 2차자료

길진경, "3·1운동 독립선언서에 선두로 서명한 길선주 목사", 『信仰界』(1981년 3월), 96-100.

______, 『靈溪 吉善宙』(서울: 鐘路書籍, 1980).

길진경 편, 『靈溪 吉善宙 牧師 遺稿 選集(第 一集)』(서울: 大韓基督敎書會, 1968).

김광수, "목회자 길선주에 대한 사적 연구", 『神學正論』 4권 8집 (1990년), 339-359.

______, "목회자 길선주와 그의 목회원리", 『現代宗敎』(1986년 11월), 56-62.

______, 『韓國基督敎人物史』(서울: 基督敎文社, 1974).

김기대, 『日帝下 改新敎 宗派運動 硏究』(城南: 韓國精神文化硏究院 韓國學大學院 博士學位論

文, 1996).

김수진, "길선주 목사", 『信仰世界』 통권 200호 (1985년 3월), 70-73.

김인서, "三・一運動과 吉善宙", 『金麟瑞著作全集(第 2卷)』(서울: 信望愛社, 1974), 388-391.

______, "靈溪先生小傳", 『金麟瑞著作全集(第 5卷)』(서울: 信望愛社, 1976), 42-66.

______, "靈溪先生小傳(上)", 『神學指南』 13권 6호 (1931년 11월), 37-41.

______, "靈溪先生小傳 續一", 『信仰生活』 5권 1호 (1936년 1월), 27-31.

______, "靈溪先生小傳(中)", 『神學指南』 14권 1호 (1932년 1월), 37-43.

______, "靈溪先生小傳(中二)", 『神學指南』 14권 2호 (1932년 3월), 33-36.

______, "靈溪先生小傳(下)", 『神學指南』 14권 3호 (1932년 5월), 33-36.

______, "靈溪先生小傳 後篇二", 『信仰生活』 5권 2호 (1936년 2월)25-29.

______, "靈溪先生小傳 後篇三", 『信仰生活』 5권 3호 (1936년 3월), 28-32.

______, "靈溪先生의 末世學", 『信仰生活』 4권 7호 (1935년 7월), 12-13.

______, "靈溪先生의 臨終과 葬儀", 『信仰生活』 5권 1호 (1936년 1월), 35-37.

김인수, "길선주 목사의 '나라사랑' 정신에 대한 소고-그의 신학사상에 대한 재해석의 한 시도-", 『敎會와 神學』 24집(1992년), 207-229.

김철손, "默示文學", 『基督敎思想』 (1971년 6월), 154-161.

나동광, "길선주의 생애와 민족운동", 『文化傳統論集』 9집 (2001년), 117-129.

박용규, 『평양대부흥운동』(서울: 생명의 말씀사, 2000).

박형룡, "使徒生涯의 再演出", 『信仰生活』 5권 1호 (1936년 1월), 21-26.

박효생, "한국교회는 길선주형 교회", 『信仰界』 191호(1983년 2월), 102-105.

송길섭, 『韓國神學思想史』(서울: 大韓基督敎出版社, 1992).

송진우, "吊辭", 『信仰生活』 5권 1호 (1936년 1월), 39.

유동식, 『韓國神學의 鑛脈』(서울: 展望社, 1986).

______, 『韓國宗敎와 韓國神學』(天安: 韓國神學硏究所, 1991).

이덕주, "영계 길선주 목사의 말세론(I)", 『살림』 3호 (1987년 2월), 65-73.

______, "영계 길선주 목사의 말세론(II)", 『살림』 4호 (1987년 3월), 65-74.

이명직, "靈溪先生吉善宙牧師追慕함", 『活泉』 158호 (1936년 1월), 3-4.

장병일, "復興運動의 횃불- 靈溪 吉善宙 牧師의 生涯와 思想", 『基督敎 思想』 (1966년 12월), 68-75.

정성구, "韓國敎會와 說敎運動-吉善宙, 金益斗, 李聖鳳을 中心하여-", 『神學指南』 51권 1, 2집 통권 201호 (1984년 봄・여름), 140-159.

한숭홍, 『한국신학사상의 흐름(상)』(서울: 장로회신학대학교출판부, 1996).

허호익, "영계(靈溪) 길선주 목사의 영성신학", 『청풍』 1호 (1998), 50-84.

"吉善宙先生取調書", 『3・1 運動秘史』, 시사시보사 출판국, 1959년, 109-122.

"오호 길선주목사", 『宗敎時報』 5권 1호 (1936년 1월), 4.

Bernheisel, C. F., "Rev. Kil Sunju" in *The Korea Mission Field*, 1936. Vol.XXXII. February No.2., 29-31.

Kim, I. S., *Protestants and the formation of modern Korean nationalism, 1885-1920: A study of the contributions of Horace Grant Underwood and Sun Chu Kil*, U・M・I, 1993.

3. 길선주의 동시대 종말론 관련 자료

1) 한국인 저서
김상준, 『默示錄講義』(平壤: 基督書院, 1918).
김정현, 『末世論』(京城: 彰文社, 1928).
______, 『末世論』(京城: 講臺社, 1935).
이명직, "審判", "그리스도씌서 來臨하심", "携擧", "空中의 婚宴", "大患 難時代", "顯現", "千
　　　年時代" 등: 『活泉』 47-52호.
이창직, "쥬의 지림서", Blackstone W. E., 『예수의 지림』(J. S. Gale 역; 京城: 朝鮮耶蘇敎書會,
　　　1913), 1-3.
홍종숙, 『默示錄釋義』(京城: 耶蘇敎書會, 1913).

2) 중국인 저서
가옥명, 『末世論』(鄭載冕 譯; 平壤: 長老會神學校, 1931).
이지명, "그리스도再臨과 現代聖徒", 『聖經雜誌』 1권 6호 (1918년), 6-9.
왕좌화, "默示錄硏究", 『聖經雜誌』 1권 1호(1918년)-2권 4호(1919년).
정의화, "默示錄의 大槪", 『神學指南』 1권 3호(1918년)-2권 3호(1919년)
______, "예수의 再臨과 敎會의 關係", 『聖經雜誌』 4권 2호 (1921년), 1-8.
______, "主再臨時에 聖徒의 先站得救論", 『聖經雜誌』 3권 6호 (1920년), 18-22.
『묵시록주석』(민준호 역; 京城: 東洋書院, 1913).
『묵시록주석』(클락 외 2인 공역; 京城: 耶蘇敎書會, 1922).

3) 선교사, 서양인 저서
Baird, W. M., "쥬의 지림에 디한 성경의 교훈", 『神學指南』 8권 1호 (1926년), 70-74.
______, "쥬지림론서", 『쥬지림론』(W. M. Baird 역; 京城: 朝鮮耶蘇敎 書會, 1922), 1-6.
Blackstone, W. E., 『예수의 지림』(J. S. Gale 역; 京城: 朝鮮耶蘇敎書會, 1913).
Brooks, J. H., 『주지림론』(W. M. Baird 역; 京城: 朝鮮耶蘇敎書會, 1922).
Dawson, W. B., 『오는 소망』(H. J. Gordon 역; 京城: 耶蘇敎長老會總 會敎育部, 1934).
Hardie, R. A., "默示錄論文", 『神學世界』 7권 2호-6호(1922년).
______, "묵시록강의", 『神學世界』 9권 1호-2호(1924년).
Swallen, W. L., 『계시록대요』(京城: 耶蘇敎書會, 1936).
______, 『묵시록공부』(京城: 耶蘇敎書會, 1922).
Wangerin, T. S., 『默示錄硏究』(京城: 時兆社, 1933).
『默示錄硏究綱目』(李時和 譯; 平原: 義明學校神學科, 1930).

4. 영문 자료

1) 종말론 관련 자료
Cullmann, O., *Christ and Time*(Translated by Floyd V. Filson; London: SCM Press, 1971).

Dodd, C. H., *The apostolic preaching and its developments*(Chicago: Willett and Clark, 1937).

______, *The Parables of the Kingdom*(New York: Charles Scribner's Sons, 1961).

Dumbrell, W. J., *The Search for Order*(Grand Rapids, Michigan: Baker Books, 1994).

Erickson, M. J., *A Basic Guide to Eschatology*(Grand Rapids, Michigan: Baker Books, 1999).

Hoekema, A. A., *The Bible and the Future*(Grand Rapids, Michigan: Wm. B. Eerdmans Publishing Co., 1989).

Moltmann, J., *The Coming of God*(Translated by Margaret Kohl; Minneapolis: Fortress Press, 1996).

______, *The Crucified God*(Translated by R. A. Wilson and John Bowden; Minneapolis: Fortress Press, 1993).

______, *Theology of Hope*(Translated by James W. Leitch; Minneapolis: Fortress Press, 1993).

______, *The Trinity and the Kingdom*(Translated by Margaret Kohl; Minneapolis: Fortress Press, 1993).

Ridderbos, H., *The Coming of the Kingdom*(Translated by H. de Jongste; Philadelphia: Presbyterian and Reformed Pub. Co., 1962).

Robinson, J. A. T., *Jesus and His Coming*(London: SCM Press, 1979).

Scofield, C. I., *The Scofield Bible Correspondence Course*(Chicago: The Moody Bible Institute, 1907).

______, *Scofield Reference Bible*(New York: Oxford University Press, 1971).

Vos, G., The Pauline Eschatology(Grand Rapids, Michigan: Baker Book House, 1982).

2) 기타 자료

Augustine, *The City of God*(Translated by G. G. Walsh S. J.; New York: a division of double day & Company, Inc., 1958).

______, *Confessions and Enchiridion*(Translated by C. Outler; London: SCM Press Ltd).

Bang, D. S., *The Indigenous Mission of Pioneer Korean Christian*, UMI, 1996.

Bavinck, H., *The Last Things*(Translated by John Vriend; Grand Rapids, Michigan: Baker Books, 1996).

Berkhof, L., *Systematic Theology*(Grand Rapids, Michigan: Wm. B. Eerdmans Publishing Co., 1981).

Bultmann, R., *Theology of the New Testament*(Vol. 1)(Translated by Kendrick Grobel; London: SCM Press Ltd., 1988).

Calvin, J., *Calvin's Commentaries: The Epistle of Paul the Apostle to the Hebrews and The First and Second Epistles of St. Peter*(Translated by William B. Johnston; Grand Rapids, Michigan: Wm. B. Eerdmans Publishing Company, 1963).

______, *Institutes of the Christian Religion*(Vol. 1, 2)(Translated by Ford L. Battles; Philadelphia: The Westminster Press, 1960).

Collins, J. J., *The Apocalyptic Imagination*(Grand Rapids, Michigan: Wm. B. Eerdmans

Publishing Co., 1998).

Cullmann O., *The Christology of the New Testament*(Translated by Shirley C. Guthrie & Charles A. M. Hall; London: SCM Press, 1983).

______, *Salvation in History*(London: SCM Press, 1967).

Dodd, C. H., *Gospel and Law: The Relation of Faith and Ethics in Early Christianity*(New York: Columbia University, 1951).

Franche, A. H., "Autobiography(1662)", *Pietists*(Edited with an introduction by Peter C. Erb; New York · Ramsey · Toronto: Paulist Press, 1983).

Goetz, P. W., ed. *The New Encyclopaedia Britannica*(Vol. 1)(Chicago: Encyclopaedia Britannica, Inc., 1988).

Gove, P. B., ed. *Webster's Third New International Dictionary* (Springfield, Massachusetts: Merriam Webster Inc., 1984).

Hedlund, R. E., *The Mission of the Church in the World: A Biblical Theology*(Grand Rapids: Baker Book House, 1991).

Hodge, C., *Systematic Theology(Part III&IV)*(Grand Rapids, Michigan: Wm. B. Eerdmans Publishing Co., 1977).

Kim, I. S., "Survey of History of the Christian in Church", *The 1st International Seminar on the Studies of History of Christianity in North East Asia for Graduate Students and Junior Scholars*(Seoul: Korea Academy of Church History, 2001).

Ladd, G. E., A *Theology of the New Testament*(Grand Rapids, Michigan: Wm. B. Eerdmans Publishing Co., 1983).

Marsden, G. M., *Fundamentalism and American Culture*(New York: Oxford University Press, 1980).

Matteo, R. S. J., *The True Meaning of the Lord of Heaven*(T' ien-chu Shih-i)(Translated by Douglas Lancashire, Peter Hu Kuo-Chen, S. J.; Taipei · Paris · Hongkong: Ricci Institute, 1985).

Moffett, S. A., "Theological Instruction" *The Korea Mission Field*, 1906. 4, 75-76.

Paik, L. G., *The History of Protestant Missions in Korea*(1832~1910) (서울: 延世大學校出版部, 1995).

Rad, G. von, *Old Testament Theology(Vol. I)*(Translated by Stalker D. M. G.; London: Westminster John Knox Press, 2001).

Ridderbos, H., *PAUL- An Outline of His Theology*(Translated by John Richard de Witt; Grand Rapids, Michigan: Wm. B. Eerdmans Publishing Co., 1982).

Robertson, O. P., *The Christ of the Covenants*(New Jersey: Presbyterian and Reformed Publishing Co., 1982).

Schweitzer, A., *Out of My life and Thought*(Translated by C. T. Campion; New York: The New American Library, 1963).

______, *The Quest of the Historical Jesus: A Critical Study of Its Progress from Reimarus to Wrede*(Translated by W. Montgomery; London: Black, 1954).

Swallen, W. L., "Personal Report", *The Korea Mission Field*, 1905. 11, 13-14.

The Fifth Anniversary Celebration of the Korea Mission of the Presbyterian Church in the U. S. A. June 30-July 3, 1934, Seoul, Chosen.

Korea Mission of the Presbyterian Church in U.S.A. (Seoul: The Methodist Publishing House, 1904).

Minutes and Reports of the Annual Meetings of the Korea Mission of the Presbyterian Church in the U.S.A., I. 1901-1904.

The Minutes of the Annual Meetings of the Council of Presbyterian Missions in Korea, 1903-1907.

The Minutes of the Fourteenth Annual Meeting of the Council of Presbyterian Missions in Korea, Seoul, Sept. 12-17, 1906(Seoul: The Methodist Publishing House, 1906).

The Minutes of the Twelfth Annual Meeting of the Council of Presbyterian Missions in Korea, Seoul, Sept. 13-19, 1904(Seoul: The Methodist Publishing House, 1904).

Report of the Korea Mission of the Presbyterian Church in the United States of America to the Annual Meeting(Seoul: The Methodist Publishing House, 1906).

Report of the Pyeng Yang Station July 1st, 1903 to June 30th, 1904.

Report of the Pyeng Yang Station 1902-1903, Korea Mission of the Presbyterian Church in U.S.A,(Seoul: The Methodist Publishing House).

5. 신문

姜明錫, "經濟思想의 變遷과 今日의 朝鮮教會(二)", 『基督申報』, 1927년 5월 11일.

"가정학, 담비와 아편", 『예수교신보』, 1907년 12월 11일.

"가정학, 데 이졀 술", 『예수교신보』, 1907년 11월 27일.

"講壇과 社會問題", 『基督申報』, 1930년 10월 1일.

"中國人에 對한 우리의 態度", 『基督申報』, 1931년 7월 15일.

"중국인위문과 각게 망라협의", 『基督申報』, 1931년 7월 15일.

"朝中人衝突事件과 平壤敎會의 聲明", 『基督申報』, 1931년 7월 22일.

"平壤基督敎學校慰靈祭不參拜件顚末", 『基督申報』, 1932년 12월 14일.

"査經會中에 突然卒倒 吉善宙 牧師 長逝", 『基督申報』, 1935년 12월 4일.

6. 기타 자료

강돈구, "한국 신종교의 역사관", 『현대 한국종교의 역사 이해』(서울: 한국정신문화연구원, 1997).

基督敎思想編輯部 編, 『韓國歷史와 基督敎』(서울: 大韓基督敎書會, 1983).

김교신, "今後의 朝鮮基督敎", 『聖書朝鮮』 85호 (1936년 2월), 25.

김권정, 『1920·30年代 韓國基督敎人의 民族運動 硏究』(서울: 崇實大學 校 大學院, 博士學位 論文, 2000).

김남식,『神社參拜와 韓國敎會』(서울: 새순출판사, 1990).

金能根,『儒敎의 天思想』(서울: 崇實大學校出版部, 1988).

김승태, 박혜진,『내한선교사총람(1884-1983)』(서울: 한국기독교역사 연구소, 1996).

김영규,『基督敎敎育學』(서울: 기독교문서선교회, 1989).

김영재,『韓國敎會史』(서울: 改革主義信行協會, 2001).

김요나,『총신90년사(1901~1991)』(서울: 도서출판 양문, 1991).

김인서, "아빙돈 註釋問題",『信仰生活』4권 10호 (1935년 11월), 7-10.

______, "龍道敎會內幕調査發表(2)",『信仰生活』(1934년 4월), 25-29.

______, "朝鮮敎會의 새 動向",『信仰生活』(1933년 3월), 4-6.

______, "革命乎復興乎",『信仰生活』(1934년 4월), 2-3.

김일권, "道敎의 宇宙論과 至高神 觀念의 交涉 硏究",『宗敎硏究』(1999년), 209-228.

나채운, "우리 민족의 심층적 의식구조에 관한 한 고찰", 그리스도교와 겨레문화 편,『그리스도
    교와 겨레문화』(서울: 기독교문화사, 1991), 141-173.

노치준,『日帝下 韓國基督敎 民族運動 硏究』(서울: 韓國基督敎歷史硏究所, 1995).

독립운동사편찬위원회 편,『독립운동사자료집(제 5집)』, 고려서림, 1971).

獨立有功者功勳錄編纂委員會,『獨立有功者功勳錄(第 13卷)』(서울: 國家報勳處, 1996).

리진호,『한국성서백년史I』(서울: 대한기독교서회, 1996).

美國基督敎聯合會東洋問題委員會 刊, "三一運動秘史" (민경배 역),『基督敎思想』(1966년 7
    월), 100-104.

민경배,『敎會와 民族』(서울: 大韓基督敎出版社, 1981)

______, "李龍道의 神秘主義 硏究", 邊宗浩 編,『李龍道牧師關係文獻集』(서울: 長安文化社,
    1993), 39-69.

______,『韓國基督敎會史』(서울: 延世大學校出版部, 2000).

박봉배, "李龍道의 사랑의 神秘主義와 그 倫理性", 邊宗浩 編,『李龍道牧師 關係文獻集』(서울:
    長安文化社, 1993), 119-139.

박용규, "평양장로회신학교(1901-1910)",『神學指南』68권 2집 (2001년 6월), 30-79.

______,『韓國長老敎思想史』(서울: 總神大學出版部, 1999).

박응규, "일제하 한국교회의 종말론 형성에 관한 연구",『역사신학 논총 2집』(서울: 이레서원,
    2000), 176-198.

박정신,『근대한국과 기독교』(서울: 민영사, 1997).

박지동,『한민족에 대한 日·美의 종속화 교육 및 언론 시책에 관한 연구』(서울: 고려대학교 대
    학원, 박사학위논문, 1996).

박형룡, "게노시스 基督論(Kenotic Christology)",『神學指南』15권 5호(1933년 9월), 18-32.

______,『敎義神學: 來世論』(서울: 韓國基督敎敎育硏究院, 1983).

______,『敎義神學: 序論』(서울: 韓國基督敎敎育硏究所, 1981).

______, "無神論의 活動과 基督敎의 對策",『神學指南』, (1930년 7월), 12-18.

______, "스웨덴봑과 新예루살넴敎會(續)",『神學指南』(1934년 4월), 9-14.

______, "次代에 宗敎는 消滅할가?",『神學指南』10권 3호 (1928년 5월), 5-10.

방인근, "朝鮮과 基督敎를 救할 者 누구뇨?",『靑年』8권 4호 (1928년 5월), 26-28.

변태섭,『韓國史通論』(서울: 三英社, 1993).

서윤길, "신라의 미륵사상", 『원광대원불교사상연구원 박길진화갑논문』(이리: 원광대출판부, 1975).

申一澈, "解題-≪鄭鑑錄≫에 대하여", 申一澈 외 10인 편, 『韓國의 民俗 · 宗敎思想』(서울: 三省出版社, 1991), 289-301.

심일섭, 『韓國土着化神學形成史論究』(서울: 國學資料院, 1995).

안경전, 『韓民族과 甑山道』(서울: 大原出版社, 1989).

안수강, "李龍道의 民族사랑 考察", 『백석저널』 4호 (2003년 가을), 25-55.

왕대일, 『묵시문학연구』(서울: 대한기독교서회, 1994).

유동식, "韓國文化와 神學思想", 姜元龍 編, 『韓國神學의 뿌리』(서울: 文學藝術社, 1985), 261-279.

______, 『韓國神學의 鑛脈』(서울: 展望社, 1986).

柳東植, "韓國의 民俗 · 宗敎思想에 대하여", 申一澈 외 10인 편, 『韓國의 民俗 · 宗敎思想』(서울: 三省出版社, 1991), 8-31.

윤성범, "李龍道와 十字架 神秘主義", 邊宗浩 編, 『李龍道牧師關係文獻集』(서울: 長安文化社, 1993), 239-260.

尹以欽, 『韓國宗敎研究 第 1卷』(서울: 集文堂, 1991).

이근삼, "神社參拜 拒否에 대한 再評價", 『基督敎思想』 (1972년 9월).

이대위, "民衆化할 今日과 合作運動의 實現", 『靑年』 4권 4호 (1924년 4월), 4-10.

이덕주, "초기 내한 선교사들의 신앙과 신학", 『한국기독교와 역사(제 6호)』(서울: 한국기독교역사연구소, 1997), 30-59.

이만열, 『韓國基督敎文化運動史』(서울: 大韓基督敎出版社, 1992).

______, "韓國基督敎의 末世意識과 千年王國思想", 哲學宗敎研究室研究部編, 『現代 韓國宗敎의 歷史 理解』(서울: 韓國精神文化研究院, 1997), 185-249.

이민용, "新羅社會의 彌勒信仰", 『東國思想』 15집 (1970년).

이용주, "도와 하나 되는 삶- 도교의 이상적 인간상", 『宗敎와 文化』, 서울大學校宗敎問題研究所, 2001년, 283-302.

이장림, 『1992년의 열풍』(서울: 광천출판사, 1991).

이재영 편, 『제 90회 총회 회의결의 및 요람』(서울: 대한예수교장로회총회 사무국, 2006).

이종성, "아우구스티누스의 歷史哲學과 韓國敎會의 末世信仰", 『敎會와 神學』 5집 (1972년), 7-32.

이필찬, "1907년 평양대부흥운동과 세대주의 종말론적 성경해석", 『평양대부흥운동의 성경신학적 조명: 회개와 갱신』(서울: 한국신학정보연구원, 2007년 5월), 547-574.

一記者, "基督敎와 半島敎會의 責任", 『靑年』 3권 7호 (1923년 7월 · 8 월), 38-43.

一然, "三國遺事"(李丙燾 譯), 申一澈 외 10인 편, 『韓國의 民俗 · 宗敎思想』(서울: 三省出版社, 1991), 45-284.

장동민, 『朴亨龍의 神學研究』(서울: 韓國基督敎歷史研究所, 1998).

전경연, "末世信仰과 韓國敎會", 『基督敎思想』 5권 6호 (1961년 6월), 34-42.

전택부, 『韓國敎會發展史』(서울: 大韓基督敎出版社, 1992).

정성구, "평양장로회신학교 교수 약전(略傳)", 『神學指南』 68권 2집(2001년 6월), 80-98.

채필근, 『韓國基督敎開拓者 韓錫晋牧師와 그 時代』(서울: 大韓基督敎書會, 1971).

최승만, "宗敎와 生活", 『靑年』 11권 1호 (1931년 1월), 1.
최태용, "아ㅡ하나님이여 朝鮮을 救援ᄒ시옵소서", 『天來之聲』 창간호(1925년 6월), 1-2.
『대한예수교쟝로회로회회록(데 일회)』, 1908.
『대한예수교쟝로회로회회록』(京城: 基督敎書會, 1912).
"東經大全"(崔東熙 譯), 申一澈 외 10인 편, 『韓國의 民俗·宗敎思想』(서울: 三省出版社, 1991),
     487-531.
"默示文學과 韓國敎會", 『神學思想』 (1980년 가을), 535-553.
"에루살넴의 朝鮮을 바라보면서", 『開闢』 통권 61호 (1925년 7월), 55-61.
"龍潭遺詞"(崔東熙 譯), 申一澈 외 10인 편, 『韓國의 民俗·宗敎思想』(서울: 三省出版社, 1991),
     532-606.
"鄭鑑錄"(申一澈/金根洙 共譯), 申一澈 외 10인 편, 『韓國의 民俗·宗敎思想』(서울: 三省出版
     社, 1991), 303-330.
"지죠션븍쟝로션교회의 종교변호션언셔", 『神學指南』 9호 (1927년 1월), 5-9.
『죠션예수교쟝로회 데 八회회록』, 1919년 10월.
『天地大法典』(서울: 興學文化社, 1986).
『찬셩시』(1905년).

Berkhof, L., 『뻘콥 組織神學(序論)』(고영민 역; 서울: 기독교문사, 1985).
Bunyan, J., 『텬로력뎡』(J. S. Gale 부부 공역; 서울: The Trilingual Press, 1895).
Carey, J. J., "신·구약 성서의 가교인 묵시사상", Charlesworth James H./Weaver Walter P.,
     『구약성서와 신약성서 그 관계와 신구약 중간기 문헌』(나채운/예영수 공역; 서울: 장
     로회신학대학교 출판부, 1996).
Conn, H. M., 『新約學序說』(서울: 總神大學出版部, 1987).
Hanson, P. D., 『묵시문학의 기원』(이무용, 김지은 공역; 서울: 크리스챤다이제스트, 1999).
Lohse, E., 『新約聖書背景史』(박창건 역; 서울: 大韓基督敎出版社, 1986).
Moffett, S. A., "長老會敎 神學校 略史", 『神學世界』 1권 1호 (1916년 2월), 164-166.
Poythress, V. S., 『세대주의 이해』(권성수 역; 서울: 총신대학출판부, 1996).
Reynolds, W. D., "信仰의 原理", 『神學指南』 4권 2호 (1922년 1월), 12-20.
Rimmer, H., "科學은 聖經을 証據한다"(W. L. Swallen 역), 『神學指南』 13호 (1931년 9월), 30-
     37.
Rudolf, B., 『歷史와 終末論』(徐南同 譯; 서울: 大韓基督敎書會, 1998).
Travis, S. H., 『종말론 해설』(김근수 역; 서울: 기독교문서선교회, 1987).

[ㄱ]

가옥명 177, 196, 197, 214, 346

가취생산(嫁娶生産) 111, 122, 127, 143, 165, 166, 174, 175, 188, 201, 213, 215, 332, 334, 335

감리교 80, 146, 176, 177, 178, 179, 200, 202, 203, 204, 222

갑신정변 289

강대사 193

강림 109, 119, 131, 132, 133, 135, 144, 170, 174, 181, 182, 193, 199, 204, 209, 213, 215, 328, 333, 334, 339, 341

강일순 65, 66

강화도조약 289

개화파 289

게일(J. S. Gale) 78, 136, 176, 178, 180, 183, 184, 188, 193, 201

결혼윤리 73, 305, 306, 314, 338

계몽주의 159, 325

고든(H. J. Gordon) 177, 178, 198, 200

공중재림 39, 105, 107, 110, 116, 128, 129, 132, 133, 143, 144, 164, 181, 185, 189, 192, 195, 197, 199, 205, 229, 266

관성교(觀聖敎) 75, 76, 219, 290

광문사 30, 137

교인으로부터 민족 315, 338, 341

교황 191, 211

교회갱신 53, 87, 91, 290, 299, 313, 314, 315, 338

교회공동체 231

교회관 27, 217, 249, 251, 255, 266, 267, 269, 330, 335, 337, 341

교회의 본질 304

교회의 부패상 79, 89, 95, 331

구약 이스라엘과 신약 교회 126

구원과 자유의지 136, 234, 239

구원관 27, 217, 236, 241, 248, 266, 267, 268, 330, 335, 336, 341

'구원자=심판자' 241, 243, 267, 268, 330

국제연맹회 49, 85

그리스도의 강림 131, 132, 144, 174, 213, 328, 333, 334, 339, 341

근본주의 20, 23, 33, 61, 159, 160, 161

금주금연운동 310

기독관 27, 217, 241, 266, 267, 268, 330, 335, 336, 341

기독교 공산주의 250

『基督申報』 15, 86

기포드(S. Gifford) 155

길진경 17, 18, 21, 24, 25, 26, 31, 45, 46, 50, 55, 72, 77, 82, 114, 220, 236, 238, 342

길진형 40, 44, 45, 80, 270

김고신 15

김근형 80
김상준 176, 177, 178, 204, 205, 206, 214
김선두 83
김인서 15, 17, 21, 22, 24, 25, 26, 30, 36,
    50, 80, 84, 85, 86, 89, 91, 96, 171,
    220, 222, 223, 226, 286, 299, 301
김정현 96, 177, 193, 194, 195, 196, 214
김종섭 77, 94, 136, 147, 148, 150

[ㄴ]
나이아가라 사경회 159, 160, 162
내면적 변화 285
내면적 신앙운동 28, 35, 36, 41, 44, 53, 88,
    273, 274, 276, 283, 287, 288, 291,
    312, 313, 330, 338, 341
내세상급 265, 266, 269, 330
내세지향적 교회상 250
내연(內燃)-외연(外延) 275
내증 24, 30, 67, 100, 112, 117, 118, 119,
    129, 134, 143, 144, 168, 169, 182, 215,
    242, 243, 326, 332, 333, 335, 341
뉴잉글랜드신학 159

[ㄷ]
다미선교회 44, 337
다윈(C. Darwin) 159
대사령(大赦令) 244, 245, 268, 336
大赦令 頒布期 256, 257
대한성교서회 29, 136
덤브렐(W. J. Dumbrell) 56, 325, 328, 339
데라우치 마사다케(寺內正毅) 80
데밍(C. S. Deming) 177, 191, 192
도드(C. H. Dodd) 318, 319, 322, 326, 327
도선(道読) 64
도슨(W. B. Dawson) 177, 198, 199, 214,
    342
독노회 260, 339
독립협회 290
동기론적 윤리관 288, 313, 338
동명서관 30
동양서원 191, 192

동포 34, 35, 139, 140, 145, 260, 276, 277,
    279, 283, 284, 288, 298
동학 37, 61, 65, 66, 92, 101
두 왕국 256, 261, 262, 263, 264, 267, 269,
    327, 337, 340
드와이트(T. Dwight) 159

[ㄹ]
러일전쟁 26, 69, 148, 153, 340
레이놀즈(W. D. Reynolds) 149, 155, 161,
로벗슨(O. P. Robertson) 125
로빈슨(J. A. T. Robinson) 319
로스(C. Ross) 158
로젠츠바이크(F. Rosenzweig) 325
뢰비트(K. Löwith) 325
루들로우(A. I. Ludlow) 82
리(G. Lee) 147
리델보스(H. Ridderbos) 317, 339
리머(H. Rimmer) 153
리츨(A. Ritschl) 317

[ㅁ]
마라난타(摩羅糞駄陀) 62
마르스덴(G. M. Marsden) 160
마태오 리치(Matteo Ricci) 37
'만민속죄-만민심판' 241, 267, 330
만보산사건 45, 50, 79, 86, 94, 331
말법의식(末法意識) 62
말세의식 61
말시대 14, 99, 100, 117
매코믹신학교 155, 157, 158, 212, 334
매큔(G. S. McCune) 49, 158
메시아 322, 325, 338
메시아니즘 21, 58, 60, 63, 67, 94, 101, 331
메시아적 사고의 재활 325
명성황후 289
명치유신 289
모펫(S. A. Moffett) 147, 148, 149, 150, 152,
    155, 157, 158, 212, 333
몰트만(J. Moltmann) 56, 323, 324, 327
무궁안식세계 332

무극대도(無極大道) 65, 66, 67, 101
무단정치 67, 69, 83
무디학생운동 162
무속신앙 311, 314, 338
무어(S. F. Moore) 149, 150, 227
무천년설 191, 203, 204, 209, 214, 334,
    335, 341, 342
묵시문학적 배경 13, 17, 26, 55, 93, 101,
    142, 283, 330, 331
묵시문학적 종말론 54
『文理譯聖書』218
문자적 의미 160
문화정치 67, 70, 340
미국 북장로교 154, 155, 157
미래불(未來佛) 62
미래종말론 323, 328, 339
미륵불(彌勒佛) 37, 61, 63, 66, 101, 340
미륵신앙 62, 63
민족개량 정신 14, 28, 36, 41, 44, 52, 53,
    88, 276, 283, 289, 290, 291, 311, 312,
    313, 314, 315, 327, 330, 337, 338
민족개량운동 73, 274
민족공동체 239, 284, 290, 312
민족구원 42, 275, 280, 312, 337
민족대표 70, 339
민족복음화 280, 312
민족애 42, 276, 277, 279, 281, 288, 312
민족언약사관 36, 42, 85, 276, 280, 282,
    312, 313, 328, 330, 337, 340
민족자결주의 83, 85
민준호 176, 191, 192, 209, 214, 342
밀러(E. H. Miller) 177, 191, 192

[ㅂ]
바빙크(H. Bavinck) 56, 98
바이스(J. Weiss) 317, 318, 326, 338
박형룡 15, 16, 44, 86, 98, 99, 100, 131, 216,
    226, 242, 290, 342
방기창 148, 150
방인근 89
배금사상 91, 299, 304

二05인 사건 34, 44, 45, 69, 70, 79, 80, 82,
    94, 331
버거(E. H. Berger) 148
번하이슬(C. F. Bernheisel) 147, 148, 149,
    155, 158, 212, 334
벌코프(L. Berkhof) 56, 98, 99, 131, 216,
    255, 316
법정비겁 84, 85, 87
베스트(Margaret Best) 147
베어드(W. M. Baird) 147, 148, 150, 152,
    155, 158, 176, 177, 178, 189, 192, 193,
    212, 214, 334
벤야민(W. Benjamin) 325
벨라니(J. Bellany) 159
변린서 87, 88
변화무궁세계 30, 121, 140, 145, 171, 272,
    273
병세치유론적 재림론 39, 102, 103, 104,
    105, 111, 122, 143, 145, 191, 194, 197,
    203, 208, 332
보수신학 16, 39, 56, 98, 159, 160, 162, 212,
    329, 334
보수주의 16, 20, 33, 47, 91, 161, 162
보유론적(保儒論的) 38
부견(符堅) 61
부룩스(J. H. Brooks) 177, 189, 190, 191,
    193, 214
부부윤리 73, 305
부활의 성격 215, 335
부활체 성도들 127, 195, 332
不入平 50, 86
不入平壤 86
불트만(R. Bultmann) 320, 321, 327
불현계 111, 122, 123, 130, 144, 171, 173,
    214, 332
블랙스톤(W. E. Blackstone) 175, 180, 181,
    201, 213
블레어(W. N. Blair) 148, 149, 150, 155, 158
블로흐(E. Bloch) 325
비부활체 성도들 127, 188, 195, 201, 332
비으심의 교리 242

비처(L. Beecher) 159

[ㅅ]
사문난적(斯文亂賊) 218
사회개량 88, 284
사회개조 87
사회복음 신학 159
사회주의 23, 33, 41, 50, 51, 87, 88, 91, 118
사후세계 76
사후영생 71, 75, 94, 268, 331, 336
삼계 335
삼계지향적 재림론 334, 335
삼일운동 14, 16, 19, 23, 27, 28, 35, 36, 45,
    46, 55, 270, 271, 272, 273, 274, 275,
    276, 330
상급신앙 256, 264, 265, 267, 269, 337,
    340
상제 66, 231
새예루살렘 122, 123, 130, 144, 171, 173,
    174, 185, 187, 188, 195, 196
샌딘(E. Sandeen) 159, 160
샤록스(A. M. Sharrocks) 158
샤펜버그(M. Sarfenberg) 176, 178
선교사파송 호소문 75
선도(仙道) 75
선천운수(先天運數) 65
선천적 종교심 230, 267, 268, 336
선택과 자유의지 239
성결교 146, 176, 177, 178, 204, 207, 296
성경관 27, 33, 34, 153, 217, 218, 220, 221,
    223, 266, 267, 330, 335, 336, 341
성경론 14, 27
성경무오설 20, 33, 161
성취국 45, 137, 138, 139, 140, 141, 145, 310
세대주의적 전천년설 17, 29, 38, 39, 40,
    48, 79, 105, 107, 112, 116, 128, 132,
    143, 150, 153, 159, 161, 162, 163, 164,
    166, 180, 181, 185, 186, 189, 193, 194,
    197, 199, 201, 203, 205, 207, 209,
    212, 213, 214, 215, 217, 218, 269, 328,
    332, 333, 334, 335, 336, 339, 340,
    341, 342, 343
'세상구원-세상심판' 245
소원성 45, 137, 139
소천당(小天堂) 241, 246, 247, 248, 249,
    262, 264, 267, 268, 269, 281, 336,
    340
손양원 48
송우암 218
송인서 148, 150
송진우 16, 274
숄렘(G. Scholem) 325
수차력 74, 76, 94, 241
순도(順道) 61
순례자적 삶 29, 30, 97, 141, 145, 256, 257,
    258, 259, 267, 269, 327, 333, 337,
    340
순회부흥운동 13, 16, 329
순회전도 55, 84
숭덕학교 295, 339
쉴라이에르마허(F. D. E. Schleiermacher)
    159
슈바이처(A. Schweitzer) 317, 318, 326,
    338
스누크(V. L. Snook) 49, 148
스미스(Smith) 149
스왈런(W. L. Swallen) 13, 27, 40, 146, 147,
    148, 149, 150, 151, 152, 153, 154, 155,
    158, 159, 162, 163, 164, 165, 166, 167,
    168, 169, 170, 171, 172, 173, 174, 175,
    177, 178, 180, 188, 211, 212, 213, 214,
    215, 330, 333, 334, 335
스코필드(C. I. Scofield) 124, 160
승동교회 251, 301
시간관 27, 43, 140, 145, 217, 256, 257,
    266, 267, 269, 326, 328, 330, 335,
    337, 340, 341
시작된 종말론 319, 323, 327, 328, 339
시한부 종말론적 재림론 67, 112, 116, 129,
    168, 340
신관 27, 217, 223, 266, 267, 324, 330,
    335, 336, 341

신사참배 20, 23, 33, 46, 47, 48, 49, 50, 58
신성(神性) 242, 243, 319
신시 147
신앙공동체 42, 279, 280, 282, 312
신차력 74, 76, 94, 241
신천신지 34, 37, 124, 185, 194, 195, 196,
　　197, 202, 206, 209, 210, 225
『信仰生活』22, 24, 25, 26, 30, 40, 49, 84,
　　89, 96, 98, 114, 116, 168, 215, 238,
　　242
『神學指南』22, 25, 153, 154, 161, 176, 184,
　　185, 188, 192
신현교회 50, 86
실존적 종말론 320, 321, 327, 338
실현된 종말론 318, 319, 322, 326, 327
십승지(十勝地) 64

[ㅇ]
아담스(J. E. Adams) 155
아도(我道) 62
아르미니우스주의 136, 159, 239
아브라함 57, 124, 126, 135, 136, 236, 237
아빙돈 단권주석 41, 222, 300
아펜젤러(H. G. Appenzeller) 75
악습철폐 운동 309
안동교회 85
안식교 146, 176, 177, 210, 211, 214, 335
앤도버신학교 159
양전백 83, 148, 150
어거스틴(Augustinus) 16, 78, 94, 262, 331
언더우드(H. G. Underwood) 75
언약신학 125, 127, 144, 190, 191, 325, 328,
　　332, 341
에드워즈(J. Edwards Jr.) 159
에릭슨(M. J. Erickson) 125
엘린우드(F. F. Ellinwood) 157
약차력 74, 76, 82, 94, 241
여름사경회 159
역사적 전천년설 48, 128, 144, 164, 199,
　　214, 333, 334, 341, 342
역성혁명관 61, 63

염세관 40, 70, 71, 74, 75, 80, 94, 331
염세사상 46, 73, 74, 75
'永能性-新天新地 조성' 223, 267, 268,
　　330, 336
영성 17, 19, 23, 31, 33, 51, 52, 53, 91, 273,
　　299, 301, 314
영열(靈熱) 91, 301, 314, 338
영적역량(靈的力量) 91, 302, 314, 338
영적 전투 255, 287
영혼불멸 76, 98, 99, 323
예레미아스(J. Jeremias) 319
여일대학 159
여지예정론 136, 239, 268, 336
왕좌화 176, 184, 214
외증 30, 37, 67, 100, 112, 117, 118, 119,
　　134, 135, 143, 144, 168, 169, 215, 326,
　　332, 333, 335, 341
원로신자고양론 231, 267
원죄와 자범죄 234
원효 62
위기상황 23, 26, 54, 55, 56, 57, 58, 60, 61,
　　64, 66, 67, 68, 69, 92, 93, 101, 283,
　　289
요한계시록 13, 27, 41, 46, 55, 57, 84, 95,
　　96, 124, 146, 150, 163, 203, 213, 220,
　　282, 328, 330, 331, 334
우주개조론적 재림론 120, 141, 143, 145,
　　163, 170, 172, 206, 213, 332, 333, 334
우주정화론적 재림론 39, 102, 104, 105,
　　122, 143, 145, 203, 332
원심적 세계관 330, 341
원심적 인간관 291, 313
웨어(H. Ware) 159
웰스(J. H. Wells) 147, 149, 158
윙거린(T. S. Wangerin) 177, 210, 211, 214
위정척사파 289
유니온신학교 155, 158, 159
유니테리안주의 159
유대적 왕국 127
유물론 51, 250
유물주의 250

유불선 19, 36, 38, 41, 74, 76, 241, 289
유황불 지옥 122, 123, 130, 144, 174, 195,
　　332
윤백호 218
윤학영 73, 74, 82
율법과 은혜 126
율법시대와 은혜시대 106, 125, 127, 144,
　　332
을미사변 26, 340
을사늑약 26, 69, 139, 153, 282, 340
의명학교 210
이기풍 148, 150, 260
이대위 89, 299, 304
이명직 15, 177, 178, 207, 208, 214, 296,
　　334
이미와 아직 사이 43, 141, 145, 248, 283,
　　321, 323, 325, 328, 333, 339, 340
이미타티오 크리스티 258
이방기약 43, 113, 114, 128, 129, 143, 144,
　　332
「李先生傳」77
이선평 65, 66
이수정 75
이스라엘과 교회 106, 125, 127, 144, 332
이시화 177, 210, 214
이신득의(以信得義) 138, 145, 136, 341
이용도 91
이원론적 28, 41, 60, 61, 78, 140, 141, 273,
　　276, 278
이중예정론 159
이지명 176, 183, 186
2차세계대전 49, 325
이창직 78, 180
2002년 재림설 25, 67, 113, 115, 117, 128,
　　129, 143, 144, 174, 332, 341
이향리교회 22
인가귀도(人家歸道) 80, 305, 308, 314, 338
인간개량 88
인간관 27, 217, 230, 236, 266, 267, 268,
　　291, 292, 306, 313, 330, 335, 336, 341
인간성 회복 53, 87, 290, 291, 292, 294,

　　313, 314, 315, 326, 327, 338, 341
일곱시대론 106
일관된 종말론 317, 318, 338
1차세계대전 30, 200, 284, 287, 313, 325,
　　337
임박한 재림론 14, 23, 33, 42, 43, 163, 167,
　　168, 174, 213, 227, 228, 256, 259,
　　268, 334, 336

[ㅈ]
자유의지 135, 136, 144, 230, 234, 236,
　　237, 238, 239, 240, 267, 268, 333,
　　336, 341
'자유의지-심판' 267, 330
장대현교회 13, 16, 22, 50, 51, 79, 85, 86,
　　87, 88, 95, 96, 270, 283, 285, 295,
　　329, 331, 339
「張元兩友相論」77
재림 20, 271, 316
재림사상 45, 59, 79, 271, 272, 320, 327,
　　331
재림신앙 20, 33, 44, 47, 102, 117, 128, 141,
　　143, 144, 223, 260, 267, 318, 332,
　　335, 340, 342
적그리스도 108, 109, 110, 129, 166, 185,
　　186, 189, 191, 197, 211
全能性-審判 223, 267, 268, 330, 336
전덕기 80
전적타락 159, 236
전킨(W. M. Junkin) 149, 150
전투적 교회상 249, 250, 252, 253, 254,
　　255
전투적 신자상 265, 269
정도령 101
정신불멸 76
정의화 176, 184, 185, 186, 187, 188, 213,
　　214, 215, 335
정재면 177, 196
정좌법 74
정희순 80
제한속죄 244

조상림보 130, 131, 163, 169, 170, 213, 334
朝鮮獨特의 神學 15, 17
조선야소교서회 191
조직신학 216
종말론 13, 14, 17, 18, 19, 96, 97, 146, 147,
　　216, 316, 317, 318, 319, 330
종말론적 내세주의 신학 275
종파운동 22, 23, 31, 33, 38, 39, 40, 272
종합적 방법론 27, 216, 217, 267
좌파신학 159
'죄 사함을 받은 자=낙원을 얻은 자' 247
주교출판사 31
주기철 48
중보자의 양성 241, 336
중일전쟁 49
지상재림 14, 30, 39, 100, 102, 105, 106,
　　107, 109, 110, 111, 117, 128, 132, 133,
　　140, 143, 144, 145, 164, 181, 186, 193,
　　205, 207, 208, 213, 215, 327, 332,
　　333, 334, 340
직업소명의식 137, 145, 183
진자(眞慈) 62
진화론 159

[ㅊ]
찰머스(Chalmers) 216, 217
창문사 193, 271
채닝(W. Channing) 159
1939년 재림설 25, 67, 113, 114, 117, 128,
　　129, 143, 144, 174, 332, 341
1974년 재림설 25, 114
천년세계자유취사설 105
천년왕국 30, 34, 42, 47, 61, 98, 99, 100,
　　103, 104, 105, 106, 109, 111, 117, 120,
　　121, 122, 124, 127, 141, 142, 143, 145,
　　160, 161, 165, 166, 170, 174, 175, 180,
　　181, 185, 186, 188, 189, 194, 197, 199,
　　200, 201, 202, 203, 206, 207, 208,
　　209, 213, 215, 237, 254, 266, 268,
　　271, 272, 275, 327, 332, 333, 334,
　　335, 336, 340

천지원리교 66, 92
철저한 종말론 317, 318, 321, 326, 338
청년양육 53, 87, 290, 295, 313, 338
청일전쟁 26, 69, 340
초월적 종말론 58, 59, 60, 67, 68
초자연적 합리주의 159
최광옥 80
최승만 89, 299, 301
최인화 31, 49
최제우 63, 65, 66
최태용 90, 299
축자영감론 33, 48, 161, 217, 218, 267
칭의(稱義) 126, 135
칭의교리 138, 144, 236, 238

[ㅋ]
카언스(C. E. Kearns) 158,
칼빈 16, 223
칼빈주의 13, 17, 142, 159, 329, 339, 341
쿤스(E. W. Koons) 158
쿨만(O. Cullmann) 249, 321, 338
클락(C. A. Clark) 155, 177, 191, 192, 214,
　　342

[ㅌ]
타우베스(J. Taubes) 325
테이트(L. B. Tate) 155
테일러(N. Taylor) 159
토착화 18, 19, 22, 23, 30, 33, 36, 37, 38,
　　41, 100
트윙(E. W. Twing) 178

[ㅍ]
파크대학 155, 158
평양대부흥회 229, 240, 295, 342
평양신학교 13, 16, 17, 27, 69, 98, 105, 136,
　　146, 147, 148, 149, 151, 152, 154, 155,
　　157, 158, 162, 163, 185, 211, 212, 214,
　　217, 330, 333, 335, 339
평화회의 30, 200, 287, 313, 338
풍수도참사상 63, 67, 340

프란케(A. H. Franche) 78, 94, 331
프린스톤신학교 155, 158, 159, 160
피안적 종말론 341
핀니(C. Finney) 159

[ㅎ]
하나님 의존적 신앙 286, 287, 313
하나님의 형상 234
하디(R. A. Hardie) 21, 176, 177, 200, 202,
　　　203, 204, 214, 334
하지(C. Hodge) 56, 98
하지(F. Hodge) 159
학년별 교과과정 149
한미수호조약 289
한불수호조약 289
한석진 150
한일합방 13, 26, 44, 66, 69, 80, 83, 92,
　　　139, 141, 176, 177, 340
한필호 80
함태영 83
항존주의 220, 221, 222, 335
해리슨(N. Harrison) 178
허무주의 34, 35, 118
헌트(W. B. Hunt) 147, 148, 155, 158, 212,
　　　334
'현세의 삶-내세상급' 265, 269, 330
현세조명적 재림론 67, 100, 112, 117, 118,
　　　141, 143, 145, 163, 168, 169, 213, 215,
　　　332, 333, 334, 335, 341
혜문사 31
호이트(H. Hoyt) 160
혼인연석 30, 105, 107, 109, 110, 111, 127,
　　　143, 144, 164, 165, 173, 194, 195, 196,
　　　197, 199, 207, 209, 229, 254, 267, 332
홍종숙 176, 177, 178, 200, 201, 202, 203,
　　　204, 213
화이팅(H. C. Whiting) 219
화이팅(H. G. Whiting) 158
확산의 원리 52, 308, 314, 315, 330, 338,
　　　341
활문사서점 30

황국신민화 69
혼합주의 38, 41
홉킨스(S. Hopkins) 159
환연일신(煥然一新) 197
후천개벽사상 61, 65, 67, 340
후천년설 19, 39, 103, 111, 143, 180, 190,
　　　191, 197, 199, 203, 204, 207, 214, 284,
　　　332, 334
후천운수(後天運數) 65
후크마(A. A. Hoekema) 125, 161, 322, 323,
　　　324, 328, 339
휘트모어(N. C. Whittemore) 158
홍선대원군 289,
희년제도 43, 113, 115, 128, 129, 143, 144,
　　　332